성경의 맥을 따라 완주를 돕는 지침서

진쌤!
성경이
보여요

이 책의 판매 수익금은 코로나19 백신 지원금으로 사용됩니다.

진쌤, 성경이 보여요

초판 1쇄   2021년 2월 25일
지 은 이   윤미진
펴 낸 이   김현애
펴 낸 곳   예배와 설교 아카데미
주   소   서울특별시 광진구 아차산로73길 25
전   화   02-457-9756
팩   스   02-457-1120
홈페이지   www.wpa.or.kr
등록번호   제18-19호(1998.12.3)

디 자 인   디자인집 02-521-1474
총 판 처   비전북
전   화   031-907-3927
팩   스   031-905-3927
I S B N   978-89-88675-89-2

값 18,000원

성경의 맥을 따라 완주를 돕는 지침서

진쌤!
성경이
보여요

성경읽기를 완주할 수 있도록
돕는 지침서

한국교회는 세계의 교회가 우러러보는 특성을 가지고 있습니다. 한국교회에 대를 이어 선교를 하면서 세계교회사의 석학으로 명성을 떨쳤던 마삼락(Samuel H. Moffett) 교수는 한국교회의 특성을 다음과 같이 정리하였습니다. 1) 모이는 열심이 대단한 교회, 2) 성경공부에 심혈을 기울인 교회, 3) 전도와 선교에 열정을 쏟은 교회, 4) 새벽을 깨우며 기도에 열심을 다한 교회, 5) 십일조의 의무를 준수하는 교회 등입니다.

한국교회 성도들은 이 특성 중에 하나님의 말씀인 성경공부에는 변함없이 그 전통을 이어갔으나 지금은 많이 달라졌습니다. 예배 시작 전에 공과공부, 주일 저녁의 강해설교 외에도, 철마다 사경회를 열어 66권에 기록된 하나님의 말씀을 터득하려는 전통은 한국교회만이 가지고 있었습니다. 지금도 평신도들이 말씀을 사모하는 열심과 전통을 이어가기 원합니다.

어느 날이었습니다. 신학대학원에서 나의 과목을 수강하였던 제자가 섬기는 교회에서 주일 오후마다 성경공부를 매우 탁월하게 진행하고 있다는 소문을 접하게 되었습니다. 이 소식을 듣고 동영상을 보게 되었는데 저는 깜짝 놀랐습니다. 그동안 보아온 성경공부의 광경에서 전혀 보지 못한 특별한 부분들이 가슴에 와 닿았습니다. 그래서 그 제자에게 전화를 걸어 원고로 그 모두를 작성할 것을 부탁하였습니다. 보내온 원고를 보면서 평신도들에게 매우 유용한 교재가 될 수 있다는 확신을 얻고 바로 출판의 길을 찾았습니다. 그 이유는 다음과 같은 장점들이 눈에 들어왔기 때문입니다.

첫째는 성경의 흐름과 내용을 쉽게 파악할 수 있도록 맥을 잡아주어 성경을 읽어가는 데 큰 도움을 줄 수 있다는 점, 둘째는 신학적인 논쟁이나 부차적인 문제들을 뒤로하고 하나님이 인물과 사건을 통하여 주시고자 하는 메시지를 쉽게 이야기 식으로 전개한 점, 셋째는 이 책을 읽은 후에 성경을 접하게 되면 과거에 느꼈던 지루하고, 때로는 어려웠던 성경 이해를 쉽게 극복할 수 있다는 점 등이었습니다.

이러한 장점들을 보면서 이 책은 어떤 성서 신학자도 시도해 보지 않던 새로운 '성경입문서'임을 느끼게 했습니다. 이 책이 한국의 그리스도인들에게 성경읽기를 완주할 수 있도록 돕는 지침서가 될 수 있다는 확신이 들었습니다. 저자는 본서를 집필하는 과정에서 "새롭게 하나님의 마음을 헤아리게 되었으며 새로운 만남을 이룩하였다"고 술회하고 있습니다. 그러면서 저자는 본서의 목적은 "성경은 더이상 어려운 책이 아니고 무겁고 지루한 책이 아님을 알게 하여 성경통독을 완주하게 하는 것"이라고 말하고 있습니다.

저자가 초년병에 속한 여성 목사로서 내놓은 이 작품은 여선지자들의 영역이 지극히 한정된 우리의 한국 사회에 새로운 파장을 일으키게 될 것 같습니다. 이 책을 펴보는 이 추천자의 마음에는 하나님께서 이 무명의 여선지자에게 주신 특별한 섭리가 있으신 듯싶습니다. 저자가 간절한 기도와 함께 모성애의 본성을 가지고 성경을 읽고 또 읽으면서 집필한 이 책은 분명히 성경읽기의 세계에 새로운 역사를 불러일으킬 수 있다는 확신을 갖게 됩니다.

이 추천자는 이러한 저자를 발굴할 수 있도록 역사하신 성령님의 인도하심 앞에 새롭게 감사의 머리를 숙이고 있습니다. 그리고 본서를 한국의 평신도들에게 주저함 없이 추천합니다.

2021년 새해 아침에

정 장 복

(장신대 명예교수, 한일장신대 명예총장)

성경읽기를 위한
최고의 안내서

성경은 사랑이 넘치는 하나님의 선물이며, 교회는 성경을 중심으로 모이고 흩어지는 신앙 공동체입니다. 교회를 교회 되게 하고, 교회의 사명과 직무를 바로 실천하려면 무엇보다 성경에 대한 정확한 이해와 학습이 우선되어야 합니다. 본질을 제대로 파악하지 못하고선 하나님의 뜻을 구현하거나 육화시킬 수 없기 때문입니다.

한국교회는 전 세계교회에서 성경을 가장 많이 읽는 아름다운 전통을 유지하고 있습니다. 그에 비해 실천력이나 행동의 능동성이 부족하지 않은지 자성해야 미래의 성숙한 교회와 그리스도인으로 성장할 수 있습니다. 성경은 역사의 일부로서 세심한 분석과 역사적 탐색을 요구합니다. 오늘의 환경과 비교하면 너무나 큰 시간의 차이를 갖고 있을 뿐 아니라 문화나 언어, 그리고 사회 및 정치, 경제적인 측면에서도 엄청난 거리를 느낄 수밖에 없기 때문입니다. 성경을 읽을 때 천연덕스럽게 역사의 뒤안길을 모두 다 꿰고 있는 것처럼 자만한다면 그것은 오만입니다. 그래서 성경을 열심히 읽고 하나님의 뜻을 삶의 자리(*Sitz im Leben*)에서 실천하려고 마음먹는 신앙인이라면 응당 성경말씀을 탐독하는 것과 함께 하나님의 말씀이 기록된 상황을 염두에 두는 성경읽기를 게을리할 수 없습니다.

본서는 말씀을 열심히 연구하고 가르치는 데 혼신의 노력을 다하는 저자의 열정과 아름다운 숨결을 고스란히 느끼게 하는 '최고의 안내서'(the best guidebook)입니다. 성경의 핵심 내용을 짧게 요약하여 정리했을 뿐 아니라 본문에 담긴 심오한 의미를 총체적인 관점에서 되살려냄으로써 독자의 신앙생활에 필요한 정보를 찾아줍니다. 실제로 성경을 읽는 데 도움을 주는 책들이 이미 많이 출판된 것은 사실입니다. 그렇지만 본서는 성경을 읽고 이해하는 특별한 감각과 영적인 담대함에 근거하여 본문에 포함된 하나님의 구원 계획을 그리스도 중심으로 읽어냅니다. 이것은 본서에서 독자가 얻을 수 있는 혜택입니다. 성경의 핵심 내용을 요약하여 쉽게 풀어주는 저자의 설명은 본서의 장점으로 꼽을 만합니다. 독자는 성경의 전반적인 내용을 파악할 수 있는 동시에 성경을 읽으면서 독자가 깨달아야 하는 내용이 무엇인지 제대로 알게 됩니다.

본서의 저자는 분주하고 고단한 하루하루를 살아가는 현대 그리스도인들이 성경을 어렵게 생각하고 쉽게 접근하지 못하는 현실을 목격하면서 그들이 안락하고 넉넉한 마음으로 성경을 대할 수 있도록 스토리텔링(storytelling) 방식으로 최적의 안내서를 써 내려갔습니다. 본서는 성경을 읽는 데 지루함을 느꼈거나 너무 두꺼워서 읽기가 버겁다고 생각하는 독자들에게 성경은 대하기 편한 책이라는 점을 깨우쳐 줍니다. 다원화된 탈종교화 사회에서 하나님의 말씀만이 진리라고 고백하는 그리스도인들이 본서를 가까운 친구로 삼는다면, 본서는 성경에 대한 유익한 정보를 다량으로 공급할 뿐 아니라 버거운 경제 환경과 영적 전쟁의 현실에서 거뜬히 승리할 수 있는 자양분을 공급해 줄 것입니다.

특히 본서는 성경을 읽는 데 번번이 실패한 유경험자들이 성경을 이해하고 깨닫는 데 가장 충실한 동반자(the most faithful partner)가 될 것입니다. 코로나19라는 절체절명의 위기 속에서 많은 이들이 고통스러운 하루하루를 살아가고 있지만 하나님의 말씀은 모든 어려움을 이겨낼 수 있도록 독자들을 세워 주고 미래를 희망으로 채워줄 유일한 원천입니다. 그러므로 독자는 본서를 열심히 활용하여 삶과 신앙의 기초를 단단히 다지는 동시에 가까이 두고 참고하여 성경읽기에 큰 유익을 삼아야 할 것입니다.

윤 철 원
(서울신학대학교 신학대학원, 신약학 교수)

성경교재로 사용하면
좋은 책

나는 이 책을 처음 접하고 크게 감동을 받았습니다. 성경은 하나님의 말씀, 생명의 말씀이라는 것을 알고 있으면서도 어렵고 재미없는 책이라 생각하고 읽지 않는 이들이 너무나 많다는 것을 부인할 수 없습니다. "성경은 영적 양식이다, 능력을 주는 책이다"라는 말을 많이 듣습니다. 많은 분들이 성경을 연구하기 전에 먼저 읽으라고 합니다. 그 말대로 성경을 읽다보면 졸린다는 이들이 있습니다. 기이한 일은 평생 예수님을 믿으면서 성경을 한 번도 읽어본 일이 없다는 이들도 있습니다.

왜일까요? 어렵고 재미가 없다고 합니다. 교회에 와서 설교를 많이 듣는데, 그것은 중요한 인물 이야기나 단편적인 지식을 얻을 뿐입니다. 성경의 흐름이나 중심 내용을 이해하지 못한 상태입니다. 교회생활을 오래하고 중요한 직분을 받았어도 영적 지식이 부족합니다. 그래서 이단에 빠진 이들과 토론하게 되면 아무런 대항을 하지 못하게 됩니다.

어떻게 하면 그리스도인들이 성경을 쉽게 이해하여 영적으로 성장하고 주님과 가깝게 되는 신앙생활을 할 수 있을까요? 저자는 신학을 깊이 있게 공부하면서 불타는 사명감으로 모든 이들에게 성경을 가르치기 시작하였습니다. 저자는 개인의 어떤 목적을 위하여 헌신한 게 아니라 주께서 원하시는 거룩한 부름과 사명으로 헌신하게 되었습니다. 그는 많은 이들에게 성경을 가르치는 중에 듣는 이들이 성경을 너무 좋아하고 영적으로 성장하는 것을 보게 되었습니다.

이 책은 신학교에서 성서신학 교재로 사용해도 좋으리라고 사료됩니다. 그리고 교회가 제자훈련을 시킬 때 교재로 사용하면 좋을 것입니다. 이와 같이 간단명료하고 쉽게 이해할 만한 교재는 많지 않습니다. 저자는 많은 분들이 저자의 강의를 들으면서 감격하고 재미있어 하는 것을 보면서 강의에 직접 참여하지 못하는 이들에게도 도움을 주고 싶다는 마음으로 강의 내용을 책으로 만들었습니다.

이 책은 일반 성도는 물론 목회자들도 읽고 연구하면 도움이 되리라고 봅니다. 성경을 읽거나 공부하기 전에 반드시 먼저 이 책을 읽으면 맥이 잡힐 것입니다. 내용은 큰 주제로 나누어 설명했습니다. 핵심 내용을 설명하고 간단명료하게 정리해 주고 있습니다.

이 책을 읽으면서 나 자신 또한 많은 것을 얻었습니다. 지혜 있는 영적인 부모들은 사랑하는 자녀들에게 성경교재로 사용하도록 가정마다 준비해 두어도 좋은 책이라고 생각하며 이 책을 꼭 읽고 공부하시라고 추천합니다.

백 장 흠
(한우리교회 원로목사, 기성 증경 총회장)

성경을 쉽게
묵상할 수 있는 책

성경은 하나님의 살아 있는 모습이며, 능력이며, 말씀입니다. 그래서 하나님을 잘 섬기려면 하나님의 말씀인 성경을 잘 알아야 하는 것이 필수 불가결한 요소입니다.

저자는 2년 여 동안 우리교회에서 성도들이 성경을 쉽게 접할 수 있도록 성경을 이야기처럼 풀어서 강의한 '성경공부 강사'입니다. 저자는 성경이 하나님의 살아 있는 모습이며 능력이며 말씀인 것을 강의하며 오늘날 이 성경이 우리와 무슨 상관이 있는지, 또 어떻게 하면 우리의 삶에 적용이 되는가를 고민하면서 강의하였습니다. 우리교회 성도들은 저자의 강의를 통해서 성경을 가까이하게 되었으며, 성경을 통하여 하나님의 음성을 듣게 되고, 하나님의 모습을 보며, 하나님의 능력을 체험하였습니다.

본서를 통해서 우리는 성경이 신앙생활의 액세서리가 아니라 성경의 사건이 오늘 우리에게도 재현될 수 있다는 사실을 깨닫게 될 것입니다. 이 책은 독자에게 "성경이 이렇게 쉽구나" 하는 깨우침과, 말씀을 가까이하는 삶이 하나님과 동행하는 삶이라는 메시지를 전할 수 있기에 강력하게 추천합니다.

　본서를 통하여 성도들은 성경을 쉽게 묵상할 수 있을 것이고, 설교자들은 영감을 얻을 수 있는 '순수한 재료'를 얻을 수 있고, 성경 전체를 보고자 하는 모든 분에게도 큰 도움이 될 수 있기에 기쁜 마음으로 추천합니다.

김 영 규
(더감사교회 담임목사)

프롤로그

코로나19로 인하여 모든 것이 마비된 듯 느껴졌습니다. 세계 모든 사람들이 비행기를 타고 다른 나라를 자유롭게 드나드는 것도 힘들어지고, 많은 사람들이 모이는 장소에 가는 것조차 어려워진 것이 현실입니다. 한동안은 교회에 들어갈 때도 주위의 눈치를 보고 들어가야만 했습니다. 눈에 보이지 않는 작은 바이러스가 이렇게 무서운 것인 줄 새삼 깨달았습니다. 그러나 무서운 것이 어디 눈에 보이지 않는 바이러스뿐일까요? 온 우주를 주관하시고 역사하시는 하나님은 우리 눈에 당장 보이나요? 바이러스가 그렇게 무섭다면 하나님의 존재는 과연 어떨까요? 이번 일로 인해 실로 많은 생각을 하게 되었고 더욱더 하나님께 매달릴 수밖에 없었습니다. 그동안 잊고 살았던 공기며 바람이며 주변의 모든 것들에 대해 감사하게 되었고, 아무부담 없이 호흡하며 사는 것조차 감사했습니다. 모든 것은 잃고 나서야 비로소 전에 가졌을 때가 얼마나 행복한 것인 줄 안다고 했던 말이 떠올랐습니다.

코로나로 모든 일상이 중단된 듯 느껴지자 뭘 어떻게 해야 할지 처음에는 어리둥절했습니다. 매일 맞이하는 하루하루가 그냥 일상적인 것이 아니었구나를 떠올리니 함부로 막 살아서도 안 되겠다는 생각이 머리에 가득했습니다. 교회에 가서 맘껏 예배를 드리지 못하는 상황이 올 것이라고 누가 상상이나 해 봤을까요? 교회는 늘 열려 있는 곳이고 언제든 기도하고 싶을 때 가는 곳이라고 생각했었는데 이런 상황이 오니 예배의 소중함 또한 다시 한 번 깨달았습니다.

이번 일로 많은 사람들이 진정으로 회개를 하고 눈물을 흘리며 기도하는 모습을 많아 봤습니다. 무엇이 잘못된 것일까요? 코로나19가 우리에게 말하고자 하는 것이 무엇일까요? 그동안 풍성히 부어 주신 하나님의 은혜를 우리가 너무나 당연하게 받아들인 것은 아닐까요? 회개는 진정으로 잘못을 뉘우치고 하나님께 완전히 돌아서며 죄에서 완전히 멀어져야 한다고 성경은 말합니다. 우리가 그렇게 회개를 하고 있을까요? 사회적 모임이 차단되다 보니 집에 머무는 시간들이 많아지면서 새롭게 성경을 손에 잡는 사람들이 눈에 많이 띄었습니다. 저 또한 성경을 다른 눈으로 읽게 되었고, 하나님의 마음을 알아가고자 더 애를 썼습니다.

어느 날 모태신앙으로 평소에 예배생활을 아주 잘하며 믿음도 좋은 친구로부터 한 통의 문자를 받았습니다. (부고) ○○○○년 ○○월 ○○일 본인의 사망에 대한 부고였습니다. 처음에는 너무 놀라 당황하다가 끝까지 읽어본 내용은 이런 것이었습니다. 자신의 부고를 알리는 글 아래에 자신은 지금까지 어머니 뱃속에서부터 예수님을 믿었지만 이것이 다 가짜였다고 썼습니다. 크리스천이지만 세상 사람과 별반 다르게 살지 않았고 버젓이 죄도 지으며 세상과 타협하고 살았다고 고백했습니다. 교회는 형식적, 종교적으로 왔다갔다만 했을 뿐 진정으로 마음에 예수님을 모시지 못했다고 고백했습니다. 그래서 더는 안 되겠다 싶어 지금까지의 모든 죄악 된 삶은 예수님과 함께 십자가에 못 박아 죽고, 인생 중반이 되어서 다시 태어났다는 것이었습니다.

친구의 사망소식이 아닌 것에 대해 처음에는 안도의 한숨을 쉬긴 했지만 제 마음 한 켠에도 쓸쓸함이 남았습니다. 친구의 저런 용기가 대단했고 지금이라도 깨닫고 주님과 함께 동행하는 삶을 산다는 것에 대해 얼마나 기뻤는지 모릅니다. 그래서 저도 도전을 받았습니다. 물론 제 주변에 있는 사람들에게 친구처럼 부고장을 보내진 않았지만 지금까지의 모든 삶을 정리하고 주님과 함께 동행하는 삶을 살기로 작정하고 나니 이전에 내가 누리고 즐긴 모든 것들은 바울이 말한 것처럼 모두 배설물로 여겨졌습니다. 그래서 금식하며 기도하고 하나님께 매달렸습니다.

"하나님! 제가 할 수 있는 일이 무엇일까요? 앞으로 무엇을 하며 살아야 할까요?"

희미한 하나님의 음성이 들리는 듯했습니다. 더 열심히 성경을 공부하고 배워서 가르치라는 사명이었습니다. 성경을 읽는데 창세기부터 요한계시록까지 한 줄기로 꿰어 보여주셨습니다. 성경을 더 깊이 보고 글을 쓰면서 하나하나 알게 되었습니다. 글을 써 내려가면서 예전에 몰랐던 하나님의 마음이 느껴져서 하염없이 눈물을 흘리기도 했습니다. 나의 자아를 십자가에 못 박지 않으면 결코 하나님의 일을 할 수 없다는 것을 깨달았습니다.

저의 지난 세월들을 십자가에 못 박고 다시 태어난 저는 하나님께 서원했습니다. 저의 남은 생을 하나님의 말씀에 갈급해하는 사람들에게 달려가 가르치며 살고 싶다고 했습니다. 수많은 이단들이 판을 치고 있는 지금 이때 성도들이 더이상 거짓된 진리에 미혹되지 않도록 참 진리를 제대로 전달해야겠다고 생각했습니다. 그때부터 모든 세상적인 모임과 사람들을 다 끊어내고 온종일 집에서 그동안 배운 성경들을 하나씩 다시 꺼내 차근차 근 쉽고 재미있게 글을 쓰기 시작했습니다. 그리고 교회에서 쉽게 성경 맥 을 잡아가며 강의를 하자 많은 성도들이 변화되고 말씀에 가까이 다가오려 는 모습을 보였습니다. 그동안 성경을 읽고 싶어도 너무 어렵고 분량 또한 만만치 않아서 읽기와 포기를 반복하며 성경 1독 한 번 제대로 해 보지 못 했다는 성도들의 고백도 많이 들었습니다. 그런데 저의 성경 맥잡기 강의를 들은 후 성경읽기의 중요성을 다시 깨닫게 되었고 성경이 재미있어졌다고들 합니다.

앞으로 저는 저의 책과 강의를 통해 많은 사람들을 성경 앞으로 모이게 하는 것이 제게 주어진 사명이라고 생각됩니다. 이 책은 성경을 읽기 전 미 리 내용과 흐름을 파악할 수 있어 먼저 이 책을 한 번 읽어보시길 권합니 다. 갑자기 많은 분량을 읽으려고 하다보면 다시 포기하는 상황이 됩니다. 그래서 수록해 놓은 "1년 1독(Talk with God) 10분 성경통독표"를 참고하 셔서 매일 정해진 분량을 읽어보시기 바랍니다. 특별히 이 책에는 시가서 (욥기, 시편, 잠언, 전도서, 아가) 부분은 생략되어 있습니다. 그 부분이 중요 하지 않아서가 아니라 독자들이 먼저 전체 성경 흐름을 파악하는 데에 목 적을 두었기 때문임을 양해 바랍니다.

부디 바라기는 이 책을 읽으시는 많은 분들이 하나님의 감동으로 쓰인 성경을 통해서 하나님을 만나고, 예수 그리스도와 동행하는 삶을 살기를 간절히 바랄 뿐입니다. 성경은 우리에게 일관적으로 두 가지를 말하고 있습 니다. 우리가 어떻게 해야 하나님의 자녀가 될 수 있는지, 그리고 그의 자녀 가 되었다면 어떻게 하나님이 원하시는 삶을 살아야 하는 것인가입니다. 그 렇지만 모두가 하나님의 자녀가 되었다고 하면서 과연 우리가 하나님의 자녀로서 잘 살아가고 있는 것일까요? 대부분의 성도들이 성경을 읽어야 된다는 생각은 가지고 있지만, 많이 어려워하고 쉽사리 성경을 손에 쥐지 못합니다. 그러나 성경의 흐름과 맥을 잡으면 성경은 더이상 어려운 책이 아닙니다. 이 책은 성경의 정경 순서대로 되어 있지 않습니다. 이는 정경을 무시해서가 아니라 성경을 연대기 순으로 그때그때 발생한 순서대로 엮은 결과입니다.

필자는 참고문헌에 소개된 도서들을 참고하여 독자들이 성경을 읽을 때, 어렵고 두꺼운 책이 아니라 쉽게 접근할 수 있도록 성경의 내용을 최대한 축소하여 스토리텔링 방식으로 풀어서 설명하려고 노력했습니다. 이책의 목적은 성경의 시간적 흐름과 내용을 압축하여 정리함으로써 성경읽기에 조금이나마 도움이 되었으면 하는 바람으로 쓴 것임을 밝힙니다.

우선 하나님께 모든 영광 올려드립니다. 이 책이 나오기까지는 저 혼자만의 힘으로 가능하지 않았습니다. 많은 분들의 도움이 있었기에 제가 할 수 있었습니다. 제가 하는 일마다 묵묵히 지켜보고 지지해 준 남편과 "엄마가 하고 싶은 거 다 해"라며 응원하는 딸에게 고마움을 표합니다. 전적으로 저에게 책을 쓸 것을 권유하시고 항상 영적으로 힘을 주신 정장복 총장님, 늦게 신학을 시작한 저에게 신학공부에 도움을 주시고 격려해 주시는 윤철원 교수님, 늘 저와 저의 가족을 위해 지금도 기도해 주시는 저의 모교회 한우리교회 백장흠 원로목사님, '쉬운 성경 맥잡기' 강의를 하며 함께 웃고 행복했던 더감사교회 성도님들과 김영규 담임목사님, 교정을 도와주신 김경자 목사님, 이 책이 한 권의 책으로 나올 수 있도록 출판을 맡아 주신 예배와 설교 아카데미 김현애 목사님, 편집을 맡아주신 윤혜경 편집장님, 예쁘게 디자인해 주신 디자인집 박 설 주임님, 모든 분들께 다시 한 번 감사의 인사를 올립니다.

여러분, 감사하고 사랑합니다.

하나님, 사랑합니다.

2021년 2월에

코로나19 종식을 기원하며

윤 미 진

차 례

구약성경   24

신약성경

구약성경

구약성경 한눈에 보기

모세오경	창세기, 출애굽기, 레위기, 민수기, 신명기
정복·사사시대	여호수아, 사사기, 룻기

통일왕국 (B.C. 1050년)	사무엘상·하 열왕기상 1-11장	사울 40년, 다윗 40년, 솔로몬 40년 통치

분열왕국 (B.C. 931년)	열왕기상 12장- 열왕기하 17장	북 이스라엘 20명 왕	선지서 : 호세아, 아모스, 요나
		남 유다 12명 왕	선지서 : 오바댜, 요엘

단일왕국 (B.C. 722년)	열왕기하 18-25장	남 유다 8명 왕	선지서 : 이사야, 미가, 나훔, 예레미야, 예레미야애가, 스바냐, 다니엘, 하박국, 에스겔

포로 귀환 (B.C. 538년)	B.C. 538년	B.C. 515년	B.C. 486년	
	고레스 칙령 1차 스룹바벨 귀환	성전 완공 선지서 : 학개, 스가랴	에스더 사건	
	B.C. 458년	B.C. 450년	B.C. 445년	B.C. 430년
	2차 에스라 귀환	역대상·하 기록	3차 느헤미야 귀환	말라기

모세오경

01

창세기

/

책명

우리말 성경의 책명으로 '창세기'는 세상을 창조한 이야기라 하여 그렇게 이름이 붙여졌고, 히브리어 성경의 헬라어 번역인 칠십인역(Septuagint, LXX)의 제목 게네시스(Γένεσις)에서 전해졌다고 볼 수 있다. 이는 '기원', '근원'이라는 뜻을 가지고 있으며, 영어로는 제네시스(Genesis)이다. '태초에'라는 히브리어는 '베레쉬트'(בראשית)이다. 1장 1절 맨 앞 첫 시작 단어 '태초에'가 제목이 되었다. 히브리인들은 책의 제목을 붙일 때 그 문장 제일 앞에 있는 단어로 이름을 붙이기도 한다.

저자 및 기록 배경

창세기의 저자는 모세로 알려져 있다. 모세는 창세기뿐만 아니라 모세오경 '토라'라고도 하는 창세기, 출애굽기, 레위기, 민수기, 신명기의 저자이다. 창세기는 하나님이 세상을 창조하신 이야기를 시작으로 해서, 사람을 왜 만드셨는지, 사람과 무슨 언약을 세우셨는지에 대해 말하고 있다. 모든 인간은 다 하나님의 형상대로 지음 받았기에 백인이든 흑인이든, 여자이건 남자이건 간에 모두가 다 소중하고 존엄한 존재이다.

학자들 사이에는 모세가 창세기를 언제 기록했느냐를 두고 많은 의견들이 분분하지만, 모세가 이스라엘 백성들을 이끌고 광야 40년 생활을 하는 가운데 모세오경을 기록했을 것이라고 한다. 광야생활 중에서도 2년 남짓 시내 산에 머물렀을 때 하나님으로부터 모세가 십계명을 받고 하나님과 직접 대화하며 계시를 받았을 것이라고 생각한다. 창세기 안에는 하나님의 무서운 심판도 보여주지만 하나님이 인간을 얼마나 사랑하시는지도 잘 나타내 주고 있다.

기록 목적

창세기는 우주 만물 모든 것의 시작에 관해 기록한 책이다. 창세기는 하늘과 땅, 남자와 여자, 언약, 하나님의 구속 사역이 어떻게 시작되었는지를 보여준다. 이 세상 모든 것의 주인이 누구이며, 왜 인간을 창조하셨고 인간에게 어떻게 은혜를 주시고 계시는지에 대해 잘 설명해 주는 책이다.

구성

1-11장 : 인류의 일반 역사(원역사)		12-50장 : 족장들의 시대	
1-2장	창조	12장-25장 18절	아브라함 이야기
3-5장	타락	25장 19절-26장	이삭 이야기
6-9장	대홍수	27-36장	야곱 이야기
10-11장	바벨탑	37-50장	요셉 이야기

● 1-11장 : 인류의 일반 역사(원역사)

하나님은 세상을 아름답게 창조하셨고 아담과 하와가 죄를 짓기 전까지는 아무 문제가 없었다. 그러나 인간이 타락한 후 모든 것은 달라지고 변화된다. 그때부터 인간에게 고통이 찾아오고 무엇보다 죽음을 맛보아야 했다. 평안하기만 했던 삶에서 이젠 하루하루가 힘든 삶이 되었다. 그냥 이렇게 계속 살게 하나님이 놓아두신다면 인간들이 얼마나 고통스러울까? 그래서 하나님은 창세기 1-11장 안에 문제도 주셨고 답도 주셨다. 구약·신약성경 전체 66권을 읽는 핵심 내용이 창세기 1-11장 안에 다 들어 있다고 해도 과언이 아니다. 이것을 원역사라고도 하고, 전체 책의 내용 중에 가장 중요한 개요나 서론 격에 해당된다고도 볼 수 있다. 원역사 안에서 하나님의 마음을 읽을 수 있어야 한다.

3-11장의 내용을 간단하게 요약하면, 선악과, 가인과 아벨, 노아홍수, 바벨탑 사건이 나온다. 이 구조를 자세히 들여다보면 인간이 죄를 지으면 하나님이 벌을 내리시고, 또 죄를 지으면 벌주시다가 구원해 주시는 패턴을 볼 수 있다. 하나님은 인간을 무조건 심판만 하시는 것은 아니다. 끊임없이 죄를 짓는 인간을 향하여 심판도 하시지만 결국 또 기회를 주셔서 은혜와 사랑을 베푸신다. 그러나 11장의 바벨탑 사건은 죄와 심판은 있으나 다시 구원하셨다는 이야기는 없다. 왜일까? 하나님이 인간을 아무리 용서하고 구원하셔도 인간은 끊임없이 반복해 죄를 짓는다. 하나님은 이렇게 해서는 하나님이 원하시는 나라가 절대로 될 수 없음을 아셨다.

하나님이 6일 동안 모든 것을 만드셨지만 인간을 제일 나중에 만드셨다. 아담과 하와를 만드셔서 에덴동산에 두셨고 마음껏 즐기게 하셨다. 그러나 한 가지 주의를 주신 것이 있다. 중앙에 있는 선악과의 열매는 절대로 먹어서는 안 된다고 경고하셨다. 그러나 사탄인 뱀이 이것을 교묘하게 이용하여 하와에게 접근했고, 결국 인간은 죄를 짓고 타락하게 되었다. 거룩하신 하나님은 죄인과 함께 사실 수 없기 때문에 하나님은 결국 아담과 하와를 추방했다.

> "내가 너(뱀)로 여자와 원수가 되게 하고 네 후손(뱀)도 여자의 후손과 원수가 되게 하리니 여자의 후손은 네(뱀) 머리를 상하게 할 것이요 너(뱀)는 그의 발꿈치를 상하게 할 것이니라 하시고"(3:15)

여기서 여자의 후손은 앞으로 오실 메시아(예수님)를 가리키며, 뱀은 사탄을 의미한다. 창세기 3장 15절에서 이미 메시아를 언급하고 있어 이것을 최초의 복음 또는 원(原)복음이라고 한다.

하나님은 선악과를 왜 만드셨을까? 이 부분에 대해서도 학자들의 의견이 분분하다. 분명 인간이 먹고 죄를 지을 것을 아시면서도 하나님은 이것을 왜 만드셨냐고 불평하는 사람들도 있다. 하나님은 선악과를 통해 하나님과 인간의 관계를 확실하게 해두고 싶으셨다. 하나님은 온 우주의 창조주이며 주인이시고, 인간인 우리는 피조물이라는 사실을 정확하게 알게 하고 싶으셨다. 인간을 시험하고 일부러 죄를 짓게 하시려고 만드신 것이 아니다. 인간에게 자유의지도 주셨지만 하나님과 인간 사이의 관계도 확실히 해두고 싶으셨던 것이다.

쫓겨난 아담과 하와 사이에서 가인과 아벨이 태어난다. 그러나 가인은 동생 아벨을 돌로 쳐 죽이는 엄청난 일을 저질렀다. 아담과 하와에게서 나온 죄성이 끊임없이 인간에게 전가되는 것을 보고 하나님도 너무 속상해 하신다. 그래서 이번에는 죄로 가득한 온 세상을 물로 쓸어버리려는 계획을 하신다. 이것이 노아의 방주 사건이다. 노아의 가족을 제외한 모든 인류는 큰

홍수로 인해서 다 죽음을 맞는다. 그렇다고 인간들이 정신을 차리고 다시는 죄를 짓는 행위를 하지 않은 것은 아니다. 인간들은 또다시 하나님과 같은 선상에 있기를 원하며 바벨탑을 높게 쌓아 올린다. 하나님은 다시 크게 실망하시며 이번에는 이 세상에 하나였던 언어를 혼잡하게 만드셔서 많은 언어가 생겨난다. 하나님은 어떤 방법으로든 인간들을 사랑하고 지속적으로 기다려주고 싶었지만 인간들은 하나님의 뜻을 따르지 않았다. 여기까지가 창세기 1-11장 원복음에 관한 줄거리이다.

이 안의 줄거리만 보면 하나님이 인간에 대해 갖는 희망이 별로 없어 보인다. 정말 구원을 해 주시기는 하시는 것인가? 우리에게 은혜는 주시는 것일까? 그런데 5장에 나와 있는 아담의 계보를 살펴보면 한 가닥 희망을 발견할 수 있다. 원래 인간이 죄를 짓지 않았다면 영원히 죽음을 모르고 살았을 것이다. 그러나 죄가 들어오면서 죽음도 알게 되고 수많은 고통도 받게 된다. 계보에서 보여주듯이 인간이 태어나서 몇 살까지 살다가 죽고, 또 누가 태어났다는 이야기로 쭉 나열되어 있다. 그런데 5장 24절에 보면 에녹은 죽지 않고 하나님과 동행하다가 그냥 사라졌다. 즉, 죽음을 맛보지 않고 하늘나라로 올라간 것이다.

이것이 말하는 것이 무엇일까? 인간은 죄 때문에 다 죽지만 에녹이 죽지 않고 그냥 올라감으로써 죄 많은 우리에게 하나님의 구원의 희망을 보여주시는 것은 아닐까? 그래서 하나님은 어떤 모델을 한 명 택해서 모든 사람이 그 사람을 보고 닮기를 원하셨다. 그 모델이 아브라함이다. 12장부터는 아브라함을 시작으로 4명의 족장의 스토리가 전개된다.

● 12-50장 : 족장시대

12장-25장 18절 : 아브라함 이야기

12장부터 시작되는 족장시대의 내용 중에서 가장 중요한 부분은 12장 1-3절의 내용이다.

> "여호와께서 아브람에게 이르시되 너는 너의 고향과 친척과 아버지의 집을 떠나 내가 네게 보여줄 땅으로 가라 내가 너로 큰 민족을 이루고 네게 복을 주어 네 이름을 창대하게 하리니 너는 복이 될지라 너를 축복하는 자에게는 내가 복을 내리고 너를 저주하는 자에게는 내가 저주하리니 땅의 모든 족속이 너로 말미암아 복을 얻을 것이라 하신지라"

아브람은 하나님의 말씀에 순종하여 갈대아 우르에서 나와 지시하신 땅으로 간다. 아브람의 아버지 데라와 아브람과 아내 사래와 조카 롯의 부부가 함께 떠난다. 중간에 하란에서 좀 거류하며 살다가 여기서 아버지 데라가 죽는다. 아브람의 나이 75세에 하란을 떠나 가나안 땅으로 들어간다. 가나안에 기근이 심해 애굽으로 내려가지만 이곳에서 아내 사래를 누이라 속이는 죄를 범한다. 이 일로 애굽에 재앙이 내려지며 사래가 다시 아브람에게 돌아온다. 아브람과 롯의 가축들이 점점 늘어나면서 이들의 싸움이 시작된다. 그래서 아브람은 조카 롯에게 네가 원하는 땅으로 가라고 한다. 롯은 소돔과 고모라를 선택해서 그곳에 정착하고, 아브람은 헤브론으로 옮긴다. 사해 주변의 5개국과 엘람 동맹국 간에 전쟁이 일어나면서 롯의 일행도 포로로 끌려갔다는 소식이 아브람에게 전해진다. 이에 아브람은 집에서 훈련된 자 318명을 데리고 가서 롯의 일행을 구해온다. 오는 길에 하나님의 제사장 살렘 왕 멜기세덱을 영접하고 아브람이 얻은 것의 십분의 일을 멜기세덱에게 준다. 아브람이 여호와를 믿으니 여호와께서 이를 그의 의로 여겨 주신다. 여호와께서 아브람에게 이 땅의 소유를 삼게 하시며, 그 증표로 동물을 쪼개 마주보게 하신 후 하나님이 그 사이를 지나가신다.

이것으로 하나님이 아브람과 언약을 맺으셨다. 앞으로 아브람의 자손들은 이방의 객이 되고 400년 동안 괴롭힘을 당하며 4대만에 가나안 땅에 다시 돌아온다고 말씀하신다. 가나안 땅에 거주한 지 10년이 되어도 사래에게 자식이 없자 사래는 자신의 여종 하갈을 아브람과 동침하게 한다. 하갈이 아들을 낳고 그의 이름을 이스마엘이라 짓는다. 이때 아브람의 나이는 86세이다. 13년 동안 하나님은 침묵하고 계셨다가 아브람의 나이 99세에 다시 나타나신다. 할례를 행하라고 명령하신다. 집에서 난 자나 이방인이나 모두 난 지 8일 만에 할례를 받아야 한다. 아브람이 할례를 행할 때는 99세이고, 이스마엘은 13세이다. 하나님이 아브람의 이름을 아브라함으로 바꿔주시고, 사래의 이름도 사라로 바꿔주신다. 내년 이맘때에 사라가 아들을 낳을 것인데 이름을 이삭이라고 지으라고 하신다.

여호와께서 죄악으로 가득 찬 소돔과 고모라 땅을 멸하실 계획을 아브라함에게 알려주신다. 소돔과 고모라는 아브라함의 조카 롯이 살고 있다. 그래서 아브라함은 여호와께 물론 악인으로 가득 찼지만 그래도 의인도 있을 것인데 어떻게 다 멸하실 수 있느냐고 묻는다. 그리고 소돔과 고모라에서 의인 50명을 찾으면 멸하시지 말 것을 부탁한다. 여호와는 의인 50명이 있으면 멸하지 않으신다고 하신다. 그러자 50명에서 45명, 40명, 30명, 20명, 10명까지 내려간다. 의인 10명만 있으면 멸하지 않으시겠다고 약속하신다.

두 천사가 소돔으로 가서 롯을 만난다. 롯의 집에 손님 두 명이 온 것을 안 불량배들이 롯에게 그들을 내어달라고 소란을 피운다. 불량배들은 손님들과 관계하고자 했다. 롯은 거절하며 자신의 두 딸을 주겠다고 하지만 불량배들은 막무가내다. 그러자 천사가 불량배들의 눈을 멀게 하신다. 천사는 롯에게 내일 이 성읍이 멸망할 것이니 식구들에게 알려 도망가라고 한다. 두 사위에게 말했지만 이들은 롯의 말을 농담으로 여겨 듣지 않았다. 다음날 롯과 아내와 두 딸만 그 성읍을 빠져나왔다. 천사는 어떠한 일이 있어도 뒤돌아보지 말고 산으로 도망가라고 했다. 그러나 롯의 아내는 그만 뒤를 돌아보다 '소금기둥'이 되고 만다.

소돔과 고모라는 멸망되고 롯과 두 딸은 굴에 거주한다. 두 딸은 아버지에게 술을 먹인 후 차례로 동침을 한다. 큰딸이 낳은 아들은 모압의 조상이 되고, 작은딸이 낳은 아들은 암몬의 조상이 된다.

아브라함이 그랄에 거주하며 여기서 또 한 번 자신의 아내를 누이라고 속인다. 누이가 아님이 밝혀지자 그랄 왕 아비멜렉이 사라에게 은 천 개를 주며 이것으로 수치를 가리게 했으니 그만 돌아가라고 한다. 아브라함의 나이 100세에 사라가 이삭을 낳고 8일 만에 할례를 받게 한다. 어느새 이삭은 젖을 떼고 잘 자란다. 이스마엘이 이삭을 놀리자 사라가 하갈과 이스마엘을 내쫓자고 아브라함에게 말한다. 아브라함은 이 문제를 놓고 고민하지만 하나님은 사라의 말대로 하라고 하신다. 이스마엘도 아브라함의 씨니 그에게 한 민족을 이루게 하리라고 하신다.

어렵게 주신 이삭을 하나님이 어느 날 모리아 산에 올라가 번제로 드리라며 아브라함의 믿음을 시험하신다. 그러나 아브라함은 하나님이 시키시는 대로 이삭을 데리고 모리아 산으로 올라가 이삭을 번제단에 올려놓고 칼을 뽑아 든다. 이때 하나님은 아브라함의 믿음을 보시고 이미 준비한 숫양으로 제사를 드리게 한다. 여기서 하나님이 미리 준비하셨다는 '여호와 이레'가 나온다.

사라는 127세까지 살고 죽으니 아브라함이 에브론에게 은 400세겔을 주고 가나안 땅 마므레 앞 막벨라 굴을 사서 거기에 장사지낸다. 아브라함은 종에게 이삭의 배필을 구해오게 한다. 종은 아브라함의 고향 나홀 성으로 가서 브두엘의 소생이며 라반의 누이동생 리브가를 데리고 온다. 사라가 죽은 후 아브라함은 그두라와 재혼한다. 아브라함은 독자 이삭과 그두라에게서 난 자식들에게 재산을 상속하고 175세에 죽어 사라가 있는 막벨라 굴에 장사된다. 이스마엘도 137세에 생을 마감한다.

25장 19절-26장 : 이삭 이야기

이삭의 나이 40세에 리브가와 결혼을 한다. 20년 동안의 결혼생활에서 아이가 생기지 않자 초조했지만 여종을 들이지는 않았다. 드디어 리브가가 임신을 하였는데 쌍둥이였다. 첫째는 붉고 전신이 털옷 같아서 이름을 에서라 지었고, 둘째는 에서의 발꿈치를 잡고 나와 야곱이라 지었다. 에서는 들에서 사냥하는 것을 좋아했고, 야곱은 장막에 있는 것을 좋아하고 조용한 사람이었다. 이삭은 에서를 사랑하고, 리브가는 야곱을 사랑했다. 늘 장자에 대한 축복에 관심이 많았던 야곱은 어떤 방법을 동원해서라도 꼭 장자의 축복권을 갖고 싶었다. 어느 날 집에서 팥죽을 쑤고 있는데 에서가 들어왔다. 배가 너무 고팠던 에서는 야곱에게 팥죽 한 그릇만 달라고 했다. 그러나 야곱은 형의 장자권을 자신에게 팔면 팥죽을 주겠다고 한다. 에서는 별다른 생각 없이 이를 가볍게 여기며 장자권을 팥죽 한 그릇과 바꾼다.

그 땅에 흉년이 들어 이삭이 그랄로 가서 블레셋 왕 아비멜렉에게 이르자 리브가를 자신의 누이라고 속인다. 그러나 왕은 리브가가 이삭의 아내임을 알고 모든 백성에게 이삭과 리브가를 보호하게 한다. 이삭이 농사를 지어 그 해에 백배의 수익을 얻고, 우물을 파는 곳마다 물이 나온다. 이것을 시기한 블레셋 사람들은 이삭이 우물을 파면 자기들 것이라고 하며 서로 싸운다. 그러다 나중에 아비멜렉과 비골이 찾아와 화해를 신청하고 서로 맹세하고 계약을 맺는다. 모든 것이 화평해진다. 에서 나이 40세에 헷 족속 여자들과 결혼을 한다.

27-36장 : 야곱 이야기

이삭이 나이가 많아 눈이 어두워 에서에게 축복하기 위해 사냥을 해서 별미를 만들어 오라고 한다. 이삭이 에서에게 말할 때 리브가가 밖에서 이 것을 듣고 야곱에게 전한다. 리브가는 장자의 축복을 야곱에게 받게 하려고 일을 꾸민다. 야곱은 그럴 수 없다고 하지만 리브가는 저주는 자신이 받을 테니 시키는 대로 하라고 한다. 야곱에게 에서의 옷을 입혀 음식을 맛있게 만들어 이삭에게 들여보낸다. 이삭은 야곱이 에서인 줄 알고 음식을 먹고 야곱에게 맘껏 축복한다. 얼마 후 에서가 사냥한 고기를 가지고 축복을 받기 위해 이삭에게 들어가지만 이미 축복권은 야곱에게로 갔다. 화가 난 에서가 야곱을 죽이려는 마음을 먹은 것을 눈치 챈 리브가는 야곱을 밧단 아람에 있는 오빠 라반에게 보낸다. 야곱은 가는 길에 한 곳에 이르러 돌을 베개 삼고 누워 잠을 청했다. 꿈에 하나님의 사자들이 사닥다리를 오르락내리락 하는 것을 보며 또한 하나님의 음성을 듣는다. 깜짝 놀라 잠에서 깬 야곱은 경배를 하고 이곳을 벧엘이라 이름 지으며 앞으로 자신에게 주신 모든 것에서 십분의 일을 하나님께 드리겠다고 서원한다.

다시 삼촌 집으로 향한다. 야곱은 우물가에서 삼촌 라반의 둘째 딸 라헬을 만나 첫눈에 반한다. 야곱은 라헬과 결혼하는 조건으로 7년을 무보수로 일한다. 7년이 되는 해 야곱은 라반에게 라헬과의 결혼을 허락받는다. 결혼식이 끝나고 아침에 눈을 떠보니 야곱 옆에 누워 있는 사람은 사랑하는 라헬이 아닌 언니 레아였다. 화가 난 야곱이 라반에게 따졌지만 전통에 따라 동생이 먼저 결혼할 수 없어 언니를 들여보냈다고 변명을 한다. 그러면서 라헬도 아내로 줄테니 7년을 더 일하라고 한다. 야곱은 사랑하는 라헬을 아내로 얻기 위해 7년을 더 꾹 참고 일한다. 야곱에게 사랑받지 못하는 레아를 불쌍히 여기신 하나님은 레아의 태를 먼저 열어주셔서 레아가 임신을 한다. 야곱은 레아와 라헬, 그리고 그들의 여종들까지 합해 총 네 명의 아내를 두고 12명의 아들을 낳는다.

아내	자녀
레아	① 르우벤 ② 시므온 ③ 레위 ④ 유다 ⑨ 잇사갈 ⑩ 스불론 ⑪ 디나(딸)
빌하(라헬의 여종)	⑤ 단 ⑥ 납달리
실바(레아의 여종)	⑦ 갓 ⑧ 아셀
라헬	⑫ 요셉 ⑬ 베냐민

야곱은 12명의 아들과 딸 디나 한 명을 포함해서 13명의 자식을 두었다. 그러나 이 모두가 이스라엘의 12지파는 아니다. 레아에게서 낳은 셋째 레위는 이스라엘 백성들의 영적인 부분을 맡아 12지파에서 제외된다. 라헬에게서 낳은 요셉 또한 제외되고 요셉에게서 낳은 아들 므낫세와 에브라임이 들어가면서 이스라엘의 12지파가 형성된다.

이스라엘의 12지파					
① 르우벤	② 시므온	③ 유다	④ 단	⑤ 납달리	⑥ 갓
⑦ 아셀	⑧ 잇사갈	⑨ 스불론	⑩ 므낫세	⑪ 에브라임	⑫ 베냐민

야곱이 20년을 라반을 위해 헌신한 후 자신의 고향으로 돌아가고자 한다. 야곱은 라반이 이 계획을 안다면 평안히 보내 주지 않으리라 생각하고 식구들과 조용히 떠난다. 사흘 뒤 이 소식을 접한 라반이 야곱 일행을 뒤쫓는다. 그러나 하나님께서 라반의 꿈에 나타나셔서 야곱을 해치지 못하게 하신다. 그래서 라반은 야곱과 언약을 맺고 좋게 헤어진다.

야곱이 고향으로 돌아온다는 소식이 에서의 귀에 들린다. 에서는 400명을 거느리고 야곱을 만나러 온다. 이 소식을 들은 야곱은 두려워하며 겁을 먹는다. 그래서 자신의 일행을 두 떼로 나누어 가게 한다. 식구들과 동물들을 먼저 가게 한 후 야곱이 얍복 나루에 혼자 남는다. 밤에 어떤 사람과 야곱이 씨름하다가 야곱이 이기려 하자 그 사람이 야곱의 허벅지 관절을 친다. 야곱은 자신에게 축복을 하고 가라며 끝까지 붙잡는다. 여기서 야곱의 이름을 '이스라엘'로 바꿔주신다. 이스라엘의 뜻은 "하나님과 및 사람들과 겨루어 이겼음"이다. 다음날 에서가 400명을 거느리고 야곱을 향해 온다. 하지만 아무런 다툼이나 갈등 없이 오랜만에 만난 형제는 회포를 풀며 좋게 헤어진다. 형 에서와 헤어진 야곱의 일행이 세겜에 장막을 치고 그곳에 제단을 쌓는다.

레아가 낳은 딸 디나가 놀러 나갔다가 히위 족속 세겜에게 강간을 당하고, 세겜이 디나를 사랑하게 되어 디나와 결혼하기를 원한다. 하지만 디나의 오빠들은 반대한다. 그러면서 결혼 조건으로 세겜의 모든 남자들이 할례를 받게 한다. 할례를 받고 아파할 때 시므온과 레위가 세겜 성의 모든 남자들을 다 죽인다. 이 일로 더이상 거기에 머물 수 없게 되었다. 그래서 야곱 일행은 벧엘로 올라가서 그곳에 제단을 쌓고 이곳을 '엘벧엘'이라 부른다. 다시 벧엘을 떠나 에브랏에 이를 때 라헬이 둘째 베냐민을 낳다가 죽어 베들레헴에 장사된다. 그 후에 장남 르우벤은 야곱의 첩 빌하와 동침을 한다. 야곱이 기럇아르바에 이르러 아버지 이삭을 만난다. 이삭이 나이 많고 늙어 180세에 죽는다.

37-50장 : 요셉 이야기

야곱이 다른 형제들보다 요셉을 더 사랑하고 그에게만 채색옷을 입혔다. 다른 형제들이 요셉을 시기하고 질투한다. 더욱이 형제들이 요셉을 미워하는 것은 요셉이 꾼 꿈 때문이다. 꿈에 모든 형제들이 자신에게 절을 했다는 것이다. 어느 날 형들이 양 떼를 치기 위해 집을 떠난 후 야곱은 요셉에게 형들이 무사히 잘 있는지 보고 오라고 한다. 요셉이 형들에게 다가가자 이들은 요셉을 죽일 계획을 세운다. 그러자 유다가 죽이지는 말고 차라리 이스마엘 상인들에게 팔자고 제안을 해서 요셉을 은 20에 판다. 그리고 이들은 요셉의 채색옷에 염소피를 묻혀 아버지 야곱에게 보여주며 요셉이 짐승에게 물려 죽은 것으로 말한다. 요셉의 죽음으로 야곱은 심히 슬퍼하며 애통해한다. 요셉은 애굽으로 팔려가서 애굽의 왕 바로의 신하 친위대장 보디발 집에서 노예로 일한다.

레아에게서 난 넷째 아들 유다는 가나안 사람의 딸과 결혼하여 세 아들을 두었다. 첫째 아들이 다말이라는 여자와 결혼을 했는데 자식이 없이 죽어버린다. 이 당시 고대근동에는 '계대(繼代) 결혼법'이라는 것이 있었다. 즉, 형이 자식이 없이 죽으면 동생이 형수와 결혼해 자식을 낳아 형의 후손을 만들어 주는 법이다. 그래서 둘째가 형수와 재혼을 했지만 둘째가 악을 행하므로 하나님은 그도 죽이셨다. 이제 하나 남은 셋째 아들뿐인데 유다는 이 아들마저 잘못될까봐 며느리 다말과 바로 재혼시키지 않고 셋째가 더 클 때까지 다말에게 기다려 달라고 한다. 다말은 친정에 가서 셋째가 장성할 때까지 기다렸지만 아무 기별이 없었다. 이에 며느리 다말은 이 가문에 대를 잇기 위한 특단의 선택으로 셋째 아들이 아닌 시아버지 유다와 관계를 갖고 아이를 낳는다. 쌍둥이였다. 아이의 손 하나가 먼저 나오자 장남임을 표시하기 위해 그의 손에 홍색 실을 묶어주었는데 다시 손이 들어가고 동생이 먼저 나왔다. 그래서 그의 이름을 베레스(터트리고 나오다)라 지었고, 손에 홍색 실을 묶어주었던 아이의 이름을 세라라 지었다.

　노예로 팔려온 요셉이 보디발의 집에서 가정 총무로 일을 한다. 보디발의 아내가 요셉을 유혹하며 동침을 원하지만 요셉은 당당히 거절한다. 그럼에도 불구하고 끊임없는 유혹이 이어진다. 어느 날 보디발이 출장을 간 사이에 보디발의 아내는 요셉에게 또 동침을 원하지만 요셉은 그 자리를 박차고 나가다 보디발 아내의 손에 잡힌 옷이 벗겨진다. 화가 난 여자는 오히려 요셉의 옷을 보여주며 요셉이 자신을 희롱했다고 거짓말을 한다. 이 일로 요셉은 감옥에 갇힌다. 감옥에서 술 맡은 자와 떡 굽는 자의 꿈을 해석해 준다. 또한 애굽의 왕 바로의 꿈을 해석해 줌으로써 요셉의 나이 30에 애굽의 총리가 된다. 기근이 올 것을 대비해 애굽은 요셉에 의해 곡물을 저장할 수 있었다.

　야곱이 사는 가나안에도 기근이 들어 야곱은 아들들에게 애굽에 가서 곡물을 구해 오게 한다. 형들이 곡물을 구하러 올 때 요셉은 형들을 알아본다. 그리고 이들을 따로 부른다. 요셉인 줄 알아차리지 못한 형들에게 요셉은 집에 남아 있는 자신의 동생 베냐민을 데려오라고 한다. 야곱은 요셉을 잃고 베냐민까지 잃을까봐 보내기를 망설이지만 결국 베냐민을 보낸다. 형들 앞에서 요셉이 자신의 정체를 밝히자 죽은 줄만 알았던 동생을 보고 모두들 놀란다. 요셉은 야곱과 모든 가족들을 애굽으로 데려와 살게 한다. 이들은 고센 땅에 머물며 요셉 덕분에 풍족하게 산다. 야곱이 죽을 날이 가까이 오자 자식들에게 유언을 하고 요셉의 아들 에브라임과 므낫세에게도 축복한다. 야곱은 147세에 죽고, 요셉도 110세에 죽는다.

창세기는 끊임없이 실수하고 죄를 짓는 인간을 향한 하나님의 심판도 보여주지만, 그럼에도 불구하고 하나님이 이러한 인간들을 얼마나 사랑하시는지, 다시 그들을 구원하시는 하나님의 구원 사역이 잘 나타나 있다. 구약성경 전체 창세기부터 말라기까지를 자세히 들여다보면 결국 하나님은 하나님이 선포하신 말씀에 대해 철저하게 약속을 지키시는 분임을 보여준다.

창세기와 출애굽기 사이에는 400년의 간격이 있다. 이스라엘 백성은 400년 동안 애굽의 고센 땅에서 살고 있다.

창세기의 핵심

> "태초에 하나님이 천지를 창조하시니라"(1:1)

02

출애굽기

책명

우리말 성경 제목인 '출애굽기'는 칠십인역(LXX)의 '엑소도스'(Ἔξοδος)로, 이는 '출발', '나감', '탈출'이라는 뜻이다. 그러나 히브리 사람들은 출애굽기 라고 부르지 않고 책의 제목을 '워엘레 쉐모트'(ואלה שמות)로 '그 이름들'로 삼았다. 이는 출애굽기 1장 1절의 "이스라엘 아들들의 이름은 이러하니"에 서 그 이름들을 말한다. 히브리어 성경은 출애굽기의 시작이 접속사 '그리 고'로 시작하는데 이는 앞에 있는 창세기와의 연결을 뜻한다.

저자

본서의 저자는 모세이다.

기록 목적

출애굽기의 내용을 한마디로 표현한다면 '하나님이 누구시다'를 알리는 책이다. 출애굽기의 내용은 단지 하나님이 이스라엘 백성을 구원해 내셨다가 중점이 아니라, 하나님이 어떻게 그 백성들에게 개입하셨고, 그들에게 약속하신 언약을 어떻게 실천하시는지, 또 그들의 하나님을 어떻게 표현하고 보여주시는지를 알려주는 책이다. 끊임없이 투덜대고 불평하는 이유는 내가 받은 은혜가 얼마나 소중하고 대단한지를 잘 모르기 때문이다. 그런 이스라엘 백성들을 하나님이 어떻게 다독이고 설득하시는지를 잘 보여주는 구원의 내용이 깊이 있게 들어 있는 책이 출애굽기다.

구성

범위	내용
1-18장	이스라엘 백성들의 출애굽 사건
19-24장	모세가 시내 산에서 율법을 받고 언약을 체결함
25-40장	하나님이 이스라엘 백성들과 함께 거하시기 위해서 성막을 건축하는 내용

● 창세기와 출애굽기 사이에는 400년의 공백기가 있다.

하나님은 왜 애굽에서 나오기까지 400여 년을 기다리셨나? 구약·신약성경 전체에는 하나님이 침묵하신 공백기가 두 군데 나온다. 먼저는 창세기와 출애굽기 사이에 400여 년의 공백기가 있고, 또 하나는 구약에서 신약으로 넘어가는 흔히 신구약 중간기라고 일컫는 말라기에서 마태복음 사이에 400년의 공백기가 있다. 이런 기간은 뭔가 큰 구원이 앞으로 다가올 때 이런 공백기가 있음을 보게 한다. 이 기간에 대한 기록은 구약성경에도 없고, 특별히 활동했다는 선지자도 없다. 하나님께서도 아무 말씀 안하고 계신 영적인 암흑기와도 같다.

요셉이 야곱의 가족 70명을 애굽에 데려다 놓고 그 뒤에 이들에게 무슨 일이 있었는지는 구약성경이 말하고 있지 않다. 그럼 이 400년의 기간은 왜 필요했을까? 하나님은 정말 이 기간 동안 아무것도 하지 않으시고 잠잠히 계신 것일까? 아니다. 하나님이 아브라함에게 약속하신 땅과 자손, 그리고 하나님이 항상 우리와 함께하신다는 약속을 지키기 위해 기다리신 시간이다. 애굽으로 올 때는 70명이었던 야곱의 가족이 애굽에서 나올 때는 20세 이상 장정만 60만 명가량이라고 했다. 그럼 나머지 아내와 아이들의 숫자를 합하면 대략 200만으로 본다. 이 정도의 인구가 증가할 때까지 하나님이 400여 년 동안 기다리신 것이다. 즉, 한 나라를 세우기 위해서 기다리셨다.

● **출애굽을 언제 했는가?**

출애굽을 언제 했느냐에 대한 학자들의 의견이 분분하지만 대체로 B.C. 1446년을 출애굽 연대로 보는 경향이 높다. 이 견해의 중요한 근거는 열왕기상 6장 1절이다. 이스라엘 자손이 애굽 땅에서 나온 것이 B.C. 480년이고 솔로몬이 왕이 된 지 4년이라고 되어 있다. 즉, 솔로몬 왕의 즉위 4년일 때가 B.C. 966년이다. 그로부터 480년 전이라고 했으니까 이 둘을 합한 숫자인 B.C. 1446년을 출애굽 연대로 추정한다.

● **하나님은 왜 이스라엘 백성들을 출애굽시키셨는가?**

원래 하나님이 약속하신 가나안 땅에 기근이 오면서 이스라엘 백성들은 살 길이 막막해졌다. 이때 하나님이 애굽으로 먼저 파송한 11번째 형제 요셉을 통해 야곱을 포함한 70명의 이스라엘 백성들을 애굽으로 불러들이신다. 그러나 애굽은 우상숭배가 완연한 곳이었고 죄악이 가득한 곳이었다. 그래서 이들에게서 분리시키기 위해 애굽 안에 고센이라는 지역에서 이스라엘 백성들만 따로 살게 하셨다. 그런데 400년의 세월이 넘어가면서 야곱을 비롯한 요셉 등 대부분의 애굽생활 초기 세대들이 죽고, 지금 남아 있는 사람들은 어렴풋이 하나님을 조금 아는 사람들뿐이다. 그런 와중에 요셉을 총리로 임명하고 야곱의 가족들을 편하게 고센 땅에서 살게 배려했던 힉소스 왕조(Hyksos Dynasty)도 물러나게 되면서 새로운 왕이 출현한다. 새로운 왕은 점점 숫자가 늘어나는 고센 지역의 이스라엘 민족에 대해 두려움이 생기게 되었다. 그래서 이들을 힘든 고역과 노동에 시달리게 했고, 이스라엘 백성들은 애굽의 노예가 되었다. 이들의 삶은 힘들었고, 날마다 이 고통에서 벗어나게 해 달라고 울부짖으며 살았다. 그런 울부짖음이 하나님께 상달이 되었다.

● 모세는 누구인가?

40세까지	애굽의 바로 왕은 이스라엘 민족이 강성해지는 것이 두려워 산파들을 시켜 태어난 아이들 가운데 아들은 다 죽이라고 명한다. 그러나 모세의 어머니는 모세를 3개월 동안 숨겨 키우다가 갈대상자에 담아 나일 강에 띄운다. 애굽의 공주 합셋수트가 모세를 발견하고 양자로 키운다. 애굽 왕실에서 정치, 사회, 문화, 언어, 용병술 등을 배우며 모든 것을 연마한다.
80세까지	어느 날 자신의 동족 히브리인이 애굽 사람에게 맞는 것을 보고 참지 못해 애굽 사람을 때리자 애굽 사람이 그 자리에서 죽는다. 이 일로 모세는 미디안 광야로 도망치고 이때부터 광야에서 40년 동안 양을 치며 광야생활을 한다.
120세까지	그동안 40년의 광야생활을 마치고 하나님은 모세에게 이스라엘 백성들을 애굽에서 데리고 나와 약속의 땅인 가나안으로 인도할 것을 명령하신다. 많은 어려움 끝에 마침내 애굽에 있는 이스라엘 백성들을 애굽으로부터 탈출시켜 그들을 가나안으로 인도하지만 광야에서 40년을 보낸다. 결국 가나안을 목전에 두고 모세는 약속의 땅에 들어가지 못하고 120세에 죽는다.

● 하나님은 누구신가?

호렙 산의 불타는 떨기나무 가운데 나타나신 하나님께 모세가 이름을 물어본다(3:14). 그러자 하나님은 자신의 이름을 "나는 스스로 있는 자다"

'에흐예 아쉐르 에흐예'(אֶהְיֶה אֲשֶׁר אֶהְיֶה)라고 하신다. 이는 I am who I am(나는 나다) 또는 I will be who I will be(나는 내가 되고자 하는 대로 될 존재다)이다. 이름을 말해 준다는 것은 무엇을 뜻할까? 첫째는 앞으로 관계를 계속 유지하자는 뜻이고, 둘째는 나도 존재가 있다는 것을 의미한다. 눈에 보이는 애굽의 바로 왕은 믿지만, 보이지 않는 하나님을 믿지 못하고 불신앙과 원망이 끊이지 않는 이스라엘 백성들을 향해 하나님이 모세에게 아예 이름을 알려주셨다.

● 출애굽 과정

모세와 아론이 바로를 찾아가 하나님의 말씀을 전하며, 이스라엘 백성들을 좋게 내보내 달라고 호소했다. 이때 바로의 대답은 "여호와가 누구냐 나는 여호와를 알지 못한다"(5:2)고 했다. 하나님은 모세에게 바로의 마음이 완악하고 강퍅해서 단번에 내보내지 않을 것도 알려주신다. 하나님은 애굽에 10가지의 재앙을 내리신다.

1	2	3	4	5	6	7	8	9	10
피	개구리	이	파리	악질	독종	우박	메뚜기	흑암	장자의 죽음

9가지의 재앙이 임할 때까지도 끄덕하지 않던 바로가 드디어 10번째 장자의 죽음이라는 재앙 앞에서 두 손을 든다. 마침내 이스라엘 백성들은 애굽에서 나올 수 있었고, 이를 추격하는 애굽 병사들을 홍해바다에 수장하는 일까지 목격했다. 하나님은 광야에서 힘든 생활을 하는 백성들에게 낮에는 구름기둥으로, 밤에는 불기둥으로 덮어주셨고, 하늘에서 내려주는 생명의 떡 만나와 메추라기를 먹게 하시며, 목마른 이들에게 반석에서 생수가

나오게 하시며, 많은 표적과 이적을 보여주셨다. 그리고 시내 산에서 하나님은 이스라엘 백성들에게 율법을 주시며 계약을 맺자고 하신다. "나는 너희들의 하나님이고 너희들은 내 백성이다." 이스라엘 백성들의 근간이 되는 십계명과 함께 다양한 율법을 조목조목 알려주신다.

● 유월절 사건

하나님께서 애굽에서 이스라엘 백성을 구원하시는, 즉 노예에서 해방하시는 사건이 유월절 사건이다. 양의 피를 문설주와 인방에 바른 집은 장자를 죽이지 않고 넘어가신다는 뜻에서 넘을 유(逾), 넘을 월(越)을 써서 유월절(逾越節, Passover)이다.

● 아말렉 전투

아말렉과 이스라엘이 싸운다. 여호수아는 나가서 싸우고 모세는 아론과 훌을 데리고 산꼭대기로 간다. 그런데 이상한 광경이 나온다. 모세가 손을 들면 이스라엘이 이기고, 손을 내리면 아말렉이 이긴다. 그래서 아론과 훌이 양쪽에서 모세의 손을 해가 질 때까지 잡고 있자 결국 이스라엘이 승리하고 아말렉이 무너진다. 이 싸움은 전적으로 하나님이 싸우셨다.

● 성막 건축

성막 건축은 말 그대로 하나님이 이스라엘 백성들과 함께하시겠다는 언약의 약속이다. 성막은 미쉬칸(מִשְׁכָּן)으로서 의미는 '거주하다'는 뜻이다. 거룩하신 하나님께서 거주하시는 곳으로서 '성막' 또는 '회막'이라고도 한다.

마지막 단락은 성막 건축에 대한 내용인데 갑자기 32장에서 이스라엘 백성들이 금송아지를 만드는 장면이 나온다. 모세는 하나님의 부르심으로 시내 산에 올라간 상태였다. 그런데 산으로 올라간 지 40일이 지나도 모세가 내려오지 않자 백성들은 불안해한다. 그래서 백성들은 각자 가지고 있던 금은 패물들을 모아 그것을 불에 달구어 금송아지 형상을 만든다. 이들은 금송아지가 하나님을 대신하며 여기에 제단을 쌓고 예배를 드리자고 한다. 지금까지 출애굽을 통해 엄청난 하나님의 기적과 이적을 보았고 체험했음에도 불구하고 이들은 또다시 죄를 지었다. 진노하신 하나님이 배교한 이스라엘 백성들을 다 진멸하려고 하자 모세의 중보로 3,000명 정도가 죽임을 당한다. 언약궤를 만들고 성막을 봉헌하면서 출애굽기가 끝이 난다.

출애굽기의 핵심

"하나님이 모세에게 이르시되 나는 스스로 있는 자이니라 또 이르시되 너는 이스라엘 자손에게 이같이 이르기를 스스로 있는 자가 나를 너희에게 보내셨다 하라"(3:14)

03

레위기

책명

　우리말 성경 제목으로 '레위기'는 칠십인역(LXX)의 레비티콘(Λεβιτικόν)에서 유래되었고, 라틴어 성경의 레비티쿠스(Leviticus)를 지나면서 영어 레위기(Leviticus)가 되었다. 그러나 히브리어 제목은 '그리고 부르셨다'이다. 히브리어 첫 단어가 '와이크라'(ויקרא)이다.

저자

　본서의 저자는 모세이다.

기록 목적

　예수님이 이 땅에 오심으로 지금은 구약성경 시대처럼 동물을 잡아서 피를 성전에 뿌리는 그런 제사는 물론 없어졌다. 그러나 레위기는 구약·신약성경 전체 66권 중에서도 어떻게 보면 제일 중요한 책일 수도 있다. 절대로 그냥 간과해서 넘어갈 책은 아니다. 비록 제사를 드리는 행위는 더이상 하지 않지만 하나님이 주신 그 정신은 그대로 받아야 하기 때문이다. 하나님과 우리의 관계를 바르게 하려면 어떻게 해야 되는지가 잘 나타나 있다. 거룩하신 하나님의 성품이 가장 잘 나와 있는 책이다.

구성

범위	내용
1-17장	이스라엘 백성들이 하나님께 예배를 드릴 때 어떤 의식과 형식을 갖추어야 하는지와 여러 가지 예배법과 예배의 종류가 나온다.
18-27장	우리가 드리는 예배가 단순한 의식이나 형식이 아니라 매일 매일의 삶 속에서 예배가 일상이 되어야 한다는 것을 가르치고 있다.

레위기 1장 1절은 하나님이 모세를 부르시는 장면부터 나온다. 레위기 역시 출애굽기에 연결되어 읽어야 한다. 출애굽기 마지막 장면은 하나님이 이스라엘 백성에게 지시하신 성막이 다 완성되면서 하나님이 그곳에 임재하신다고 하신다. 그럼 성막에서 하나님과 이스라엘 백성들이 무엇을 하려고 성막을 만들게 하셨을까? 죄로 덮인 이스라엘 백성들을 사랑하셔서 애굽에서 인도해 내시고 많은 이적과 기적을 보여주시고 은혜를 충분히 부어주셨다. 하나님은 이런 백성들과 끊임없이 교제하고 싶으셨다. 하나님께 무한한 은혜를 받은 이스라엘 백성들은 하나님께 감사를 표하고, 하나님은 이들과 대화하고 싶으셨다. 즉, 지금으로 말하면 예배이다. 레위기는 우리가 하나님께 어떤 자세로 예배를 드려야 하는지를 잘 보여주는 책이라 볼 수 있다.

매일 매일의 삶 속에서 어떻게 예배를 드려야 하는지가 나와 있다. 하나님이 우리에게 요구하시는 것은 "하나님이 거룩하니 우리도 거룩하라"는 것이다. 우리의 예배는 곧 생활이어야 한다. 하루하루를 하나님과 동행하는 삶을 살아야 한다. 그래서 레위기를 한마디로 표현한다면 죄 많은 우리가 어떻게 하면 거룩해질 수 있는지와 매일의 일상 속에서 어떻게 올바른 예배를 드릴 수 있는지를 알려주는 책이라 할 수 있다.

예배의 종류 다섯 가지	
번제	제물을 완전히 태우는 것이다(완전한 헌신).
소제	짐승이 아닌 곡식, 곡물로 드리는 유일한 피 없는 제사이다(봉사와 희생).
화목제	감사하거나 서원할 때 즐겁게 자발적으로 드리는 제사이다(친교, 나눔).
속죄제	정결제라고도 하며, 나의 죄를 깨닫고 회개하는 제사이다(하나님과의 관계 회복).
속건제	배상제라고도 하며, 누군가에게 손해를 입혔을 때 드리는 배상의 제사이다(이웃과의 바른 관계).

제사 방식	
화제	제물을 번제단 위에서 불로 완전히 태워서 드리는 것
거제	제물을 높이 들었다 내리는 것
요제	제물을 높이 든 채로 앞뒤로 흔드는 것
전제	제물에 포도주나 기름 등을 부어 드리는 것

위의 표에서 언급했듯이, 구약성경 시대에는 저런 방식의 제사가 있었지만 현대를 사는 우리는 같은 방식으로 제사를 드리지 않는다. 그래서 현대인들이 더 레위기를 읽지 않고 넘어가는 이유이다. 그러나 지금 이런 제사를 드리지 않는다고 해서 레위기가 무시되어서는 안 된다.

많은 예배의 종류 가운데서 하나님이 제일 먼저 언급하신 것은 번제이다.

번제는 완전히 전부 태워서 드리는 완전한 헌신을 뜻한다. 하나님이 우리를 사랑하셔서 독생자까지도 아끼지 않고 내주셨던 것처럼 우리도 하나님께 그런 헌신을 해야 한다는 뜻이다. 우리가 완전히 헌신하는 사랑을 하나님도 받고 싶으신 것이다. 번제단의 불은 꺼지면 안 된다. 하루 24시간 1년 365일 계속해서 켜져 있어야 한다. 한시도 주님을 잊으면 안 된다는 것을 번제의 제사가 보여주고 있다.

● 제사의 절차

만일 내가 어떤 죄를 지었다면 그 죄에 대해 용서함 받기 위해 나는 제물을 직접 가지고 제사장에게 가야 한다. 동물을 가지고 제사장 앞으로 가서, 제물의 머리 위에 내가 손을 얹고 안수를 한다. 이 안수는 내가 지은 죄를 제물에게 전가시키기 위함이다. 원칙대로라면 내가 번제단 위에 올라가야 한다. 이때 제물과 나는 하나가 된다. 그런 다음 제물을 잡는다. 그런데 누가 잡을까? 이 제물은 제사장이 잡지 않고 제물을 가지고 온 당사자가 직접 잡는다. 얼마나 끔찍하고 혐오스러운 일일까? 가죽도 벗겨야 하고 배도 가르고 내장이나 콩팥, 기름 등을 다 꺼내서 씻어야 한다. 이 끔찍한 것을 하나님은 왜 제사장이 아닌 죄 지은 당사자한테 직접 하라고 하신 걸까? 이것은 내가 지은 죄가 그만큼 끔찍하다는 것을 스스로 보게 하기 위함이다. 끊임없이 죄를 지어 이 끔찍한 짓을 계속하지 말고 죄에서 완전히 벗어나라는 교훈일 수도 있다. 또한 번제단 위에서 제물이 비참하게 타 죽어가는 모습을 보면서 나 스스로를 바라보게 하신다. 원래는 내가 죄를 지었으니 내가 직접 번제단에 올라가서 죽음을 맞아야 한다. 그러나 하나님의 넓고도 깊은 사랑으로 우리에게 이런 제사법을 주셨다. 하나님의 무한한 사랑을 느끼라고 하신다. 그래서 레위기는 그냥 우리와 상관이 없는 책으로 치부하며 넘어가도 되는 책이 아니다.

신약성경으로 넘어와서 우리의 제물은 누구신가? 영원하신 예수 그리스도가 친히 우리의 제물이 되어주셨다. 나 대신 십자가에서 피 흘려 죽으셨다. 왜 죄는 내가 지었는데 예수님이 피를 흘리셨을까? 죄 지은 자가 제물에게 안수할 때 하나가 된 것처럼 우리도 예수님을 믿음으로써 예수님과 하나가 된다. 나의 모든 죄가 예수님께 전가되었다. 온 인류의 죄를 다 뒤집어쓰시고 단 한 번의 십자가 사건으로 모든 것을 해결하셨다.

하나님은 우리를 너무도 사랑하셔서 우리의 모든 죄를 용서하여 주시지만, 또한 하나님이 정하신 법에 따라 우리가 행하지 않으면 바로 행동으로 보여주신다. 그것이 잘 나와 있는 곳이 레위기 10장 아론의 아들 나답과 아비후가 분향하는 장면이다. 이들이 제사를 드림에 있어 하나님이 지시하신 불로 하지 않고 자기들 마음대로 했을 때 하나님은 그 자리에서 그들을 죽이시는 모습도 볼 수 있다. 이렇게 구약성경 시대처럼 복잡한 제사를 드리지 않고 편안한 예배를 드리고 있는 지금의 상황에서 우리는 하나님께 보다 더 감사하고 또 감사해야 한다.

● **구원의 역사를 기념하는 레위기의 절기**

절기	일자	의미
유월절	매년 1월 14일	이스라엘이 애굽의 노예, 속박에서 해방된 날이다.
무교절	유월절 이후 7일간	죄의 완전한 도말과 성별, 누룩이 없는 무교병을 먹는다.
오순절	3월 6일 (유월절로부터 50일째)	밀, 보리의 첫 열매를 성별하여 거룩하게 드리는 절기이며, 칠칠절, 맥추절이라고도 한다.
나팔절	7월 1일	새해의 첫날을 하나님께 드린다. (히브리력으로 7월이 새해 첫째 달이다.)

속죄일	7월 10일	전체 이스라엘의 죄를 회개하는 대 속죄일이다.
초막절	7월 15-22일	절기 중 마지막 절기로 광야 40년 동안 지켜주신 것을 감사하는 절기이며, 수장절, 장막절이라고도 한다.

안식년과 희년	
안식년	첫해부터 6년간 땅을 경작하고 7년째는 온전히 땅을 쉬게 한다. 이때 스스로 자라는 곡식과 열매는 그 당시 가난한 사람들과 고아, 과부, 나그네들을 위한 것이다. 하나님의 놀라운 배려이다.
희년	안식년 7년이 7번 되풀이되고 난 후의 그 다음해를 뜻하며, 50년이 되는 희년에는 노예에서 해방되고, 잃었던 땅을 다시 돌려받아 누구나가 최소한의 생활을 보장받을 수 있는 거룩하고 은혜로운 제도이다.

레위기의 핵심

"나는 여호와 너희의 하나님이라 내가 거룩하니 너희도 몸을 구별하여 거룩하게 하고 땅에 기는 길짐승으로 말미암아 스스로 더럽히지 말라"(11:44)

민수기

책명

민수기라는 이름은 칠십인역(LXX)에서 '수들'을 뜻하는 '아리드모이' (Ἀριθμοί)에서 유래했으며, 불가타역은 누메로이(Numeri), 그리고 영어의 Numbers에서 붙여졌다. 그러나 히브리어 성경 명칭은 '광야에서'라는 '베미드바르'(במדבר)이다. 히브리어로 '광야'는 미드바르이고, '말씀'을 뜻하는 단어는 다바르이다. 우리말 성경 제목인 '민수기'는 '백성의 수를 세었다'라는 뜻에서 유래했다.

저자

본서의 저자는 모세이다.

기록 목적

민수기는 시내 산에서부터 약속의 땅 가나안 입구까지 이스라엘 백성들의 삶에 대한 내용을 기록한 책이라고 볼 수 있다. 민수기는 B.C. 1444년부터 1405년까지 거의 40년의 광야생활에 대한 이야기이다. 끊임없는 불순종과 불평에도 불구하고 하나님은 끝까지 이들을 약속의 땅까지 인도하신다. 그것은 하나님이 이스라엘 백성들과의 약속을 지키고자 하심이다.

구성

범위	내용
1-10장	약속의 땅 입성 준비
11-25장	시내 산에서 모압 평지까지의 여정
26-36장	모압 평지에서의 일들(약속의 땅을 기대하면서)

● 1-10장 : 약속의 땅 입성 준비

각 지파별 20세 이상 싸울 수 있는 사람을 계수하니 603,550명이다. 여기에 레위 지파는 포함되지 않는다. 레위 지파는 싸움에 나가는 사람들이 아니라 성전을 관리하고 말씀을 가르칠 사람들이다. 12지파를 4개의 지파로 나눈다.

지역	지파
동쪽	유다, 잇사갈, 스블론
서쪽	에브라임, 므낫세, 베냐민
남쪽	르우벤, 시므온, 갓
북쪽	단, 아셀, 납달리

나실인 법은 포도주나 독주를 피하고, 삭도를 대지 않고, 시체를 멀리해

야 함을 언급한다. 두 번째 유월절을 맞이하며 시체를 만져 부정한 사람이
나 먼 여행 중에 있는 사람도 유월절을 지키라 명하신다. 매년 첫째 달 14일
은 유월절이다. 이날은 어린 양에 무교병과 쓴 나물을 먹고 이것을 아침까
지 남겨두지 말고 어린 양의 뼈를 꺾지 말아야 한다. 타국인이나 거류민도
유월절을 지킬 수 있다. 그러나 마땅히 지킬 수 있는 상황임에도 불구하고
지키지 않는 것은 죄를 짓는 일이다.

● 11-25장 : 시내 산에서 모압 평지까지의 여정

백성들이 먹을 것으로 불평한다. 애굽에서는 고기, 생선, 오이, 참외, 부추
등을 먹었는데 광야에서는 만나밖에 먹지 못해 기력이 쇠해졌다. 만나의
뜻은 "이게 뭐냐?"이다. 밤새 백성들이 불평하며 울부짖자 하나님이 진노하
시고 모세도 화가 난다. 모세가 참다못해 하나님께 대들 듯 내가 이들을 낳
았냐며 하소연한다. 모세 혼자서는 감당할 수 없다고 토로하며 죽고 싶다고
한다. 그러자 하나님이 모세에게 장로와 지도자가 될 만한 사람 70명을 데
리고 오라고 하신다. 하나님이 그들에게도 영을 임하게 하셔서 모세와 함께
백성의 짐을 담당하게 하신다. 백성들이 또다시 자기들을 왜 애굽에서 나
오게 했냐며 불평하고 먹는 것에 대한 불만을 터트리자 하나님도 화가 나
셨다. 내일부터 한 달 동안 고기를 먹게 해 주신다고 한다. 바람이 여호와께
로부터 나와 바다에서부터 메추라기를 몰고 온다. 오랜만에 보는 고기를 실
컷 먹지만 고기가 아직 이 사이에 있어 씹히기도 전에 하나님이 백성에게
진노하사 큰 재앙으로 치셨다. 또한 모세가 구스 여자를 취한 일로 미리암
과 아론이 모세를 비방하고 왜 모세 너만 제사장 노릇하냐며 따진다. 모세
를 비방한 일로 미리암은 나병에 걸린다.

13장

바란 광야에서 12명의 정탐꾼을 선발하여 앞으로 들어갈 약속의 땅이 어떠한지, 그 땅 거민이 강한지 약한지, 많은지 적은지, 그들이 사는 땅이 좋은지 나쁜지, 사는 성읍이 진영인지 산성인지, 토지가 비옥한지 메마른지, 나무가 있는지 없는지 정탐하고 그 땅의 실과를 가져오라며 정탐꾼을 보낸다. 그때는 포도가 처음 익을 즈음이다. 이들이 가나안 정탐을 마치고 40일 만에 돌아온다. 돌아온 이들이 모세와 아론과 이스라엘 백성들 앞에서 정탐한 내용을 보고한다. 그 땅에서 따온 과일도 선보인다. 이들의 대답은 그 땅에 가보니 젖과 꿀이 흐르는 비옥한 땅이며 과일 또한 싱싱하고 맛이 좋다고 보고한다. 그러나 그 땅 거주민은 강하고 성읍은 견고하며 심히 클 뿐 아니라 거기서 아낙 자손을 보았는데 너무도 컸다고 한다. 때문에 우리는 가나안에 들어가 보았자 메뚜기 취급을 당할 것이고, 그들과 싸워봤자 질 것이 뻔하기 때문에 들어갈 수 없다고 한다. 하지만 갈렙과 여호수아는 전혀 다른 말을 한다. 지금이라도 당장 올라가서 그 땅을 취할 수 있다고 말한다. 백성들은 밤새 악평하며 또다시 자신들을 왜 애굽에서 나오게 했냐며 모세와 아론을 원망한다. 마침내 백성들은 다시 애굽으로 돌아가자며 지휘관을 한 명 세운다.

이 일로 모세와 아론과 여호수아와 갈렙이 하나님께 중보기도를 하고, 백성들을 진정시키며 여호와를 실망시키지 말자고 하는데 백성들은 오히려 그들을 돌로 치려 한다. 그때 여호와의 영광이 회막에 나타나신다. 백성들이 하나님을 멸시한 것에 화가 나셔서 하나님이 전염병으로 그들을 진멸하려고 하자 모세가 중보기도를 한다. 여기서 백성들을 죽이시면 여호와가 이 백성에게 주기로 맹세한 약속의 땅으로 인도할 능력이 없어서 죽였다는 소리를 듣게 될 것이니 죄악을 용서해 주시라고 모세가 하나님을 말린다.

이에 하나님은 모세의 말을 들어주신다.

그러나 하나님께서는 모세에게 애굽과 광야에서 행한 내 이적을 보고서도 이같이 열 번이나 나를 시험하고 내 목소리를 청종하지 않은 그 사람들은 내가 그들의 조상들에게 맹세한 땅을 결단코 보지 못할 것이고, 또 나를 멸시하는 사람은 한 사람도 그것을 보지 못한다고 하시며 결국 갈렙과 여호수아만 들여보낸다고 하신다. 너희 말이 내 귀에 들린 대로 내가 너희에게 행하고 너희 시체가 이 광야에서 다 엎어질 것이라고 한다. 그 땅을 정탐한 날 수인 40일의 하루를 1년으로 쳐서 40년간 광야에서 죄악을 담당하게 하신다.

17장

모든 지휘관(지파)에게 지팡이를 하나씩 가져오게 해서 12개의 지팡이에 각각의 이름을 쓰게 한다. 레위의 지팡이에는 아론의 이름을 쓰게 한다. 각각의 이름을 쓴 12개의 지팡이를 증거궤 앞에 두면 하나님이 택한 자의 지팡이에서 싹이 난다고 하신다. 이것으로 이스라엘 자손이 너희에게 대하여 원망하는 말을 내 앞에서 그치게 한다고 하신다. 이튿날 모세가 보니 레위 집을 위하여 낸 아론의 지팡이에 움이 돋고 순이 나고 꽃이 피어서 살구 열매가 열렸다. 싹이 난 아론의 지팡이를 증거궤 앞으로 가져다가 거기 간직하며 반역한 자에 대한 표징이 되게 한다. 하나님에 대한 불평과 원망을 그치고 더이상 죽지 않게 하려고 보여주셨다.

20장

가데스에 이르렀는데 물이 없자 백성이 또 모세와 다툰다. 우리 형제들이 여호와 앞에서 죽을 때에 우리도 죽었더라면 좋을 뻔했다고 백성들은 아우성이다. "왜 우리를 애굽에서 인도해서 우리와 우리 짐승을 여기서 죽게 하냐? 왜 애굽에서 나와 이렇게 나쁜 곳으로 인도하냐? 이곳에는 파종할 곳도 없고 무화과도 없고 포도도 없고 석류도 없고 마실 물도 없다"고 계속 투덜댄다. 하나님이 모세에게 지팡이를 가지고 반석에게 명령하여 물을 내어 그 물로 백성과 짐승에게 마시게 하라고 한다.

모세가 지팡이를 잡고 회중을 반석 앞에 모으고 말한다. 모세가 백성에게 화가 났다. "반역한 너희여 들어라! 우리가 너희를 위하여 이 반석에서 물을 내랴" 하고 손을 들어 지팡이로 반석을 두 번 치니 물이 솟아나와 백성과 짐승이 먹었다. 화를 내며 반석을 친 모세에게 하나님께서 말씀하신다. "너희가 나를 믿지 아니하고 이스라엘 자손의 목전에서 내 거룩함을 나타내지 아니한 고로 너희는 이 회중을 내가 그들에게 준 땅으로 인도하여 들이지 못하리라" 하신다. 여기 이 물을 이스라엘 자손이 여호와와 다투었으므로 '므리바 물'이라 한다.

21장

백성이 호르 산에서 출발하여 홍해 길을 따라 에돔 땅을 우회하려 하였다가 또 마음이 상한다. 또 원망하기 시작한다. 왜 우리를 애굽에서 인도해내서 이 광야에서 죽게 하느냐, 이곳은 먹을 것도 없고 물도 없고 이 하찮은 음식(만나)도 이제 신물이 난다며 불평한다. 이로 인해 여호와께서 불뱀을 보내 많은 백성들이 불뱀에 물려 죽었다. 이것이 자신들의 원망으로 인한 것임을 알고 상황이 급해지자 백성들은 모세에게 기도해 달라고 부탁한다. 모세가 하나님께 기도하자 하나님이 처방을 주시는데, 놋뱀을 만들어 장대 위에 달고 뱀에게 물린 자가 놋뱀을 쳐다보면 살 것이라 하신다. 이 말씀을 믿고 쳐다본 사람들은 살고, 믿지 않은 사람들은 죽었다.

22-25장

모압 평지에 진을 쳤으니 요단 건너편 여리고 맞은편이다. 모압 왕 십볼의 아들 발락이 이스라엘이 아모리인에게 행한 모든 일을 보고 두려워한다. 발락이 사신을 브올의 아들 발람에게 보낸다. 발락이 발람에게 이스라엘 백성들을 저주해 달라고 부탁한다. 모압 장로들과 미디안 장로들이 복채를 들고 발람에게 가서 전한다. 하나님이 발람에게 이 사람들이 누구냐고 물으신다. 이스라엘 백성들을 저주해 달라고 온 자들이라고 하자 하나님이 발람에게 "너는 그들과 함께 가지도 말고 이스라엘 백성을 저주하지도 말라 그들은 복을 받은 자들이다"라고 하신다.

이튿날 발람은 그 귀족들에게 돌아가라고 한다. 여호와께서 너희와 함께 가는 것을 허락하지 않는다며 왕에게 전하라고 한다. 그들이 돌아가 발락 왕에게 전한다. 그러자 발락이 더 높은 고관들을 더 많이 발람에게 보낸다. 발람이 와서 저주만 해 준다면 발람을 높여 존귀하게 해 주겠다고 한다. 그런데도 발람은 아무리 많은 은금을 준다 해도 여호와의 말을 거역하지 못한다고 한다. 그러자 이번에는 하나님이 발람에게 그들과 함께 가라고 하시면서, 대신에 하나님은 발람에게 자신이 전해준 말만 하라고 하신다.

발람이 아침에 일어나서 자기 나귀에 안장을 지우고 고관들과 함께 간다. 나귀는 여호와의 사자가 칼을 빼어 손에 들고 길에 선 것을 보고 길에서 벗어나 밭으로 들어간다. 그러자 발람이 나귀를 때린다. 나귀가 여호와의 사자를 보고 자꾸 몸을 뒤틀자 발람이 나귀를 채찍질한다. 이번에는 사방이 막힌 곳에서 여호와의 사자가 서 있는 것을 보고 나귀가 발람 밑에 엎드리자 발람이 화가 나서 지팡이로 나귀를 때린다. 여호와께서 나귀 입을 여시니 나귀가 발람에게 "내가 당신에게 무엇을 하였기에 나를 이같이 세 번이나 때리느냐"며 화를 낸다. 그러자 발람이 "네가 나를 거역하기 때문이니 내 손에 칼이 있었더라면 곧 너를 죽였으리라"고 한다. 나귀가 "난 일생동안 당신과 함께했는데 내가 언제 당신한테 이렇게 한 적이 있냐? 한 번도 이런 적 없다"고 대든다.

그때 여호와께서 발람의 눈을 밝히시니 발람이 여호와의 사자를 보고 머리를 숙이고 엎드린다. "나귀가 만일 돌이켜 나를 피하지 아니하였더면 내가 벌써 너를 죽이고 나귀는 살렸으리라"고 여호와께서 말씀하신다. 발람이 잘못을 고하고 돌아가겠다고 하자 여호와는 고관들과 함께 가되 내가 이르는 말만 하라고 하신다. 발람이 도착해서 사람들에게 "내가 오기는 했지만 하나님이 내게 주신 말만 하겠다"고 한다. 발락이 내게 말하기를 "자기를 위하여 야곱을 저주하고 이스라엘을 꾸짖으라"고 했다. 하지만 하나님이 저주하지 않으신 자를 내가 어찌 저주하며 여호와께서 꾸짖지 않으신 자를 내가 어찌 꾸짖을 수가 있느냐라고 대답하며 저주 대신 축복을 하자 발락이 화를 낸다.

이번에는 발락이 발람에게 말하며 그들을 저주하지도 말고 축복하지도 말라고 한다. 그러자 발람이 여호와께서 하라고 하신 것은 내가 그대로 할 수밖에 없다고 전한다. 발람이 이스라엘을 축복하는 것을 여호와께서 좋게 보시고 발람에게 전과 같이 점술을 쓰지 아니하고 그의 낯을 광야로 향하게 하신다. 발락이 발람에게 이스라엘 백성들을 저주하라고 불렀는데 오히려 세 번씩이나 축복하자 발락이 화를 내고 간다.

이스라엘 백성들이 싯딤에 머물렀는데 백성들이 모압 여자들과 음행을 한다. 그 여자들의 신들에게 절하고 같이 먹고 마신다. 백성들이 바알브올에 가담함으로 여호와가 진노하신다. 음행한 백성의 수령들을 잡아 태양을 향하여 여호와 앞에 목매어 달게 하고 바알브올에게 가담한 사람들을 죽이라 명하신다. 미디안의 수르의 딸 고스비라는 여인을 시므리가 자신의 막사로 데리고 들어간다. 시므리는 살루의 아들이고 시므온 조상의 가문 중한 지도자다. 이를 본 아론의 손자 엘르아살의 아들 비느하스가 손에 창을 들고 막사에 들어가 남자와 여인의 배를 꿰뚫어 두 사람을 죽이자 염병이 그쳤다. 염병으로 죽은 자가 24,000명이다. 여호와께서 비느하스에게 평화의 언약을 주신다. 그와 그의 후손에게 영원한 제사장 직분을 주신다고 약속하신다. 그리고 모세에게 미디안들을 대적하여 치게 하신다.

● 26-36장 : 모압 평지에서의 일들

염병이 지난 후에 20세 이상 전쟁에 나갈 만한 사람을 계수한다. 고라의 반역으로 250명이 죽었지만 그의 아들들은 그 일에 가담하지 않아 죽지 않았다. 헤벨의 아들 슬로브핫은 아들이 없고 딸만 5명이다. 계수 된 자가 601,730명이다. 이 명수대로 땅을 나눠 주어 기업을 삼게 하신다. 수가 많으면 많은 대로, 적으면 적은 대로 공평하게 분배한다. 레위는 계수에 들지 않았다. 기업이 없기 때문이다. 1차 계수한 사람들은 여기에 한 명도 포함이 안 되었다. 갈렙과 여호수아 외에 한 사람도 남지 않고 다 죽었기 때문이다.

슬로브핫은 고라의 무리에 들지 않고 죽었지만 아들이 없었다. 그래서 슬로브핫의 딸들이 모세를 찾아왔다. 아들이 없이 죽었다고 해서 아버지의 이름이 그 종족에서 삭제되는 것은 부당하다며 기업을 달라고 요구한다. 모세가 여호와께 묻자 그 딸들의 말이 옳으니 기업을 주라고 하신다.

모세에게 아바림 산에 올라가서 가나안 땅을 바라보라고 한다. 그리고 모세에게 죽음을 말씀하신다. 가데스에서의 므리바 물 사건 때문이라고 하신다. 모세가 후계자를 걱정하자 눈의 아들 여호수아에게 안수하라고 하신다.

전쟁에 나갈 사람들을 무장시키고 미디안을 쳐서 여호와의 원수를 갚으라고 하신다. 각 지파에서 1,000명씩 12,000명을 무장시킨다. 엘르아살의 아들 비느하스에게 성소의 기구와 나팔을 들려서 그들과 함께 전쟁에 보낸다. 미디안을 쳐서 남자를 다 죽이고, 그 죽인 자 외에 미디안의 왕 5명도 죽이고, 브올의 아들 발람도 죽인다. 미디안 부녀들과 아이들, 가축을 다 탈취하고 성읍과 촌락을 불사르고 탈취한 것을 가지고 백성 앞에 나온다.

싸움에서 돌아온 천부장들과 백부장들에게 모세가 화를 낸다. 왜 여자들을 살려서 데려왔냐는 것이다. 이들로 인해 발람의 꾀를 따라 이스라엘 자손이 브올의 사건에서 여호와 앞에 범죄하여 염병이 일어났었기 때문이다. 사로잡아 온 아이들 중 남자는 다 죽이고 남자와 동침하여 사내를 아는 여자도 다 죽인다. 모든 것을 정결하라고 하시며 빼앗은 금, 은, 동도 불을 한 번 통과함으로써 깨끗하게 하라고 하신다.

르우벤 자손과 갓 자손은 가축이 심히 많았다. 그들이 야셀 땅과 길르앗 땅을 보니 목축할 만한 좋은 장소였다. 이 땅을 자신들에게 주고 자기들은 요단 강을 건너지 않게 해 달라고 한다. 이에 모세가 너희 형제들은 싸우러 나가는데 너희는 이곳에 남아 있겠냐고 하자, 가나안 정복을 완수할 때까지는 요단 동편으로 돌아오지 않겠다고 약속을 한다. 그리고 요단 저쪽에서는 기업을 받지 않겠다고 약속한다.

요단 강을 건너 가나안에 들어가거든 그 땅의 원주민들을 다 몰아내고 우상도 전부 깨뜨리고 산당도 헐고 그 땅을 점령하여 거기 거주하라고 명하신다. 하나님이 이스라엘 백성들에게 그 땅을 주시며 그 땅의 원주민들을 다 몰아내라고 하신 것은, 그렇게 하지 않으면 나중에 그들에게 괴롭힘을 당할 것이기 때문이다.

레위인에게 48개의 성읍을 줄 것을 명령하며 그중 6개는 살인자들이 피할 도피성으로 사용하게 하신다. 도피성은 부지중에 살인한 자가 피할 수 있는 장소이다. 이것은 이스라엘 백성과 타국인 모두에게 해당된다. 슬로브핫 딸들의 요구대로 그들에게 기업을 주었다. 그 대신 이들은 그 조상 지파의 종족에게로만 시집갈 수 있다. 다른 지파와의 결혼으로 인해 지파를 옮겨 다니는 것을 막기 위함이다. 그렇게 함으로 각자가 자기 지파의 기업을 지킬 수 있기 때문이다. 그래서 슬로브핫의 딸들은 숙부의 아들들의 아내가 되었다. 마지막 36장에 또다시 슬로브핫 딸들의 얘기로 마무리하는 것은 가나안 땅의 정복이 기정사실화 되었음을 의미한다.

민수기의 핵심

"그들에게 이르기를 여호와의 말씀에 내 삶을 두고 맹세하노라 너희 말이 내 귀에 들린 대로 내가 너희에게 행하리니"(14:28)

신명기

책명

모세오경의 마지막 책이다. 히브리어 성경의 제목은 '드바림'(דברים, 말씀들)이다. 칠십인역(LXX)은 '듀테로노미온'(Δευτερονόμιον, 두 번째 율법)이라는 이름을 붙였다. 우리말 성경인 '신명기'(申命記)는 되풀이 '신'(申)을 사용하여 거듭해서 당부하고 반복해서 말씀하신다는 뜻이다.

저자

본서의 저자는 모세이다.

기록 목적

이스라엘 백성들이 출애굽을 한 후 광야에서 40년간을 보낸다. 이들의 불평은 끝이 없었고, 지도자로 세움 받은 모세 또한 끊임없이 이들을 설득하며 이끌어 간다. 드디어 하나님이 지시하신 약속의 땅이 눈앞에 있다. 그러나 처음 애굽에서 나온 백성들은 이미 광야에서 죽었고, 지금은 모세와 여호수아, 갈렙과 2세대만이 남아 있다. 광야에서 태어난 2세대는 하나님과 맺은 언약이나 율법에 대해 잘 알지 못했다. 그래서 모세가 이들 2세대에게 다시 가르쳐야만 했다. 그렇게 고생하며 백성들을 이끈 모세 또한 가나안에 들어가지 못한다. 가나안 땅을 눈앞에 둔 이스라엘 백성들에게 모세는 3번의 설교를 한다. 이들에게 신신당부하며 하나님의 말씀과 언약에 대해 거듭 반복한다. 여호수아가 모세의 뒤를 잇는다. 신명기는 출애굽기부터 민수기의 내용들이 다시 한 번 반복되고 되풀이된다.

구성

1-30장 : 모세의 설교		31-34장 : 모세의 최후	
1장-4장 43절	첫 번째 설교 : 출애굽 광야생활 회상	31-34장	모세의 노래, 축복, 죽음
4장 44절 -28장	두 번째 설교 : 십계명, 축복과 저주		
29-30장	세 번째 설교 : 모압 언약 체결		

● 1-30장 : 모세의 설교

1장-4장 43절 : 첫 번째 설교

모세는 지난 40년의 광야생활을 회상한다. 호렙 산에서 하나님이 하신 말씀에 대해, 또 가데스바네아에서의 불순종한 사건에 대한 지난 일들을 회고한다. 요단 동편 땅을 정복한 후 여호와의 명령에 따라 지파에게 분배하고 호렙 산에서 받은 두 돌판의 계명을 지킬 것을 당부한다.

4장 44절-28장 : 두 번째 설교

두 번째 설교는 세 번의 설교 중 가장 많은 비중을 차지한다. 언약신앙의 본질이 무엇이며 언약규정에 대해 상세히 다룬다. 모세가 호렙 산에서 받은 두 돌판에 새겨진 십계명에 대해 설명한다(5장). 신명기 6장 4-9절은 '들으라'는 말의 히브리어 '쉐마' 말씀이 나온다. 쉐마는 경건한 자들이 날마다 낭송하는 신앙고백이다. 하나님의 거룩한 백성답게 살려면 어떻게 해야 되는지에 대해 설명한다(7장). 모세는 이들이 가나안에 들어가면 어떻게 우상을 척결하고, 하나님만이 온 우주의 왕이심을 밝혀내야 하는지에 대해 가르친다. 가나안 문화에 흡수되어서는 안 되며 오히려 하나님을 드러내야 한다. 앞서 레위기에서 가르쳤던 내용들이 다시 한 번 언급된다. 이들이 제사와 절기를 어떻게 지켜야 하는지와 하나님을 잘 섬겨야 하는 것에 대한 모세의 잔소리다. 신명기 27-28장은 하나님의 축복과 저주가 나온다. 그러나 축복의 말씀보다는 저주의 말씀이 훨씬 더 많다는 것을 알아야 한다.

29-30장 : 세 번째 설교

모세의 세 번째 설교는 모압 땅에서 세운 모압 언약이다. 이미 광야 1세대는 광야에서 다 죽었고 지금은 2세대만이 남아 있다. 이들이 하나님의 언약을 잘 지키며 끝까지 하나님의 백성으로 살기를 모세는 간절히 바라며 설교하고 있다.

• 31-34장 : 모세의 최후

모세는 자신의 사명을 다 감당하고 여호수아를 후계자로 임명했다. 또한 매 7년마다 율법을 낭독하여 온 이스라엘이 들어야 한다고 정한다. 모세의 노래에는 하나님의 위대하심과 높으심이 잘 나타나 있다. 모세는 느보 산에 올라가 가나안 땅을 내려다본다. 모세는 12지파에게 유언의 말씀을 남긴다. 모세는 120세에 생을 마감하게 되며, 모세의 뒤를 여호수아가 잇는다.

신명기의 핵심

"이스라엘아 들으라 우리 하나님 여호와는 오직 유일한 여호와이시니 너는 마음을 다하고 뜻을 다하고 힘을 다하여 네 하나님 여호와를 사랑하라"(6:4-5)

"모세가 그들에게 명령하여 이르기를 매 칠 년 끝 해 곧 면제년의 초막절에 온 이스라엘이 네 하나님 여호와 앞 그가 택하신 곳에 모일 때에 이 율법을 낭독하여 온 이스라엘에게 듣게 할지니"(31:10-11)

구약성경 ——————— 제2장

정복·사사시대

06

여호수아

책명

모세의 후계자인 여호수아의 이름을 제목으로 붙였다. 성경 가운데 인명을 제목으로 직접 쓴 첫 번째 책이기도 하다. 히브리어(יְהוֹשֻׁעַ)나 칠십인역(LXX)(Ἰησοῦς τοῦ Ναυή, 눈의 아들 예수), 그리고 영어(Joshua)와 우리말 성경 모두가 '여호수아'로 책명을 삼는다.

저자

저자는 여호수아이다. 여호수아는 에브라임 지파 눈의 아들이다. 여호수아라는 이름의 뜻은 "여호와는 구원이시다" 또는 "여호와께서 구원을 베푸시다"이다. 그러나 여호수아의 원래 이름은 '호세아'였지만 모세가 바꾸어 주었다. 호세아는 '구원'이라는 뜻이다.

여호수아를 헬라어로 번역하면 '예수'가 된다. 즉, 여호수아는 예수님을 예표한다. 광야생활을 인도하고 지도했던 모세는 비록 약속의 땅에 들어가지 못하지만 모세 뒤에서 열심히 사명을 감당한 여호수아는 이스라엘 백성들을 이끌고 가나안을 정복하는 위대한 이스라엘의 지도자가 된다.

기록 배경

여호수아서는 B.C. 1405-1382년까지의 가나안 정복에 대한 이야기이다. 여호수아서를 읽다보면 뒷부분에 자신의 죽음에 관한 이야기가 나온다. 이를 놓고 여호수아가 저자가 아니라는 의견들도 있지만 확실한 것은 여호수아서의 대부분은 여호수아가 썼다는 것이다.

기록 목적

하나님께서 이스라엘 백성들에게 약속하신 가나안 땅을 어떻게 정복하고, 어떤 방식으로 땅을 나누는지 보여줌으로써 하나님의 약속이 실현됨을 기록했다. 하나님이 약속하신 땅에서 이들이 하나님의 율례와 규례를 지키며 잘 살 것을 당부하기 위함이다.

구성

범위	내용
1-12장	땅의 정복(가나안 입성, 가나안 정복)
13-21장	땅의 분배
22-24장	첨언(여호수아의 고별 설교)

● 왜 모세가 아닌 여호수아가 가나안에 들어갔을까?

여호수아는 애굽에서 태어났다. 태어나보니 부모뿐만 아니라 자기의 종족이 이방 나라에서 노예생활을 하고 있다. 어느 날 모세가 이들을 이끌고 출애굽을 한다. 모세는 여호수아를 수행비서처럼 데리고 다닌다. 시내 산에 율법을 받으러 갈 때도 여호수아와 함께 가고, 가나안을 정탐할 때도 여호수아를 보낸다.

출애굽 후 얼마 되지 않아 아말렉과의 싸움이 벌어졌다. 이때 모세가 여호수아를 싸움터에 내보낸 것으로 보아 무예가 출중했던 것 같다. 여호수아는 모세가 지시하는 것은 무엇이든 그대로 순종했다. 모세가 하나님께 후계자를 구했을 때 하나님은 순간 망설임도 없이 바로 여호수아를 지목하신다. 하나님은 여호수아를 "그 안에 영이 머무는 자"라고 평가하셨다.

● 1-12장 : 땅의 정복

모세가 죽고 나자 이 백성들을 이끌고 가나안에 들어갈 생각을 하니 여호수아는 앞이 막막했다. 두려워 떨고 있는 여호수아에게 하나님은 강하고 담대하라고 하시며 주야로 말씀을 묵상하라고 하신다. 사흘 안에 요단을 건널 것이니 준비하라고도 명하신다.

싯딤에서 두 사람이 여리고를 정탐하기 위해 떠나고 거기서 기생 라합의 집에 거한다. 라합 집에 정탐꾼이 왔다는 소식을 들은 여리고 왕은 사람을 보내어 정탐꾼을 끌어내라고 한다. 그러나 이미 정탐꾼을 숨긴 라합은 그들이 어디로 갔는지 모른다고 대답한다. 라합은 이미 하나님에 대한 얘기도 들었고, 홍해를 가른 일부터 시작해서 하나님이 이들에게 많은 이적을 행하신 것을 들어 익히 알고 있었다. 또한 이 땅이 앞으로 이스라엘 백성들의 땅이 될 것이라는 것도 알았다. 그래서 목숨 걸고 정탐꾼들을 숨겨주었다. 대신 이 땅을 정복할 때 지금 자기가 정탐꾼들을 보호해 준 것처럼 자신의 가족들의 목숨도 보호해 줄 것을 요청한다. 그러자 정탐꾼은 라합에게 창문에 붉은 줄을 매어 놓고 가족을 모아놓으라 하고 떠난다. 그들을 보내고 라합은 바로 창문에 붉은 줄을 맨다.

레위 제사장들이 언약궤를 메고 먼저 나서고 백성이 그 뒤를 따른다. 거리 2천 규빗을 띄우고 가까이 가지 말라고 한다. 이때는 곡식 거두는 시기여서 물이 언덕으로까지 넘친다. 각자 자신을 성결하게 하고 요단 물가에 이르거든 요단에 들어서라고 하신다. 12지파 족속 중에 한 사람씩 뽑아 12명을 택하고, 궤를 멘 제사장들의 발바닥이 요단 물을 밟고 가만히 멈추면 요단 물도 곧 멈출 것이라고 하였다. 궤를 멘 제사장들의 발이 물가에 잠기자 요단 물이 멈추고 궤를 멘 제사장들은 요단 가운데 마른 땅에 굳게 섰고 백성이 다 건너기를 마칠 때까지 마른 땅으로 건넜다.

요단을 건너고 각 지파에서 한 사람씩 12사람을 택하고, 요단 가운데 제사장들의 발이 굳게 선 곳에서 12돌을 취해서 오늘밤 잘 곳에 두라 하신다. 이 돌은 나중에 후대에게 설명할 때 이스라엘 백성들이 요단 물을 건널 때 여호와의 궤 앞에서 요단 물이 끊어짐을 기념하기 위함이다. 또 요단 가운데 12돌을 세웠더니 오늘까지 거기에 있다. 이날 하나님이 여호수아를 크게 하셨다. 언약궤를 멘 제사장들이 요단 가운데서 나오자 그 발바닥으로 육지를 밟는 동시에 요단 물이 흘러 넘쳐 전과 같이 되었다. 12돌을 길갈에 세우고 그 뜻을 알려준다.

부싯돌로 칼을 만들어 백성들에게 할례를 하게 하신다. 애굽에서 나온 남자들은 비록 광야에서 다 죽었지만 이미 할례를 받은 상태였다. 그러나 광야 길에서 난 자들은 할례를 받지 못하였다. 이들이 할례를 마치고 낫기를 기다린다. 할례 받은 이곳을 '길갈'이라고 명한다. 길갈의 뜻은 "애굽의 수치를 너희에게서 떠나가게 하였다"이다.

길갈에서 유월절도 지키고 그동안 광야에서 먹었던 만나를 더이상은 볼 수 없었다. 여호와의 군대대장이 여호수아 앞에 나타나 "네 발에서 신을 벗으라 네가 선 곳은 거룩하니라"(5:15)라고 명한다. 하나님이 여리고 성을 무너뜨리기 위해 명하신다. "모든 군사는 그 성을 둘러 성 주위를 매일 한 번씩 돌되 6일 동안 하고, 제사장 일곱은 일곱 양각 나팔을 잡고 언약궤 앞에서 나아갈 것이요, 일곱째 날에는 그 성을 일곱 번 돌며 그 제사장들은 나팔을 불 것이라. 나팔을 길게 불어 그 소리가 너희에게 들릴 때에 백성은 큰소리로 외쳐 부를 것이라. 그리하면 성벽이 무너져 내리니 백성은 올라가라. 그 성과 그 가운데에 있는 모든 것은 여호와께 온전히 바치되 기생 라합과 그 집에 동거하는 자는 모두 살려 주라."

라합은 정탐꾼을 숨겨주었기 때문에 죽음에서 구원받을 수 있었다. "그외의 것은 온전히 바치고 바친 물건에 손대지 말라." 성벽이 무너져 백성이 그 성을 점령하고 남녀노소, 양과 나귀를 칼로 다 멸했다. 앞으로 누구든지 여리고 성을 건축하는 자는 여호와 앞에서 저주를 받을 것이니 기초를 쌓을 때 맏아들이 죽고 문을 세울 때 막내아들이 죽을 것이라고 하셨다.

유다 지파 세라의 증손 삽디의 손자 갈미의 아들 아간이 여호와께 바친 물건을 몰래 가짐으로 여호와께서 진노하신다. 백성들을 아이 성으로 보내 정탐하게 한다. 그들은 소수라며 2-3,000명만 올라가서 싸우자고 한다. 그래서 백성 3,000명이 올라갔지만 패배하고 돌아온다. 오히려 아이 성 사람들이 이스라엘 백성 36명을 쳐 죽이니 이스라엘 백성들이 도망한다. 패배한 것에 대해 여호수아가 하나님께 통곡하자 하나님은 바친 물건을 도둑질한 사람 때문에 이 싸움에서 패배한 것이라고 하신다. 뽑힌 자를 불사르고 그와 그의 모든 소유도 같이 불사르라고 하신다. 범인을 잡기 위해 제비뽑기를 하자 아간이 뽑혔다. 아간은 노략한 물건 중에 시날 산의 아름다운 외투 한 벌과 은 이백 세겔과 오십 세겔 되는 금덩이 하나를 보고 탐내어 가졌다고 한다. 물건들을 장막 가운데 땅속에 감추었는데 은은 그 밑에 있다고 한다. 이에 아간과 그 은과 그 외투와 그 금덩이와 그의 아들들과 그의 딸들과 그의 소들과 그의 나귀들과 그의 양들과 그의 장막과 그에게 속한 모든 것을 이끌고 전부 불사른다. 이곳 이름을 '아골 골짜기'라고 한다.

다시 아이로 올라가서 성을 정복하라고 하신다. 거기서 취한 물건과 가축은 갖고, 성읍을 취하거든 불살라야 한다. 여호수아가 그의 손에 잡은 단창을 들어 그 성읍을 가리키니 백성들이 성읍으로 달려 들어가 점령하고 불을 놓으니 황폐하게 되었다. 아이 왕을 나무에 달았다가 해 질 때에 명령하여 그의 시체를 나무에서 내려 그 성문 어귀에 던진다. 또한 에발 산과 그리심 산 앞에서 율법을 낭독한다.

기브온 주민들이 이스라엘 백성들이 여리고와 아이에 행한 일을 듣고 꾀를 내어 사신의 모양을 꾸미며 해어진 전대와 해어지고 찢어져서 기운 가죽 포도주 부대를 나귀에 싣고, 낡아서 기운 신을 신고 낡은 옷을 입고 다 마르고 곰팡이가 난 떡을 준비하여 여호수아에게 이른다. 자기들이 먼 나라에서 왔다고 속이며 여호수아에게 조약을 맺자고 한다. 만일 조약을 맺으면 이들의 종이 되겠다고 한다. 떡을 보여주며 오는 길이 너무 멀어 오다가 상해서 곰팡이가 피었다고 속인다. 여호수아가 그들의 양식을 취하고 이번에는 여호와께 묻지 아니하고 그들과 화친을 맺고 조약을 맺었다. 조약을 맺고 사흘 후에 그들이 자기들 중에 거주하는 자들임을 뒤늦게 알게 된다.

그러나 여호와의 이름으로 그들과 맹세했기 때문에 그들을 치지 못한다. 그래서 평생 나무를 패며 물을 긷는 자가 되게 한다. 너희가 속였으므로 저주를 받는 것이니, 너희 대를 이어 종이 되고 하나님의 집을 위하여 나무를 패며 물을 긷는 자가 되라고 한다. 이들이 여호수아를 속인 이유는, 하나님이 이 땅을 이스라엘 백성들에게 주고 다 진멸하라고 하신 것을 듣고 두려워 자신들의 목숨을 부지하기 위함이었다. 이들이 비록 속이기는 했으나 그 결과 가나안의 다른 족속들이 진멸당할 때 목숨을 보존할 수 있었다.

기브온과 이스라엘이 화친했다는 소식을 듣고 예루살렘 왕 아도니세덱이 두려워하였다. 기브온은 왕도와 같은 큰 성이며 아이보다 크고 사람들도 강했다. 예루살렘 왕이 왕들을 모으고 기브온을 치자고 하자, 기브온 사람들이 여호수아에게 도움을 요청하게 되고, 이에 여호수아가 싸우러 나간다. 그들이 이스라엘 앞에서 패한다. 그들이 도망할 때 하늘에서 큰 우박덩이가 내렸는데, 이때 이스라엘 자손의 칼에 죽은 자보다 우박 맞아 죽은 자가 더 많았다.

여호와께서 아모리 사람을 이스라엘 자손에게 넘겨주시는 날에 여호수아가 여호와께 아뢰되 "태양아 너는 기브온 위에 머무르라 달아 너도 아얄론 골짜기에서 그리할지어다"(10:12)라고 하자 태양이 머물고 달이 멈추기를 백성이 그 대적에게 원수를 갚기까지 하였다. 여호와께서 친히 사람의 목소리를 들으신 이 같은 날은 전에도 없었고 후에도 없었으니 이는 여호와께서 이스라엘을 위하여 싸우셨음이다.

5명의 왕들이 도망하여 막게다의 굴에 숨었더니 여호수아가 큰 돌로 막고 나머지 백성들을 다 진멸했다. 굴 어귀를 열고 5명의 왕을 끌어내어(예루살렘 왕, 헤브론 왕, 야르뭇 왕, 라기스 왕, 에글론 왕) 왕들의 목을 발로 밟고 다섯 나무에 매달고 저녁까지 나무에 달린 채로 두었다가 해 질 때에 그들의 시체를 내려 다시 굴 안에 던지고 큰 돌로 막았다.

이번에는 왕들이 모여 이스라엘과 싸우려고 메롬 물가에 진을 쳤다. 하나님께서 그들의 말 뒷발의 힘줄을 끊고 그들의 병거를 불사르라고 명령하신다. 기브온 주민 히위 족속 외에는 이스라엘 자손과 화친한 성읍이 하나도 없었다. 이스라엘 자손의 땅에는 아낙 사람들이 하나도 남지 않았고 가사와 가드와 아스돗에만 남았다. 온 땅을 점령하여 이스라엘 지파의 구분에 따라 기업으로 주자 그 땅에 전쟁이 그쳤다.

● 13-21장 : 땅의 분배

여호수아는 점점 늙어 가는데 정복해야 할 땅은 아직도 많이 남았다. 레위 지파에게는 따로 기업을 주지 않고, 백성들이 여호와께 드리는 화제물이 그들의 기업이다. 레위 사람에게 아무 분깃도 주지 않고 다만 거주할 성읍과 가축과 재산을 위한 목초지만 주었다.

땅 분배는 제비뽑기로 한다. 그니스 사람 여분네의 아들 갈렙이 여호수아에게 말한다. 내 나이 40에 모세가 그 땅을 정탐하라고 보낼 때 10지파는 부정적인 대답을 했지만 나는 성실히 보고했고 충성했다. 그때 모세가 "네 발로 밟는 땅은 영원히 너와 네 자손의 기업이 되리라"(14:9) 하였다고 했다. 그러니 자신이 아직까지 살아 있으니 "이 산지를 지금 내게 주소서 당신도 그날에 들으셨거니와 그곳에는 아낙 사람이 있고 그 성읍들은 크고 견고할지라도 여호와께서 나와 함께하시면 내가 여호와께서 말씀하신 대로 그들을 쫓아내리이다"(14:12) 하고 갈렙이 말하자 여호수아가 갈렙을 축복하고 헤브론을 그에게 기업으로 준다. 헤브론의 옛 이름은 기럇아르바다. 아르바는 아낙 사람 가운데에서 가장 큰 사람이었다. 이때가 갈렙의 나이 85세다. 그리고 그 땅에 전쟁이 그쳤다.

유다 지파가 가장 먼저 제비를 뽑고 가장 넓은 땅을 기업으로 받았다. 이는 야곱의 예언이 성취된 것이다(창 49:8). 갈렙은 누구든지 기럇 세벨을 쳐서 그것을 점령하는 자에게 자신의 딸 악사를 아내로 준다고 하자 갈렙의 아우 그나스의 아들인 옷니엘이 그것을 점령하고 악사를 아내로 맞는다. 악사가 출가할 때 아버지에게 밭을 구하고자 하며, 아버지께서 나를 네겝 땅으로 시집보내니 자신에게 샘물을 달라고 하자 갈렙이 윗샘과 아랫샘을 주었다.

예루살렘 주민 여부스 족속을 유다 자손이 쫓아내지 못하였으므로 오늘까지 유다 자손과 함께 예루살렘에 거주한다. 므낫세 지파 중 절반이 서쪽 땅을 기업으로 받은 이야기다. 헤벨의 아들 길르앗의 손자 마길의 증손 므낫세의 현손 슬로브핫의 딸들도 기업을 받았다. 한편 요셉의 아들인 에브라임과 므낫세는 각각 두 지파로 인정되어 있으면서도 기업 분배에 있어서는 한 분깃을 받은 것에 불평했다. 여호수아는 그러한 그들에게 산간 지역을 개척하여 옥토로 개간할 것을 명하였다. 여호수아는 가나안 족속이 비록 철 병거를 가졌고 강할지라도 자신이 능히 그들을 쫓아낼 것이라고 했다.

이미 비옥한 땅은 다 분배가 끝나고 나머지 7지파는 아직 땅을 분배받지 못해 여호수아가 그들을 실로로 모이게 한다. 이미 좋은 땅은 다 분배가 되어서 그들이 땅 점령을 지체하고 있었다. 여호수아는 그들에게 땅을 두루 다니며 그것을 그려서 가지고 오라고 한다. 제비를 뽑을 것이라고 한다.

시므온 지파는 유다 지파의 지경에서 기업을 얻었는데 이는 야곱의 예언 성취이다. 스블론 지파는 해변에 거하리라고 한 예언대로 지중해에 가까운 지대를 기업으로 받았다. 잇사갈과 아셀, 납달리 지파는 비옥하고 안정된 땅을 차지하였으며, 단 지파는 레바논 골짜기의 레셈을 정복함으로써 야곱의 예언처럼 용맹성을 떨쳤다. 기업의 땅 나누기를 마치고 자기들 중에서 눈의 아들 여호수아에게 기업을 준다. 자신이 속한 에브라임 지파의 한 성만을 달라고 해서 여호수아가 요구한 성읍 에브라임 산지 딤낫 세라를 주어 여호수아가 거기 거주한다. 여호수아는 죽는 날까지 땅에 대해 욕심을 부리지 않았다.

가나안 땅에 6개의 도피성을 정했다. 이는 하나님이 모세에게 주셨던 명령을 이행한 것이다. 부지중에 살인을 행한 이스라엘 모든 족속과 거류민에게 혜택을 주기 위함이다. 도피성으로 도망하게 하여 그가 회중 앞에 설 때까지 피의 보복자의 손에 죽지 않게 하기 위함이다. 레위인들은 특별히 구별된 자들로 하나님을 섬길 수 있도록 봉사하는 직무를 부여받았다. 여호수아는 12지파에게 할당받은 48개의 성읍을 레위인들에게 주어 그들로 전국에 흩어져 살며 봉사할 수 있게 하였다. 이 또한 하나님이 모세에게 하신 명령이다.

• **22-24장 : 첨언, 여호수아의 고별 설교**

일찍이 모세와의 약속대로 가나안 정복 전쟁을 성공적으로 수행한 르우벤, 갓, 므낫세 반 지파는 요단 동쪽으로 돌아갈 수 있었다. 르우벤, 갓, 므낫세 반 지파가 가나안 땅의 맨 앞쪽 요단 언덕가 이스라엘 자손에게 속한 쪽에 제단을 쌓은 것으로 이스라엘 백성들이 오해하자 이들이 해명한다. 그 제단은 여호와를 따르지 않겠다는 것이 아니고, 이 제단에서 번제나 소제를 드리려고 하는 것도 아니다. 단지 후대에 너희 자손이 우리 자손에게 말하기를 "너희가 이스라엘 하나님 여호와와 무슨 상관이 있느냐"라고 말할 때 증거가 되게 하기 위함이고, "너희는 여호와께 받을 분깃이 없다 하지 못하게 하려 함이라"는 대화를 통해 오해의 소지가 잘 해결되었다. 이 제단을 '엣'이라 했다.

여호수아가 고별사를 하다

"모세의 율법에 기록된 것을 다 지켜 행하라. 여호와를 사랑하라. 너희가 마음을 돌이켜 이 민족을 가까이하여 더불어 혼인하며 서로 왕래하면, 하나님께서 다시는 이 민족을 내쫓지 아니하시고 오히려 너희에게 올무가 되고 덫이 되어 너희의 옆구리에 채찍이 되고 눈에 가시가 되어 하나님이 너희에게 주신 아름다운 땅에서 멸하리라. 언약을 범하고 다른 신을 섬겨 절하면 여호와의 진노가 미칠 것이다."

여호수아는 자신의 고별사를 마무리하면서 이스라엘의 역사를 회고한다. 이는 백성들이 그들을 위해 베푸신 하나님의 능력과 은혜를 깨닫고서 그분만을 섬기도록 하기 위해서였다. "이제 여호와를 경외하며 온전함과 진실함으로 그를 섬기라. 여호와를 섬길 것인지, 아니면 다른 신들을 섬길지 오늘 결정하라." 이에 백성들이 여호와를 섬기겠다고 함으로써 스스로 증인이 되었다. 그날 여호수아가 세겜에서 백성과 언약을 맺고 그들을 위하여 율례와 법도를 제정하였다.

이 모든 말씀을 하나님의 율법책에 기록하고 큰 돌을 가져다가 상수리나무 아래에 세우고 그 돌을 증거로 삼는다. 우리가 한 말을 이 돌이 들었다고 한다.

여호수아는 110세에 죽는다. 그리고 자신이 거주한 딤낫 세라에 장사된다. 애굽에서 가져온 요셉의 뼈를 세겜에 장사하였고, 이곳은 야곱이 백 크시타를 주고 세겜의 아버지 하몰의 자손들에게 구매한 밭이었다. 이것이 요셉 자손의 기업이 된다. 아론의 아들 엘르아살도 죽는다. 모든 땅을 점령하고 지파별로 나누어졌다. 이제는 하나님의 말씀대로 하나님을 왕으로 모시고 태평성대를 이루며 사는 일만 남았다. 이들이 정말 이렇게 살았는지 다음 사사기를 보면 알 수 있다.

여호수아서의 핵심

"이 율법책을 네 입에서 떠나지 말게 하며 주야로 그것을 묵상하여 그 안에 기록된 대로 다 지켜 행하라 그리하면 네 길이 평탄하게 될 것이며 네가 형통하리라"(1:8)

"그때에 여호와께서 여호수아에게 이르시되 그들을 두려워하지 말라 내가 그들을 네 손에 넘겨 주었으니 그들 중에서 한 사람도 너를 당할 자 없으리라 하신지라"(10:8)

07

사사기

책명

히브리어 성경은 '쇼페팀'(שֹׁפְטִים, 재판관들), 칠십인역(LXX)은 '크리타이'(Κριταὶ), 영어성경은 'Judges', 우리말 성경은 '사사기'로 책명을 삼는다. 우리나라 말에는 사사(선비 士, 스승 師)라는 단어가 매우 생소하다. 사사는 가나안 땅에 들어가서부터 왕이 있기 전까지 이스라엘 백성들을 이끌었던 지도자를 말한다. 이들은 말씀을 가르치기보단 군사적으로 나가 싸우는 역할이 더 컸다. 사사기의 뜻은 재판관, 심판자, 구원자를 의미하고, 350-400년의 역사를 기록한 책이다.

저자

사사기의 저자는 확실치 않다. 탈무드와 일부 랍비들은 예언자 사무엘이 사사기, 사무엘서, 룻기를 기록했다고도 주장한다. 그러나 이 주장은 유대인의 전승일 뿐 정확한 증거가 있는 것은 아니다.

기록 목적

하나님의 백성들이 하나님의 주권을 인정하지 않고 각자의 소견에 옳은 대로 행할 때 삶이 얼마나 비참하게 되는지를 보여주고 있다. 하나님의 신실함과 인간의 나약함이 대조를 이루고 있어, 인간이 하나님을 떠나서는 하루도 살 수 없음을 알게 한다.

구성

범위	내용
1장 1절-3장 6절	약속의 땅에서의 실패(아직도 많이 남아 있는 정복해야 할 땅들에 관한 내용과 이스라엘 백성들의 배교)
3장 7절-16장	12명의 사사 이야기(옷니엘을 시작으로 삼손까지 12명의 사사)
17-21장	부패한 두 레위인 이야기(부패한 레위인의 소행과 동족 베냐민 지파의 몰살 위기)

● 1장 1절-3장 6절 : 약속의 땅에서의 실패

여호수아가 죽은 후 아직 정복하지 않은 가나안 땅에 대한 정복 내용이다. 하나님은 그 땅에 들어가면 철저히 다 진멸하라고 하셨다. 하지만 이들은 이 명령에 순종하지 않았다. 백성들이 하나님께 누가 먼저 올라가냐고 묻자 유다가 올라가라고 하신다. 아도니 베섹을 잡아 그의 엄지손가락과 엄지발가락을 자르니, 이는 전에 70명의 왕들이 아도니 베섹에 의해 엄지손가락과 엄지발가락이 잘린 채 그의 상 아래에서 먹었기 때문이다. 그가 행한 그대로 받고 죽었다.

하나님은 우상숭배로 부패해진 가나안 사람들을 다 쫓아내고 진멸하라고 분명히 말씀하셨다. 그러나 이스라엘 백성들은 이를 가벼이 여기며 행하지 않았고, 오히려 가나안에 있는 우상을 숭배하게 된다. 이에 여호와의 사자가 "너희가 내 말을 듣지 않았으니 나도 그들을 쫓아내지 않고 그들이 너희를 괴롭힐 것이다"라는 말씀을 전하자 백성들이 그때에서야 울고 여호와께 제사를 드렸다. 이곳을 '보김'(우는 자들)이라고 한다.

여호수아와 그 세대의 사람들이 다 죽고, 그 후에 일어난 다른 세대는 여호와를 알지 못하여 여호와께서 이스라엘을 위하여 행하신 일들도 알지 못했다. 그래서 이들은 악을 행하고 여호와를 버리고 바알과 아스다롯을 섬겼다. 그러자 여호와께서 진노하여 이들을 노략하는 자들에게 넘겨주셨고, 다시는 대적할 수 없이 그대로 당하기만 하였다. 하나님께서 그들의 괴로움이 심함을 보시고 사사들을 세워 그들을 노략자의 손에서 구원해 주신다. 그러나 그들은 다시 사사들에게도 순종하지 않고 계속해서 다른 신들을 섬기며 악을 자행했다. 이스라엘 백성들은 가나안 여자를 아내로 삼고, 또한 이스라엘의 딸들을 그들의 아들들에게 주며 가나안의 신들을 섬겼다.

● 사사들의 행적

사사	본문	지파	통치기간	행적
옷니엘	3:7-11	유다	40년	갈렙의 조카, 최초 사사, 메소보다미아 대적
에훗	3:12-30	베냐민	80년	왼손잡이 사사, 모압 대적
삼갈	3:31	-	-	소 모는 막대기로 블레셋 사람 600명 죽임
드보라	4:1-5:31	에브라임	40년	랍비돗의 아내, 여성 사사, 여선지자, 가나안 대적, 야엘(여성)이 시스라를 죽임
기드온	6:1-8:28	므낫세	40년	300명으로 135,000명의 미디안 물리침
돌라	10:1-2	잇사갈	23년	도도의 손자 부아의 아들
야일	10:3-5	므낫세	22년	30명의 아들, 어린 나귀 30, 성읍 30
입다	10:6-12:7	므낫세	6년	기생의 아들, 암몬 대적, 위험한 서원

입산	12:8-10	유다	7년	아들 30명과 딸 30명
엘론	12:11-12	스블론	10년	
압돈	12:13-15	에브라임	8년	40명의 아들과 30명의 손자, 나귀 70
삼손	13:1-16:31	단	20년	태어날 때부터 나실인, 블레셋 대적, 말년에 여자로 인해 머리털이 깎이고 블레셋 사람에게 희롱당함, 죽을 때 죽인 자가 살아서 죽인 자보다 많음

- **3장 7절-16장 : 12명의 사사 이야기**

(1) 사사 옷니엘

여호와께서 진노하셔서 이스라엘 백성들을 메소보다미아 왕 구산 리사다임의 손에 넘기셨다. 이스라엘 백성들은 이 왕을 8년 동안 섬겼다. 이스라엘 백성들이 여호와께 부르짖으니 갈렙의 조카 옷니엘을 첫 사사로 세우신다. 그리하여 그 땅이 40년 동안 평온했다.

(2) 사사 에훗

여호와께서 모압 왕 에글론을 강성하게 하시고 이스라엘 백성을 대적하게 하신다. 이에 에글론이 암몬과 아말렉 자손들을 데리고 이스라엘을 친다. 이스라엘 백성들이 에글론을 18년 동안 섬긴다. 다시 여호와를 찾으니 이번에는 베냐민 사람 게라의 아들 왼손잡이 에훗을 사사로 보내신다. 에훗이 칼을 허벅지 옷 속에 숨기고 왕에게 공물을 바친 후 은밀하게 할 얘기가 있다고 하여 왕을 만난다. 왕이 홀로 다락방에 앉아 있을 때에 에훗이 들어가 숨겨온 칼로 왕을 찔러 죽인다. 에훗이 나오며 다락문들을 뒤에서 달아 잠근다. 나중에 그의 신하들이 문을 열고 들어가 보니 왕은 이미 죽어 있었다. 에훗이 앞장서서 이스라엘 백성들을 데리고 모압으로 나가 싸워 모두 진멸하자 이 땅이 80년 동안 평온했다.

(3) 사사 삼갈

에훗 후에 아낫의 아들 삼갈은 소 모는 막대기로 블레셋 사람 600명을 죽였고 이스라엘을 구원했다.

(4) 사사 드보라

이스라엘 백성이 다시 악을 행하니 여호와께서 하솔을 통치하는 가나안 왕 야빈의 손에 이들을 넘기셨다. 야빈 왕은 철 병거 900대가 있어 20년 동안 이스라엘 백성을 심하게 괴롭혔다. 그때에 랍비돗의 아내 여선지자 드보라가 이스라엘의 첫 여성 사사가 된다. 이스라엘 백성들이 드보라에게 나아가 재판을 받았다. 드보라가 바락에게 명령하길 납달리 자손과 스불론 자손 만 명을 데리고 야빈의 무리에게 가면 여호와께서 그들을 넘겨주리라고 한다. 이에 바락은 드보라도 함께 가기를 원하자 함께 간다. 이들이 왔다는 것을 안 시스라는 모든 백성과 철 병거 900대를 모은다. 전쟁 중 시스라가 병거에서 내려 걸어서 도망간다. 도망하여 겐 사람 헤벨의 아내 야엘의 장막에 이른다. 야엘이 시스라를 영접하며 두려워하지 말고 들어오라고 한다. 그리고는 야엘이 이불로 그를 덮는다. 시스라는 자기가 여기 있는 것을 아무에게도 알리지 말라고 하며 깊은 잠에 빠진다. 이때에 야엘이 장막 말뚝과 방망이를 들고 시스라에게 가만히 다가가 말뚝을 그의 관자놀이에 박는다. 말뚝이 꿰뚫고 땅에 박히니 그가 기절하여 죽는다. 바락이 시스라를 추격할 때에 야엘이 나가 바락에게 시스라의 죽음을 보여준다. 이날 하나님이 가나안 왕 야빈을 이스라엘 자손 앞에 굴복하게 하셨다.

전쟁에서 적을 물리치고 영광스러운 승리를 기뻐하며 드보라와 바락이 노래를 부른다. 전쟁 승리의 비결이 누구에게서 나오는지를 노래하고 있다. 또한 전쟁에 적극적으로 참여한 자들은 축복을 받지만, 전쟁에 참여하지 않은 자들에게는 책망하는 내용도 들어 있다. 이 땅이 40년 동안 평안했다.

(5) 사사 기드온

다시 또 이스라엘 백성이 악을 행하므로 여호와께서 7년 동안 이들을 미디안에 넘기셨다. 이스라엘이 파종할 때면 미디안 사람들이 와서 토지소산을 멸하여 먹을 것을 남겨두지 않고 모두를 약탈해 간다. 심한 궁핍함으로 인해 이스라엘이 여호와께 부르짖는다.

아비에셀 사람 요아스의 아들 기드온이 밀을 포도주 틀에서 타작할 때 여호와의 사자가 기드온에게 '큰 용사'라며 부른다. 그리고 기드온에게 가서 이스라엘을 미디안의 손에서 구원하라고 하신다. 그러나 기드온은 므낫세 중에서도 극히 약하고 아버지의 집에서도 가장 작은 자라고 말한다. 이에 여호와께서 기드온과 함께하신다고 약속하며 미디안 사람 치기를 한 사람을 치듯 하리라고 하신다. 이에 기드온은 표징을 보여 달라고 한다. 이를 위해 기드온이 가서 염소 새끼 하나를 준비하고 가루 한 에바로 무교병을 만들어 고기를 소쿠리에 담고 국을 양푼에 담아 상수리나무 아래로 가져간다. 하나님의 사자가 기드온에게 말하되 고기와 무교병을 가져다가 이 바위 위에 놓고 국을 부으라 하자 그대로 한다. 여호와의 사자가 손에 잡은 지팡이 끝을 내밀어 고기와 무교병에 대니 불이 바위에서 나와 고기와 무교병을 불살랐고, 여호와의 사자는 떠나서 보이지 않았다. 기드온이 이곳에 제단을 쌓고 이름을 '여호와 살롬'이라고 했다.

그 밤에 여호와께서 기드온에게 이르시되 네 아버지에게 있는 7년 된 둘째 수소를 끌어오고, 네 아버지에게 있는 바알의 제단을 헐고 아세라 상을 찍어버리라고 한다. 한 제단을 쌓아서 둘째 수소를 잡고 찍어낸 아세라 나무로 번제를 드리라고 한다. 기드온이 두려워 이것을 낮에 하지 못하고 몰래 밤에 한다. 이튿날 성읍 사람들이 이러한 짓을 한 자는 죽어야 한다며 기드온을 끌어내라고 한다. 그러나 기드온의 아버지는 바알이 기드온과 다툴 것이라며 말린다. 이 일로 기드온을 '여룹바알'(바알은 싸울지어다)이라 불렀다.

미디안 사람들이 쳐들어올 때 기드온이 정말 자신이 이스라엘을 구원할 사람이라면 또다시 표징을 보여 달라고 하나님께 말한다. 이제 양털 한 뭉치를 타작마당에 두는데 만일 이슬이 양털에만 있고 주변 땅은 마르면 주께서 말씀하신 대로 자신이 이스라엘을 구원할 자라는 것을 믿겠다고 했는데 그대로 되었다. 그러나 기드온은 또다시 하나님께 요청한다. 이번에는 양털만 마르고 그 주변 땅에는 다 이슬이 있게 해 달라고 하자 그 밤에 하나님이 그대로 행하셨다.

여호와께서 기드온에게 너를 따르는 자들이 너무 많으니 돌려보내라고 한다. 숫자가 너무 많으면 하나님을 거슬러 자신들이 스스로 구원했다고 교만해질 것이기 때문이다. 그래서 돌아갈 사람들은 돌아가라고 하자 10,000명이 남았다. 여호와께서 이들을 물가로 인도하여 시험하신다. 누구든지 개가 핥는 것같이 혀로 물을 핥은 자들을 따로 세우고, 또 무릎을 꿇고 마시는 자들도 따로 세우라고 하신다. 그러고 보니 손으로 움켜 입에 대고 물을 핥은 자가 300명이고, 나머지는 다 무릎을 꿇고 마셨다. 이 300명만이 미디안과 싸울 사람들이다. 기드온이 두려워하자 부하 부라와 함께 가라고 한다. 미디안의 수가 메뚜기의 많은 수와 같고, 낙타의 수가 해변의 모래같이 많았다. 기드온이 그곳에 이른즉 어떤 사람이 꿈을 말한다. 꿈에 보리떡 한 덩어리가 미디안 진영으로 굴러 들어와 한 장막에 이르러 그것을 쳐서 무너뜨려 위쪽으로 엎으니 그 장막이 쓰러졌다고 한다. 그리고 그 것은 요아스의 아들 기드온의 칼이라고 말한다.

300명을 세대로 나누어 각 손에 나팔과 빈 항아리를 들고 항아리 안에 는 횃불을 감추게 하였다. 이들이 항아리를 부수고 나가매 왼손에 횃불을 들고 오른손에 나팔을 들어 불며 외쳐 이르되 여호와와 기드온의 칼이라 고 소리친다. 300명이 나팔을 불 때 여호와께서 적군의 온 진영에서 저희끼 리 칼로 치게 하신다. 미디안이 도망간다. 이에 미디안의 두 방백 오렙과 스 엡을 잡아 오렙은 오렙 바위에서 죽이고 스엡은 스엡 포도주 틀에서 죽이 고 이들의 머리를 기드온에게 가져온다.

기드온이 숙곳 사람들에게 자신의 부하들에게 먹을 것을 챙겨 주라 하고 자신은 미디안의 왕들인 세바와 살문나의 뒤를 추격하겠다고 한다. 숙곳 사람들이 이에 응하지 않자 기드온은 자신이 세바와 살문나를 잡은 후 들 가시와 찔레로 너희 살을 찢고 망대도 헐겠다고 한다. 이에 기드온이 추격 하고 세바와 살문나를 잡아 죽이고 그들의 낙타 목에 있던 초승달 장식들 을 떼어서 가진다. 그때에 이스라엘 백성들이 기드온에게 말하길 당신이 우 리를 미디안의 손에서 건져냈으니 우리를 다스리라고 하자 기드온은 자기 와 자기의 아들이 너희를 다스리는 것이 아니라 여호와께서 다스릴 것이라 고 한다. 그러면서 이스마엘 사람들에게 탈취한 금귀고리들을 달라고 한다. 기드온이 요청한 금귀고리의 무게가 금 1,700세겔이고, 초승달 장식들과 패 물과 미디안 왕들이 입었던 자색 의복과 낙타 목에 둘렀던 사슬도 있었다. 기드온은 받은 금으로 에봇 하나를 만들어 자기의 성읍 오브라에 두었더 니 온 이스라엘이 그것을 음란하게 섬김으로 기드온의 집에 올무가 되었다. 기드온이 사는 40년 동안 평온했다.

기드온은 아내가 많아 그의 아들이 70명이나 되었다. 세겜에 있는 그의 첩도 아들을 낳았으니 그의 이름은 아비멜렉이다. 기드온이 나이가 많아 죽자 이스라엘 자손들이 다시 여호와를 버리고 바알들을 따라 음행하였다.

기드온의 첩에게서 난 아비멜렉이 사람들을 꾀어 자신이 왕이 되려고 한다. 은 70개를 가지고 방탕하게 쓰고 그것으로 경박한 사람들을 사서 자신을 따르게 한다. 기드온의 아들 70명, 즉 자기의 이복형제들을 한 바위 위에서 다 죽였지만 기드온의 막내아들 요담은 스스로 숨어서 목숨을 부지했다. 세겜의 모든 사람들이 아비멜렉을 왕으로 세웠다.

요담이 이를 듣고 그리심 산 꼭대기에 가서 외친다. 하루는 나무들이 나가서 기름을 부어 자신들 위에 왕으로 삼으려 하여, 감람나무에게 이르되 너가 우리의 왕이 되라 하니, 나의 기름이 사람과 하나님을 영화롭게 하는데 내가 어찌 이것을 버리고 그 나무들 위에 우쭐댈 수 있느냐고 한다. 이번에는 무화과나무에게 왕이 되어 달라고 하니, 나의 단 것과 나의 아름다운 열매를 버리고 내가 어떻게 우쭐댈 수 있냐고 한다. 이번에는 포도나무에게 왕이 되어 달라고 하자, 하나님과 사람을 기쁘게 하는 내 포도주를 내가 어찌 버리고 우쭐대냐고 한다. 마지막으로 가시나무에게 왕이 되어 달라고 하자, 너희가 참으로 내가 왕이 되기를 원하면 와서 내 그늘에 피하라 그리하지 아니하면 불이 가시나무에서 나와서 레바논의 백향목을 사를 것이라고 한다. 요담이 말하길 너희가 나의 형제 70명을 죽인 아비멜렉을 왕으로 세웠으니 이것이 의로운 일이면 너희와 아비멜렉이 기뻐할 것이고, 그렇지 아니하면 아비멜렉에게서 불이 나와서 세겜 사람들과 밀로의 집을 사를 것이고, 세겜 사람들과 밀로의 집에서도 불이 나와 아비멜렉을 사를 것이라는 말을 하고 요담은 도망간다. 아비멜렉이 이스라엘을 통치한 지 3년쯤 되었을 때 하나님이 아비멜렉과 세겜 사람들 사이에 악한 영을 보내시니 세겜 사람들이 아비멜렉을 배반한다.

세겜 망대에 모든 사람들이 모인 것이 아비멜렉에게 알려지자, 아비멜렉이 손에 도끼를 들고 나뭇가지를 찍어 그것을 어깨에 메고 백성들에게도 똑같이 하라고 지시한다. 각각 나뭇가지를 찍어서 아비멜렉을 따라 보루 위에 놓고 그것들이 얹혀 있는 보루에 불을 붙이니 세겜 망대에 있는 사람들이 다 죽었다. 또한 성읍 중에 견고한 망대가 있어 백성들이 그리로 들어가 숨고 문을 잠그고 망대 꼭대기에 올라갔다. 이에 아비멜렉이 망대 앞에 이르러 공격하며 망대의 문을 불사르려고 하자 한 여인이 맷돌 위짝을 아비멜렉의 머리 위에 내려 던져 그의 두개골을 깨뜨린다. 이에 아비멜렉은 옆에 무기를 든 청년에게 자기를 찌르라고 한다. 이는 자기가 여자의 손에 죽었다는 소리를 듣지 않기 위해서다. 청년이 찌르매 아비멜렉이 죽었다. 아비멜렉이 자신의 형제 70명을 죽인 것을 하나님이 이같이 갚으셨고 요담의 저주가 그대로 이루어졌다.

(6) 사사 돌라

잇사갈 사람 도도의 손자 부아의 아들 돌라가 이스라엘의 사사가 된다. 그가 23년 동안 다스린다.

(7) 사사 야일

길르앗 사람 야일이 22년 동안 이스라엘의 사사가 된다. 그에게는 아들이 30명이 있고, 어린 나귀 30마리를 탔고, 성읍 30을 가졌다. 그 성읍을 '하봇 야일'(야일의 동네)이라 한다.

(8) 사사 입다

이스라엘 자손이 다시 악을 행하여 여호와께서 블레셋 사람들과 암몬 자손에게 그들을 넘기신다. 이들이 이스라엘 백성들을 18년 동안 억압했다. 이스라엘 백성들이 여호와께 울부짖었지만 하나님은 너희들이 믿는 신에게 구원해 달라고 하라고 하신다. 그리고 이제 이방 신들을 다 제거하고 다시 여호와를 섬기니 이스라엘의 고통을 보시는 하나님의 마음에 근심이 차신다. 암몬 자손과 길르앗 백성들이 싸우게 된다.

길르앗 사람 입다는 큰 용사였으나 기생이 길르앗에게서 낳은 아들이다. 본처의 자식들이 입다를 쫓아내어 기업을 잇지 못하게 하였다. 이에 입다가 집을 나가 불량배들과 함께 산다. 암몬 자손이 이스라엘을 치려고 할 때에 길르앗 장로들이 입다를 찾아와 자기들의 장관이 되어 달라고 부탁한다. 그러자 입다는 자신이 만일 암몬 자손과 싸워 이기게 되면 너희들의 우두머리를 삼아 달라 말하고 장로들은 그렇게 하겠다고 한다. 암몬 자손의 왕이 입다에게 예전에 이곳은 우리의 땅이었으니 돌려달라고 한다. 그러나 입다는 돌려줄 수 없다고 한다. 입다는 여호와께 서원을 한다. 만일 주께서 암몬 자손을 자기 손에 넘겨주시면 자기가 평안히 돌아올 때에 누구든지 자기 집 문에서 제일 먼저 나와 자기를 영접하는 그 사람을 여호와께 번제물로 드리겠다고 서원한다. 입다가 암몬 자손을 다 무찌르고 돌아온다. 그런데 자기 집에 이를 때에 제일 먼저 입다를 영접한 사람은 다름 아닌 입다의 무남독녀였다. 입다의 딸이 소고를 잡고 춤을 추며 나왔다. 이를 본 입다는 자신의 옷을 찢으며 괴로워한다. 입다의 딸은 아버지가 하나님과 맹세한 것이니 그대로 행하라고 한다.

한편 에브라임 사람들은 입다가 암몬 사람과 전쟁해서 승리했다는 소리에 시기심을 갖는다. 이에 입다는 무력으로 에브라임 사람들을 징계해 버린다. 입다가 이스라엘의 사사로 6년 동안 활동했다.

(9) 사사 입산

입산에게는 아들이 30명, 딸이 30명 있었고, 딸들을 밖으로 시집보내고 아들들을 위하여 밖에서 여자 30명을 데려왔다. 이스라엘에서 사사가 되어 7년 동안 다스렸다.

(10) 사사 엘론

스블론 사람 엘론이 이스라엘의 사사가 되어 10년 동안 다스렸다.

(11) 사사 압돈

압돈에게는 아들 40명과 손자 30명이 있었고 어린 나귀 70마리를 탔다. 압돈이 이스라엘의 사사로 8년을 다스렸다.

(12) 사사 삼손

이스라엘이 다시 악을 행하므로 여호와께서 이들을 40년 동안 블레셋 사람에게 넘겨주었다. 소라 땅에 단 지파의 가족 중에 마노아라는 사람이 있었는데 그의 아내가 임신을 하지 못하였다. 그런데 여호와의 사자가 그의 아내에게 나타나 곧 임신하여 아들을 출산할 것이라고 한다. 아이가 태어나면 머리털을 자르지 말라고 한다. 이는 태에서 나옴으로부터 하나님께 바쳐진 나실인이 되기 때문이다. 그가 곧 블레셋 사람의 손에서 이스라엘을 구원할 것이라고 한다. 마노아가 여호와의 사자에게 이름을 물으니 자신을 '기묘자'라고 한다. 그 여인이 아들을 낳으니 그의 이름을 삼손이라고 지었다.

삼손이 딤나에 내려가 거기서 블레셋 사람의 딸들 중에 한 여자를 보고 오더니 부모에게 결혼을 시켜 달라고 한다. 부모는 왜 이방 여인과 결혼을 하느냐며 반대한다. 하지만 삼손은 이 결혼을 통해 블레셋 사람을 치려는 다른 계획이 있었다. 마침내 그 여자와 잔치를 베푼다. 30명의 무리가 삼손에게 오자 삼손이 수수께끼를 내며 잔치를 벌이는 7일 동안 이것을 풀면 베옷 30벌과 겉옷 30벌을 주겠다고 한다. 그러나 맞추지 못하면 그들이 삼손에게 이것을 주어야 된다고 했다. 삼손이 낸 수수께끼는 "먹는 자에게서 먹는 것이 나오고 강한 자에게서 단 것이 나온다"는 것이 무엇인지를 맞추는 것이었다. 그들은 사흘이 지나도 풀지 못했다. 7일째가 되어 그들은 삼손의 아내에게 남편을 꾀어 답을 알아오라고 한다. 그렇지 않으면 너와 네 아버지의 집을 불사른다고 협박한다. 이에 여자가 삼손에게 울며불며 물어서 그들에게 답을 알려준다. 그들이 삼손에게 무엇이 꿀보다 달겠으며 무엇이 사자보다 강하냐고 답을 말하자, 삼손은 화가 나서 아스글론에 내려가 그곳 사람 30명을 죽여 노략한 물건을 그들에게 건네주고 자기 집으로 돌아가 버린다. 그러자 장인 될 사람은 삼손의 아내 될 여자를 삼손의 친구에게 주었다. 며칠 후 삼손이 염소새끼를 가지고 그의 아내 될 사람을 보고자 하나 이미 친구에게 주었다는 소리에 더 화가 난다. 이에 여우 300마리를 붙들어서 꼬리와 꼬리를 묶어 그 두 꼬리 사이에 홰를 달고, 홰에 불을 붙여 그것들을 곡식밭에 들여보내 다 불사른다. 이것이 삼손이 한 일임을 안 블레셋 사람들은 삼손의 아내와 장인의 집에 불을 질러 죽게 한다. 아내와 장인이 죽었다는 소식에 화가 난 삼손이 나귀의 새 턱뼈를 가지고 블레셋 사람 1,000명을 죽인다.

삼손이 소렉 골짜기의 들릴라라는 여인을 사랑했다. 블레셋 사람들이 들릴라에게 우리가 각각 은 1,100개씩을 줄 테니 삼손의 힘이 어디서 생기는지만 알아오라고 한다. 삼손이 들릴라와 함께 지내매 들릴라가 삼손에게 세 차례나 묻지만 매번 삼손은 거짓말을 한다. 그러자 들릴라가 계속 삼손을 졸라대니 삼손의 마음이 괴로워 미칠 지경이었다. 결국 삼손은 진실을 말하게 되고 들릴라는 삼손의 머리털을 밀어버린다. 그러자 그의 힘은 없어졌고, 블레셋 사람들이 삼손을 붙잡아서 그의 눈을 빼고 옥에서 맷돌을 돌리게 한다.

삼손의 머리털이 밀리고 난 후 조금씩 자라기 시작한다. 블레셋 사람들이 자신들의 신 다곤이 이겼다며 즐거워할 때 삼손을 불러다가 재주를 부리게 한다. 삼손은 두 기둥 사이에 세워졌는데, 삼손이 자기 손을 붙든 소년에게 이 집을 버틴 기둥을 찾아 그것을 의지하게 해 달라고 한다. 그 안에는 3,000명 가량이 있었다. 삼손이 여호와께 부르짖기를 이번 한 번만 자신을 강하게 하여 저들의 원수를 단번에 갚게 해 달라고 한다. 삼손이 집을 버틴 두 기둥 가운데 하나는 왼손으로 하나는 오른손으로 껴 의지하고 힘을 다하여 몸을 굽히며 블레셋 사람들과 죽기를 원한다고 하자 그 집이 무너져 그 안에 있던 사람들이 다 죽게 된다. 이때 삼손이 죽인 자가 살았을 때에 죽인 자보다 더 많았다. 블레셋 사람의 때에 삼손이 이스라엘의 사사로 20년 동안 지냈다.

● 17-21장 : 부패한 두 레위인 이야기

(1) 미가 집의 제사장

에브라임 산지에 미가라 하는 사람이 있는데 그의 어머니가 은 1,100을 잃어 훔쳐간 사람을 심하게 저주를 했다. 그런데 알고 보니 훔쳐간 사람은 그의 아들이었다. 그래서 엄마는 저주를 얼른 복으로 바꿔 기도했다. 아들이 엄마에게 훔친 은을 드리니 엄마는 그 돈으로 신상을 만들었다. 미가에게는 신당이 있어 에봇과 드라빔을 만들고 한 아들을 세워 제사장으로 삼았다. 때마침 유다 베들레헴의 한 청년 레위인이 거류할 곳을 찾다가 미가와 만난다. 미가는 그에게 자기를 위하여 제사장이 되어 달라며 해마다 은 10개와 의복 1벌과 먹을 것을 주겠다고 약속한다. 레위인은 기쁨으로 이 제 안을 받아들이고 미가 집의 제사장이 되어 그 집에 머물게 된다.

어느 날 단 자손이 용맹스러운 다섯 사람을 보내어 땅을 정탐하게 하는 데 그들이 에브라임 산지에 가서 미가의 집에 머물렀다. 거기서 레위 청년 을 보고 네가 여기서 무엇을 하냐고 묻자 레위 청년은 그동안의 일을 얘기 한다. 이들은 땅을 점령하고 나서 미가의 집에 있던 신상과 에봇과 드라빔 과 레위 제사장을 데리고 간다. 이에 미가가 왜 이런 일을 하냐고 따지자 자신들을 건드리지 말고 돌아가라고 하였다. 미가는 아무 말도 하지 못하 고 집으로 돌아간다. 이들은 미가의 집에서 가져온 신상을 세우고 하나님 의 집이 실로에 있을 동안에 새긴 우상이 이들과 함께했다.

(2) 어떤 레위 사람과 그의 첩

에브라임 산지 구석에 사는 어떤 레위인이 유다 베들레헴에서 첩을 데리 고 살았다. 그런데 이 첩이 또 다른 남자와 간음을 하고 남편을 떠나 자기 친정으로 돌아가 4개월 동안 지내고 있었다. 남편이 첩에게 다정하게 말하 며 친정아버지에게 나타나자 친정아버지가 그를 보고 기뻐한다. 3일 동안 을 함께 머물다가 떠나려고 하니 장인이 붙잡아 더 쉬었다 가라고 하자 좀 더 머문다. 5일째 되는 날도 장인은 더 쉬었다 가라고 하지만 더이상 지체할 수 없다며 첩을 데리고 떠난다. 베냐민에 속한 기브아에 가까이 이르러 해 가 지자 거할 곳을 찾지만 이들을 영접하는 자가 없었다. 그때 한 노인이 밭 에서 일하다가 돌아와 서성이는 이 사람들을 영접한다. 노인의 집에 가서 함께 먹고 마실 때 그 동네의 불량배들이 레위인을 내어달라고 한다. 자기 들과 관계를 하겠다는 것이다. 그러자 노인은 자신의 처녀 딸과 레위인의 첩이 있으니 그들과 관계를 하라고 하지만 저들이 듣지를 않는다. 이에 화가 난 레위 사람이 자신의 첩을 끌어내어 그들에게 준다. 그들은 첩을 밤새 능욕하다가 새벽에 버리고 간다. 레위인이 새벽에 일어나 보니 첩이 문 앞에 쓰러져 있다. 이를 나귀에 싣고 자기 있는 곳으로 돌아가 첩의 시체를 12덩이로 나누고 그것을 이스라엘 사방에 두루 보냈다. 이런 일은 지금껏 한 번도 일어나지 않은 일이었다.

이 일로 모든 이스라엘 자손이 일제히 미스바에 모였다. 베냐민에 속한 기브아 사람의 짓인 것을 알고 그 성읍을 치려고 모였다. 이스라엘 지파들이 베냐민 온 지파에 사람들을 보내어 너희가 어찌 이런 악행을 저질렀느냐며 그 불량배들을 넘겨주면 그들을 죽여 악을 제거하겠다고 하지만 베냐민 자손들이 말을 듣지 않는다. 도리어 이스라엘 자손과 싸우고자 한다. 이스라엘 자손이 하나님께 여쭈며 우리 중에 누가 먼저 올라가 싸우리이까 하고 묻자 유다가 먼저 가라고 하신다. 이스라엘 11지파와 베냐민 지파와의 전쟁이 시작된다. 동족상잔이 시작된 것이다. 하나님께서 올라가서 치라고 하신다. 세 번에 걸친 전투 끝에 마침내 마지막 전투에서 베냐민 지파는 무참히 죽임을 당했다. 그러나 베냐민 사람 600명이 돌이켜 광야로 도망하고 림몬 바위에 숨어 4개월 동안을 지낸다. 이스라엘 사람이 베냐민의 성읍과 가축을 모두 불살랐다.

이로 인해 이스라엘 12지파 중에 한 지파가 없어지게 된 것에 대해 백성들이 하나님 앞에 앉아 큰소리로 운다. 또한 자신의 딸들을 베냐민 사람에게 시집보내지 않기로 성급한 맹세를 해 버린다. 이들이 여호와 앞에 한 제단을 쌓고 번제와 화목제를 드렸는데, 이스라엘 지파 중에 총회에 참석하지 않은 자는 반드시 죽을 것이라고 한다. 그런데 야베스 길르앗에서는 한 사람도 총회에 참석하지 않은 것을 보고 용사 12,000명을 그리로 보내며 야베스 길르앗 주민과 부녀와 어린아이를 칼로 치라고 한다. 이들이 모든 사람을 다 죽이고 아직 남자와 동침하지 않은 젊은 처녀 400명을 데리고 온다. 이 여자들을 림몬 바위에 숨어 있는 600명의 베냐민 남자들에게 보내 아내로 취하게 한다. 이스라엘 백성들이 뒤늦게 한 지파가 없어지게 되는 것을 뉘우쳐 이렇게 하였다. 이스라엘 자손들의 딸은 베냐민 지파에게 시집보내지 않기로 맹세했기 때문에 이들은 남은 200명을 위해 한 묘안을 생각해 냈다. 실로에 매년 여호와의 명절이 있고 이때 실로의 여자들이 춤을 추러 나온다. 베냐민 자손들에게 실로에 춤을 추러 나오는 여자들 중 각각 하나를 붙잡아 아내로 삼아 베냐민 땅으로 돌아가라고 명령한다. 이에 이들이 여자를 취하여 자기 기업에 돌아가서 성읍들을 건축하고 거기서 살았다.

● 사사 시대는 똑같은 한 가지 패턴이 있다.

① 이스라엘 백성이 죄를 짓는다.

② 하나님께서 이들을 다른 나라에 넘겨주어 고통을 당하게 하신다.

③ 이스라엘 백성이 하나님께 부르짖는다.

④ 구원자를 보내어 이들을 구원하게 하신다.

⑤ 구원자가 죽으면 또다시 죄를 짓는다.

사사기의 핵심

"그때에 이스라엘에 왕이 없으므로 사람이 각기 자기의 소견에 옳은 대로 행하였더라"(21:25)

08
룻기

책명

구약·신약성경 66권 중 여성의 이름으로 표제를 삼고 있는 것이 두 권 있는데 룻기와 에스더이다. 히브리어 성경 제목은 '루트'(רות), 칠십인역(LXX) 은 '루쓰'(Ρούθ), 영어성경은 'Ruth', 우리말 성경은 본서의 중심인물인 '룻'으 로 책명을 삼는다. 룻의 이름 뜻은 '만족', '위로'이다. 이스라엘 백성은 해마 다 칠칠절 절기에 룻기를 함께 읽는다.

저자

룻기의 저자는 확실하지 않다. 탈무드에서는 사무엘을 저자로 보는 경향 이 있지만 이 또한 분명치는 않다.

기록 목적

사사기와 룻기는 같은 사사시대를 배경으로 하고 있다. 사사시대 맨 마지막에 나오는 레위인 첩 사건 이야기를 사사기서의 끝으로 본다면 너무나 절망스러운 상황이다. 그런데 룻기는 절망스러운 이스라엘에 등불이 되고 희망이 되는 책이라 볼 수 있다. 룻기 마지막에 나오는 족보는 앞으로 하나님의 대리 통치자로서의 왕인 다윗의 등장을 보여준다. 룻기는 사사기와 사무엘서를 연결하는 통로이다.

룻기에 나오는 족보는 유다부터 기록한 것이 아니라 베레스부터 기록하며 10명의 이름만 나온다. 7번째가 룻의 남편 보아스다. 7과 10은 완전수인데 7번째에 보아스를, 10번째에 다윗을 맞춘 것이다.

구성

범위	내용
1장	엘리멜렉의 가족이 모압으로 이주한다. 나오미와 룻이 다시 베들레헴으로 돌아온다.
2장	우연히 룻이 보아스를 만난다.
3장	보아스의 헤세드
4장	룻과 보아스의 결혼, 다윗의 할아버지 오벳의 탄생

● 마태복음 1장 족보

1절	아브라함과 다윗의 자손 예수 그리스도의 계보라
3절	유다는 **다말**에게서 베레스와 세라를 낳고
5절	살몬은 **라합**에게서 보아스를 낳고 보아스는 **룻**에게서 오벳을 낳고 오벳은 이새를 낳고
6절	이새는 다윗 왕을 낳으니라 다윗은 **우리야의 아내**에게서 솔로몬을 낳고
16절	야곱은 마리아의 남편 요셉을 낳았으니 **마리아**에게서 그리스도라 칭하는 예수가 나시니라

● 1장

암울했던 사사시대에 흉년까지 들어 더이상 베들레헴에서 살 수가 없었다. 그래서 엘리멜렉은 아내 나오미와 두 아들 말론과 기룐을 데리고 이방 땅 모압으로 이주를 했다. 모압 사람은 하나님의 총회에 들어오지 못한다고 했다(신 23:3). 모압으로 이주해서 잘 사는가 했는데, 어느 날 갑자기 남편 엘리멜렉이 죽고, 나오미와 두 아들만 남는다.

두 아들은 장성해서 모압 여자를 아내로 맞이한다. 두 며느리의 이름은 오르바와 룻이다. 거기 거주한 지 10년쯤 될 때 두 아들마저 죽는다. 낯선 땅에서 남편 없이 두 아들을 키우며 사는 것도 힘들었는데, 이젠 두 아들마저 잃었으니 나오미에게는 살 소망이 없어져 버렸다. 어차피 이렇게 된 거 이방 땅에서 죽느니 차라리 고향으로 돌아가자 생각하며 나오미는 고향 베들레헴으로 돌아가기로 결심한다.

나오미는 두 며느리를 부른다. 자신은 이제 늙고 돈도 없고 자신에게 아무것도 남은 것이 없으니 자신의 고향 베들레헴으로 돌아갈 것이라고 한다. 그러니 너희들은 너희 친정집으로 돌아가라고 말한다. 그러자 두 며느리는 자신들도 어머니와 함께 가겠다고 한다. 그러나 나오미는 자신에게는 아무 희망도 없으니 각자 친정집으로 돌아가라고 한다. 이에 오르바는 시어머니 나오미에게 입을 맞추고 친정집으로 간다. 나오미는 가지 않고 있는 룻에게도 오르바처럼 친정집으로 돌아가라고 하지만 룻은 나오미의 곁을 떠나지 않겠다고 한다. 룻은 나오미에게 어머니가 가는 곳에 나도 가고, 어머니의 하나님이 나의 하나님이 되고, 어머니가 죽는 곳에서 나도 죽겠다고 한다.

이미 결단이 선 룻을 보고 나오미도 더이상 어떻게 할 수 없어 룻을 데리고 베들레헴으로 향한다. 10여 년 만에 빈털터리가 되어 돌아온 나오미를 환영하는 사람은 아무도 없었다. 여기저기서 나오미가 왔다며 수군대니 나오미의 속이 편치 않다. 그래서 더이상 자신을 나오미(희락, 기쁨)라 하지 말고 마라(괴로움)라 부르라고 한다. 나오미와 룻이 돌아온 시기는 베들레헴에 보리 추수가 시작될 때였다.

• 2장

시어머니 나오미와 룻이 고향으로 돌아왔지만, 누가 먹을 것을 갖다 주는 것도 아니고 서로 얼굴만 쳐다보고 있으니 처량하기 그지없다. 안 되겠던지 룻이 나오미에게 "어머니, 제가 밭에 가서 이삭이라도 좀 주워 올게요"라며 집을 나선다. 자기 고향도 아닌 낯선 땅에 룻이 혼자 나간 것이다. 그저 아무데나 가서 이삭을 주워 오늘 저녁 끼니라도 해결하고 싶었다. 그런데 룻이 이삭을 줍던 곳은 시아버지 엘리멜렉의 친족 보아스의 밭이었다. 우연일까? 하나님의 섭리일까? 그때 마침 보아스가 그곳에 들른 것이 아닌가? 보아스가 일꾼들을 둘러보는데 낯선 한 젊은 여자가 있는 것을 보고 일하는 사환에게 물으니, 그녀는 나오미의 며느리 룻이라며 그녀에 대해 상세하게 말해 준다. 모든 얘기를 자세하게 들은 보아스가 룻을 부른다.

"내가 너에 대해 들었다. 여기는 나의 밭이니 안심하고 매일 여기서 이삭을 줍도록 하고, 다른 곳으로 가지 마라. 아무도 너를 해하지 않을 테니 안심하고 이삭을 줍거라. 그리고 일을 하다가 목이 마르거든 길어다 놓은 물을 마시거라."

누군지는 모르지만 이 얼마나 고맙고 감동적인 배려인가? 감탄한 룻이 얼굴이 땅에 닿도록 절을 하고 감사하다는 말을 몇 번이고 한다. 룻은 보아스에게 도대체 왜 이방 여인인 자신에게 이렇게 환대를 하냐고 물었다. 그러자 보아스는 룻이 시어머니를 어떻게 모셨고, 모압을 떠나 이곳에 와서 둘이 어떻게 살고 있는지를 이미 다 들었다며, 하나님이 너에게 은혜를 주사 여호와의 그늘 아래 살기를 바란다는 말까지 한다. 이뿐 아니라 식사할 때도 보아스는 룻을 더욱더 챙겨주며 배불리 먹게 한다. 식사가 끝난 룻이 일어나 이삭을 주우러 나갈 때 보아스는 종들에게 명령한다. 아무도 저 소녀를 건드리거나 책망하지 말고, 이삭을 쉽게 빨리 주울 수 있도록 곡식 다발에서 조금씩 뽑아서 버리라고 하였다.

룻이 열심히 이삭을 주워 집으로 가져오니 그 양이 대략 두 말쯤 되었다. 이 양은 젊은 여자 혼자서 하루 종일 주웠다고는 믿기지 않는 양이었다. 이를 본 나오미는 놀라지 않을 수 없었다. 나오미는 이것을 다 어디에서 주웠는지, 혹시 룻을 돌본 자가 있는지 상세히 물어본다. 룻은 그날 있었던 모든 얘기를 시어머니에게 다 털어놓는다. 며느리에게 이렇게 호의를 베푼 자가 다름 아닌 보아스라는 사실을 들은 시어머니는 갑자기 흥분한다. 아무런 기대도 없고 앞으로의 삶도 모두 절망적이었는데, 지금 룻을 통해 들은 보아스라는 이름은 우리 가문에 유일한 기업 무를 자가 아니던가!(신 25:5-6)

나오미는 희망의 실오라기라도 잡은 듯 갑자기 마음이 바쁘기 시작했다. 아무것도 모른 채 룻이 이삭을 주우러 간 곳이 하필 보아스의 밭이었고, 그날 보아스가 우연히 들르면서 룻을 만나지 않았던가? 이것이 우연일까?

● 3장

마음에 결심이 선 나오미가 조용히 룻에게 제안을 한다. "나는 네가 홀로 이렇게 사는 것을 원치 않는다. 너를 사랑해 주는 남자를 만나 자식을 낳고 행복하게 살기를 바란다. 보아스는 우리 가문에 기업 무를 자이다. 그 사람과 네가 재혼을 했으면 좋겠다. 보아스가 오늘 타작마당에서 보리를 추수한다고 하더라. 너는 내가 일러준 대로 준비하고 가서 그대로 행할 수 있겠니?"라고 묻자 룻도 흔쾌히 따르겠다고 한다. 목욕재개 하고 기름도 바르고 예쁜 옷을 입고 타작마당에 가서 오늘 저녁 잔치가 끝날 때까지 기다렸다가 보아스가 잠이 들면 그 발아래 눕기만 하라고 한다.

롯은 시어머니가 시키는 대로 다 행하고 보아스 발밑에 누웠다. 한참을 자던 보아스가 밤중에 갑자기 잠에서 깬다. 이게 웬일인가? 낯선 젊은 여인이 누워 있지 않은가? 얼른 롯이 일어나 자초지종을 설명한다. 이미 보아스도 롯이 마음에 있었고 현숙하고 정숙한 여인이라는 것을 알고 있었다. 그러면서 보아스는 롯이 모르는 이야기를 해 준다. 자기가 기업 무를 자는 맞는데 자기보다 더 가까운 친척이 있다고 한다. 그러니 내일 아침 일찍 그 사람에게 기업을 무를지 물어보고 결정하겠다고 한다. 그리고 나서 롯에게 지금은 밤중이라 위험하니 여기 더 머물다가 새벽 날이 밝기 전에 가라고 한다. 집으로 가는 롯에게 빈손으로 보내지 아니하고 보리까지 주면서 시어머니에게 가져다주라고 한다. 이건 보아스의 세심한 배려이다. 혹여 가다가 사람들을 만나더라도 시어머니의 끼니 때문에 아침 일찍 보리를 얻으러 나온 것으로 보이려고 한 것이다.

롯을 타작마당에 보내놓고 나오미도 밤새 전전긍긍하고 있었다. 얼마나 초조하며 불안했을까? 자기가 말한 대로 롯이 잘하고 있는지, 혹여 보아스가 기분 나쁘다며 거절하지는 않았는지 등등. 집으로 돌아온 롯에게 모든 얘기를 전해 듣고 보아스의 깊은 배려까지 느끼자 나오미는 이제 안심을 할 수 있었다. 나오미는 롯에게 "이제 우리가 할 일은 다 했다. 보아스가 할 일만 남았으니 우리는 차분히 보아스의 처분만을 기다리자"고 한다.

● 4장

마음이 급한 보아스가 아침 일찍부터 성문에 앉아 나오미 친족의 더 가까운 기업 무를 자에게 모든 일을 설명하며 그의 의중을 묻는다. 이 사람이 기업을 무르지 않는다고 해야 보아스가 룻과 결혼을 할 수 있기 때문에 이 사람의 대답이 대단히 중요하다.

그런데 뜻밖에도 이 사람은 자기가 기업을 무르겠다고 한다. 그러자 보아스는 그에게 설명한다. 나오미의 손에서 그 밭을 사고 룻과 결혼해서 자식을 낳으면 앞으로 모든 소유는 룻의 자식에게 가야 한다고 말한다. 그러자 가까운 기업 무를 자는 이리저리 계산을 해 보고는 자기에게 아무런 이득이 생기지 않는다는 것을 알았다. 그래서 말을 바꿔 다시 기업을 무르지 않겠다고 한다. 그러자 보아스는 10명의 장로들 앞에서 자기가 기업을 무를 것이며 룻과 결혼할 것을 선포한다. 어떻게 보아스는 이방 모압 여인 룻과 결혼할 생각까지 했을까? 보아스의 어머니 또한 이스라엘 여인이 아니고 이방 여인이었기에 가능했던 것은 아닐까 싶다. 10명의 장로들은 모두가 증인이 되어 보아스와 룻의 결혼을 축복한다.

이들은 바로 결혼을 했고, 허니문 베이비가 태어났다. 그의 이름은 오벳이다. 오벳은 이새를 낳았고 이새는 다윗을 낳았다. 룻기의 이야기는 단순히 시어머니와 며느리의 사이를 말하려고 하는 것이 아니다. 어두운 사사시대를 끝으로 이스라엘에 새로운 왕이 탄생한 것을 보여주는 책이다. 그 왕이 다윗이다.

룻기의 핵심

"여호와께서 네가 행한 일에 보답하시기를 원하며 이스라엘의 하나님 여호와께서 그의 날개 아래에 보호를 받으러 온 네게 온전한 상 주시기를 원하노라 하는지라"(2:12)

09

사무엘상 · 하

책명

　히브리어 성경에는 사무엘서가 한 권으로 되어 있지만 우리말 성경에는 '사무엘상'과 '사무엘하'로 나뉘어져 있다. 히브리어 성경의 사무엘상·하 제목은 '쉬무엘'(שמואל)이고, 칠십인역(LXX)은 '왕국 1서, 2서'라는 뜻의 '바실레이온 알파와 베타'(Βασιλειῶν Αʹ와 Βασιλειῶν Βʹ)이다. 사무엘의 뜻은 '하나님께서 들으셨다'는 의미이다.

저자 및 기록 배경

　많은 학자들은 사무엘이 저자라고 하지만, 사실 사무엘은 사무엘상 25장에서 죽는 것으로 나온다. 그렇다면 그 후의 기록은 누가 했을까? 따라서 사무엘서의 저자를 한 사람으로 한정하기보다는 사무엘, 나단, 갓 선지자들이 기록했다는 입장도 갖게 된다.

기록 목적

사사들이 통치하던 시대에서 왕이 통치하는 시대로 넘어간다. 사무엘은 마지막 사사로서 이스라엘의 초대 왕인 사울과 다윗에게 기름을 붓는다. 왕의 제도 설립과 사무엘의 역할에 대해 기록하지만 이런 통치 제도 역시 하나님으로부터 온 것임을 보여주기 위함이다.

구성

범위	내용
삼상 1-7장	엘리 제사장과 사무엘의 활약
삼상 8-15장	이스라엘 초대 왕 사울의 등극과 하나님께 버림받음
삼상 16-31장	사울의 추락과 다윗의 등장
삼하 1-10장	다윗의 승승장구
삼하 11-20장	밧세바 사건으로 인한 다윗의 위기
삼하 21-24장	부록 : 다윗의 기도와 찬양

● 사무엘상 1-7장 : 엘리 제사장과 사무엘의 활약

엘가나에게는 두 아내가 있었다. 한나와 브닌나이다. 그러나 본처인 한나에게는 자식이 없고 첩 브닌나에게는 자식이 있다. 제사를 드리는 날에 엘가나가 한나에게 제물의 분깃을 갑절을 줘도 한나는 임신하지 못하므로 행복하지 않다. 그런데 브닌나는 자식이 없는 한나를 괴롭히며 함부로 대한다. 이때의 대제사장은 엘리였으며 그에게는 홉니와 비느하스 두 아들이 있었다. 한나가 아이가 없는 괴로운 마음으로 인해 여호와께 기도하고 통곡하며 서원을 한다. 만일 아들을 주시면 나실인으로서 여호와께 다시 드리겠다는 간절한 기도를 한다. 이를 본 엘리가 한나에게 당장에 포도주를 끊으라는 충고를 한다. 한나가 입술만 움직이며 기도하는 것을 본 엘리는 한나가 포도주를 마시고 술주정하는 것으로 오해한 것이다. 그러자 한나는 취한 것이 아니라 여호와 앞에 자기의 심정을 통한 것뿐이라고 한다. 한나의 말을 들은 엘리는 평안히 가라며 한나를 위로한다. 그 후에 한나가 임신을 하고 아들을 낳아 이름을 '사무엘'이라고 지었다. 이는 "내가 여호와께 그를 구하였다"라는 뜻이다. 한나는 여호와께 서원한 대로 아이가 젖을 뗀 후에 엘리가 있는 성전에 가서 아이를 맡기고 집으로 온다.

엘리의 두 아들은 행실이 아주 나빴다. 사람들이 제사를 드리기 위해 가져온 제물을 하나님께 먼저 드리지 않고 자기들 마음대로 사용한다. 이들은 여호와의 제사를 멸시하고 자기들 멋대로 행동하며 여호와 앞에 심히 큰 죄를 짓고 있었다. 한나에게는 사무엘을 낳은 후 3명의 아들과 2명의 딸을 더 주셨다. 사무엘은 실로에서 엘리와 함께 생활하고 여호와 앞에서 잘 자라고 있었다. 엘리의 두 아들은 제사의 제물만 함부로 하는 것이 아니라 성소를 더럽히고, 성전 회막 문에서 수종 드는 여자들과 동침하는 악을 저질렀다. 이에 엘리가 아들들에게 충고하지만 이들은 전혀 듣지 않는다.

엘리는 늙어 눈이 점점 어두워지고 잘 보지 못한다. 사무엘은 하나님의 궤가 있는 여호와의 전 안에서 잘 자라고 있다. 어느 날 여호와께서 사무엘을 부르시지만 어린 사무엘은 엘리가 부르는 줄 알고 엘리에게 달려간다. 그러나 엘리는 부른 일이 없다고 한다. 이때는 사무엘이 아직 여호와의 음성을 알지 못할 때다. 여호와께서 연거푸 3번째 부를 때에 사무엘이 또 엘리에게 가자 이제 엘리가 눈치를 챈다. 엘리가 사무엘에게 여호와께서 널 부르시는 것이니 다시 한 번 부르시면 "여호와여 말씀하옵소서 주의 종이 듣겠나이다"라고 하라며 가르친다. 사무엘을 부르신 여호와께서 내가 엘리 집안을 심판하시겠다고 말씀하신다. 이 말을 듣고 사무엘이 두려워하고 있는데 엘리는 여호와가 사무엘에게 어떤 말씀을 하셨는지 사실대로 말하라고 한다. 사무엘은 모든 것을 엘리에게 다 말한다.

사무엘이 자랄 때에 여호와께서 함께하시니 사무엘이 하는 말이 하나도 땅에 떨어지지 않게 하셨고, 단에서부터 브엘세바까지 온 이스라엘이 사무엘은 여호와의 선지자로 세우심을 입은 줄 알았다.

이스라엘이 블레셋과 전쟁을 벌였으나 패하고, 전쟁에서 죽은 자가 4,000명이다. 전쟁에서 패하자 실로에 있는 언약궤를 가져온다. 언약궤를 가져다 놓고 다시 블레셋과 싸웠지만 이번에도 패했으며 30,000명이 죽었다. 게다가 하나님의 언약궤를 블레셋 사람들에게 빼앗기고 전쟁에 나간 엘리의 두 아들 홉니와 비느하스가 한 날에 죽임을 당한다. 아들의 소식을 궁금해하는 엘리에게 베냐민 사람이 와서 전해주는 소식은, 두 아들은 싸우다 죽었고, 하나님의 언약궤는 빼앗겼다고 했다. 이 말을 듣자 엘리는 앉아 있던 의자에서 뒤로 넘어지면서 목이 부러져 죽었다. 이는 엘리가 나이 많고 비대한 까닭이다. 이때 엘리의 나이는 98세이고 그의 눈은 어두워서 잘 보지 못했다. 엘리는 40년 동안 이스라엘의 사사로 활동했다. 엘리의 며느리이며 비느하스의 아내가 언약궤를 빼앗겼다는 것과, 시아버지와 남편의 죽음 소식을 듣고 아이를 낳다 죽는다. 그녀는 죽어가면서 "영광이 이스라엘에서 떠났다"라고 하며 아이의 이름을 '이가봇'이라고 지었다.

블레셋 사람들은 빼앗아온 하나님의 언약궤를 자신들의 신 다곤 곁에 두었다. 다음날 보니 다곤이 여호와의 궤 앞에서 엎드러져 있다. 그들은 다곤을 다시 일으켜 그 자리에 세웠다. 다음날 또다시 다곤이 엎어져 있는데 머리와 두 손목이 짤려 몸뚱이만 남았다. 또한 여호와의 손이 독한 종기의 재앙으로 아스돗을 쳐서 망하게 하신다. 블레셋 사람들은 이러한 재앙이 여호와의 궤 때문이라고 생각하고 여호와의 궤를 가드로 옮긴다. 이번에는 더 심하고 독한 종기로 가드 사람들을 치신다. 그러자 궤를 에그론으로 보내지만 이들 역시 독한 종기로 치시니 이들의 부르짖음이 하늘에 사무쳤다.

궤가 블레셋 사람들에게 있은 지 7개월이다. 이것을 기럇여아림 사람에게 보낸다. 기럇여아림 사람들이 여호와의 궤를 아비나답의 집에 들여놓고 그의 아들 엘리아살을 거룩하게 구별하여 여호와의 궤를 지키게 한다. 궤가 20년 동안 이곳에 있었다.

사무엘이 온 백성을 미스바로 모이게 하여 바알과 아스다롯을 제거하게 하고 오직 여호와만 섬기라고 한다. 백성들이 미스바에 모여 금식하고 기도하며 자신들의 죄를 회개한다. 이때 블레셋 사람들이 이스라엘을 치러 올라온다. 백성들은 두려워하지만 사무엘은 개의치 않고 번제를 드리며 여호와께 부르짖는다. 블레셋이 이스라엘과 싸우려고 가까이 올 때 하나님이 큰 우레를 내려 그들을 치신다. 사무엘이 미스바와 샌 사이에 돌을 세워놓고 여호와께서 여기까지 우리를 도우셨다 하고 그곳 이름을 '에벤에셀'이라고 한다. 사무엘이 사는 날 동안 블레셋이 더이상 쳐들어오지 못했다. 사무엘은 벧엘과 길갈과 미스바를 순회하며 이스라엘을 다스렸고 자신의 집 라마로 돌아온다.

● 사무엘상 8-15장 : 이스라엘 초대 왕 사울의 등극과 하나님께 버림받음

사무엘이 늙어 그의 아들들을 이스라엘의 사사로 삼으니 장자는 요엘이고 차자는 아비야. 그러나 그의 아들들은 사무엘의 행위를 따르지 아니하고 이익을 따라 뇌물을 받고 판결을 하는 악행을 저질렀다. 이에 모든 장로들은 사무엘의 아들들이 사사로서 백성들을 다스리는 것을 원치 않아 자신들에게도 이방인들처럼 왕을 세워 달라고 요구한다. 이에 사무엘이 하나님께 기도한다. 하나님은 사무엘에게 백성들이 원하는 왕을 세워 주라고 하며 왕의 제도에 대해서 가르쳐 주라고 하신다.

베냐민 지파에 기스라 이름하는 유력한 사람이 있었다. 그에게는 사울이라는 아들이 있는데 준수한 소년이고 모든 백성보다 키가 어깨 위만큼 더 컸다. 사울의 아버지 기스가 암나귀들을 잃어서 사울에게 사환을 데리고 가서 암나귀를 찾아오라고 한다. 사환과 두루 찾아보았으나 암나귀를 찾을 수 없었다. 그래서 하나님의 사람을 만나 그에게 물어보려고 간다. 사울이 사무엘을 만나러 가기 전날에 여호와께서 사무엘에게 말씀하시길 내일 이 맘때에 베냐민 땅에서 한 사람을 보낼 테니 그에게 기름을 부어 이스라엘의 지도자로 삼으라고 한다. 사무엘이 사울에게 기름을 붓고 지도자로 세운다. 그리고 사울이 찾던 암나귀도 오늘 찾을 것이라고 말한다. 또한 사울에게 여호와의 영이 크게 임할 것이고, 예언을 할 것이며, 이제는 변하여 새 사람이 되라고 한다.

사무엘이 백성을 미스바로 불러 너희의 원대로 오늘 왕을 세우겠다고 하며 제비를 뽑는다. 모든 지파를 가까이 오게 하였더니 베냐민 지파가 뽑혔고 그들의 가족별로 세우니 마드리의 가족이 뽑히며 그 중에서 기스의 아들 사울이 뽑혔지만 사울은 짐 보따리들 사이에 숨어 있었다. 사무엘이 모든 백성에게 말하길 여호와께서 택하신 자 사울을 보라고 한다.

암몬 사람 나하스가 길르앗 야베스를 치려고 하자 두려움에 떤 백성들이 암몬을 섬기겠다고 한다. 이에 암몬 사람 나하스는 너희 백성들의 오른 눈을 다 빼야 언약을 해 준다며 심한 모욕을 준다. 이 말을 들은 기브아에 사는 사람들이 소리 높여 운다. 마침 사울이 밭에서 소를 몰고 오다가 이 소리를 듣고 무슨 일인지 묻는다. 이때 하나님의 영이 사울에게 크게 임한다. 사울은 한 겨리의 소를 잡아 각을 떠서 토막 내어 이스라엘 모든 지역에 보내며 누구든지 이 전쟁에 함께하지 않는 사람은 그의 소들도 이처럼 토막을 낼 것이라고 한다. 하나님의 영이 사울에게 임했던 것처럼 백성들에게도 두려움의 영이 임해 모두 전쟁터로 나온다. 암몬과의 전쟁에서 이스라엘이 이들을 치니 암몬에 남아 있는 자가 없다. 이 일로 길갈에서 사울을 왕으로 삼고 모든 백성이 크게 기뻐하며 "사울! 사울!"을 외친다. 길르앗 야베스 전쟁으로 인하여 사울이 자타 공인 왕으로 입지를 갖게 된다.

사울이 왕이 될 때 나이가 40세다. 그가 이스라엘을 다스린 지 2년쯤 되었을 때 블레셋 사람들이 이스라엘과 싸우려고 모였는데 병거가 30,000이고 마병이 6,000이며 블레셋 사람들은 해변의 모래같이 많았다. 사울과 백성이 길갈에 있지만 블레셋 군대를 보고 다들 두려워 떨고 있다. 사울은 사무엘이 정한 기한대로 7일 동안을 기다렸지만 사무엘이 길갈로 오지 않자 백성들이 하나둘씩 사울에게서 떠난다. 이에 마음이 급한 사울은 스스로 번제를 드린다. 번제를 드리고 나자 사무엘이 온다. 왜 왕이 번제를 드렸냐고 꾸짖자 사울 왕은 백성도 떠나고 사무엘 당신도 오지 않아 부득이 번제를 드렸다고 한다. 그러자 사무엘은 왕이 망령되이 행했다며 왕의 나라가 길지 못할 것이라고 한다.

아말렉이 이스라엘에게 행한 일, 곧 애굽에서 나올 때에 길에서 대적한 일로 여호와께서 벌하겠으니 지금 가서 아말렉을 치고 하나도 남기지 말라고 한다. 그러나 사울은 아말렉의 왕 아각과 그의 가축 중에서 기름지고 좋은 양과 소를 살려두었다. 이에 하나님께서 사무엘에게 말씀하시길 사울을 왕으로 세운 것을 후회하신다고 한다. 사무엘이 사울에게 어찌하여 다 진멸하지 않고 살려두었느냐고 물으니 양들과 소들 중에서 가장 좋은 것으로 여호와께 제사를 드리기 위함이라고 한다. 이에 사무엘은 "순종이 제사보다 낫고 듣는 것이 숫양의 기름보다 낫다"고 한다. 그리고 여호와께서 사울을 버렸다고 전한다. 사울이 자기의 죄를 사해 달라고 하지만 사무엘은 듣지 않는다. 그리고 사무엘은 사울이 살려둔 아말렉 왕 아각을 죽인다. 사무엘이 죽는 날까지 사울을 다시 가서 보지 않았다.

● 사무엘상 16-31장 : 사울의 추락과 다윗의 등장

하나님께서 사무엘에게 베들레헴 사람 이새에게로 가라고 한다. 이새의 아들 중에서 한 왕을 보았다고 하신다. 사무엘이 이새의 큰아들 엘리압을 보고 마음에 들어 하지만 하나님은 아니라고 하신다. 이새의 일곱 아들을 다 보았지만 여호와께서 그들 중에는 없다고 하신다. 이에 사무엘이 이새에게 다른 아들이 더 있냐고 묻자 막내가 지금 들에서 양을 지키고 있다고 한다. 사무엘은 이새에게 그를 데려오라고 한다. 막내 다윗은 얼굴이 아름답고 용모가 빼어났다. 여호와께서 사무엘에게 다윗이 내가 말한 그 사람이니 그에게 기름을 부으라고 하신다. 이에 사무엘이 다윗에게 기름을 부으니 여호와의 영이 다윗에게 크게 감동된다. 그러나 사울에게서는 여호와의 영이 떠나고 오히려 악령이 그를 괴롭힌다. 악령에 시달리는 사울을 위해 부하들은 수금을 잘 타는 사람을 곁에 두게 하는데, 그가 소년 다윗이다. 사울에게 악령이 들 때 다윗이 수금을 타면 악령이 그에게서 떠나갔다.

엘라 골짜기를 사이에 두고 블레셋과 이스라엘이 진을 치고 있다. 블레셋에는 싸움을 돋우는 장수 가드 사람 골리앗이 있다. 이 사람의 키는 여섯 규빗 한 뼘이다. 거의 3미터 정도 되는 거인이다. 머리에는 놋 투구를 쓰고, 몸에는 비늘 같은 갑옷을 입고, 다리에는 놋 각반을 쳤고, 어깨 사이에는 놋 단창을 메고 있다. 아무리 좋은 칼로 찌른다고 해도 들어갈 곳이 없는 완전 무장이다. 이 골리앗이 매일 나와서 이스라엘에게 한 번 덤벼 보라고 한다. 골리앗을 본 사울과 이스라엘 백성들은 두려움에 떨고만 있다. 이때 다윗의 형들도 이 전쟁에 참여하고 있었다. 다윗의 아버지 이새는 다윗에게 음식을 싸주며 형들이 안전한지 가서 보고 오라고 한다. 막내 다윗은 아버지가 싸주신 음식을 가지고 전쟁터로 향한다. 다윗이 형들을 만나 얘기하고 있는 그때 골리앗이 이스라엘 군대를 모욕하는 소리를 듣게 된다. 다윗은 마음에 올라오는 울분을 참을 수가 없었다. 다윗은 양을 칠 때에도 사자나 곰이 양 떼에서 새끼를 물어 가면 어떻게 해서든 사자나 곰을 쳐 죽이고 양을 찾아오곤 했다.

다윗이 하나님의 군대를 모욕한 할례받지 못한 골리앗과 싸우려고 하지만, 형들이 말리고 사울 왕까지도 말리는데 다윗의 결심은 흔들리지 않는다. 이에 사울 왕은 자신의 갑옷을 입히고, 투구를 씌우고, 칼을 채워 준다. 다윗은 오히려 이것들을 불편해하며 다 벗어버리고 손에 돌 5개와 물매만을 가지고 골리앗을 향해 나간다. 소년 다윗이 나온 것을 본 골리앗은 자신을 무시했다며 기분이 상한다. 다윗이 여호와의 이름을 부르며 골리앗을 향해 달려가 주머니의 돌을 물매로 던져 골리앗의 이마를 치자 그 돌이 골리앗의 이마에 박혀 땅에 엎드러진다. 이에 다윗이 다가가서 골리앗의 칼을 뽑아 골리앗을 죽이고 그의 머리를 베니 블레셋 사람들이 이를 보고 다 도망간다.

사울의 아들 요나단이 다윗을 자기 생명같이 사랑하여 더불어 언약을 맺는다. 요나단과 다윗의 우정은 친구 이상이었다. 다윗이 골리앗을 죽인 것을 안 동네 여인들이 나와서 노래하며 춤추며 소고를 치며 이렇게 외친다. "사울이 죽인 자는 천천이요 다윗은 만만이로다."

이 말을 들은 사울의 심기가 불편해지자 그날부터 다윗을 주시한다. 사울에게 하나님의 영이 떠나면서 악령이 더 강하게 사로잡는다. 악령으로 힘들어하는 사울 왕에게 다윗은 수금으로 마음을 진정시켜 준다. 이때에도 사울이 다윗을 죽이려고 창을 던졌지만 다윗이 두 번이나 피한다. 사울의 딸 미갈이 다윗을 사랑하여 결혼하고자 한다. 그러나 다윗은 가난하고 천한 사람이라 신부 집에 가져갈 지참금이 없었다. 사울은 다윗을 블레셋 사람에게 죽게 하려고 블레셋 사람들의 포피 100개만 가져오면 결혼을 시켜주겠다고 한다. 그러나 다윗은 죽지 않았고 오히려 200명을 죽이고 200개의 포피를 사울에게 가져다준다. 사울이 끊임없이 다윗을 죽이려고 하지만 아들 요나단과 딸 미갈이 다윗을 사랑하므로 다윗을 계속 도와준다.

다윗이 놉에 있는 아히멜렉 제사장에게 피신한다. 다윗이 배가 고파 제사장에게 먹을 것을 달라고 한다. 그러나 일반 떡은 없고 거룩한 떡, 즉 진설병만 있다고 하며 그것을 준다. 이때 사울의 신하 중 에돔 사람 도엑이라는 자가 이 광경을 본다. 다윗이 아히멜렉 제사장에게 창이나 칼을 요구하자 다윗이 골리앗을 죽일 때 가져온 칼이 있다며 그것을 준다. 칼을 가지고 사울을 피해 도망하여 가드 왕 아기스에게로 간다. 그곳에서 용맹한 다윗을 알아보는 사람이 있어 다윗이 가드 왕 아기스를 두려워하여 미친 척하고 대문짝에 아무렇게나 긁적거리며 침을 수염에 흘린다. 그러자 가드 왕은 다윗을 진짜 미치광이로 보고 그냥 보낸다.

다윗이 그곳을 떠나 아둘람 굴로 도망한다. 이곳에서 환난당한 사람, 빚진 자, 마음이 원통한 사람 400명이 다윗과 함께했고, 다윗을 우두머리로 삼았다. 사울이 끊임없이 다윗을 찾고 있을 때 다윗이 아히멜렉 제사장과 함께 있는 것을 본 도엑이 사울에게 고자질한다. 이 사실을 전해들은 사울은 호위병들에게 놉에 있는 제사장들을 죽이라고 했지만 호위병들이 죽이기를 싫어하여 도엑에게 제사장들을 죽이도록 명령한다. 도엑은 놉에 있는 제사장 85명을 죽이고, 놉의 성읍 모든 사람들과 가축도 다 죽였다. 이에 아히멜렉의 아들 아비아달이 간신히 도망하여 다윗에게 모든 사실을 알린다. 다윗이 도망나온 아비아달에게 자신과 함께 있으라고 한다.

다윗은 위험을 무릅쓰고 블레셋과 싸워 그일라를 구출한다. 그러나 그일라 사람들은 은혜를 저버리고 사울에게 다윗이 있는 곳을 알려준다. 사울은 계속해서 추격하지만 하나님이 다윗을 사울의 손에 넘기지 않으신다. 사울이 블레셋 사람들을 쫓다가 돌아오는데 이번에는 어떤 사람이 사울에게 다윗이 엔게디 광야에 있다는 것을 알려준다. 이에 사울은 3천 명을 거느리고 다시 다윗을 잡으러 간다. 길가 양의 우리가 있는 곳에 도착하자 굴이 하나 있어 사울이 잠시 뒤를 보러 들어간다. 이때 굴 안에 있던 다윗과 그의 일행들이 사울임을 알아차리고 다윗에게 오늘 사울을 죽이라고 한다. 그러자 다윗은 여호와의 기름부음 받은 자를 자신이 죽일 수 없다며 가만히 사울의 옷자락만을 벤다. 아무것도 모른 채 굴에서 나가는 사울에게 다윗은 외친다. "나는 당신을 오늘 죽일 수 있었지만 죽이지 않았다"고 조금 전의 상황을 말하자 사울은 다윗에게 네가 나보다 의롭다고 하며 돌아간다. 사무엘이 죽어 온 백성이 슬퍼하고 사무엘을 장사지낸다.

갈렙 족속인 나발은 큰 부자였다. 그의 부인은 아비가일이다. 다윗은 나발이 자기 양 털을 깎는다는 소식을 듣고 소년들을 보내 먹을 것을 좀 가져오라고 한다. 이에 나발은 어디서 왔는지도 모르는 사람들에게 왜 먹을 것을 주냐며 거절하고 돌려보낸다. 이를 전해들은 다윗은 다음날 400명을 데리고 나발을 치려고 계획한다. 이것을 알게 된 아비가일은 떡 200덩이, 포도주 2가죽부대, 요리한 양 5마리, 볶은 곡식 5세아, 건포도 100송이, 무화과 뭉치 200개를 나귀에 싣고 다윗에게 달려간다. 다윗을 보자 아비가일은 미련한 자신의 남편 나발의 죄를 용서해 달라고 한다. 다윗도 친히 음식을 준비해서 가져온 아비가일을 보고 마음을 진정시킨다. 아비가일이 집에 돌아가 나발에게 모든 것을 말하자 나발은 기분이 몹시 상한다. 그 후 열흘이 지나 여호와께서 나발을 치시매 나발이 갑자기 죽는다. 나발이 죽자 다윗은 아비가일을 아내로 맞는다. 또한 이스르엘 아히노암도 아내로 맞이한다. 다윗의 아내 사울의 딸 미갈은 사울이 다른 남자에게 주었다.

사무엘도 죽고, 사울이 여호와를 찾지만 아무도 그에게 대답해 주는 사람이 없다. 답답한 사울이 엔돌에 있는 신접한 여인을 만나러 변장을 하고 간다. 사울이 여인에게 사무엘을 좀 불러달라고 한다. 사무엘이 나와 사울에게 왜 나를 불러 성가시게 하냐고 하자 사울은 블레셋 사람들이 쳐들어오고 있는데 하나님도 선지자도 더이상 자신에게 아무 대답도 하지 않아 답답해서 찾아왔다고 한다. 사무엘은 사울에게 "여호와께서 너를 떠났으니 내일 너와 네 아들들이 자신과 함께 있을 것"이라고 한다. 사울이 이 말을 듣자 심히 두려워하며 땅에 엎드러진다. 엎드러져 있는 사울에게 신접한 여인이 음식을 해 주니 그것을 먹고 기운을 차려 그 밤에 돌아간다.

다윗이 시글락으로 돌아갔을 때 아말렉 사람들이 그곳을 쳐서 불사르고 다윗 식구 모두를 다 데리고 갔다. 다윗의 두 아내도 함께 끌고 갔다. 다윗의 부하들은 이 일을 다윗의 탓으로 돌린다. 애굽 사람 하나가 다윗에게 와서 약탈해 간 군대가 있는 곳으로 인도해 준다. 다윗이 새벽부터 이튿날 저물 때까지 그들을 쳐서 잃어버린 것을 모두 도로 찾아온다. 다윗이 돌아와 전리품 일체를 전쟁에 참여한 사람이나 참여하지 않은 사람 모두에게 공평하게 나눠 준다. 이 일이 다윗을 유다의 왕으로 등극하게 하는 길로 나아가게 한다.

블레셋과의 전투에서 이스라엘이 패한다. 이 전쟁에서 사울과 그의 아들들도 함께 죽는다. 이튿날 블레셋 사람들이 사울의 머리를 베고 그의 갑옷을 벗기고 사울의 시체를 벧산 성벽에 못 박았다. 길르앗 야베스 주민들이 블레셋 사람들이 사울에게 행한 일을 듣고 밤새도록 달려가서 사울의 시체와 그의 아들들의 시체를 내려 야베스에 장사하고 7일 동안 금식하였다. 이는 사울이 왕으로 등극했을 때 암몬 족속으로부터 길르앗 야베스 사람들을 구해 주었기에 이렇게 한 것이다.

● 사무엘하 1-10장 : 다윗의 승승장구

아말렉 청년이 다윗에게 달려와 사울과 요나단의 죽음을 다윗에게 전한다. 이에 다윗이 자기 옷을 잡아 찢자 다윗과 함께 있는 모든 사람들도 그렇게 한다. 다윗이 그 청년에게 네가 어떻게 사울과 요나단이 죽은 줄을 아느냐고 묻는다. 청년은 우연히 길보아 산에 올라갔는데 사울이 자기 창에 기대어 고통 중에 있었고, 사울이 청년을 보자 자신의 칼로 죽여 달라고 해서 청년은 사울의 요청대로 해 주었다고 했다. 그리고 사울의 왕관과 팔에 있는 고리를 가지고 다윗에게 온 것이었다. 이 청년은 다윗에게 자신이 한 일에 대한 칭찬과 큰 상급을 기대하고 달려왔다. 그러나 다윗은 기름부음 받은 자를 아무렇지도 않게 죽인 이 청년에게 화가 났다. 그리고 다윗은 신하를 시켜 그 청년을 죽인다. 끊임없이 다윗을 죽이려고 쫓아다닌 사울의 죽음 앞에 다윗은 승전가를 부르는 것이 아니라 몹시 애통해하며 금식하고 사울과 요나단을 위해 조가를 지어 불렀다.

다윗이 두 아내 아히노암과 아비가일을 데리고 헤브론으로 간다. 유다 사람들이 헤브론으로 와서 다윗에게 기름을 부어 유다의 왕으로 삼는다. 사울의 장례를 길르앗 야베스 사람들이 한 것을 안 다윗은 그들에게 여호와의 복을 받을 것이라고 한다. 한편 사울의 군사령관 넬의 아들 아브넬은 사울의 아들 이스보셋을 이스라엘의 왕으로 삼는다. 이때 이스보셋의 나이는 40세이며 2년 동안 왕위에 있었다. 다윗은 헤브론에서 유다의 왕으로 7년 6개월 동안 있었다. 기브온 못을 사이에 두고 다윗 군대와 이스라엘 군대가 전쟁을 벌이지만 다윗의 군대가 승리한다. 이 전쟁에서 아브넬이 요압의 동생 아사헬을 죽인다.

다윗의 맏아들은 암논이고, 둘째는 길르압이다. 셋째는 압살롬이고, 넷째는 아도니아다. 다섯째는 스바댜이고, 여섯째는 이드르암이다. 이들은 다윗이 헤브론에 있을 때 낳은 아들들이다.

사울의 집과 다윗의 집 사이에 전쟁이 있는 동안 아브넬이 사울의 집에서 권세를 잡는다. 아브넬은 사울의 첩이었던 리스바와 통간한다. 이 일을 두고 사울의 아들 이스보셋이 아브넬에게 책망하자 오히려 아브넬은 "네가 나 아니었으면 오늘 이 자리까지 올라오지 못했을 것"이라며 반박한다. 이에 이스보셋은 아브넬을 두려워하여 한마디도 대꾸하지 못한다. 이 일로 기분이 나쁜 아브넬은 다윗 쪽으로 붙는다. 그래서 아브넬은 다윗을 찾아가 다윗에게 통일왕국의 왕으로 만들어 줄 테니 서로 언약을 맺자고 한다. 이를 듣고 다윗은 좋게 여겨 허락하며 한 가지 제안을 한다. 사울의 딸 미갈을 데려오지 않으면 언약은 없던 것으로 한다는 조건이다. 미갈은 지금 라이스의 아들 발디엘과 잘 살고 있었다. 아브넬의 명령으로 미갈을 떠나보내야 하는 발디엘은 미갈을 따라오면서 슬피 운다. 미갈은 다윗에게 돌아왔고 이 일의 보답으로 아브넬을 잘 대접하고 평안히 보낸다.

이런 다윗의 행동에 요압은 왜 아브넬을 평안히 보냈냐고 다윗에게 따진다. 이 일로 요압은 다윗에게 보고하지 않고 부하들을 시켜 아브넬을 잡아오게 한다. 아브넬이 다시 헤브론에 오자 요압은 그를 찔러 죽인다. 이는 요압의 동생 아사헬이 아브넬의 손에 죽은 것에 대한 보복이었다. 나중에 요압이 아브넬을 죽였다는 것을 안 다윗은 요압의 가문을 저주한다.

다윗은 아브넬의 죽음을 애도하고 애가를 지어 부른다. 이것을 본 이스라엘 백성들은 아브넬의 죽음이 다윗과 연관이 없음을 알게 되었다. 이 일로 인해 다윗은 이스라엘 백성들에게 절대적인 신임을 얻는다.

아브넬의 사망 소식을 들은 사울의 아들 이스보셋은 손에 맥이 풀리고, 온 이스라엘 백성들은 놀라워한다. 이스보셋에게는 군 지휘관 두 사람이 있다. 한 사람의 이름은 바아나이고, 한 사람의 이름은 레갑이다. 이들은 베냐민 족속 림몬의 아들들이다. 사울의 아들이며 다윗의 절친이었던 요나단에게는 다리를 저는 아들 하나가 있었는데 그의 이름은 므비보셋이다. 사울과 요나단이 죽었을 때 므비보셋의 나이는 5살이었다. 사울과 요나단이 죽었다는 소식을 들은 그의 유모가 므비보셋을 안고 급히 도망가다가 아이를 떨어뜨려 다리를 절게 되었다.

이스보셋의 군 지휘관 바아나와 레갑이 이스보셋의 집에 들렀는데 그가 침상에서 낮잠을 자고 있었다. 이에 그들은 이스보셋을 죽이고 그의 머리를 가지고 헤브론의 다윗에게 간다. 이들 또한 다윗에게 칭찬을 기대하고 갔다. 그들이 다윗에게 "왕의 생명을 해하려 하던 원수 사울의 아들 이스보셋의 머리를 가져왔나이다"라고 한다. 그런데 다윗은 사울과 요나단의 죽음 소식을 가져왔던 아말렉 청년을 죽인 것처럼 이 두 사람도 부하를 시켜 죽인다. 그리고 이스보셋을 아브넬의 무덤에 함께 매장해 준다.

마침내 다윗이 통일된 이스라엘의 왕이 되었다. 그는 30세에 왕위에 올라 40년 동안 다스렸다. 헤브론에서 7년 반 동안 유다를 다스렸고, 예루살렘에서 33년 동안 온 이스라엘과 유다를 다스렸다.

다윗이 예루살렘으로 가서 여부스 사람들을 치고 그 땅도 차지한다. 두로 왕 히람이 다윗에게 사절들과 백향목과 목수와 석수를 보내 다윗을 위하여 집을 짓는다. 다윗이 왕이 된 것을 알고 블레셋 사람들이 다윗을 치려고 왔지만 여호와께서 다윗과 함께하심으로 블레셋 사람들이 패한다. 블레셋은 끊임없이 다윗을 치려고 하지만 하나님은 언제나 다윗의 손을 들어주신다.

다윗이 왕위에 오른 후 여호와의 임재를 상징하는 하나님의 궤를 예루살렘 성으로 옮기려 한다. 그들이 하나님의 궤를 새 수레에 싣고 산에 있는 아비나답의 집에서 나오게 되는데, 이때 아비나답의 아들 웃사와 아효가 그 새 수레를 몬다. 아효는 궤 앞에서 가고 다윗과 이스라엘 온 족속은 여러 가지 악기로 여호와 앞에서 연주하며 기뻐한다. 그들이 나곤의 타작마당에 이르렀을 때에 소들이 뛰어서 하나님의 궤가 떨어지려고 하자 웃사가 손을 내밀어 하나님의 궤를 붙들었는데, 하나님이 진노하셔서 웃사를 치시니 하나님의 궤 곁에서 죽었다. 하나님의 궤는 사람이 직접 메고 와야 했다. 웃사의 죽음을 보고 다윗은 겁이 나서 하나님의 궤를 예루살렘으로 가져오지 못하고 오벧에돔의 집으로 메어 갔다. 여호와의 궤가 가드 사람 오벧에돔의 집에 3개월 동안 있었는데 여호와께서 오벧에돔의 집에 많은 복을 주셨다. 다윗이 그 소리를 듣고 다시 하나님의 궤를 기쁨으로 메고 다윗 성으로 옮겨온다. 이번에는 수레가 아니라 사람이 직접 메고 온다. 다윗은 하나님의 궤가 드디어 예루살렘으로 돌아오는 것이 너무 기뻐 춤을 추다가 옷이 벗겨지는 줄도 몰랐다. 이를 본 사울의 딸 미갈은 왕이 체통 없이 옷이 벗겨지는 줄도 모르고 춤을 추었다며 다윗을 업신여긴다. 이로 인해 미갈은 죽는 날까지 임신하지 못했다.

백향목 궁에서 편히 지내던 다윗이 어느 날 나단 선지자에게 하나님의 궤가 휘장 가운데 있는 것이 죄스러워 하나님을 위해 집을 짓고 싶다고 한다. 다윗의 마음을 보신 여호와께서 나단에게 말씀하시며 다윗에게 전하라고 하신다. 첫째, 여호와가 너를 위하여 집을 짓고 둘째, 다윗이 죽은 후에도 후손의 나라를 견고하게 하며 셋째, 다윗이 아닌 다윗의 아들이 하나님의 집을 건축할 것이고 하나님은 그의 나라 왕위를 견고하게 하신다. 넷째, 하나님은 다윗의 아들에게 아버지가 되고 그들은 하나님의 아들이 된다.

다윗의 아들이 만일 죄를 지으면 인생의 채찍으로 징계는 하시지만, 사울처럼 왕위를 빼앗지는 않고 왕위를 영원히 견고하게 하실 거라 말씀하신다. 이제 다윗 언약이 체결된다.

다윗이 어디로 가든지 여호와께서 다윗과 함께하시니 다윗이 늘 승리하였다. 다윗에게 많은 마병과 병거가 있었지만 100대의 말만 남기고 다 발의 힘줄을 끊었다. 이는 여호와의 율법을 준수하는 것이며 오직 하나님만을 의지하게 하기 위함이다.

다윗이 절친 요나단에게 입은 은총을 잊지 않고 사울의 집에 남아 있는 사람을 찾는다. 사울의 집에 시바라는 종이 있어 그에게 묻자 다리 저는 므비보셋이 있다고 알려준다. 므비보셋을 만난 다윗은 사울의 모든 밭을 그에게 도로 주며 그를 항상 다윗의 식탁에서 함께 먹게 했다. 므비보셋에게는 어린 아들 하나가 있는데 이름은 미가이다.

암몬 왕 나하스가 죽고 그의 아들 하눈이 왕이 되었다. 다윗이 신하들을 암몬에 보내 하눈의 아버지를 조문하고 오라고 했다. 그런데 하눈의 부하들은 다윗의 부하들이 온 것을 정탐하러 온 것으로 왕에게 보고했다. 이에 하눈 왕은 다윗의 신하들을 붙잡아 수염 절반을 깎고 입은 옷을 중동볼기, 즉 엉덩이가 훤히 보이도록 옷을 자르고 돌려보내는 수치를 주었다. 이 일로 전쟁이 일어났다. 하나님이 다윗과 함께하시니 당연히 이스라엘이 승리했다. 이때 아람 사람이 암몬을 도와주려고 왔다가 암몬이 이스라엘에게 패하는 것을 보자 다시는 암몬 자손을 돕지 않았다.

● 사무엘하 11-20장 : 밧세바 사건으로 인한 다윗의 위기

부하들은 전쟁 중에 있었고, 다윗은 예루살렘에 남아 있었다. 낮잠을 자고 저녁 즈음에 일어난 다윗이 왕궁 옥상을 거닐고 있었다. 그때에 한 여인이 목욕하는 모습을 보게 되는데 매우 아름다워 보였다. 다윗이 부하를 보내 그녀가 누구인지 알아오게 한다. 그녀는 헷 사람 우리아의 아내 밧세바였다. 다윗이 밧세바를 불러들이고 함께 잔 후 밧세바는 자기 집으로 돌아간다. 그리고 얼마 후 밧세바가 임신한 사실을 다윗에게 알린다. 마음이 급해진 다윗이 전쟁 중에 있는 요압에게 기별하여 우리아를 왕궁으로 보내라고 지시한다. 다윗은 우리아를 밧세바와 동침하게 함으로써 밧세바가 임신한 자신의 아이를 우리아의 아이로 만들려는 계책이었다. 왕궁으로 돌아온 우리아에게 다윗은 집에 가서 편히 쉬면서 아내와 시간을 보내라고 한다. 그러나 우리아는 충직한 군인이라 자기 혼자만 그런 시간을 가질 수 없다는 생각에 부하들과 왕궁 문간에서 잠을 잔다. 이 사실을 안 다윗은 우리아를 불러 오늘은 집에 들어가 자라고 명령하지만 우리아는 여전히 왕궁 문간에서 잔다. 이렇게 우리아가 말을 듣지 않자, 다윗은 우리아를 가장 치열한 싸움에 앞세우고 너희는 뒤로 물러나 그가 맞아 죽게 하라는 편지를 써서 우리아를 통해 요압에게 전달한다. 이 일로 다윗의 부하 몇 명과 우리아가 전쟁 중에 죽는다. 밧세바는 남편 우리아가 죽었다는 소식을 듣고 슬피 운다. 우리아가 죽은 후 밧세바는 다윗의 아내가 된다. 모든 것이 완벽한 듯 보였다.

그러나 여호와께서 나단을 다윗에게 보내신다. 나단이 한 예화를 들어 얘기한다. 한 성읍에 두 사람이 있는데 한 사람은 부자고, 한 사람은 가난하다. 부자는 소와 양이 많지만 가난한 사람은 딸처럼 키우는 암양 새끼 한 마리뿐이다. 부잣집에 손님이 오자 자신의 양과 소를 잡는 것이 아까워서 가난한 사람의 암양을 빼앗아 잡고 그것을 손님에게 대접했다고 한다. 이 이야기를 들은 다윗은 분노하며 그런 일을 행한 사람은 당장 죽어 마땅하다고 소리친다. 그리고 그 부자는 가난한 자에게 네 배를 갚아 주라고 말한다. 그러자 나단은 다윗에게 "당신이 바로 그 사람이다"라고 한다.

그리고 하나님께서 주신 무서운 말씀을 전한다. 칼이 다윗의 집에서 영원토록 떠나지 아니하고, 집안에 재앙이 끊이지 아니하며, 다윗의 아내들을 빼앗아 이웃들에게 주며, 백주에 그 아내들과 다른 남자들이 동침하게 될 것이라고 한다. 다윗이 자신의 죄를 용서해 달라고 하는데 죄는 사해졌어도 너와 밧세바 사이에서 낳은 아이는 반드시 죽게 될 것이라고 한다. 밧세바가 낳은 아이는 태어나면서부터 몹시 앓았다. 다윗이 그 아이를 위하여 금식하며 기도한다. 그러나 7일 만에 아이는 죽는다. 아이가 죽자 다윗은 금식과 기도를 멈추고 다시 음식을 먹는다.

첫째 아이는 이렇게 죽고 밧세바가 다시 임신하여 아들을 낳는다. 그의 이름은 솔로몬이다. 여호와께서 선지자 나단을 보내 그의 이름을 '여디디야'라고 하시니, 이는 "여호와께 사랑을 입음"이라는 뜻이다.

다윗의 아들 압살롬에게 다말이라는 아름다운 동생이 있다. 다윗의 큰아들 암논이 다말을 사랑하여 애태우다 병에 걸린다. 암논에게는 요나답이라는 간교한 친구가 있었는데, 이 친구가 암논에게 다말을 어떻게 침실로 불러들일지를 알려준다. 암논은 아픈 척하며 다말이 와서 음식을 먹여줄 것을 다윗 왕에게 말하고, 다윗은 다말에게 그렇게 해 주라고 한다. 아무것도 모르는 다말은 정말 암논 오라버니가 아픈 줄 알고 음식을 준비해 먹여주려 한다. 이때 암논이 다말에게 너와 동침하기를 원한다고 말한다. 다말이 이것은 죄악이니 이러지 말라고 하지만 암논은 억지로 다말과 동침한다. 그렇게 한 후 암논은 다말을 심히 미워하며 방에서 나가라고 소리친다. 이에 다말이 울며 자신의 오라버니 압살롬에게 가서 모든 사실을 말한다. 압살롬은 암논을 증오하며 죽일 계획을 세운다. 다윗도 모든 사실을 듣고 심히 화가 났으나 암논에게 어떠한 징계도 하지 않자 압살롬은 더 화가 난다.

이 일이 있은 후 2년이 지나 압살롬이 양털 깎을 일이 있어 다윗에게 암논과 함께 가게 해 달라고 간청한다. 압살롬은 이미 그의 종들에게 명령하여 암논을 죽이라고 지시해 두었다. 암논의 죽음을 들은 다윗은 슬퍼한다. 그리고 압살롬은 그술로 도망하여 3년을 보낸다.

압살롬 때문에 상심해 있는 다윗을 위해 요압이 드고아에 사람을 보내 지혜로운 여인 하나를 데려온다. 요압은 그녀에게 상복을 입고 기름을 바르지 말고 죽은 사람을 위해 오래 슬퍼하는 여인같이 하라고 하여 다윗 왕에게 들어가 어떻게 말할 것을 지시한다. 그녀는 다윗이 하나님께 은혜를 입은 사실을 슬며시 드러내면서 아들 압살롬을 이제 그만 용서하고 집으로 돌아오게 하라고 청한다. 요압이 여인에게 이러한 말을 하게 한 것을 안 다윗은 요압에게 압살롬을 데려오라고 지시한다. 요압이 그술로 가서 압살롬을 데리고 예루살렘으로 돌아온다. 압살롬이 돌아왔지만 다윗은 그를 대면하지는 않았다.

압살롬은 외모가 뛰어났다. 압살롬에게는 아들 3명과 딸 1명이 있었고, 딸의 이름은 다말이다. 압살롬이 예루살렘에 돌아왔지만 2년 동안 다윗의 얼굴을 보지 못했다. 압살롬이 요압을 두 번이나 불렀으나 오지 않자 압살롬은 요압의 밭에 불을 지른다. 이에 요압이 압살롬에게 어찌하여 이런 짓을 했냐고 따지자 압살롬은 두 번이나 자신의 부름을 거절했기 때문이라고 한다. 그리고 자신이 왕의 얼굴을 볼 수 있게 해 달라고 한다. 이에 압살롬이 다윗을 만나자 얼굴을 땅에 대어 절하니 다윗이 압살롬과 입을 맞춘다.

그리고 압살롬은 이른 아침부터 성문 곁에 서서 송사를 가지고 오는 사람들의 마음을 자신에게 향하게 한다. 4년 만에 압살롬이 다윗에게 말하길 자기가 서원한 것이 있으니 헤브론에 가서 그 서원을 이루게 해 달라고 한다. 그리고 압살롬은 헤브론에 가서 스스로 왕이 되었음을 천명한다. 압살롬이 반역하는 일이 커지자 백성들은 두려워하며 압살롬에게 향한다. 다윗의 모사 아히도벨도 압살롬에게 향한다.

압살롬의 반란이 다윗의 귀에 들리자 두려워한 다윗은 부하들과 함께 예루살렘을 급히 떠난다. 부하들도 다윗을 따르고 가족 모두를 데리고 가지만, 다윗의 후궁 10명은 남겨두어 왕궁을 지키게 한다. 다윗이 도망가고 있을 때 가드 사람 600명이 왕 앞으로 행진한다. 다윗이 가드 사람 잇대에게 말하길 너희는 너희들의 길을 가라고 하지만 잇대는 다윗이 가는 길에 함께 가겠다고 해서 동행한다.

아히도벨이 압살롬과 함께한다는 소식을 들은 다윗은 아히도벨의 모략을 어리석게 해 달라고 기도한다. 다윗의 친구 후새는 도망자 다윗의 신세를 보고 슬퍼하며 다윗을 맞이한다. 다윗은 후새에게 예루살렘으로 내려가서 아히도벨의 모략을 패하게 해 달라고 부탁한다. 후새가 성읍으로 들어가고 압살롬도 예루살렘으로 들어갔다. 다윗이 마루턱을 조금 지나는데 요나단의 아들 므비보셋의 종 시바가 음식을 가지고 나와 다윗을 맞이한다. 시바는 다윗에게 므비보셋을 모함한다. 이에 다윗은 전에 므비보셋에게 준 땅들을 시바의 것이라 하며 모두 다 시바에게 준다.

다윗이 바후림에 이르렀는데 거기서 사울의 친족 한 사람이 나온다. 그는 게라의 아들이며 이름은 시므이이다. 시므이가 다윗을 심하게 저주하고 다윗과 그의 신하들에게 돌을 던진다. 스루야의 아들 아비새가 시므이를 죽이겠다고 다윗에게 말하지만, 다윗은 시므이를 죽이지 말라고 한다. 시므이의 저주는 하나님께서 허락하신 것이라며 다윗은 겸허하게 받아들인다. 다윗의 아들들도 자신의 목숨을 해하려고 하는데 하물며 시므이의 저주가 무슨 대수냐며 내버려두라고 한다. 시므이는 다윗 일행이 가는 길을 따라오면서 저주를 퍼붓는다.

다윗의 친구 후새가 압살롬에게 나아가니 압살롬은 왜 친구 다윗과 함께 가지 않고 자신에게 왔냐고 묻는다. 후새는 다윗이 시킨 대로 이제부터는 압살롬 왕을 섬기겠다는 거짓을 말한다. 압살롬이 아히도벨에게 어떻게 하면 좋겠냐고 계략을 물으니 아히도벨은 다윗이 남기고 간 후궁 10명을 취하라고 한다. 그러자 압살롬은 백주에 옥상에서 장막을 치고 다윗의 후궁들과 동침을 한다.

아히도벨이 압살롬에게 만 이천 명을 달라고 한다. 오늘밤 이들을 데리고 다윗을 추격하여 오직 다윗만 죽이고 나머지 백성들을 압살롬에게 돌아오게 하겠다고 한다. 압살롬과 이스라엘 장로들이 이 말을 듣고 좋게 여겼다. 그리고 압살롬은 다윗의 친구 후새를 불러 아히도벨의 계략을 말하며 어떻게 생각하는지 의견을 묻는다. 압살롬 편에 선 척하며 다윗을 돕는 후새는 아히도벨의 계략은 좋지 못하다고 한다. 그리고 아히도벨과 정반대되는 계략을 내놓는다. 압살롬과 이스라엘 사람들이 후새가 내놓은 계략을 듣고 이 계략이 더 좋다는 결론을 내린다. 이는 여호와께서 압살롬에게 화를 내리시기 위해서 아히도벨의 좋은 계략을 물리치게 하심이다.

후새가 사독과 아비아달 두 제사장에게 이 사실을 알려 다윗을 도망가게 한다. 이때 요나단과 아히마아스는 사람의 눈에 뜔까 두려워 성에 들어가지 못하고 돌아서 다윗에게 알렸다. 이를 한 청년이 보고 압살롬에게 알리자 요나단과 아히마아스는 바후림의 어떤 사람의 집에 들어가 우물 속으로 숨는다. 그 집 여인이 우물 아귀를 덮고 찧은 곡식을 그 위에 널어 전혀 눈치 채지 못했다. 압살롬의 종들이 이 여인에게 요나단과 아히마아스가 어디 있냐고 묻자 여인은 시내를 건너갔다며 시치미를 뗐다. 종들은 이들을 찾지 못하고 예루살렘으로 돌아갔다. 이들이 우물에서 나와 다윗에게 알려 다윗이 백성들과 함께 요단을 무사히 건넜다. 아히도벨은 자기의 계략이 받아들여지지 않음을 보고 고향 집으로 돌아가 스스로 목을 매어 죽었다.

다윗은 마하나임에 이르고, 압살롬은 모든 이스라엘 사람과 함께 요단을 건넌다. 압살롬은 아마사를 요압을 대신하여 군 지휘관으로 삼는다. 아마사는 이스라엘 사람 이드라라 하는 자의 아들이고, 이드라가 나하스의 딸 아비갈과 동침하여 낳았다. 아비갈은 요압의 어머니 스루야의 동생이다.

다윗이 암몬 족속에 속한 곳에 이르렀을 때 길르앗 사람 바르실래가 다윗에게 음식을 대접한다. 다윗은 그의 백성들을 삼분의 일은 요압의 휘하에, 삼분의 일은 스루야의 아들 요압의 동생 아비새의 휘하에 넘기고, 삼분의 일은 가드 사람 잇대의 휘하에 넘기며 다윗 자신도 함께 싸움터에 나가겠다고 한다. 그러자 백성들은 왕은 우리의 만 명보다 중하니 나가지 말고 목숨을 보존하라고 한다. 이에 다윗은 나가지 않고 대신에 요압과 아비새와 잇대에게 명령하길 아들 압살롬을 죽이지 말라고 당부한다. 이날 압살롬의 부하들이 다윗의 부하들에게 패하여 죽은 자가 많았다. 압살롬도 다윗의 부하들과 마주치자 노새를 타고 도망쳤다. 그 노새가 큰 상수리나무 번성한 가지 아래로 지날 때 압살롬의 머리가 상수리나무에 걸리고 그가 탔던 노새는 그냥 달려가 버렸다. 상수리나무에 걸려 있는 압살롬을 어떤 사람이 보고 요압에게 알린다. 요압은 이 사람에게 왜 바로 죽이지 않고 자신에게 와서 보고하냐고 묻는다. 요압은 이 사람에게 일찍이 은 10개와 띠 1개를 주었었다. 그러나 이 사람은 은 1,000개를 받았다 할지라도 다윗 왕이 압살롬을 해하지 말라고 명령하였기에 죽일 수 없다고 한다. 그러자 요압이 손에 작은 창 3개를 가지고 상수리나무에 걸려 있는 압살롬의 심장을 찌르고 요압의 부하들 10명이 압살롬을 에워싸고 쳐 죽인다.

사독의 아들 아히마아스가 다윗에게 달려가서 소식을 전하려 하자 사독은 말린다. 분명히 다윗이 압살롬을 살려두라고 당부했기 때문이다. 그래서 구스 사람을 보내 소식을 전하게 한다. 다윗이 압살롬의 사망소식을 듣자 아들아, 아들아 하며 차라리 자신이 죽었으면 더 좋았을 것이라고 울며 슬퍼한다.

요압은 전쟁에서 승리했다는 보고에는 아랑곳없이 오직 압살롬의 죽음만 슬퍼하는 다윗을 보고 한마디 한다. 오늘 우리 부하들이 다 죽고 압살롬만 살아 돌아왔다면 기뻐했겠냐는 것이다. 지금 빨리 나가서 부하들을 위로하라고 한다. 그렇게 하지 않으면 한 사람도 왕의 곁에 남아 있지 않을 것이라고 한다. 다윗이 일어나 성문에 앉으니 백성들이 왕 앞으로 나온다. 전에 다윗을 저주했던 시므이가 다윗에게 용서를 구하며 다윗을 영접한다. 또한 므비보셋의 종 시바도 그의 아들 15명과 종 20명을 데리고 왕 앞으로 나온다. 스루야의 아들 아비새는 다윗을 저주한 시므이는 죽어 마땅하다고 한다. 그러나 다윗은 시므이를 죽이지 않는다.

다윗이 사울의 손자 므비보셋을 보자 왜 자신과 함께하지 않았는지 묻자 므비보셋은 자신의 종 시바가 자신을 모함하여 가지 못했다고 하며 자신의 결백을 얘기한다. 죽어 마땅한 사람을 왕의 식탁에서 먹게 한 것만도 은혜인데 내가 어떻게 왕을 배신하겠느냐며 왕의 처분대로 하라고 한다. 이에 왕은 시바와 밭을 나누라고 하지만 므비보셋은 왕이 무사히 궁으로 돌아왔으니 시바에게 전부를 차지하게 하라고 한다.

다윗이 압살롬에게 쫓겨 도망할 때 길르앗 사람 바르실래가 다윗에게 음식을 제공했었다. 이에 다윗은 그에게 은혜를 베풀고자 함께 예루살렘에 가자고 한다. 그러나 80의 나이인 바르실래는 자신은 고향에서 살다 죽겠고 한다. 그러면서 그의 아들 김함을 부탁하자 그를 예루살렘으로 데려가고 바르실래에게 입을 맞춘 후 복을 빌고 떠난다. 베냐민 사람 비그리의 아들 세바는 백성들에게 다윗과 나눌 분깃이 없으니 그를 따르지 말라고 한다. 이에 백성들이 세바를 따른다. 세바는 불량배이다.

다윗이 예루살렘 본궁에 도착해 왕궁을 지키게 한 10명의 후궁들을 별실에 가두고 죽는 날까지 생과부로 지내게 한다. 이들은 대낮에 압살롬과 동침했다. 다윗은 아마사에게 유다 사람을 모으게 한다. 또한 아비새에게 부하들을 데리고 세바를 쫓으라고 한다. 요압이 아마사를 보자 오른손으로 아마사의 수염을 잡고 그와 입을 맞추려는 체하다가 칼로 아마사의 배를 찌르니 창자가 땅에 쏟아져 죽는다. 요압과 그의 동생 아비새가 세바를 뒤쫓는다. 요압과 백성들이 세바를 에워싸고 성벽을 쳐서 헐고자 할 때 한 지혜로운 여인이 요압에게 성을 멸하지 말 것을 부탁하였다. 요압은 그 여인에게 성을 멸하려 한 것이 아니라 다윗을 대적한 세바를 죽이려 한다고 말한다. 이에 여인은 백성들과 함께 세바의 머리를 베어 요압에게 던진다. 이에 요압은 이스라엘 온 군대의 지휘관이 된다.

● 사무엘하 21-24장 : 부록-다윗의 기도와 찬양

다윗의 시대에 3년 동안 기근이 있어 다윗이 여호와께 간구하자 이는 사울이 기브온 사람을 죽인 까닭이라고 한다. 기브온 사람들은 이스라엘 족속이 아니고 아모리 사람이다. 사울이 열심이 있어 그들을 죽이고자 했다. 다윗이 그들을 불러 어떻게 해 주길 바라냐고 묻는다. 이에 기브온 사람들은 사울의 집과 우리 사이의 문제는 은금에 있지 않고, 사람을 죽이는 문제도 우리에게 있지 않다고 한다. 그들이 다윗에게 말하길 자신들을 학대하고 멸시하고 이스라엘 영토 내에 살지 못하게 모해한 사람 7명을 내어 달라고 한다. 그러면 그들을 사울의 고향 기브아에서 목매어 달게 하겠다는 것이다. 이에 다윗은 그들의 뜻을 받아준다. 요나단의 아들 므비보셋은 보내지 않고 남은 사람들을 그들에게 넘기니 목을 매어 달아 죽었다. 그들이 죽은 때는 곡식 베는 첫날, 곧 보리를 베기 시작한 때다. 사울의 첩 리스바가 이들의 시체를 낮에는 공중의 새가 앉지 못하게 하고 밤에는 들짐승이 범하지 못하게 지킨다. 이 소식이 다윗에게 들리자 다윗이 사울의 뼈와 요나단의 뼈를 가지고 올라가고 사람들이 그 달려 죽은 자들의 뼈를 거둔다. 사울과 요나단의 뼈와 그들의 뼈를 그의 아버지 기스의 묘에 장사하니 그 후에야 하나님이 그 땅을 위한 기도를 들어주셨다.

블레셋 사람들이 다시 이스라엘을 치려고 하자 다윗도 그의 부하들과 싸우러 나간다. 거인족의 아들 중에 이스비브놉이 다윗을 죽이려 하자 스루야의 아들 아비새가 다윗을 도와 그 블레셋 거인을 쳐 죽인다. 그리고 다윗에게 다시는 전장에 나가지 말라고 당부하며 당신은 이스라엘의 등불이니 절대 꺼지면 안 된다고 한다. 가드에서 전쟁할 때는 손가락과 발가락이 각기 6개씩 모두 24개가 있는 거인도 있었다. 이 사람이 이스라엘을 능욕하니 다윗의 형 삼마의 아들 요나단이 그를 죽인다.

다윗이 지난날을 회고하며 여호와의 크신 구원을 찬양한 시다(22장). 다윗은 이스라엘의 번영이 오직 하나님의 은혜임을 절실히 느낀다. 모든 전쟁은 여호와께 속한 것으로 여호와만 의지해야 모든 전쟁에서 승리할 수 있다는 것을 보여준다. 다윗이 아둘람 굴에서 피신해 있을 때 다윗은 산성에 있었고, 그때에 블레셋 사람의 요새는 베들레헴에 있었다. 다윗이 소원하길 누가 베들레헴 성문 곁 우물물을 내게 마시게 할까라고 말하자 세 용사가 블레셋 사람의 진영을 뚫고 나가 베들레헴 성문 곁 우물물을 길어와 다윗에게 바친다. 그러나 다윗은 그 물을 마시지 않고 여호와께 부어 드렸다. 이는 이들이 다윗을 위하여 목숨을 걸고 길어온 피와 같은 물이기 때문이다.

다윗이 인구조사를 한다. 군사령관 요압을 불러 단에서부터 브엘세바까지 인구를 조사하라고 지시한다. 이들은 9개월 20일 만에 인구조사를 마치고 예루살렘으로 돌아온다. 인구조사가 끝난 후에 다윗은 여호와 앞에 자신이 큰 죄를 범하였음을 깨닫고 죄를 사하여 달라고 한다. 여호와께서 선지자 갓을 통해 다윗에게 전하라고 말씀하신다. 여호와께서 세 가지의 징계를 제시하시며 그 중 하나를 택하라고 한다. 첫째는 왕의 땅에 7년 동안 기근이 있는 것, 둘째는 왕이 원수에게 쫓겨 3개월 동안 그들을 피해 도망다니는 것, 셋째는 왕의 땅에 3일 동안 전염병이 있을 것이다. 다윗은 이 셋 중에서 세 번째 것을 택했다. 그리하여 여호와께서 단에서부터 브엘세바까지 전염병을 내리시니 전염병으로 죽은 자가 7만 명이나 되었다. 천사가 예루살렘을 향하여 그의 손을 들어 멸하려 하자 여호와께서 생각을 돌이키시고 "너의 손을 거두라"고 명하신다.

갓이 다윗에게 올라가서 여부스 사람 아라우나의 타작마당에서 여호와를 위하여 제단을 쌓으라고 말한다. 이에 다윗과 그의 부하들이 타작마당으로 올라오는 것을 보고 아라우나가 다윗에게 무슨 일이냐고 묻는다. 다윗은 네게서 타작마당을 사서 여호와께 제단을 쌓아 백성에게 내리는 재앙을 그만 멈추게 해 달라고 간구할 것이라고 한다. 그러자 아라우나는 다윗에게 그냥 주겠다고 하지만 다윗은 타작마당과 소의 값으로 50세겔을 주고 산다. 이곳에서 여호와를 위하여 제단을 쌓고 번제와 화목제를 드리고 이 땅을 위한 기도를 드렸더니 여호와께서 들으시고 재앙이 멈췄다.

사무엘상·하의 핵심

"네 집과 네 나라가 내 앞에서 영원히 보전되고 네 왕위가 영원히 견고하리라 하셨다 하라"(삼하 7:16)

왕과 선지서

10

열왕기상 · 하

책명

열왕기는 말 그대로 이스라엘 왕들에 대한 책이다. 히브리어로는 '멜라킴' (מלכים, 왕들)이고, 칠십인역(LXX)은 열왕기상을 '바실레이온 감마'(Βασιλειῶν Γ´, 왕국 3서), 열왕기하를 '바실레이온 델타'(Βασιλειῶν Δ´, 왕국 4서)로 불렀다. 열왕기는 솔로몬 왕에 대한 내용과 북 이스라엘 20명의 왕들, 남 유다 20명의 왕들에 대한 기록으로 이스라엘의 역사를 기록한 책이다. 히브리어 성경에는 상·하로 나누지 않고 한 권으로 되어 있지만, 우리말 성경은 많은 분량으로 인해 상과 하로 나뉘어져 있다.

저자 및 기록 연도

다수의 학자들이 열왕기의 저자를 에스라나 예레미야로 주장하기도 한다. 하지만 저자가 누구인지는 정확히 알 수 없다. 열왕기서 역시 신명기 사관의 관점으로 서술했다. 따라서 열왕기서는 왜 북 이스라엘과 남 유다가 하나님이 약속한 땅에서 쫓겨나 이방 나라에 끌려가게 되었는지를 알려주는 책이며, B.C. 561-539년에 쓰인 것으로 본다.

기록 목적

사사기서에서 이스라엘 백성들은 왕이신 하나님이 있음에도 자신들 눈에 보이는 인간 왕을 끊임없이 요구했다. 하나님은 강력한 이들의 요구가 마음에 들지 않았지만 마침내 인간 왕을 허락하신다. 왕들은 하나님의 대리 통치자로서 하나님을 잘 섬기고 백성들도 잘 돌봐야 했다. 그런데 열왕기서가 보여주듯 그 결과는 너무나 참담하게 끝나 버렸다. 하나님은 언약 백성의 죄를 심판하시기 위해 주변국을 사용하심으로써 온 세상의 하나님이심을 드러낸다. 또한 이들이 회개하고 돌이키면 하나님은 다시 회복시키실 것을 보여주신다.

이스라엘 왕들을 통해 우리가 깨달을 수 있는 것이 바로 권불십년이 아닐까 싶다. 아무리 훌륭한 왕이라도 그 왕위나 권력이 영원하지는 않다. 목동 출신에서 최고의 왕위에 오른 다윗이나, 모든 것을 다 가진 솔로몬 스스로 어떤 노력을 한다 해도 하나님의 뜻이 아닌 내 뜻대로 살아간다면 그것은 솔로몬이 고백한 허무일 뿐임을 우리는 기억해야 한다.

구성

통일왕국 시대	분열왕국 시대	단일(유다)왕국 시대
왕상 1-11장	왕상 12장-왕하 17장	왕하 18-25장
다윗이 죽고 솔로몬이 통치함	두 왕국 시대 북 이스라엘의 왕들(20명) 남 유다의 왕들(12명)	남 유다의 왕들(8명)

• 열왕기상 1-11장 : 통일왕국 시대

1장 1절은 다윗이 나이가 많아 늙어 이불을 덮어도 따뜻하지 않다라는 표현부터 시작한다. 문자 그대로 본다면 이제 생리적인 나이가 다 되어 죽을 날이 얼마 남지 않았나 보다라고 생각할 수 있지만, 이는 그 시대의 어두운 배경을 보여주고 있다. 하나님이 약속하신 다윗의 언약이 끊어질 위기에 있다는 것을 암시한다. 다윗이 늙어 힘이 없는 틈을 타 아도니야가 왕위에 오르려는 도모를 하다가 발각되고, 나단과 밧세바가 다윗의 임명을 받아내 솔로몬이 왕이 된다. 원칙대로라면 서열상 아도니야가 왕이 되는 것이 맞다. 그러나 하나님은 일찍이 다윗에게 분명하게 말씀하시기를 밧세바와의 사이에서 낳은 자식이 너의 대를 이을 것이라고 말씀하셨다. 40년을 통치한 다윗은 솔로몬을 왕위에 오르게 한 후 70세에 죽어 다윗 성에 장사된다.

다윗은 죽으면서 솔로몬에게 당부한다. 하나님의 계명을 잘 지키고 모세의 율법에 기록된 대로 지키고 살면 이스라엘의 왕위에 오를 자가 네게서 끊어지지 않을 것이라고 당부한다. 앞으로 솔로몬에게 정적이 될 인물 셋(아도니야, 요압, 아비아달)도 처단한다.

왕이 된 솔로몬은 기브온에서 하나님께 일천 마리의 희생제물을 한 번에 드리고 앞으로 백성들을 잘 통치할 수 있도록 '지혜'(듣는 마음)를 간구한다. 이에 하나님은 솔로몬이 구하지 않은 부귀와 영화까지 주겠노라며 마음껏 축복하신다. 일천 번제가 끝난 후 첫 번째 재판은 어린아이 하나를 두고 두 여자가 서로 자기의 아이라고 다투는 사건이었다. 결국 솔로몬의 명철한 지혜로 판결이 난다. 이를 통해 솔로몬의 지혜가 세상 밖으로까지 널리 퍼진다. 다윗은 생전에 성전 짓기에 필요한 모든 물품을 준비해 놓았다. 이를 이어받은 솔로몬은 7년 만에 성전 건축을 완공한다. 성전 건축이 끝나고 다시 왕궁을 짓는 데 13년이 걸린다. 두로 왕 히람이 레바논의 백향목부터 시작해서 좋은 물품을 공급한다. 언약궤도 레위 제사장들이 메고 성전으로 옮겨 지성소 안에 놓는다. 성전 봉헌이 끝나고 하나님이 다시 솔로몬에게 나타나신다. 하나님에게서 돌아서지 않고 잘 섬기면 아버지 다윗에게 약속한 대로 이스라엘의 왕위를 영원히 견고하게 하겠다고 말씀하신다.

솔로몬의 명성이 널리 전해지고, 스바의 여왕이 솔로몬을 만나고자 많은 물품을 가지고 찾아온다. 스바 여왕이 가지고 온 많은 보석과 향품은 전에도 없었고 후에도 없었다. 솔로몬 자신은 많은 재물과 부족함 없이 살고 있었지만, 성전 건축과 지나치게 화려한 궁전 건축으로 인하여 백성들은 어려움을 겪는다. 금이 아닌 것은 절대 쓰지 않을 정도로 사치가 말할 수 없었고, 마침내 하지 말아야 할 일들을 한다. 어느새 하나님이 금하신 이방 여인을 하나 둘 데려와 통혼을 하면서 부인이 700명, 첩이 300명이 되었다. 특히나 모압, 암몬, 에돔, 시돈, 헷 여인들을 하나님이 가까이하지 말라고 했었는데, 솔로몬은 아무 거리낌 없이 아내로 맞아들인다. 심지어 바알의 원조격인 시돈 여인까지 아내로 삼았다. 이 여인들이 솔로몬에게 시집을 오면서 자신들이 섬기던 이방 신들을 가지고 들어와 버젓이 그 신에게 절을 하고 솔로몬과 함께 우상을 숭배하며 타락하기 시작한다. 이렇게 타락하고 있을 때에도 하나님은 솔로몬에게 찾아오셨지만, 이방 여인들에게 둘러싸여 술잔을 들이키는 솔로몬에게는 하나님의 말씀이 더이상 들어오지 않았다. 이 일로 솔로몬은 하나님께 버림을 받는다.

하나님은 솔로몬에게 이 나라를 빼앗아 너의 신하에게 줄 것이며, 그 신하에게는 10지파를 주고, 너의 아들에게는 한 지파만 주겠다고 한다. 그리고 하나님은 10지파를 다스릴 왕으로 느밧의 아들 에브라임 족속 여로보암을 선택하신다. 실로 사람 선지자 아히야가 여로보암을 만나 자기의 새 옷을 열두 조각으로 찢어 여로보암에게 열 조각을 주면서 네가 10지파의 왕이 될 것이라 한다. 여로보암이 이유를 묻자 솔로몬이 하나님을 버리고 이방 신들을 섬기며 다윗의 길로 행하지 않았기 때문이라고 한다. 여로보암에게 너를 이스라엘의 왕이 되게 하며 너 또한 하나님의 율례와 명령을 지키면 다윗과 같이 너를 위하여 하나님이 견고한 집을 세우시리라고 전한다. 이 사실을 알게 된 솔로몬이 여로보암을 죽이려 하자 여로보암이 애굽으로 도망간다. 그리고 솔로몬은 이스라엘 통일왕국을 다스린 지 40년 후 죽고 그의 아들 르호보암이 남 유다의 왕이 된다.

● 열왕기상 12장-열왕기하 17장 : 분열왕국 시대

북 이스라엘과 남 유다의 왕들에 관한 이야기이다. 이 기간은 두 왕국의 시대이므로 이 기간에 남 유다의 왕은 12명이 활약을 하고, 북 이스라엘은 20명의 왕들이 활약하는데 두 왕국을 서로 교차서술하는 방식으로 구약성경은 보여준다. 예언자들은 북 이스라엘과 남 유다 왕들이 통치를 잘하지 못할 때 하나님께서 보내신 자들이다.

구약성경에는 대(大)예언서 5권(이사야, 예레미야, 예레미야애가, 에스겔, 다니엘)과 소(小)예언서 12권(호세아, 요엘, 아모스, 오바댜, 요나, 미가, 나훔, 하박국, 스바냐, 학개, 스가랴, 말라기)으로 총 17권의 예언서가 있다. 대예언서와 소예언서의 구분은 분량의 많고 적음에 따른 것이다. 모든 예언서의 주제는 하나다. "하나님을 버리고 떠나면 징계와 심판을 하시지만 또한 구원도 하신다." 예언서를 읽을 때는 먼저 주제를 생각하고 이 메시지가 누구에게 향한 것인지, 어느 왕 때 쓰인 것인지를 알고 읽으면 어렵지 않다.

	선포한 나라	예언자	왕들
포로기 전	남 유다	이사야	웃시야~히스기야
		예레미야	요시야~시드기야
		예레미야애가	요시야~시드기야
		요엘	요아스
		미가	히스기야
		하박국	엘리야김(여호야김)
		스바냐	요시야
	북 이스라엘	호세아	여로보암 II
		아모스	여로보암 II
	앗수르	요나	여로보암 II
		나훔	므낫세
	에돔	오바댜	여호람
포로기	바벨론 포로 중	에스겔	여호야긴(여고냐) 때 2차 포로로 끌려감
		다니엘	엘리야김(여호야김) 때 1차 포로로 끌려감
귀환 이후	포로 귀환 후 활동한 예언자	학개	페르시아 왕 다리오
		스가랴	페르시아 왕 다리오
		말라기	

(1) 남 유다 왕 르호보암 / (2) 북 이스라엘 왕 여로보암

솔로몬이 죽자 애굽으로 도망한 여로보암이 돌아온다. 이때 솔로몬의 아들 르호보암이 왕으로 있었다. 여로보암이 10지파를 데리고 르호보암에게 온다. 솔로몬 때부터 백성들에게 과중하게 노동을 시킨 것에 대해 백성들은 불만을 가지고 있었다. 그래서 르호보암에게 부담을 좀 덜어달라고 하지만 르호보암은 아버지 솔로몬 때보다 더 무거운 멍에와 더 아픈 채찍으로 다스리겠다고 한다. 이에 여로보암은 10지파를 데리고 세겜으로 가서 북이스라엘의 왕이 된다. 왕의 후손도 아닌 여로보암을 하나님께서 왕으로 만들었으면 여로보암은 전적으로 하나님의 말씀에 잘 순종해야만 했다.

그런데 여로보암은 그렇게 하지 않았다. 10지파를 데리고 북 이스라엘에서 왕이 되긴 했지만 여로보암에게 불안한 생각이 들기 시작한다. 유월절이나 절기 때 백성들이 절기를 지키러 예루살렘으로 가다 보면 저들의 마음이 서서히 남 유다 쪽으로 넘어갈 것 같은 불길한 생각이 들었다. 그래서 이것을 막기 위해 꾀를 쓰는데 두 금송아지를 만들어 하나는 벧엘에 두고 하나는 단에 두어 굳이 예루살렘에 올라가지 말고 이 신들에게 경배하라고 한다. 이뿐만 아니라 오직 레위 지파만이 제사장이 될 수 있음에도 불구하고 여로보암은 이를 무시하고 일반 백성 가운데서도 제사장을 삼는 엄청난 죄를 짓는다. 이런 여로보암을 하나님이 그냥 두시지 않고 여로보암을 버리신다. 그 뒤를 잇는 북 이스라엘 모든 왕들도 다 악을 행한다. 여기서 악한 왕과 선한 왕의 기준이 나온다. 다윗의 길로 가면 선한 왕으로, 르호보암과 여로보암의 길로 가면 악한 왕으로 구분한다.

(3) 남 유다 왕 아비얌

아비얌은 예루살렘에서 3년 동안 다스린다. 그의 어머니의 이름은 마아가이고 그녀는 아비살롬의 딸이다. 아비얌도 르호보암의 길을 따라 여호와 앞에 악을 행했다. 그러나 하나님은 다윗과의 약속으로 등불을 끄지 않으시고 예루살렘을 견고하게 하셨다. 아비얌이 죽고 그의 아들 아사가 대를 잇는다.

(4) 남 유다 왕 아사

아사가 예루살렘에서 41년 동안 다스린다. 그의 어머니의 이름은 마아가이고 그녀는 아비살롬의 딸이다. 아사는 그의 조상 다윗과 같이 여호와 보시기에 정직하게 행했다. 그 땅에 남색하는 자를 다 내쫓고, 우상을 없애며, 심지어 그의 어머니가 만든 아세라 상을 찍어 기드론 시냇가에서 불살랐다. 다만 산당은 없애지 못했다. 아사와 북 이스라엘의 왕 바아사 사이에 일생 동안 전쟁이 있었다. 북 이스라엘의 바아사와의 전쟁에서 아사는 하나님을 의지하지 않고 아람을 의지하며 바아사를 떠나게 한다. 아사는 늘그막에 발에 병이 들어 죽는다. 그의 아들 여호사밧이 대를 잇는다.

(5) 북 이스라엘 왕 나답

나답이 북 이스라엘의 왕이 되어 2년 동안 다스린다. 나답은 여호와 보시기에 악을 행한다. 아사가 남 유다의 왕으로 있을 때 바아사가 여로보암의 아들 나답에게 반란을 일으켜 나답을 죽이고 왕위에 오른다. 바아사는 여로보암의 온 집을 쳐서 한 사람도 남기지 않고 다 멸했다. 이는 실로에 있는 선지자 아히야를 통하여 하신 말씀과 같이 되었다.

(6) 북 이스라엘 왕 바아사

나답을 죽이고 북 이스라엘의 왕이 된 바아사는 24년 동안 북 이스라엘을 다스린 후 여호와 보시기에 악을 행했다. 하나님의 말씀이 예후에게 임하여 바아사를 책망한다. 티끌에서 들어 북 이스라엘 백성들의 주권자가 되게 해 주셨는데 악을 행했으니 여로보암의 집과 같이 되게 하신다고 한다. 바아사가 죽고 그의 아들 엘라가 대를 잇는다.

(7) 북 이스라엘 왕 엘라

바아사의 아들 엘라가 디르사에서 북 이스라엘의 왕이 되어 2년 동안 통치한다. 엘라는 디르사에 있고, 왕궁 맡은 자 아르사의 집에서 마시고 취할 때에, 병거 절반을 통솔한 지휘관 시므리가 엘라를 죽이고 왕이 된다. 시므리는 바아사의 온 집안을 한 사람도 남기지 않고 다 진멸한다. 이는 선지자 예후를 통하여 바아사를 책망하며 하신 여호와의 말씀같이 되었다.

(8) 북 이스라엘 왕 시므리

시므리는 디르사에서 7일 동안 왕위에 오른다. 백성들은 시므리가 모반하여 엘라를 죽였다는 말을 듣고 군대 지휘관으로 있는 오므리를 왕으로 삼았다. 시므리는 성읍이 함락됨을 보고 왕궁 요새에 들어가 왕궁에 불을 지르고 자신도 그 가운데에서 죽었다.

(9) 북 이스라엘 왕 디브니 / (10) 북 이스라엘 왕 오므리

악의 극치를 보여준 오므리 왕조는 열왕기서에서 빼놓을 수 없는 인물이다. 오므리가 왕위에 오를 때 북 이스라엘 백성이 둘로 나뉘면서 한쪽은 디브니를 왕으로 삼고, 절반은 오므리를 따랐다. 이때 오므리를 따른 백성이 기낫의 아들 디브니를 따른 백성과 싸워 이겼다. 따라서 디브니가 죽고 오므리가 왕이 되었다. 오므리는 북 이스라엘의 왕이 되어 12년 동안 왕위에 있었고, 디르사에서 6년 동안 다스렸다. 오므리가 어떤 선왕보다 악한 왕이었지만 구약성경에는 단지 8절밖에 기록되어 있지 않다. 오므리는 은 두 달란트로 세멜에게서 사마리아 산을 사서 그 산 위에 성읍을 건축했다. '사마리아'라는 명칭은 '세멜'이라는 본래 그 산 주인의 이름에서 유래되었다. 오므리는 여호와 보시기에 심히 악을 행하되 그 전의 모든 사람들보다 더욱 악을 행했다. 오므리 왕이 죽고 그의 아들 아합이 대를 잇는다.

(11) 북 이스라엘 왕 아합

오므리의 아들 아합이 사마리아에서 22년 동안 북 이스라엘을 다스린다. 아합도 아버지 오므리와 마찬가지로 그 이전의 모든 왕들보다 더 심하게 악을 행했다. 시돈 사람의 왕 엣바알의 딸 이세벨을 아내로 삼고 바알도 섬겼다. 사마리아에 건축한 바알의 신전 안에 바알을 위하여 제단을 쌓고 아세라 상을 만들어 제사를 지냈다. 이때에 벧엘 사람 히엘이 여리고를 건축하였는데, 그가 그 터를 쌓을 때에 맏아들 아비람을 잃게 되고, 성문을 세울 때에 막내아들 스굽을 잃었으니, 이는 여호와께서 눈의 아들 여호수아를 통하여 하신 말씀과 같이 되었다.

이 시기에 활약한 선지자가 그 유명한 엘리야다. 열왕기서를 읽다 보면 왕들의 이야기뿐만 아니라 중간에 과부나 가난한 사람들의 이야기들이 섞여 있다. 그들에게 도움을 주는 사람은 왕이 아니라 선지자다. 이는 무엇을 보여주는 것일까? 왕은 우상숭배와 자기의 누림만을 생각할 뿐 백성들이 어떻게 사는지에는 관심이 없었다. 그럴 때마다 하나님은 선지자를 보내 그들을 돕게 하셨다. 인간 왕들은 불쌍한 백성들을 보살피지 않지만 하나님은 끊임없이 과부와 고아, 객을 선지자들을 통해서 돌보고 계신다는 것을 보여준다.

엘리야와 사르밧 과부

길르앗에 사는 디셉 사람 엘리야가 아합에게 하나님의 말씀을 전달한다. 수년 동안 이 땅에 기근이 올 것이라고 전해준다. 그리고 여호와께서 엘리야에게 그릿 시냇가에 숨어 있으면 까마귀들을 통해 음식을 주겠다고 하신다. 까마귀들이 엘리야에게 아침저녁으로 떡과 고기를 가져다주어 먹고 시냇물을 마셨다. 그런데 기근이 시작되자 시냇물도 말랐다. 하나님은 엘리야에게 시돈에 사는 사르밧에 가서 머물라고 한다. 그리고 그곳 과부에게 명령하여 네게 음식을 주게 하겠다고 하신다. 그가 사르밧 과부에게 떡 한 조각을 달라고 하자, 과부는 통에 가루 한 움큼과 병에 기름이 조금 있어 오늘 이것을 만들어 먹고 죽으려 한다고 말한다. 엘리야는 과부의 말을 듣고 그것으로 작은 떡을 하나 만들어 자신에게 먼저 가져오라고 한다. 그리고 하나님의 말씀을 전한다. 이후 비를 지면에 내리는 날까지 그 통의 가루가 떨어지지 아니하고 그 병의 기름이 없어지지 아니할 것이라고 한다. 과부가 말씀에 순종하자 여호와께서 엘리야를 통하여 하신 말씀같이 통의 가루가 떨어지지 않고 병의 기름이 마르지 않았다.

이런 일이 있은 후에 과부의 아들이 죽었다. 과부가 울며 엘리야에게 말하자 엘리야가 죽은 아이를 침상에 누이고 그 아이 위에 엎드려 몸과 몸을 세 번 맞추고 나서 "이 아이의 호흡이 돌아오게 하여 주십시오"라고 부르짖자 아이가 살아났다. 이에 과부는 엘리야를 하나님처럼 섬겼고, 여호와의 말씀이 진심임을 깨닫는다.

엘리야와 아합의 대결

하나님께서 숨어 있는 엘리야에게 이제 아합을 만나라고 하신다. 그때에 사마리아에 기근이 심했다. 아합이 말과 노새를 살리고자 물을 찾으러 오바댜와 함께 두루 다닌다. 왕궁 맡은 자 오바댜는 하나님을 경외하는 사람이다. 아합의 아내 이세벨이 선지자들을 죽일 때 오바댜가 선지자 100명을 50명씩 굴에 숨겨 떡과 물을 먹였다. 길에서 오바댜와 엘리야가 만난다. 엘리야가 오바댜에게 "너는 가서 아합에게 엘리야가 여기 있다"라는 말을 전하라고 하자 오바댜는 그 말을 아합에게 전하다 아합이 엘리야를 찾지 못하면 자신이 죽임을 당할까 두려워한다. 그러자 엘리야는 오바댜에게 자신이 아합 앞에 당당히 나타나겠으니 두려워 말라고 한다. 지금 이렇게 비가 내리지 않고 기근이 심한 것은 아합이 바알과 아세라 우상을 섬기기 때문에 하나님이 징계를 내린 것인데, 아합은 이 모든 일이 엘리야 때문이라고 생각한다. 그래서 엘리야는 바알의 선지자 450명과 아세라 선지자 400명을 갈멜 산으로 데리고 와서 여호와와 대결을 벌이자고 한다. 그때 여호와의 선지자는 엘리야 한 명이고, 바알의 선지자 450명이 나왔다. 송아지를 각을 떠서 나무 위에 올려놓은 후 불은 붙이지 않는다. 각자의 신을 부르면 불로 응답하는 신, 그가 하나님이라는 것이다. 바알의 선지자들이 송아지를 각을 떠서 나무 위에 올려놓고 아침부터 낮까지 바알의 이름을 부르며 응답을 기다렸지만 아무 반응이 없었다.

엘리야가 송아지의 각을 떠서 나무 위에 올려놓고 여호와께 기도하자 여호와의 불이 내려와 번제물과 나무와 돌과 흙을 태우고 도랑의 물도 핥았다. 모든 백성이 보고 엎드려 "여호와 그는 참 하나님이시로다"라고 한다. 이날 450명의 바알의 선지자들은 다 죽임을 당했다. 엘리야가 갈멜 산꼭대기로 올라가서 땅에 꿇어 엎드려 그의 얼굴을 무릎 사이에 넣는다. 바다에서 손바닥만한 작은 구름이 일어나더니 갑자기 하늘이 캄캄해지면서 큰 비가 내렸다.

아합이 엘리야가 행한 일, 즉 바알 선지자들을 칼로 죽인 것을 아내 이세벨에게 말하자 이세벨의 분노가 하늘을 찌른다. 이세벨이 사신을 엘리야에게 보내 내일 이맘때에 엘리야가 죽을 것이라고 한다. 이에 엘리야가 두려워서 도망하여 브엘세바에 이른다. 자기의 사환은 그곳에 두고 엘리야는 하룻길쯤 가서 한 로뎀 나무에 앉아 여호와께 자신을 이젠 죽여 달라고 한다. 그러고 나서 누워 자는데 천사가 구운 떡과 물 한 병을 주고 먹으라고 한다. 엘리야는 그것을 먹고 다시 잠이 들었다. 천사가 다시 와서 엘리야에게 먹을 것을 주고, 그것을 먹은 엘리야는 40주 40야를 걸어 하나님의 호렙산에 이른다. 하나님이 엘리야에게 말씀하시는데 너는 하사엘에게 기름을 부어 아람의 왕이 되게 하고, 또 님시의 아들 예후에게 기름을 부어 북 이스라엘의 왕이 되게 하며, 아벨므홀라 사밧의 아들 엘리사에게 기름을 부어 너를 대신하여 선지자가 되게 하라고 하신다. 엘리야는 자신만 혼자 남았다고 생각했지만 하나님께서는 아직도 바알에게 무릎을 꿇지 않은 사람이 7,000명이나 있다고 하신다.

엘리야가 엘리사를 부르다

하나님께서 엘리야에게 너의 뒤를 이을 선지자로 엘리사에게 기름을 부으라고 하신다. 농부였던 엘리사가 12겨릿 소를 앞세우고 밭을 갈고 있는데 엘리야로부터 부름을 받자 바로 달려온다. 엘리야가 엘리사에게 겉옷을 던진다. 엘리사는 자신의 부모에게 작별 인사를 한 후 엘리야를 따르겠다고 한다. 엘리사가 소를 잡아 사람들을 먹게 하고 작별 인사를 한 후 엘리야를 따른다. 하나님은 지금도 여전히 엘리사처럼 순종하는 자를 찾고 계신다.

아람과 북 이스라엘의 싸움

아람의 벤하닷 왕이 지방 영주 32명과 기마병과 병거대를 이끌고 사마리아를 공격한다. 아람 왕이 사신들을 보내 아합에게 말하길 너의 모든 은금과 아내와 자식들이 다 자신(아람 왕)의 것이라고 한다. 이에 겁먹은 아합이 일단은 왕의 말씀이 맞다고 대답한다. 그러면서 아람 왕이 내일 이맘때쯤 신하들을 보내 은금과 아합의 아내와 자식들을 다 데려간다고 하자 아합은 그 자리에서 아무 소리도 못한다. 그리고 바로 북 이스라엘의 장로들을 모으고 의논한다. 아합 자신은 힘이 없어서 그 자리에서 거절하지 못했다고 한다. 그러자 장로들은 아합에게 절대로 그럴 수 없으니 아람에 사신을 보내 허락하지 않기로 한다. 이 소식을 들은 아람 왕이 화가 나서 북 이스라엘 진영을 치라고 명한다.

한 선지자가 아합에게 나아와 아람의 군대들을 두려워하지 말라고 하며 여호와의 살아 계심을 알게 될 것이라고 한다. 싸움을 위해 각 지방 고관의 청년을 계수하니 232명이고, 북 이스라엘의 모든 자손을 계수하니 7,000명이었다. 이들이 아람으로 쳐들어가는데 아람 왕은 아합이 화친을 맺으러 오는 줄 알고 술에 취한 채 넋 놓고 있다가 싸움이 시작되자 아람 사람들이 모두 달아나고 아람 왕도 도망친다. 결과는 북 이스라엘의 승리다. 북 이스라엘에 패한 아람 왕은 분노를 품고 다시 한 번 아합을 치려는 계획을 가진다. 그들이 생각하는 여호와는 산의 신이어서 자신들이 패했다고 생각하며, 평지에서 싸우면 자기들이 반드시 이길 것이라고 생각한다. 해가 바뀌어 아람 왕이 사람을 소집하고 아벡으로 올라가 북 이스라엘과 싸우려 한다. 싸움에 나온 북 이스라엘 자손은 두 무리의 적은 염소 떼와 같고 아람 사람은 그 땅에 가득했다. 하나님의 사람이 아합에게 말하길 "아람 사람들이 여호와는 산의 신이요 골짜기의 신은 아니다"라고 했으니 오늘 저 많은 아람 군대를 아합의 손에 넘겨주신다고 한다.

진영이 대치한 지 7일이 되었고 7일째 되는 날 북 이스라엘 자손이 아람 보병을 하루에 10만 명을 죽였다. 남은 자들이 아벡 성으로 도망하였으나 마침 성벽이 무너져 그곳에 남은 2만 7천 명이 깔려 죽는다. 아람 왕 벤하닷도 도망을 간다. 아람 왕이 꾀를 내어 아합에게 도움을 요청하는 척한다. 어리석은 아합은 아람 왕을 놓아준다. 선지자가 아합에게 말하길 어찌하여 여호와께서 죽이라고 붙여준 아람 왕을 살려주었느냐며 아합을 책망한다. 여호와의 말씀이 내가 멸하기로 작정한 사람을 왕이 놓아주었으니 왕의 목숨이 그의 목숨을 대신할 것이고, 왕의 백성들도 그의 백성들을 대신할 것이라고 한다.

나봇의 포도원

아합의 왕궁 근처에 이스르엘 사람 나봇의 포도원이 있었다. 아합이 그 나봇의 포도원을 탐내며 갖고 싶어 했다. 그래서 나봇에게 더 좋은 포도원을 마련해 주거나 원하면 값을 잘 쳐 줄테니 자신에게 팔 것을 요구하지만 이스라엘 백성들은 하나님이 주신 기업을 함부로 사고팔지 않기 때문에 왕의 말임에도 나봇은 당당히 거절한다. 이 포도원을 취하지 못한 아합이 마음이 상해 돌아누워 음식도 먹지 않자 그의 해결사 아내 이세벨이 여기서도 나서기 시작한다. 이세벨이 불량배 둘을 시켜 거짓 증언을 하게 하여 결국 나봇을 죽임으로써 그 포도원을 차지한다. 이에 분노하신 하나님이 엘리야에게 알려 아합과 이세벨에게 죽음을 경고하게 한다.

나봇을 죽이고 포도원을 빼앗았으니, 개들이 나봇의 피를 핥은 곳에서 개들이 아합의 피도 핥는다고 전한다. 또한 이세벨의 시체도 개들이 성읍 곁에서 먹을 것이며, 아합에 속한 모든 사람들도 죽어 개들이 먹고 공중의 새들이 먹을 것이라고 저주한다. 이 말을 들은 아합이 금식하며 회개하자 하나님은 아합의 회개를 보시고 아합 시대에는 재앙을 내리지 않고, 그의 아들 대에 가서 재앙을 내리겠다며 심판을 유보하셨다.

무엇을 말하고 싶은 것일까? 아무리 극악무도한 죄를 지은 악한 사람이라도 하나님 앞에 나와 진정으로 회개하면 하나님은 용서해 주신다는 말씀이다.

아합의 죽음

아람과 북 이스라엘 사이에 3년 동안 전쟁이 없었다. 이때의 남 유다는 여호사밧이 왕이었고 아합은 북 이스라엘 왕이었지만 남 유다 여호사밧과 동맹을 맺고 서로 자유롭게 왕래했다. 아람과 전쟁 없이 지낸 3년째 되는 어느 날 아합이 아람에게 뺏긴 길르앗 라못을 되찾고 싶어 이 문제를 놓고 고민한다. 길르앗 라못을 되찾기 위해 아람과의 전쟁을 벌여야겠다고 생각한다. 아합이 여호사밧에게 상의하자 만일 싸우러 나간다면 돕겠다고 한다. 이 문제로 선지자 400명에게 자문을 구한다. 이 싸움은 무조건 아합 왕의 승리이니 나가서 싸우라고 그들이 말해준다. 그런데 남 유다의 왕 여호사밧은 이들 외에 물어볼 만한 다른 하나님의 선지자의 말을 듣고 싶었다. 그래서 다른 선지자가 더 없냐고 아합에게 묻자 이믈라의 아들 미가야라는 선지자가 있다고 하면서도 아합은 탐탁해하지 않는다. 왜냐하면 미가야는 하나님의 사람으로서 항상 하나님의 말씀을 솔직하게 전하기 때문이다. 그래서 아합의 귀에 듣기 좋은 소리를 해 주지 않았다. 남 유다 왕의 제안도 있고 해서 할 수 없이 미가야를 불러 어떻게 했으면 좋을지를 묻는다. 미가야가 처음에는 다른 400명이 대답한 대로 승리할 것이니 그냥 나가 싸우라고 말한다. 이렇게 순순히 말하는 미가야의 말에 어쩐지 의심이 느껴진 아합은 다시 물어본다. 그러자 이번에는 싸움에 나가지 말라며 진실을 말해준다. 나가면 반드시 왕이 죽는다고 했다.

미가야는 천상에서 본 그대로를 아합에게 말해주었다. 왕이 죽는다는 말에 미가야의 옆에 있던 거짓 선지자 그나아나의 아들 시드기야가 미가야의 뺨을 친다. 아합은 미가야를 옥에 가둔다. 그리고 아합은 전쟁에 나간다. 그런데 미가야의 말이 마음에 걸렸던지 자신의 왕복을 여호사밧에게 입히고 본인은 변장을 하고 싸움에 나간다. 아람 왕은 병거의 지휘관 32명에게 아무하고도 싸우지 말고 오직 아합과만 싸우라고 명령한다. 병거의 지휘관들은 아합의 왕복을 입은 여호사밧이 아합 왕인 줄 알고 죽이려고 하다가 여호사밧이 소리를 지르자 아닌 것을 알고 죽이지 않았다. 그때 한 사람이 무심코 활을 당겨 아합의 갑옷 솔기를 맞힌다. 이날 전쟁이 맹렬하고 부상이 심해 아합을 병거로 옮겼지만, 병거 가운데에서 죽어 병거 바닥에 많은 피가 고였다. 병거의 시체를 사마리아에 장사했다. 그 병거 바닥에 고인 피를 개들이 핥으니 여호와의 말씀과 같았다. 아합이 죽고 그의 아들 아하시야가 대를 잇는다. 아무리 변장을 하고 감추어도 하나님의 심판은 피해 갈 수 없음을 보게 된다.

(12) 남 유다 왕 여호사밧

아버지 아사가 다른 나라의 도움에 의지했던 반면, 여호사밧은 스스로 국방을 키우는 데 힘을 쏟았다. 여호사밧은 여호와 앞에서 정직히 행하였지만 산당은 폐하지 않아 백성들은 여전히 산당에서 제사를 드렸다. 그는 다윗의 길로 행한 왕이었다. 이런 여호사밧과 하나님이 함께하셨기에 나라는 금방 안정을 찾았고 모든 백성들도 왕을 따랐으며 그의 부와 명예가 하루가 멀다 하고 하늘을 치솟았다. 왕위에 오른 지 3년 즈음 모든 산당과 우상을 파괴하고 그는 백성들에게 하나님의 말씀을 가르치기 시작했다. 아버지 아사가 그렇게 종교개혁을 했음에도 불구하고 여전히 백성들이 우상숭배하는 것을 깊이 생각하고 고민했을 것이다. 그래서 개혁을 결심하고 말씀으로 돌아가자고 외쳤을 것이다. 말씀으로 돌아간 남 유다 백성을 하나님이 가까이하시고, 나라가 부강해지다 보니 주변 국가가 스스로 고개를 숙이며 들어온다. 끊임없이 남 유다를 괴롭힌 블레셋은 알아서 예물을 가져오고, 아라비아 사람들은 자신들이 목축업을 해서 얻은 짐승들을 여호사밧에게 바쳤다.

하나님과 함께하는 여호사밧은 국방력과 재력이 탄탄대로를 걷고 있었다. 그런데 이런 여호사밧도 큰 실수를 하고 만다. 북 이스라엘을 멸망으로 이끈 악한 아합과 사돈을 맺고 말았다. 여호사밧의 아들 여호람과 아합과 이세벨의 딸 아달랴를 결혼시켰다. 남 유다가 승승장구하는 것을 보면서 거기에 편승해 자기 나라도 유익을 보고 싶었을 것이다. 문제는 이것을 여호사밧이 알고도 화친을 맺었다는 것이다. 나라가 부강해지고 평안하니 이런 일 정도는 문제될 것이 아니라고 생각했을 것이다. 이 문제로 인하여 북 이스라엘의 우상 바알과 아세라가 남 유다까지 서서히 침투하는 계기를 여호사밧이 만들어 주게 된다. 하나님은 이런 여호사밧을 야단치시지만 또 여호사밧이 진심으로 회개하자 그를 받아주신다.

모압과 암몬과 마온의 연합군이 대군을 이끌고 남 유다를 치려고 몰려온다. 큰 무리의 대군을 본 여호사밧은 도저히 자국의 힘으로는 그 많은 무리를 물리칠 자신이 없었다. 여호사밧은 백성들에게 금식을 선포하고 기도하라고 명을 내린다. 하나님은 레위 사람 야하시엘을 통해 걱정하지 말라고 말씀하신다. 그 숫자에 기죽지 말라고 하신다. 이런 응답을 받았으면 그게 무슨 뜻의 말씀인지 벌써 안다. 하나님이 함께하시니 게임은 끝났다는 말씀이다.

그런데 적과 싸워 이기는 장면을 보면 좀 믿기지 않는다. 제일 선두에 싸움 잘하는 용사를 세우는 것이 아니라 예복을 입은 찬양대를 군대 앞에 세워 찬양하며 행진하게 하였다. 적군들이 봤을 때 처음에는 얼마나 속으로 비웃었을까? 전쟁을 하자는 건지 예배를 드리자는 건지 헷갈렸을 것이다. 찬양이 시작되자 하나님께서 적들을 치게 하셔서 그들을 대파하셨다. 이 전쟁이 얼마나 컸던지 상대방의 전리품을 챙겨오는 데 3일이나 걸렸다. 손

하나 움직이지 않고 수많은 적을 물리쳤으니 얼마나 기쁘고 가슴 벅찼을까? 이기고 돌아와서 이들은 바로 하나님께 감사의 예배를 드리고 모든 영광을 하나님께 돌렸다. 하나님이 손수 대군을 물리쳐 남 유다가 승리했다는 소문은 삽시간에 주변 나라에 퍼졌다. 누가 감히 이런 남 유다를 넘볼수 있겠는가? 다시 나라가 부강해졌다. 그런데 여호사밧은 말년에 또 한 번의 실수를 하고 만다. 왜 북 이스라엘 사람들과의 연합을 끊어낼 수 없었는지, 이번에는 악한 길을 가고 있는 아합의 아들 아하시야와 또 동맹을 맺었다. 지난날 아합과의 연합으로 하나님께 크게 야단을 맞았음에도 이런 일은 다시 또 반복되었다.

(13) 북 이스라엘 왕 아하시야

아합이 죽자 그의 아들 아하시야가 사마리아에서 북 이스라엘의 왕이 되어 2년 동안 다스린다. 아하시야도 아버지 아합의 길로 행하며 여호와 앞에 악을 행한다. 바알을 섬겨 그 신에게 제사를 드린다. 아하시야가 사마리아에 있는 그의 다락 난간에서 떨어져 병들자 사자들을 바알세붑에게 보내이 병이 낫겠는지 물어보라고 한다. 엘리야가 사자들에게 나타나 여호와의 말씀을 전해준다. 북 이스라엘에 하나님이 없어서 바알세붑에게 묻느냐며 질책하고 아하시야는 병이 낫지 않아 침상에서 내려오지 못하고 죽을 것이라고 말한다.

이에 화가 난 아하시야가 그 말을 전한 사람에 대해 묻는다. 그는 털이 많고 허리에 가죽 띠를 띠었다고 하자 아하시야는 그가 엘리야임을 알아챈다. 화가 난 아하시야가 오십 부장과 그의 군사 오십 명을 엘리야에게 보냈지만 하늘에서 불이 내려와 그들을 치셨다. 두 번째도 치셨다. 세 번째 오십 부장은 오히려 엘리야에게 간구하며 살려 달라고 애원한다. 이에 여호와께서 엘리야에게 그들과 함께 내려가라고 한다. 아하시야는 여호와의 말씀대로 죽고 그에게 아들이 없어 여호람이 그를 대신하여 왕이 된다.

엘리야가 하늘로 올라가다

여호와께서 회오리바람으로 엘리야를 하늘로 올리고자 할 때 엘리야가 엘리사와 함께 길갈을 떠난다. 엘리야가 벧엘, 여리고, 요단으로 가는 곳마다 엘리사가 따라간다. 선지자의 제자 50명이 멀리 서서 보니 두 사람이 요단 가에 서 있다. 엘리야가 겉옷을 벗어 말아서 물을 치니 물이 좌우로 갈라지고 두 사람이 마른 땅 위로 건넌다. 엘리사는 엘리야에게 스승님께 역사하는 성령의 능력의 갑절을 자신에게 있게 해 달라고 부탁한다. 두 사람이 길을 가는데 불수레와 불말들이 두 사람을 갈라놓고 엘리야가 회오리바람으로 하늘로 올라간다. 엘리야는 구약성경의 에녹처럼 죽음을 보지 않고 승천했다. 엘리사는 엘리야의 몸에서 떨어진 겉옷을 가지고 요단 물을 치자 이번에도 물이 좌우로 갈라져 엘리사가 건넌다. 맞은편에 있던 선지자의 제자들이 이를 보고 엘리사에게 엎드려 경배한다. 여리고의 성읍 사람들이 엘리사에게 이곳이 성읍의 위치는 좋지만 물이 나빠서 토산이 익지 못하고 다 떨어진다고 전한다. 그러자 새 그릇에 소금을 담아 물 가운데에 던지니 다시는 죽음이나 열매 맺지 못함이 없었다. 엘리사가 그곳을 떠나 벧엘로 올라가는 길에 작은 아이들이 성읍에서 나와 엘리사에게 대머리라고 놀려댔다. 이에 엘리사가 여호와의 이름으로 그들을 저주하니 수풀에서 암곰 2마리가 나와서 아이들 중 42명을 찢어 죽였다.

엘리사가 엘리야의 뒤를 이어 많은 기적을 행한다. 과부의 기름 그릇이 차고 넘치는 은혜를 베풀어 주고, 오랫동안 아이가 없던 수넴 여인에게 아이가 생길 것이라고 말을 한다. 이 여인은 엘리사의 말을 믿지 않았지만 정말 임신을 해서 아이를 낳았다. 그런데 그 아이가 죽자 엘리사가 다시 살리는 기적도 행한다. 또한 아람 왕의 군대장관 나아만이 나병에 걸려 엘리사를 찾아온다. 엘리사는 사환을 시켜 나아만의 나병은 요단 강에 일곱 번 몸을 씻으면 깨끗이 나을 것이라고 한다. 기분이 상한 나아만이 그냥 돌아가려고 하지만 신하들의 설득으로 요단 강으로 간다. 하나님의 사람의 말대로 요단 강에 일곱 번 몸을 씻자 정말 나병이 깨끗이 낫고 어린 아이의 살결처럼 되었다.

엘리야가 엘리사에게 기름을 부을 때에 하나님은 엘리야에게 님시의 아들 예후에게도 기름을 붓게 했다. 하나님은 예후를 통해 아합 가문을 멸하시려는 계획을 가지셨다.

(14) 북 이스라엘 왕 여호람(요람)

아합의 아들 여호람이 사마리아에서 북 이스라엘을 12년 동안 다스린다. 여호람도 여호와 보시기에 악을 행했지만 그의 아버지 아합과 같지는 않았다. 여호람은 그의 아버지 아합이 만든 바알의 주상을 없애는 일을 하긴 했다. 그러나 여호람 역시 느밧의 아들 여로보암의 길로 행했다.

(15) 남 유다 왕 여호람(당시 활동한 선지자 : 오바댜)

여호사밧은 죽기 전 장자 여호람과 5년 동안 섭정을 하며 여호람을 가르쳤다. 여호사밧에게는 아들이 7명 있었다. 아마도 다른 아들들이 왕위를 놓고 쟁탈전을 벌일 수 있기 때문에 살아 있을 때 정리를 해 준 것 같다. 여호람은 아버지 밑에서 조신하게 잘 배우고 있었다. 그는 장자였기에 왕위를 물려받고 다른 6명의 아들들에게는 견고한 성읍과 많은 은금을 주고 여러 성읍에 흩어져 살게 했다. 아버지 여호사밧의 지혜로운 상속에도 불구하고 여호람은 아버지가 죽고 난 후 자신의 동생 6명을 모조리 다 죽이고 그들이 상속받은 것을 다 차지했다. 이를 보고 여호람을 말린 방백들을 여호람이 죽인다.

이 일은 전적으로 여호람의 아내 아달랴의 영향이었을 것이다. 그녀는 어머니 이세벨의 영향으로 이미 바알과 아세라 우상을 남 유다로 들여옴으로써 여호람으로 하여금 우상을 숭배하게 하고 폭군으로 만들었다. 매사에 있어 아달랴가 여호람으로 하여금 하나님으로부터 멀어지게 한 것이다. 이런 여호람을 하나님이 그냥 두실 리 없다. 에돔 나라는 다윗과 솔로몬이 왕위에 있을 때부터 남 유다에 조공을 바치고 큰소리 한 번 치지 못하고 조용히 살고 있었다. 그런데 여호람이 하는 짓을 보니 갑자기 남 유다가 만만해 보이기 시작했다. 그래서 에돔은 반란을 일으키고 남 유다를 배반한다. 이에 블레셋 지경에 있는 립나도 남 유다의 손에서 벗어난다. 배신한 두 나라(에돔, 립나)를 혼내주겠다고 여호람이 군대를 이끌고 가지만, 오히려 여호람이 당하고 도망치는 신세가 되었다. 이는 하나님의 심판이었다. 징계를 받고 여호람이 하나님 앞으로 돌이키려 해도 아내 아달랴 때문에 아마 회개하지 못하지 않았을까 하는 생각도 든다. 그렇게 혼이 나고도 정신을 차리지 않자 하나님은 마침내 북 이스라엘에서 활동하고 있는 엘리야 선지자를 동원한다.

엘리야가 나이가 많아 남 유다로 내려가지 못하고 대신에 여호람에게 편지를 써서 보낸다. "블레셋과 구스에서 가까운 아라비아 연합군이 남 유다를 공격할 것이다. 뿐만 아니라 너의 자식들과 아내들도 다 죽임을 당하고 모든 재물도 빼앗긴다. 그리고 너는 죽을 때 창자가 빠져나와 고통스럽게 죽을 것이다"라는 내용이다. 이런 내용의 편지를 받고도 여호람은 전혀 요동하지 않고 여전히 폭군으로 자기 자신을 믿으며 살았다. 그러나 엘리야가 보낸 편지대로 모든 것은 성취되었고 여호람은 2년 동안 병으로 고생하다 비참한 죽음을 맞았다. 얼마나 악한 짓을 많이 했던지 누구 하나 여호람의 죽음을 애도하는 백성도 없고, 왕들이 대대로 묻혔던 왕실에도 묻히지 못한 비극을 맞았다.

11

오바댜

책명

히브리어 성경은 '오바드야'(עבדיה), 칠십인역(LXX)은 '오브디우'(Ὀβδιού), 우리말 성경은 인명인 '오바댜'로 책명을 삼는다. 오바댜의 이름의 뜻은 '여호와를 경외하는 자' 또는 '여호와의 종'이다. 구약성경 39권 중에서 한 장으로 기록된 가장 짧은 성경이다.

저자

본서의 중심인물인 오바댜를 저자로 본다.

기록 목적

에돔과 남 유다는 형제임에도 남 유다가 어려움이 처할 때면 돕는 것이 아니라 더 고통을 주거나 방관했다. 하나님이 택하신 백성을 대적한 에돔의 멸망을 선포하지만 결국 남 유다에게도 해당된다. 교만한 자들을 심판하시는 하나님의 공의를 드러내기 위함이다.

시대적 배경

남 유다의 여호람은 누구인가? 그는 여호사밧의 아들이고 이세벨의 딸 아달랴의 남편이다. 여호람은 자신의 욕심으로 인해 여러 명의 동생들을 죽인 극악무도한 왕이다. 남 유다 왕이었지만 북 이스라엘 아합의 딸 아달랴와 결혼한 것으로 인하여 다윗의 길로 가지 않고 아합의 길로 가고 있었다. 여호람이 죽자 그의 아내 아달랴는 남 유다 왕가의 씨를 말리는 짓을 하기도 했다. 아달랴로 인해 남 유다에도 가나안의 종교가 서서히 유입되고 있었다. 더이상 지켜볼 수만 없으셨던 하나님은 오바댜 선지자를 보내신다. 오바댜서는 겉으로 보기에는 에돔을 심판하는 메시지로 보이지만 이 책은 여호람을 비롯한 남 유다 백성들에게 하신 말씀이다.

구성

범위	내용
1-9절	에돔을 심판함
10-14절	심판의 원인
15-16절	여호와의 날
17-21절	이스라엘의 회복

오바댜서는 직접적으로 남 유다에 대해 언급하지 않고 에돔에 대한 심판으로 시작한다. 언뜻 보면 에돔에 대한 심판 같지만, 이와 비슷한 악을 저지른 남 유다 여호람에 대한 메시지이기도 하다. 구약성경에서 야곱의 후손과 에서의 후손과의 사이가 좋았던 적은 없었다. 에돔은 끊임없이 남 유다

백성들을 괴롭혔다.

에돔은 에서의 조상이다. 다윗과 솔로몬이 통치하던 시대에 에돔은 남유다에게 힘을 쓰지 못했고 오히려 조공을 바쳤다. 그러다가 남 유다가 다른 나라들에게 침략을 당한다든지 왕들이 제대로 힘을 쓰지 못하거나 하면 에돔은 남 유다를 돕는 것이 아니라 오히려 더 괴롭혔다. 그런데 지금 남유다 여호람 때에 에돔은 예루살렘을 조롱하고 비웃고 있다.

하나님은 왜 에돔을 심판하시려는 것일까?

첫째는 교만이다. 에돔은 고지대에 위치해 있다 보니 산이 높고 바위가 많았다. 에돔 족속이 사는 세일 산은 지형과 바위가 유난히 붉었다. 자신들이 사는 곳을 천혜의 요새로 생각했기 때문에 하나님 없이도 안전하고, 적들이 쳐들어와도 자신들을 찾을 수 없다고 생각했다.

둘째는 에돔의 죄다. 에돔은 엄밀히 말하면 남 유다와 형제이다. 그런데 그런 형제 나라가 다른 나라의 침략을 받아 위기에 처했는데 도와주는 대신 옆에서 박수치며 방관했다. 에돔은 예루살렘이 멸망하던 날에 기뻐 소리쳤고, 망해 가는 남 유다 성읍에 들어가 물건들을 약탈했으며, 사거리에 서서 도망하는 남 유다 백성을 숨겨주는 것이 아니라 대적에게 넘겨주었다. 심판의 날이 오면 하나님을 따르는 백성은 구원을 받을 것이지만 에돔 백성은 멸망할 것이다.

오바댜서의 핵심

"여호와께서 만국을 벌할 날이 가까웠나니 네가 행한 대로 너도 받을 것인즉 네가 행한 것이 네 머리로 돌아갈 것이라"(1:15)

<열왕기서>

(16) 남 유다 왕 아하시야

여호람에게는 자식이 여럿 있었다. 그런데 아라비아 연합군이 공격할 때 형제들이 전쟁에 참여해 모두 죽임을 당하고, 가까스로 살아남은 여호람의 막내 아하시야가 왕위에 오를 수밖에 없었다. 이때 아하시야의 나이는 22세였다. 그러나 아하시야도 다윗의 길로 가지 않고 아합의 길로 갔다. 이는 어머니 아달랴의 영향 때문이었다. 북 이스라엘 왕 요람(여호람)이 아하시야와 동맹을 맺고 아람 왕 하사엘과 길르앗 라못에서 전쟁을 벌였다. 전쟁 중 북 이스라엘 왕 요람이 부상을 입었다. 요람이 병을 치료받고 있을 때 아하시야가 병문안을 왔다. 그때 북 이스라엘 내부에서는 엘리사가 기름을 부은 예후가 반란을 일으키고 있었다. 요람이 이스르엘에서 치료를 받고 있다는 것을 안 예후는 거기까지 가서 요람을 죽이고 도망가는 남 유다 왕 아하시야까지 죽였다. 아하시야는 왕위에 올라 겨우 1년을 통치하다 죽임을 당하였다.

(17) 북 이스라엘 왕 예후

엘리사가 제자 중 하나를 불러 기름병을 가지고 예후를 찾아가 그의 머리에 기름을 부어 북 이스라엘의 왕으로 삼으라고 한다. 그리고 예후에게 아합의 집을 치게 하여 아합에 속한 자를 진멸하라고 한다. 그 후 예후가 북 이스라엘의 왕이 된다. 북 이스라엘 왕 요람과 남 유다 왕 아하시야가 각각 그의 병거를 타고 나봇의 토지에서 예후를 만난다. 예후의 반역을 눈치챈 요람이 아하시야와 도망을 간다. 예후가 활을 당겨 요람의 두 팔 사이를 쏘니 화살이 그의 염통을 꿰뚫어 요람이 죽는다. 예후는 북 이스라엘 왕 요람의 시체를 나봇의 밭에 던지라고 한다. 이는 여호와의 말씀이 이루어짐이다. 이를 보고 남 유다 왕 아하시야가 도망가지만 예후가 그 뒤를 쫓아 아하시야도 죽인다. 예후에 의해 아합의 왕후 이세벨도 죽임을 당한다. 그 래도 왕의 딸이었으니 장사를 지내주려고 했지만 그녀의 두골과 손과 발만 남아 있었다. 이스르엘 토지에서 개들이 이세벨의 살을 먹었기 때문이다. 이 시체가 이세벨이라고 말할 수도 없을 만큼 흉측했다.

예후가 이스르엘 귀족들, 곧 장로들과 아합의 여러 아들을 교육하는 자 들에게 편지를 보낸다. 그들 중에 왕을 세우든지 예후 자신을 왕으로 받아 들이든지 결정하라는 것이다. 아합의 사람들은 예후를 따르겠다고 한다. 그 러자 예후는 그 증표로 아합의 아들들의 머리를 베어 보내라고 한다. 이들 은 실제로 아합의 70명의 아들들을 죽이고 머리를 광주리에 담아 예후에 게 보낸다. 아합의 집에 속한 사람들이 하나도 남지 않고 다 죽임을 당했다. 예후가 남 유다의 왕 아하시야의 형제들을 만나자 이들 42명 모두를 죽인 다. 레갑의 아들 여호나답을 만나 그와 함께 남아 있는 아합에게 속한 자들 또한 모두 진멸한다. 예후는 바알을 섬기는 자들을 다 죽이기 위해 계책을 쓰고 바알을 섬기는 자들을 모은다. 예후는 이 사람들을 모조리 죽이라고 명하며 바알의 목상들을 불사르고 신당을 헐어버린다. 예후가 바알의 신상 들은 멸하였으나 여로보암이 벧엘과 단에 세운 금송아지는 없애지 않았다.

여호와께서 예후가 하나님의 마음에 들도록 아합의 가문을 잘 처리한 것 에 대한 상급으로 예후 가문을 4대까지 이어가게 하신다. 그럼에도 예후는 전심으로 여호와를 섬기지 않았다. 예후는 사마리아에서 28년 동안 북 이 스라엘을 다스리고 죽는다. 그리고 그의 아들 여호아하스가 대를 잇는다.

(18) 남 유다 여왕 아달랴

남편 여호람과 아들 아하시야마저 죽자 드디어 아달랴가 본색을 드러낸다. 아버지 아합과 어머니 이세벨의 피를 이어받은 아달랴는 말 그대로 악의 극치였다. 남편 여호람에게 편지를 보낸 선지자 엘리야는 물론 하나님의 제사장들이 생각하기도 싫었을 것이고, 하나님을 섬기는 사람들과 성전이 역겨웠을 것이다. 이로 인해 아달랴는 남 유다 왕국의 씨를 말리기 위해 왕자들을 다 죽인다. 하마터면 다윗 가문의 씨가 종결될 위기의 상황이었다. 그러나 하나님은 꺼져 가는 등불을 끄지 아니하시고 살펴서서 구사일생으로 요아스라는 왕자를 숨기신다. 여호사브앗이 1살짜리 요아스와 그의 유모를 구출해 내어 성전에서 숨어살게 한다. 이 일을 한 사람은 여호사브앗의 남편 여호야다 제사장이다.

6년 동안 아달랴가 남 유다의 여왕자리에 있었고, 요아스는 6년을 숨죽이고 있었다. 드디어 여호야다 제사장의 개혁이 시작되었다. 7살짜리 요아스에게 왕관을 씌우고 율법책을 주며 기름을 붓고 "왕이여 만세수를 하옵소서"라고 외친다. 백성들이 기뻐 뛰며 왕을 찬양한다. 이 소리를 들은 아달랴가 성전으로 뛰어와서 이들에게 반역이라고 외쳤다. 이에 여호야다의 명을 받은 군사들이 아달랴를 성전 밖으로 끌어내어 죽인다.

(19) 남 유다 왕 요아스(당시 활동한 선지자 : 요엘)

아하시야의 아들 요아스는 7살에 왕위에 오른다. 어린 요아스가 무엇을 할 수 있었을까? 거의 아버지나 다름없는 여호야다 제사장의 도움으로 남 유다를 다스린다. 개혁에 성공한 여호야다는 먼저 요아스와 백성들에게 하나님의 말씀을 다시 지키게 한다. 또한 아달랴로 인해 들어온 바알과 아세라 우상을 척결하고 바알의 제사장 맛단도 죽인다. 요아스가 왕위에 오른 후 제일 잘한 일은 성전을 수리한 일이다. 들어오는 헌금은 그동안 방치되어 있던 성전을 수리하는 일에 쓰도록 명령하였다. 그러나 왕의 명령이 떨어졌음에도 제사장들이 이를 실행하지 않았다. 23년이 지나도록 아무 진척이 없자 왕은 원인을 파악하는데, 알고 보니 제사장들의 타락으로 인해 성전 수리가 지연되고 있었던 것이다. 제사장들은 헌금을 중간에서 가로챘으며 성전을 수리할 마음이 없었다. 이에 요아스는 헌금이 제사장들을 거치지 않고 바로 공사 감독관들에게 넘어가게 하고 헌금함을 중앙에 두어 모든 사람들이 볼 수 있게 했다.

또한 성도들이 헌금함에 직접 헌금을 하게 하였다. 이렇게 해서 성전 보수공사를 끝낼 수 있었다. 어린 나이에 왕위에 올라 아버지 같은 여호야다 제사장의 훈계를 받으며 경건한 왕으로 성장한 요아스에게 시련이 닥친다. 여호야다가 그만 죽고 만다. 여호야다가 죽자마자 방백들이 찾아와 요아스를 영적으로 타락하게 만든다. 전에는 신실한 여호야다 제사장이 요아스 뒤에서 받쳐주었지만 아직은 홀로 설 자신이 없었다. 아직 힘이 없는 요아스는 방백들의 요구를 거절할 수 없었을 것이다. 우상숭배의 길로 가는 요아스를 회개시켜 돌이키기 위해 하나님의 영에 감동된 여호야다의 아들 스가랴를 보낸다. "지금이라도 돌이켜라. 그렇지 않으면 하나님도 왕을 버린다"고 전했지만 요아스는 오히려 스가랴에게서 기분만 상한다. 그래서 성전 뜰에서 스가랴를 돌로 쳐 죽인다. 성전에서는 사람을 죽일 수 없기 때문에 아달랴도 성전 밖으로 끌어내서 죽였는데 요아스는 버젓이 이런 일을 행했다. 하나님의 징계가 시작된다.

하나님은 아람의 하사엘을 들어 쓰신다. 아람 군이 남 유다를 침공해 많은 방백들과 백성들을 죽이고 수많은 보물을 약탈해 간다. 이를 본 요아스는 지금이라고 회개하면 좋으련만 전혀 그럴 생각이 없다. 그저 겁에 질려 오히려 많은 은금을 아람 왕 하사엘에게 보내 전쟁을 끝내주기만 바란다. 하사엘은 많은 보물을 가지고 자기 나라로 돌아갔다. 아람 군대는 보잘것없는 적은 무리였다. 그러나 이 일은 하나님이 요아스를 징벌하시기 위해 아람의 손을 들어주신 것이다. 결국 요아스는 자신의 신하들에 의해 암살을 당하고 종말을 맞는다.

12

요엘

책명

히브리어 성경은 '요엘'(יואל), 칠십인역(LXX)은 '이오엘'(Ἰωήλ), 우리말 성경은 인명인 '요엘'로 책명을 삼는다. 요엘의 이름의 뜻은 '여호와는 하나님이시다'이다.

저자

전통적으로 요엘을 저자로 인정한다.

기록 목적

죄에 빠진 남 유다 백성들에게 장차 "여호와의 날"이 닥칠 것을 경고한다. 남 유다 백성들이 오해하고 있는 "여호와의 날"을 확실하게 알려주기 위함이다. 이날은 무조건 구원을 받는 것이 아니라 악인에게는 심판의 날이 되고, 하나님을 경외한 사람들은 구원을 받는 날이 됨을 선포한다.

시대적 배경

아달랴가 유다의 모든 왕자들을 죽일 때 간신히 숨어 살아남은 요아스 때를 배경으로 하고 있다. 요아스는 6년간 성전에서 숨어 지냈으며, 여호야다 제사장이 개혁을 일으켜 아달랴를 제거하고 요아스가 7살 때 왕위에 올린다. 이때 요엘은 앞으로 다가올 "여호와의 날"을 선포하며 회개를 촉구했다.

구성

하나님의 심판의 말씀		하나님의 구원의 말씀	
1장	메뚜기 재앙, 회개 촉구	2장 18-32절	여호와의 약속, 구원 (복과 풍년, 성령의 부음)
2장 1-17절	여호와의 심판의 날, 내면의 회개 촉구	3장	열방에 대한 심판, 악인의 멸망과 이스라엘의 승리

● 1장-2장 17절 : 하나님의 심판의 말씀

요엘서의 주된 내용은 모든 열방 가운데 끝까지 남을 나라는 오직 '하나님 나라'뿐이라는 것을 보여준다. 요엘서는 사도행전 2장 17절 베드로의 오순절 설교를 통해서도 널리 알려져 있다. "하나님이 말씀하시기를 말세에 내가 내 영을 모든 육체에 부어 주리니 너희의 자녀들은 예언할 것이요 너희의 젊은이들은 환상을 보고 너희의 늙은이들은 꿈을 꾸리라."

요엘이 살던 시기는 남 유다에 있어 최악의 시기였다. 하나님께서는 전무후무한 재앙을 내리신다. 요엘은 "여호와의 날"을 설명하기 위해 자연 재앙, 즉 메뚜기 재앙과 외적의 침입을 들어 말한다. 이날은 많은 사람들이 공포에 떨고 슬퍼하는 날이 될 것이다. 팥중이, 메뚜기, 느치, 황충이는 다 같은 메뚜기과에 속한다. 이 재앙은 하늘과 땅을 시커멓게 덮어 아무것도 보이지 않는 암흑을 뜻하며, 한 번 메뚜기 떼가 쓸고 가면 모든 곡식의 씨가 말라 버린다. 재앙으로 땅은 매우 황폐해졌고, 포도주가 끊어졌으며, 포도나무나 무화과나무가 말라 시들어 버린다.

메뚜기 재앙으로 인해 성전에서 드리는 제사, 즉 소제와 전제를 중단한다. 이것은 영적으로 하나님과의 관계가 단절됨을 뜻한다. 이 같은 재앙은 단순한 재앙이 아니고 하나님이 심판하시는 "여호와의 날"이 오고 있음을 나타낸다. 남 유다 백성들은 "여호와의 날"에 대해 오해하고 있었다. 이날이 오면 자신들의 삶이 어떠하든 상관없이 구원받는 "축복의 날"로 생각하고 있었다. 그러나 진심으로 회개하지 않고 악으로부터 돌이키지 않으면 "여호와의 날"은 구원이 아니라 재앙과 고통의 날이 될 것이다. 이것을 요엘 선지자가 선포하고 있다. "빨리 회개하라. 금식하고 옷을 찢고 애통해하라. 그것만이 살 길이다"라고 전하고 있다.

● 2장 18절-3장 : 하나님의 구원의 말씀

회개하고 돌아오는 자에게 하나님이 주시는 "새 날에 대한 약속의 말씀"이다. 여호와께서 자기의 땅과 백성을 사랑하시고 불쌍히 여겨 그 땅에 이른 비와 늦은 비를 주시고 곡식과 새 포도주와 기름을 부어 주실 것이다. 하나님은 회개한 백성들을 불쌍히 여기셔서 영적으로나 물질적으로 다시 풍요롭게 해 주신다는 말씀이다. 다른 나라 군대가 침입해 오지 못하게 할 것이고, 여호와로 말미암아 기뻐하고 즐거워할 것이다. 성령을 부어 주셔서 자녀들이 장래 일을 말하고 늙은이가 꿈을 꾸며 젊은이는 이상을 볼 것이라고 하신다. 하나님과 백성의 관계가 다시 회복되면 땅이든 물질이든 모든 것이 치유되어 축복의 날이 될 것이다. 그리고 영원한 나라로 들어가게 해 주신다. "여호와의 날"은 무섭고 두려운 날이 아니라 회개한 자에게는 구원의 날이 되고, 그렇지 않은 자에게는 심판의 날이 된다.

요엘서의 핵심

"너희는 옷을 찢지 말고 마음을 찢고 너희 하나님 여호와께로 돌아올지어다 그는 은혜로우시며 자비로우시며 노하기를 더디하시며 인애가 크시사 뜻을 돌이켜 재앙을 내리지 아니하시나니"(2:13)

"그 후에 내가 내 영을 만민에게 부어 주리니 너희 자녀들이 장래 일을 말할 것이며 너희 늙은이는 꿈을 꾸며 너희 젊은이는 이상을 볼 것이며"(2:28)

"누구든지 여호와의 이름을 부르는 자는 구원을 얻으리니 이는 나 여호와의 말대로 시온 산과 예루살렘에서 피할 자가 있을 것임이요 남은 자 중에 나 여호와의 부름을 받을 자가 있을 것임이니라"(2:32)

<열왕기서>

(20) 북 이스라엘 왕 여호아하스

예후의 아들 여호아하스가 사마리아에서 북 이스라엘 왕이 되어 17년간 다스린다. 여호와 보시기에 악을 행했다. 아람 왕 하사엘과 그의 아들 벤하닷이 북 이스라엘을 괴롭히자 여호아하스가 여호와께 간구하자 들어주신다. 여호와께서 구원자를 보내서서 북 이스라엘을 아람 손에서 벗어나게 하신다. 그러나 여전히 여로보암의 길로 행하며 우상을 섬긴다. 결국 아람왕이 여호아하스의 백성을 진멸하고 여호아하스도 죽인다. 그의 아들 요아스가 대를 잇는다.

(21) 북 이스라엘 왕 요아스

여호아하스가 죽자 그의 아들 요아스가 북 이스라엘 왕이 되어 16년간 다스린다. 여호와 보시기에 악을 행하고 여로보암의 길로 간다. 요아스가 죽고 그의 아들 여로보암 II가 대를 잇는다.

엘리사가 죽다

엘리사가 병이 들자 북 이스라엘 왕 요아스가 슬퍼한다. 엘리사가 요아스에게 활과 화살들을 가져오라고 하여 요아스에게 활을 잡고 땅을 치라고 하자 요아스가 세 번만 친다. 엘리사가 왜 세 번만 치느냐? 대여섯 번을 쳤으면 아람을 진멸했을 것이라고 말한다. 그리고 엘리사가 죽어 장사된다. 해마다 침범해 오는 모압의 도적 떼들이 이 땅에 들어온다. 장사를 지내는 사람들이 시체를 묻으려다가 그 도적 떼를 보고 놀라 그 시체를 엘리사의 묘실에 던지고 달아났다. 그런데 시체가 엘리사의 뼈에 닿자 곧 회생하여 일어났다. 여호아하스 시대에 아람 왕 하사엘이 항상 북 이스라엘을 학대했다. 아람 왕 하사엘이 죽고 그의 아들 벤하닷이 대를 이어 왕이 된다. 여호아하스의 아들 요아스가 하사엘의 아들 벤하닷의 손에서 성읍을 빼앗고, 요아스가 벤하닷을 세 번 쳐서 무찌르고 북 이스라엘 성읍들을 회복했다.

(22) 남 유다 왕 아마샤

요아스의 아들 아마샤가 왕위에 오른 나이는 25세이다. 자신의 아버지가 신하들에 의해 죽임을 당한 것을 안 아마샤는 그들을 찾아낸다. 그리고 아버지를 암살한 요사갈과 여호사바드를 제거한다. 하지만 그의 가족들은 살려두었다. 왕위에 오른 초기에 아마샤는 하나님의 율법을 지키려고 했다. 나라가 안정을 찾자 아마샤는 그동안 끊임없이 남 유다를 괴롭힌 에돔을 어떻게 할지에 대해 생각하는데 당장 군대를 이끌고 쳐들어가고 싶어도 지금은 군사력이 너무 약하다. 그래서 아마샤는 은 100달란트를 북 이스라엘에 주고 잘 훈련된 병사들을 사오는 것으로 결정을 한다. 이때 하나님의 사람이 아마샤에게 충고한다. 북 이스라엘에서 사들인 병사들을 데리고 전쟁에 나가지 말고 하나님을 의지하라고 한다. 전쟁은 여호와께 속한 것이니 상대 숫자의 적고 많음에 승패가 있는 것이 아니라고 충고한다. 이에 아마샤도 그 말씀에 순종한다. 이미 돈을 지불한 용병들을 그냥 돌려보내는 것이 아쉬웠을 것이다.

그럼에도 아마샤는 하나님의 사람의 말을 듣고 용병들을 돌려보냈다. 돈도 손해를 보고 용병도 쓸모없게 되었다. 이제 정말 많지 않은 남 유다 군대만 데리고 에돔과의 싸움에 나가야 했다. 그러나 이상하게 아마샤의 마음에 두려움이 없어졌다. 용기를 가지고 싸움에 나가 에돔 군사 1만 명을 죽이고 돌아오게 된다. 이 전쟁은 분명히 하나님이 승리하게 해 주셨다. 그런데 아마샤는 그것을 잊어버리고 교만해지기 시작한다. 하나님을 버리고 에돔에서 가져온 우상을 섬기는 짓을 하고 말았다. 이를 책망하기 위해 하나님은 선지자를 보내시는데 아마샤는 오히려 꾸짖는 선지자를 협박했다. 아마샤가 말을 듣지 않자 선지자는 하나님이 하신 심판의 말씀을 다 전한다.

에돔을 무너뜨린 아마샤는 그것이 자신의 힘으로 된 것인 줄 착각하고 이번에는 가만히 있는 북 이스라엘에 싸움을 걸었다. 북 이스라엘은 에돔이나 남 유다보다 훨씬 강한 군사력을 가지고 있었다. 아마샤가 싸움을 걸어오자 오히려 북 이스라엘 왕 요아스는 아마샤에게 조용히 살라며 충고한다. 그래도 끝까지 싸우자고 아마샤는 덤벼든다. 이에 남 유다의 평지 성읍 벧세메스에서 전투가 벌어진다. 하나님 없이 자신의 힘을 의지한 이 싸움은 볼 것도 없이 남 유다의 참패로 돌아왔다. 군사들은 도망가고 아마샤는 북 이스라엘에 잡혀 포로가 된다. 북 이스라엘은 예루살렘 성전과 왕궁에 들어와 보물들을 가져간다. 수많은 남 유다 백성들이 북 이스라엘에 포로로 끌려간다. 북 이스라엘의 왕 요아스가 죽을 때까지 아마샤는 거기서 포로 생활을 한다. 나중에 포로에서 풀려나 15년을 더 살았지만 살아도 사는 것이 아니었다. 신하들에게 죽임을 당했던 아버지 요아스처럼 아마샤도 모의를 한 백성들에 의해 살해되었다.

(23) 북 이스라엘 왕 여로보암 II(당시 활동한 선지자 : 호세아, 아모스, 요나)

북 이스라엘의 왕 요아스의 아들 여로보암 II가 사마리아에서 왕이 되어 41년간 다스린다. 여호와 보시기에 악을 행했다. 여호와께서 가드헤벨 아밋대의 아들 선지자 요나를 통하여 하신 말씀과 같이 북 이스라엘 영토를 하맛 어귀에서부터 아라바 바다까지 회복하였다. 이때는 북 이스라엘을 도울 자가 없음을 보시고 여호와께서 북 이스라엘을 불쌍히 여겨 여로보암 II가 통치를 하는 동안 나라를 부강하고 평안하게 해 주셨다. 여로보암 II가 죽

고 그의 아들 스가랴가 대를 이어 왕이 된다. 북 이스라엘 초대 왕의 이름
과 동명이인임으로 여로보암 Ⅱ로 표기한다.

13

호세아

책명

히브리어 성경은 '호쉐아'(הושע), 칠십인역(LXX)은 '오세에'(Ὠσηὲ), 우리말 성경은 인명인 '호세아'로 책명을 삼는다. 호세아의 이름의 뜻은 '구원'이다.

저자

저자는 호세아다. 호세아는 여호수아, 예수와도 같은 뜻의 이름이다. 호세아는 북 이스라엘 출신이고, 그의 아버지가 브에리라고 나와 있는 것 외에 다른 개인적 배경의 언급이 없다. 대다수의 선지자들이 구두로 하나님의 말씀을 전한 것에 비해 호세아는 행동으로 보여준 선지자이다.

기록 목적 및 배경

호세아서는 하나님이 역사 속에서 호세아에게 맡기신 실제 사건이다. 하나님이 장차 이 땅에 호세아, 즉 예수를 보내셔서 영원히 죽을 수밖에 없고 영적인 외도에 빠질 수밖에 없는 인간들을 구원하시겠다는 하나님의 메시지이다. 하나님을 제대로 알지 못해 짓는 죄에 대해 하나님은 불쌍한 마음으로 계속 알려주시고 회개하기를 기다리신다. 호세아의 결혼을 통해 하나님과 이스라엘의 관계도 결혼관계임을 보여준다. 호세아에게 간음한 아내를 용서하고 더 사랑해 주라고 하신 것처럼 이스라엘을 향한 하나님의 신실하심을 보여주기 위함이다. 호세아는 북 이스라엘의 여로보암 II 말기부터 활동을 시작하여 B.C. 722년 북 이스라엘이 멸망할 즈음까지 사역한 북 이스라엘의 선지자이다.

구성

범위	내용
1-3장	호세아의 삶, 음란한 여인과의 결혼
4-14장	호세아의 메시지 : 심판의 말씀, 설교

아모스와 요엘이 호세아보다 선지자 활동을 먼저 했다. 그런데 구약성경에는 소선지서 중에서 제일 앞부분에 나와 있다. 이것은 호세아서의 분량이 보다 많기 때문이다. 호세아서에서 문제가 되는 것은 호세아의 결혼문제이다. 호세아는 디블라임의 딸 고멜이라는 여자와 결혼생활을 하게 되는데 이 여자는 매우 음란한 여인이다. 많은 학자가 호세아의 결혼문제를 두고 이것이 실제냐 아니냐를 놓고 의견이 분분하다. 그러나 구약성경에는 고멜의 아버지 '디블라임'이라는 사람의 실명이 거론되어 있고, 그녀가 낳은 세 자녀 이스르엘, 로루하마, 로암미라는 이름이 등장하는 것으로 보아 사실로 보고 있다.

- **1-3장 : 호세아의 삶, 음란한 여인과의 결혼**

호세아에게 가정의 아픔을 주신 것은 그 시대를 향해 보다 생동감 있는 말씀을 전하게 하기 위함일 것이다. 이를 위해 호세아에게 먼저 경험하게 하신 것일 수도 있다. 다른 선지자들이 입으로 하나님의 말씀을 전달한 것에 비해 호세아는 행동으로 보여준 선지자이다. 하나님의 말씀을 전하는 선지자로서 이 얼마나 감당하기 어려운 일인가? 그러나 호세아는 하나님의 말씀에 순종하여 음란한 여성 고멜과 결혼을 한다. 고멜이란 '끝', '심판'이라는 뜻이다. 호세아와 고멜 사이에서 세 아이가 태어난다. 첫째 아들의 이름은 이스르엘로 "하나님께서 씨를 뿌리시다"이다. 둘째인 딸 로루하마는 "긍휼히 여김을 받지 못하는 자", 셋째인 아들 로암미는 "내 백성이 아니다"는 의미다. 세 자녀의 이름 속에 앞으로 하나님께서 어떻게 북 이스라엘 백성들을 다루실지가 잘 나타나 있다.

고멜은 호세아와 살다가 집을 나가 다른 남자와 간음을 한다. 이미 알려진 음란한 여인과의 결혼생활도 쉽지 않은데 하나님은 다시 집을 나가 다른 남자와 사는 고멜을 호세아에게 데려오라고 한다. 은 15세겔과 보리 한 호멜 반을 가지고 가서 고멜을 사서 데리고 와 더 사랑해 주라고 하신다. 북 이스라엘의 영적 상태가 지금 고멜과 같다고 하신다.

- **4-14장 : 호세아의 메시지-심판의 말씀, 설교**

북 이스라엘이 하나님을 버리고 바알과 아세라를 섬겼다. 영적인 간음을 버젓이 자행하고 있었다. 그럼에도 불구하고 하나님은 북 이스라엘 백성들을 버리지 않으시고 많은 것을 지불해서라도 다시 가까이 두고 함께하며 사랑하시겠다고 한다.

그런데 북 이스라엘 백성들이 완전히 하나님을 버린 것도 아니다. 문제는 하나님을 섬기면서 아무런 죄의식 없이 바알도 섬기는 혼합종교 행위를 하고 있는 것이다. 온전히 하나님만 의지하고 하나님께만 매달리면 되는 것을 인간적인 생각이 앞서다 보니 이웃 강대국이 쳐들어오면 그들이 무서워서 그들에게 조공을 바치고 빌고 있다. 바알의 신이 정말 풍요와 다산, 농경의 신인 줄 착각하고 있다. 하나님이 다 부어 주신 것이고 하나님이 복을 주신 것인데 북 이스라엘 백성들은 엉뚱한 데 가서 감사제를 드리고 우상들을 섬긴다.

그럼에도 하나님이 북 이스라엘에 마지막으로 다시 경제적인 번영을 주셔서 풍족한 삶을 살고 있는 것인데 영적으로는 더 피폐해져 가고 위기가 찾아왔다. 이들이 이런 죄악에 빠질 수밖에 없는 이유 중에 하나는 이들이 하나님을 제대로 알지 못하기 때문이었다. 그래서 호세아는 이들에게 여호와를 알되 더 힘써 알자고 주장하고 있다. 이미 하나님을 배반한 북 이스라엘 백성들이 자신의 말을 듣든 안 듣든 호세아는 계속해서 외치며 설교했다. 하나님과 북 이스라엘 백성 간의 사랑의 관계가 어떠해야 되는지를 호세아는 끊임없이 하나님의 말씀으로 증거한다. 이들의 호화로운 생활이 부정한 소득, 뇌물, 속이는 저울, 가난한 자들을 사고팔며, 약한 자의 것을 착취하는 것과 무관하지 않는 사회상을 호세아는 읽고 있었다.

지금 북 이스라엘 백성들은 영적으로 심각한 간음죄와 같은 중병에 걸린 상태라 이를 위해 하나님은 호세아를 부르셨다. 북 이스라엘 백성들을 치료하고 회복하게 하기 위함이었다. 호세아는 하나님을 배반한 북 이스라엘 백성들에게 이제 곧 돌아와서 하나님의 사랑을 다시금 경험하고 누리라고 끊임없이 외치고 있다. 호세아는 남 유다에서 활동한 눈물의 선지자 예레미야처럼 망해가는 조국을 바라보며 음란한 여인을 아내로 맞이하면서까지 하나님의 말씀을 전하고 있다. 아모스 선지자가 사회의 부조리, 정의, 공의를 외쳤다면, 호세아는 하나님의 사랑을 외친 선지자다.

호세아서의 핵심

"오라 우리가 여호와께로 돌아가자 여호와께서 우리를 찢으셨으나 도로 낫게 하실 것이요 우리를 치셨으나 싸매어 주실 것임이라"(6:1)

"나는 인애를 원하고 제사를 원하지 아니하며 번제보다 하나님을 아는 것을 원하노라"(6:6)

14

아모스

책명

히브리어 성경은 '아모스'(עָמוֹס), 칠십인역(LXX)도 '아모스'(Ἀμώς), 우리말 성경도 인명인 '아모스'로 책명을 삼는다. 아모스의 뜻은 '짐 진 자'이다.

저자

전통적으로 아모스를 저자로 인정하며, 아모스는 B.C. 8세기에 활동한 예언자로서 문서 예언자 중에서 가장 먼저 활동한 예언자이다. 아모스의 고향은 남쪽으로 15km 떨어진 드고아라는 곳이다. 아모스는 뽕나무(돌 무화과나무)를 재배하는 목자였다. 여기에 사용된 목자라는 단어는 노케드(נֹקֵד)로서 부유한 목축업자라는 뜻이다. 아모스는 남 유다 출신이지만 북 이스라엘에서 활동한 선지자로서 하나님의 말씀을 선포했다.

기록 목적

여로보암 II 때 나라가 부강하고 무역통상으로 북 이스라엘은 부요한 삶을 살고 있었다. 하나님께서 이웃나라들의 괴롭힘을 막아주시고 경제를 부흥시켜 주셨다. 그러나 북 이스라엘은 하나님을 섬기는 것이 아니라 영적으로는 심각한 암흑기 상태에 있었다. 점차 사회는 부익부 빈익빈 현상이 일어났다. 뇌물이 오가고 불의한 재판이 일상이다 보니 사회적 약자인 고아와 과부가 발붙일 곳이 없는 사회가 되고 말았다. 이에 가난한 자, 약자들의 부르짖음이 있고, 보다 못한 하나님은 남쪽에 사는 아모스를 불러 북 이스라엘로 가서 활동하게 하셨다. 이스라엘의 종교적, 사회적 부패를 책망하고 경고하기 위함이다.

시대적 배경

아모스가 활동할 당시의 남 유다 왕은 웃시야였고, 북 이스라엘은 여로보암 II 때이다. 아모스가 활동하던 때는 북 이스라엘과 남 유다가 경제적으로 상당히 부흥될 때였다. 남과 북의 왕들이 통치를 잘해서 경제적으로 부흥이 된 것이 아니라 이것은 전적으로 하나님의 은혜였다. 북 이스라엘을 늘 괴롭히던 아람은 신흥국가 앗수르라는 나라가 강해지면서 북 이스라엘에 신경을 쓸 겨를이 없었다. 그러다 보니 자연스럽게 아람은 북 이스라엘을 괴롭힐 수 없게 되었고, 결국 앗수르는 아람을 점령했다. 아람을 점령한 앗수르는 이제 북 이스라엘을 점령하려고 한다. 그러나 이때 앗수르 위에 있는 작은 부족국가인 우랏트(아라랏)라는 나라 때문에 북 이스라엘을 침략할 상황이 아니었다. 우선 우랏트라는 나라를 먼저 처리해야 했다. 자기들끼리 싸우는 사이에 북 이스라엘의 여로보암 II는 이때 영토도 확장시킬 수 있었고 무역로도 확보해 자동적으로 경제가 부흥될 수 있었다.

구성

범위	내용
1-6장	주변 이방나라들, 북 이스라엘, 남 유다의 심판에 대한 메시지
7장-9장 10절	아모스가 본 5가지 예언적 환상
9장 11절-15장	3가지 약속과 희망의 말씀

　아모스는 비록 뽕나무를 재배하고 농사짓는 사람이었지만 주변 나라의 정세에 대해 아주 잘 알고 있었고, 고대 근동 세계의 역사와 문화, 지리 등을 두루 섭렵한 지식인이었다. 북 이스라엘에 많은 제사장들이 있었지만 하나님의 음성을 들을 수 있는 사람은 없었다. 그래서 하나님은 남 유다에 있는 아모스에게 하나님의 음성을 들려주신다. 비록 북 이스라엘이 우상숭배로 타락하고 있었지만 엄연히 북 이스라엘도 하나님의 백성이다. 이런 백성에게 하나님은 지금이라도 돌아오라고 쉼 없이 손짓하며 선지자들을 보내신다.

● 1-6장 : 주변 이방나라들, 북 이스라엘, 남 유다의 심판에 대한 메시지

　경제적으로 부흥하다 보니 부자들만 계속해서 호화로운 생활을 하게 되었다. 가진 자들은 여름 궁과 겨울 궁이 따로 있고 상아로 만든 호화스러운 상아 궁이 있는 것처럼, 사치와 소비가 극심했다. 가난하고 약한 사람들이 힘들어할 때 상류층의 사람들은 연한 송아지 고기를 먹고 상아침대에 누워 음악을 듣는다. 또한 부인이 남편에게 술을 따르라 하며 매일 부어라 마셔라를 하며 살고 있었다. 의인의 몸값이 은 한 개의 값어치밖에 되지 않고, 백성들은 은 한 개를 받고 의인을 판다. 신 한 켤레를 받고 가난한 자를 파는 인신매매 행위도 했다. 천하보다 귀한 사람의 몸값을 아주 싼 값에 사고파는 행위를 버젓이 하고 있었다. 그러다 보니 부자들은 계속해서 부를 누리게 되고, 가난한 사람은 이리저리 팔려 다니는 신세가 되었다. 아버지와 아들 부자가 같은 젊은 여인에게 드나들었다는 것은 당시의 성적, 도덕적 타락상을 여실히 보여준다. 이들이 성전에서 예배를 드릴 때는 거룩한 척하고, 성전 밖에서는 가난한 사람들의 것을 가로채며 사람을 값싸게 파는 짓을 하였다.

● 7장-9장 10절 : 아모스가 본 5가지 예언적 환상

아모스는 하나님이 보여주신 심판의 환상 5가지를 그대로 선포한다. 메뚜기가 땅의 풀을 다 먹어버리는 환상, 불이 나와 바다와 육지를 삼키는 환상, 다림줄 환상, 여름 과일 광주리 환상, 제단파괴 환상이다. 북 이스라엘 벧엘에서 활동하는 제사장 아마샤는 심판의 메시지를 전하는 남쪽에서 온 아모스를 못마땅해하며 모함한다. 아모스가 여로보암 II 왕을 배반하고 살해할 것이라며 왕에게 중상모략을 한다. 북쪽에서 떠나라고 협박하며 너희 나라 남 유다에 가서 떡이나 먹고 조용히 살라고 한다. 그러나 아모스는 하나님이 주신 사명이기에 꿋꿋이 소명을 감당한다.

● 9장 11절-15장 : 3가지 약속과 희망의 말씀

하나님은 심판도 하시지만 구원도 하신다. 경제적으로 부흥을 주셨지만 하나님께로 돌아오지 않고 계속 타락하는 북 이스라엘에 선지자를 보내서 무섭게 책망도 하고, 이런 식으로 살다가는 하나님의 징계가 올 거니까 지금이라도 돌이키라고 외치게 하기 위해 아모스를 부르셨다. 아모스는 하나님의 계시의 말씀을 북 이스라엘에 지진이 나기 2년 전에 받았다. "계속해서 이렇게 살다가는 지진이 나서 땅이 솟았다가 꺼져 내리는 아주 무서운 상황이 발생할 것"이라고 선포한다. 그리고 빨리 회개하라고 외쳤을 때 사람들은 회개는커녕 오히려 아모스를 미친 사람으로 취급하고 무시해 버린다. 그러나 선포한 말씀대로 정확히 2년이 지난 뒤 실제로 끔찍한 지진이 일어났다. 남 유다 사람이 북 이스라엘로 가서 선포하는 것이니 아모스도 전략적으로 말씀을 전했다. 따라서 하나님이 북 이스라엘을 징계하신다는 말씀부터 전한 것이 아니라 주변에 북 이스라엘을 괴롭히는 나라들부터 하나님이 심판하신다는 메시지를 전했다. 그래야 사람들이 선지자의 말을 들을 것이기 때문이다. 하나님께서 다윗의 무너진 장막을 일으키시고, 사로잡힌 이스라엘을 돌이키게 하실 것이며, 다시는 하나님이 주신 땅에서 뽑히지 않으리라는 약속과 희망을 주신다.

아모스서의 핵심

"오직 정의를 물 같이, 공의를 마르지 않는 강 같이 흐르게 할지어다"(5:24)

15

요나

책명

히브리어 성경은 '요나'(יוֹנָה), 칠십인역(LXX)은 '요나스'(Ἰωνᾶς), 우리말 성경은 인명인 '요나'로 책명을 삼는다. 요나의 뜻은 '비둘기'이다.

저자

본서의 저자는 요나이다.

기록 목적

요나서는 하나님이 누구의, 어떤 하나님이신가에 대해 명확한 가르침을 주는 책이다. 오직 자기들만을 위한 하나님이며, 자신들만 구원받아야 된다는 이스라엘의 선민사상을 깨뜨리는 책이다. 하나님은 이스라엘의 하나님만이 아니다. 이들을 선택하신 이유는 하나님 나라를 이루어 감에 있어 이들이 훌륭한 제사장 나라를 세워 이웃의 열방들로 이들을 본받게 하기 위함이었다. 요나는 유대인이다. 하나님이 구약성경에서 선지자를 유대인이 아닌 이방인의 도시로 보내 말씀을 전하게 하신 것은 요나뿐이다.

시대적 배경

요나는 북 이스라엘 여로보암 II 때 활동했으며, 엘리사의 뒤를 이어 하나님의 말씀을 선포한 선지자이다. 이때 여로보암 II는 다윗과 솔로몬 시대만큼 많은 영토를 회복했다. 하맛 어귀로부터 아라바 바다 영토까지 점유했다. 여로보암 II 때의 앗수르는 당시 가장 강한 나라였다. 앗수르의 수도 니느웨는 티그리스 강 동쪽에 있는 도시이다. 니느웨는 남자 장정이 한 바퀴 도는 데 걸어서 3일이 걸리는 큰 성읍이었다. 하나님은 요나에게 그런 강한 나라에 가서 회개의 말씀을 선포하게 하셨다. 요나 사건이 일어난 때는 B.C. 760년경으로 본다.

이 당시 앗수르 내부는 나약하고 지도력이 약한 왕들의 정치력 부족으로 인해 백성들의 삶은 매우 힘들고 지쳐 있었다. 거대한 제국의 위용을 보이지 못했던 시점이었을 뿐만 아니라 B.C. 765년에는 큰 역병이 돌아 많은 생명을 앗아갔고, 흉년과 기근까지 겹쳐 내우외환의 상태였다. 또한 B.C. 763년 6월 15일에는 일식(태양이 완전히 사라져 없어짐)현상이 있었다. 일월성신을 섬기는 이들은 일식, 월식의 현상을 신의 노여움으로 알고 있었다. 앗수르 내부에 반란이 심했고, 외부의 침입에 대항해 싸워야 할 즈음 하나님은 요나를 니느웨로 보내셨다.

구성

하나님께서 요나에게 큰 성 니느웨로 가라고 말씀하신다. 거기 가서 그들에게 "너희의 죄악이 가득 찼으니 이제 그만 회개하라"고 전하라고 하신다. 요나는 전형적인 유대인으로서 이는 가당찮은 말이었다. 그토록 자기의 나라 북 이스라엘을 계속 괴롭혀 온 니느웨는 얼른 심판받고 멸망당해야지 무슨 회개냐는 것이다. 그래서 하나님의 명령을 거역한다. 이제 니느웨로는 갈 수 없고, 그냥 북 이스라엘에 남아 있자니 하나님은 계속해서 요나를 니느웨로 가라고 할 것이 분명하다고 생각한 요나는 일단 북 이스라엘에서 나온다. 하나님을 피해서 어디로 가야 하나 생각한 끝에 니느웨와 정반대 방향인 다시스로 가기로 결정한다. 다시스는 오늘날 스페인 남서 지역이다. 니느웨는 동북쪽이고, 다시스는 정반대 방향인 서쪽 끝이다. 배를 타기 위해 욥바로 내려갔는데 마침 출항하려는 배를 만나 얼른 배에 올라탄다. 배에 타자마자 피곤을 달래기 위해 배 밑창으로 내려가 잠을 청한다. 그런데 얼마 후 하나님께서 큰 폭풍을 일으키신다. 배에 타고 있던 선장이나 승객들이 겁이 나자 자기들이 믿는 신의 이름을 부르며 살려 달라고 외친다. 배가 자꾸 물속으로 가라앉으려고 하자 자기들이 가지고 탔던 짐들까지 아낌없이 바닷속에 던져 버리고 침몰을 막아 보려고 하지만 소용이 없다. 선장이 여기저기를 둘러보다가 배 밑에서 한가로이 자고 있는 요나를 보고 깨운다.

"지금 상황이 이런데 어떻게 여기서 잠을 잘 수가 있냐? 너도 빨리 일어나서 '네 하나님께' 기도 좀 해 보라"고 한다. 폭풍은 더 심해지고 도대체 이 폭풍이 누구 때문에 온 것인지 제비를 뽑아보자고 한다. 제비를 뽑자 요나가 걸린다. 요나는 자신이 무엇을 하는 사람이고, 왜 이 배를 타게 되었는지를 솔직하게 말한다. 이 폭풍이 요나로 인해 발생한 것을 안 사람들은 그럼 우리가 어떻게 해야 이 폭풍을 잠재울 수 있냐고 요나에게 묻는다. 요나는 자신 때문에 일어난 일이니 자신을 바다에 던지라고 한다. 사람들은 어떻게 그럴 수 있냐고 하지만 점점 더 거세어지는 파도를 보자 요나를 바다에 던진다. 그러자 언제 그랬냐는 듯이 바다가 조용해진다. 그들은 여호와를 알지 못하는 사람들이었는데 여기서 여호와께 제물을 드리고 서원을 하였다.

하나님께서는 요나의 죽음을 그냥 두고 보시지 않으신다. 이미 큰 물고기를 예비하시고 요나를 삼키게 하셔서 요나가 물고기 뱃속으로 들어간다. 요나가 물고기 뱃속에서 밤낮 3일을 지낸다. 요나가 물고기 뱃속에서 그의 하나님 여호와께 자신의 잘못을 인정하며 회개하고 자신이 다시 살아나면 하나님의 일을 잘 감당하겠다고 한다. 그러자 하나님이 물고기에게 명령하여 육지에서 요나를 토해낸다. 다시 살아난 요나는 더이상 하나님의 말씀에 불순종할 수 없게 되었다. 하나님께서 다시 요나에게 니느웨로 가서 말씀을 전하라고 하자, 마음은 내키지 않지만 요나는 니느웨로 간다.

니느웨는 3일 동안 걸어야 할 만큼 큰 성읍이다. 그러나 니느웨에 도착한 요나는 단 하루만 하나님의 말씀을 선포한다. 그것도 회개의 촉구와 구원에 대한 내용이 아닌 저주에 가까운 선포를 외치고 다닌다. "40일이 지나면 니느웨가 무너지리라"(3:4). 이 짧은 말만을 전하고 만다. 그런데 놀라운 기적이 일어난다. 요나가 선포한 저주에 가까운 말을 듣고 니느웨 사람들이 금식을 하고, 굵은 베옷을 입고 회개를 하는 것이 아닌가! 이 소문이 왕의 귀에까지 전달되었다. 왕 또한 왕복을 벗어 던지고 회개하며 온 백성에게 칙령을 내려 온 백성과 짐승까지 아무것도 먹지 말고 힘써 하나님께 부르짖으라고 한다. 회개라는 것은 전혀 모를 것 같은 악한 니느웨 사람들이 전심으로 회개를 하자 하나님이 재앙을 거두신다. 그러자 요나는 못마땅해 잔뜩 화가 났다. 이들은 망해 없어져도 부족할 터인데 어째서 이들이 회개를 하며, 하나님은 이들을 용서해 주신단 말인가? 화가 난 요나가 노골적으로 하나님께 따진다. 분명 하나님은 이들이 회개하면 용서해 주실 줄 알기에 요나는 이들에게 말씀을 선포하지 않으려고 다시스로 도망간 것이라고 말한다. 솔직히 요나는 이들이 회개하지 않고 하나님께 심판을 받기 원했다. 자신은 니느웨 사람들이 회개하고 구원받는 것을 도저히 볼 수 없으니 차라리 자신을 죽여 달라고 하소연한다. 그러면서도 마음 한구석에는 하나님이 분명 이들을 심판하실 것이라는 작은 희망을 가지고 있었다.

요나는 성읍으로 나가 자기를 위해 초막을 짓고 이들이 어떻게 되나 지켜보려고 기다리고 앉아 있었다. 땡볕에 앉아 있는 요나를 보신 하나님의 마음이 측은해지신다. 그래서 하나님께서 박 넝쿨을 준비해 햇볕을 막아주시자 요나가 아주 좋아한다. 기뻐하는 요나를 보시고 하나님께서 이번에는 벌레를 보내 박 넝쿨을 갉아 먹게 하신다. 다시 박 넝쿨 그늘이 없어지자 뜨거운 태양이 요나에게 내리쬔다. 좋았던 기분이 다시 짜증이 나기 시작한다. 이제는 정말 살고 싶지 않으니 자신을 죽여 달라고 하나님께 호소한다. 또다시 불평하는 요나에게 하나님께서는 "네가 박 넝쿨이 없어졌다고 화를 내는 것이 옳으냐" 물으시니, 요나는 끝까지 자기는 잘못한 것이 없고 자신이 옳다고 주장한다. 이에 하나님은 요나가 더이상 말을 하지 못하도록 말문을 막아버리신다. "네가 수고도 아니하였고 재배도 아니하였고 하룻밤에 났다가 하룻밤에 말라버린 이 박 넝쿨을 아꼈거든 하물며 이 큰 성읍 니느웨에는 좌우를 분별하지 못하는 자가 12만 명이나 있고, 가축도 많은데 내가 어찌 아끼지 아니하느냐" 하시며 말씀을 종결하신다. 네가 박 넝쿨을 아낀 것처럼 나도 좌우 분간 못하는 니느웨의 영혼을 아끼는 것이라고 하나님이 말씀하신다. 요나의 이야기는 신화나 전설이 아니다. 요나는 예수님의 모형이다.

요나의 표적

신약성경에서 예수님이 요나를 언급하신다(마 12:39). 서기관과 바리새인들(악한 세대, 불신앙세대)은 예수님이 아무리 많은 기적을 행하고 말씀을 전해도 예수님을 믿지 못했다. 그래서 예수님께 표적을 구하자 예수님은 자신이 보여줄 수 있는 표적은 요나의 표적밖에 없다고 하신다. 요나가 3일 동안 물고기 뱃속에 있다가 하나님께서 요나를 구원하셔서 다시 니느웨 사람들에게 나타나 회개의 말씀을 선포한 것처럼, 예수님도 십자가에서 죽으시고 3일 만에 부활하셔서 온 인류를 구원하신다.

요나서가 주는 교훈

하나님은 한 사람의 변화를 위하여 일하시고, 그 회개한 한 사람을 통하여 수십만을 구원하신다. 한 영혼을 천하보다 사랑하시는 하나님의 모습을 볼 수 있다. 아무리 니느웨가 잔인하고 패역한 짓을 했어도 회개하고 돌이키기만 하면 하나님은 그들의 죄를 깨끗하게 용서하시고 기억조차 하지 않으신다. 니느웨가 과거에 행했던 악행들은 중요하지 않다. 하나님은 현재의 죄악에서 돌이켜 하나님을 바라보는 삶을 원하신다.

요나서의 핵심

"네가 수고도 아니하였고 재배도 아니하였고 하룻밤에 났다가 하룻밤에 말라 버린 이 박 넝쿨을 아꼈거든 하물며 이 큰 성읍 니느웨에는 좌우를 분변하지 못하는 자가 십이만여 명이요 가축도 많이 있나니 내가 어찌 아끼지 아니하겠느냐 하시니라"(4:10-11)

<열왕기서>

(24) 남 유다 왕 웃시야(아사랴)

웃시야는 아버지 아마샤가 북 이스라엘에 포로로 끌려간 후부터 섭정 왕으로 남 유다를 다스렸다. 이때 웃시야의 나이는 16세이다. 그의 이름의 뜻은 "여호와는 나의 힘"이다. 그의 또 다른 이름(별칭)은 아사랴로 "여호와는 나의 도움"이라는 뜻이다. 이때는 앗수르가 최대 강국이었다. 그런데 웃시야 때는 세력이 약간 약화되었다. 하나님께서 이때 남 유다와 북 이스라엘을 크게 부강시키셨다. 어린 나이에 왕위에 올랐지만 웃시야는 나라를 다시 바로잡아야겠다는 생각을 했다. 나라를 지키기 위해서는 국방부터 우선 튼튼하게 해야 했다. 이로써 끊임없이 괴롭혀 온 블레셋부터 굴복시키고 아라비아와 마온 족속까지 멸했다. 아버지 아마샤 때에 부서진 성벽을 수리하고 망대도 견고히 세웠다. 나라가 안정을 찾자 웃시야는 백성들을 돌아보았다. 나라에 필요한 물 공급에 힘을 쏟고, 백성들이 농사를 잘 지을 수 있도록 투자도 아끼지 않았다. 오랜만에 나라가 부강해지고 백성들도 숨통이 좀 트였던 시기이다. 이렇게 웃시야가 할 수 있었던 것은 그의 옆에 조언자 스가랴 선지자가 있었기 때문이기도 하지만 하나님의 기이한 도우심이 있었기 때문이다.

스가랴 선지자가 죽자 웃시야의 마음이 교만해져 악행을 저지르고 만다. 성전에서 여호와께 분향하는 일은 왕이 아닌 제사장만이 할 수 있는 일이다. 그런데 왕의 권력을 이용해 웃시야가 직접 분향을 하려고 하자 대제사장 아사랴와 80명의 제사장들이 왕에게 하지 말라고 막아섰다. 그러자 웃시야는 오히려 이들에게 화를 내며 향로를 잡고 끝내 분향하려고 했다. 그때 하나님이 웃시야를 치셔서 나병에 걸리게 하신다. 나병 환자가 되었으니 더이상 사람들 앞에 나설 수가 없었다. 나병은 사람들과 접촉하지 않도록 격리시켜야 했다. 그래서 웃시야는 죽는 날까지 별궁에서 지내야 했다.

(25) 북 이스라엘 왕 스가랴

여로보암 II의 아들 스가랴가 사마리아에서 6개월 동안 북 이스라엘을 다스린다. 예후 왕조의 마지막 왕이다. 스가랴도 여호와 보시기에 악을 행한다. 야베스의 아들 살룸이 그를 반역하여 백성 앞에서 백주에 스가랴를 쳐 죽이고 대신 왕이 된다. 여호와가 예후에게 말씀하신 대로 스가랴까지 해서 예후의 자손이 4대 동안 북 이스라엘의 왕위에 있었다.

(26) 북 이스라엘 왕 살룸

야베스의 아들 살룸이 스가랴를 죽이고 사마리아에서 왕이 되어 1개월 동안 다스린다. 가디의 아들 므나헴이 디르사에서부터 사마리아로 올라가서 야베스의 아들 살룸을 쳐 죽이고 대신 왕이 된다. 자신이 스가랴를 살해한 것처럼 살룸도 똑같이 당한다.

(27) 북 이스라엘 왕 므나헴

므나헴은 사마리아에서 10년간 다스린다. 여호와 보시기에 악을 행하였다. 므나헴은 북 이스라엘 백성들이 성문을 열지 않자 모든 사람과 사방을 치고, 심지어 아이 밴 부녀의 배를 가르는 악행을 저질렀다. 앗수르 왕 불(디글랏빌레셀)이 와서 사마리아를 치려고 하자 므나헴은 북 이스라엘 큰 부자들에게 은 50세겔씩 내게 하여 은 1,000달란트를 불에게 주며 자기를 도와 달라고 해서 앗수르 왕은 더이상 머물지 않고 자기 나라로 돌아간다. 많은 돈을 받았음에도 앗수르는 이에 만족하지 않고 계속해서 북 이스라엘을 괴롭혔다.

(28) 북 이스라엘 왕 브가히야

므나헴의 아들 브가히야가 사마리아에서 북 이스라엘 왕이 되어 2년간 다스린다. 여호와 보시기에 악을 행한다. 장관 르말랴의 아들 베가가 반역하여 브가히야를 죽이고 베가는 길르앗 용사 50명을 이끌고 왕궁 호위소에서 왕의 일행을 다 죽이고 자신이 왕이 된다.

(29) 북 이스라엘 왕 베가

르말랴의 아들 베가가 북 이스라엘 왕이 되어 사마리아에서 20년간 다스린다. 여호와 보시기에 악을 행한다. 북 이스라엘 왕 베가 때에 앗스르 왕이 와서 그 땅을 점령하고 그 백성을 사로잡아 앗수르로 옮겨간다. 엘라의 아들 호세아가 반역하여 르말랴의 아들 베가를 쳐서 죽이고 대신 왕이 된다.

(30) 남 유다 왕 요담

요담은 아버지 웃시야가 나병으로 인해 별궁에 거하자 아버지와 함께 섭정을 했다. 아버지가 성전에서 분향하려고 하다 나병에 걸린 것을 안 요담은 성전에 들어가는 것을 조심스러워했다. 요담은 여호와 보시기에 정직히 행했다. 이는 아버지 웃시야를 본받았다기보다는 제사장의 딸인 어머니의 역할이 있었을 것이다. 요담은 비록 여호와 보시기에 정직히 행하였지만 백성들은 여전히 산당에서 분향하며 타락한 삶을 살고 있어서 하나님께서는 아람 왕을 들어 남 유다를 침략하게 하셨다. 요담의 대를 이어 아하스가 왕이 되지만 유다 역사에 있어서 악한 왕으로 남는다.

(31) 남 유다 왕 아하스

남 유다의 왕 요담의 아들 아하스가 20세에 왕이 된다. 예루살렘에서 16

년간 다스린 남 유다의 가장 악한 왕이었다. 이방 사람의 가증한 일을 따라 힌놈의 골짜기에서 자식을 불 가운데로 지나가게 하여 제물로 바치는 몰렉의 제사를 드렸다. 여기저기에 산당을 지어 제사를 드렸다. 아람과 북 이스라엘이 남 유다를 치려고 하자 아하스는 앗수르 왕에게 사절을 보내 당신의 신복이 되고 아들이 될 테니 아람 왕과 북 이스라엘 왕의 손에서 자기를 구해 달라고 요청한다. 그런 후에 성전과 왕궁 곳간에 있는 은금을 앗수르 왕에게 예물로 보낸다. 앗수르 왕이 아하스의 청을 받아들인다. 아하스가 앗수르 왕을 만나러 다메섹에 갔다가 거기 있는 제단을 보고 마음에 들어 그 제단의 모형과 도본을 그려 제사장 우리야에게 보내며 그대로 만들라고 지시한다. 아하스가 돌아와 새로 만들어진 제단에서 제사를 드린다. 아하스가 죽고 그의 아들 히스기야가 왕이 된다.

(32) 북 이스라엘 왕 호세아

엘라의 아들 호세아가 사마리아에서 북 이스라엘 왕이 되어 9년간 다스린다. 여호와 보시기에 악을 행했지만 그 이전 북 이스라엘 여러 왕들보다는 덜했다. 호세아는 앗수르의 왕 살만에셀(디글랏빌레셀의 아들)에게 조공을 바쳐 왔는데, 애굽과 동맹을 맺으면서 더이상 앗수르에 조공을 보내지 않았다. 이에 앗수르는 배반한 호세아를 옥에 가두었다. 앗수르 왕이 사마리아를 3년간 에워쌌다. 결국 호세아 제9년에 앗수르 왕이 사마리아를 점령하고 북 이스라엘 사람들을 앗수르로 끌고 가서 여러 고을에 두었다. 사마리아가 멸망하게 된 것은 결국 하나님을 버리고 이방 신들을 섬기며 불의를 행했기 때문이다. 앗수르 왕이 주변 나라 사람들을 사마리아로 데리고 와서 여러 성읍에 이주시켜 사마리아를 차지한다. 이들이 처음으로 거기 거주할 때에 여호와를 경외하지 않자 여호와께서 사자를 보내 몇 사람을 죽이신다. 그러자 앗수르 왕이 사로잡아 온 제사장 한 명을 그곳으로 보내 하나님의 법을 가르치게 한다. 사로잡혀 간 제사장이 벧엘에 살면서 그들에게 어떻게 여호와를 경외할지를 가르친다. 그러나 각 민족은 각기 자기들의 신상을 만들어 우상을 숭배한다. 이들은 여호와도 섬기고 다른 신도 섬겼다.

● 열왕기하 18-26장 : 단일(유다)왕국 시대

열왕기하 18-25장은 남 유다만의 단일왕국 시대의 이야기이다. 북 이스라엘이 망하고 남 유다에는 8명의 왕이 남아 있다. 그들 중에서 하나님께 극찬을 받은 왕은 히스기야와 요시야 2명뿐이다.

(33) 남 유다 왕 히스기야(당시 활동한 선지자 : 이사야, 미가)

아버지 아하스의 뒤를 이어 25세에 히스기야가 왕위에 오른다. 그런데 아버지 아하스의 심한 우상숭배로 인해 나라가 안팎으로 말이 아니었다. 주변국 아람과, 같은 형제인 북 이스라엘에게서 끊임없는 괴롭힘을 당하면서 남 유다는 국방력과 경제력이 매우 쇠약해 있었다. 아버지가 저지른 악행이 너무 커서 희망의 불씨조차 남아 있지 않은 것으로 보였다. 그전 12명의 왕들이 다 잘한 것은 아니었지만 그 중에서도 아하스는 최악의 왕이었다. 이같은 나라의 위기 속에서 히스기야는 더이상 이대로는 안 되겠다는 생각에서 굳은 결심을 한다. 그가 첫 번째로 한 일은 성전을 정화하는 일이었다. 그리고 잃어버린 하나님을 다시 찾아 관계를 회복하는 것이었다. 부왕 아하스는 다른 나라의 신들에게 제사를 드리느라 하나님의 성전은 아예 닫아버리고 성전의 기구들까지 불살라 버리며 하나님을 잊고 살았었다. 그래서 히스기야는 닫혀진 성전을 열고 더럽혀진 성전의 안과 밖을 대청소하는 일부터 시작하였다.

공교롭게도 16년 동안 더럽혀진 청소를 하는 데는 꼬박 16일이 걸렸다. 성전을 깨끗이 한 후 그동안 중단된 제사도 다시 회복하였다. 속죄제와 번제를 드리고 백성들은 감사와 기쁨으로 제물을 가지고 왔다. 백성들이 너무 많은 제물을 가지고 오는 바람에 이를 처리할 제사장들이 부족할 정도였다. 다시 유월절 절기를 회복하고 백성들은 그동안 하지 않았던 십일조도 다시 드리게 되었다.

이렇게 열심히 하나님을 찾은 히스기야에게 위기가 찾아왔다. 앗수르와 애굽에게 늘 시달림을 받던 선왕들은 이들에게 조공을 바치기도 하고 때론 가서 빌기도 했다. 그러나 히스기야는 그렇게 하지 않았다. 오히려 반 앗수르 정책을 펼쳤다. 히스기야가 왕위에 오른 지 4년째 되던 해에 북 이스라엘이 앗수르에 의해 멸망당해 북 이스라엘 백성들이 포로로 끌려간다. 북 이스라엘을 점령한 앗수르는 남 유다까지 넘보고 있었다. 급기야 앗수르의 왕 산헤립이 유다의 46개 성읍을 점령하고 2십만 150명의 포로들을 끌고 간다. 이에 남 유다는 이러지도 저러지도 못하는 상황이 되어 버린다. 이에 공포에 질린 히스기야가 하나님을 찾을 틈조차 없이 어떻게든 이 사태를 해결해 보려고 조공을 바친다. 그러자 앗수르는 은 300달란트와 금 30달란트를 요구했고, 이를 마련하기 위해 히스기야는 왕궁에 있는 보물과 성전에 붙은 금까지 벗겨서 준다. 그렇게 함으로써 모든 것이 정상화되었으면 얼마나 좋았을까? 앗수르는 결코 그대로 물러나지 않고 더 남 유다를 공격해 왔다.

히스기야는 일단 자기가 할 수 있는 모든 일들을 다 해 보았다. 수로공사도 하고, 성을 견고히 쌓고, 무기도 준비했다. 예루살렘 안에 있는 라기스 성읍을 이미 정복한 앗수르는 이곳을 거점으로 삼고 있었다. 앗수르 왕 산헤립의 부하 랍사게는 유창한 유다 방언으로 남 유다 백성들을 거짓으로 설득했다. 계속 저항하지 말고 하루라도 빨리 앗수르에 항복하라는 것이다. 그러면서 남 유다 왕과 백성들 사이를 이간질한다. 왕이 하는 말은 하나도 들을 것 없고, 너희들이 믿는 하나님도 이제는 너희를 구해줄 수 없다고 거짓을 말한다. 끊임없이 히스기야와 백성들을 조롱하고 비웃으며 이들을 설득하고 있었다. 랍사게의 말을 들은 남 유다 지도자들은 들은 그대로 히스기야에게 보고한다. 이를 전해들은 히스기야는 옷을 찢으며 탄식한다. 그리고 백성들에게 어떠한 반응도 하지 못하게 한다. 자신의 힘만으로 어쩔 도리가 없자 그때 활동한 이사야 선지자에게 기도를 요청한다. 그리고 이사야 선지자가 기도의 응답을 받는다. 이제 더이상 앗수르 때문에 두려워하지 말라는 응답이다.

앗수르는 본국으로 돌아가게 될 것이고, 돌아간 후 앗수르 왕이 죽임을 당할 것이라고 전한다. 이와 같은 하나님의 음성을 이사야로부터 전해들은 히스기야는 더이상 두려울 것이 없었다. 드디어 아무 반응을 하지 않는 히스기야에게 앗수르 왕으로부터 편지가 도착한다. 빨리 항복하지 않으면 곧바로 쳐들어가겠다는 내용이었다. 하지만 이미 이사야 선지자로부터 하나님의 응답을 전해들은 히스기야는 담대하게 나아갔다. 오히려 전쟁을 준비하는 것이 아니라 편지를 가지고 성전에 들어가 하나님께 기도하기 시작한다. 하나님은 히스기야의 기도를 들으시고 히스기야에게 앞으로의 상황을 말씀해 주셨다. 남 유다를 포위하고 있는 앗수르 진영에 한 천사가 내려와 하룻밤에 18만 5천 명을 죽였다. 이를 본 나머지 사람들은 두려움에 도망가고 진영은 철수되었다. 본국으로 돌아간 산혜립은 하나님의 말씀대로 죽임을 당했다. 그런데 산혜립을 죽음으로 몰고 간 사람은 다름 아닌 산혜립의 아들들이었다.

앗수르는 물러갔지만 나라가 여전히 위태로운 상황에서 히스기야가 중병에 걸렸다. 인간적으로 마음에 서운함이 들었을 수도 있었을 것이다. 내가 왕이 되어 지금까지 나름 열심히 개혁을 주도했고 하나님을 의지했는데 어떻게 이러실 수 있단 말인가? 왜 지금 내게 이런 병을 주셨을까? 그러나 히스기야는 하나님을 원망하지 않고 또다시 하나님께 눈물로 기도하며 매달렸다. 그러자 하나님께서 이번에도 히스기야의 기도를 들으시고 즉시 응답하시며, 이사야 선지자를 통해 히스기야의 수명을 15년 더 연장시켜 주겠다고 하신다. 이에 히스기야는 그렇다면 무슨 징표가 있느냐고 묻는다. 그러자 아하스 때 만들어놓은 해시계를 보게 한다. 해시계는 해 그림자를 통해 시간을 재기 위해 아하스 때 만들어 기둥 옆에 세워 둔 것이었다. 징표로서 해 그림자를 뒤로 물릴 수도 있고, 앞으로 나아갈 수도 있으니 둘 중 어느 것을 원하는지 히스기야에게 물었다. 히스기야는 해 그림자가 뒤로 물러나는 쪽을 택했다. 하나님은 히스기야의 원대로 해 그림자가 10도 뒤로 물러나게 하시는 초자연적인 능력을 보여주셨다. 그리고 무화과 반죽을 만들어 상처에 붙이라고 하여 그대로 하니 깨끗하게 병이 나았다.

이렇게 하여 히스기야는 15년의 새로운 생명을 연장받았다. 그뿐만 아니라 자식이 없었는데 병에서 치유되고 3년쯤 됐을 때 하나님께서 아들도 주셨다. 그 아들의 이름은 므낫세다. 히스기야가 죽을병에 걸렸다 살아났다는 소문을 듣고 바벨론 왕 브로닥발라단이 자기의 신하들을 히스기야에게 보냈다. 바벨론이 히스기야를 찾아온 목적은 단순히 히스기야의 안녕과 하나님의 기적이 궁금해서가 아닌 다른 속뜻이 있었다. 그런 줄도 모르고 히스기야는 이들이 자기를 방문한 것을 기뻐한 나머지 하지 말아야 할 실수를 하고 만다. 바벨론 사신들에게 왕궁의 보물창고와 무기고를 열어 보이며 자신의 힘을 과시하고 세력을 보여주었다. 어느새 하나님의 은혜는 잊어버리고 교만이 히스기야를 누르고 있었다. 바벨론 사신들에게 모든 것을 보여주었다는 것을 들은 이사야 선지자가 히스기야에게 찾아간다. 어째서 이런 일을 했냐며 이사야는 히스기야를 책망한다. 그러면서 하나님이 남 유다를 어떻게 심판하실 것인지를 히스기야에게 그대로 전해준다. 이제 남 유다는 바벨론에게 멸망을 당할 것이고, 백성들은 바벨론에 포로로 끌려갈 것이며, 히스기야 왕이 바벨론 사신들에게 보여주었던 많은 은금과 무기들은 그대로 바벨론으로 옮겨질 것이라고 한다. 이사야의 이런 말에 히스기야는 즉시 자신의 잘못을 인정하고 회개한다. 그러자 히스기야 때에는 이런 일들이 일어나지 않겠지만 히스기야의 자식 때에 이런 일이 일어날 것이라고 전한다.

16

이사야

책명

모든 예언서는 각각의 예언자의 이름으로 책명이 되어 있다. 히브리어 (שׁעיה, 예샤야후) 성경이나 칠십인역(LXX)(Ιησούς), 우리말 성경도 제목은 동일하다. 이사야의 뜻은 '여호와는 구원이시다'이다. 구약성경에 나오는 총 17권의 예언서 중 가장 먼저 등장하는 것이 이사야서다. 이사야서는 총 66장이다. 이는 구약·신약성경 전체 권수와 같은 수이다. 그래서 이사야서를 성경 속의 성경이라고도 한다. 1-39장은 구약적인 성격(심판, 회개)을 띠고 있고, 40-66장은 신약적인 성격(구원, 회복)을 띤다. 이는 이사야의 두 아들의 이름과도 연관이 있다. 이사야서는 시로 구성된 독특한 문학작품이다.

저자 및 기록 배경

전통적으로 이사야를 저자로 본다. 이사야는 남 유다에서 B.C. 8세기에 활동한 예언자이다. 이사야의 부인도 예언자로 활동했다. 이사야에게는 스알야숩과 마헬살랄하스바스 두 아들이 있다. 누가 장남인지는 정확히 알 수 없다. 그러나 두 아들의 이름의 뜻이 앞으로 남 유다가 어떻게 될지를 잘 나타내 준다. 스알야숩의 뜻은 "남은 자가 돌아온다"라는 의미고, 마헬살 랄하스바스는 "급히 노략하고 빨리 약탈한다"는 뜻이다.

이사야는 웃시야가 죽은 후부터 시작해 히스기야 때까지 활동했다. 그는 예언자로서 활동하기 이전부터 왕실에서 활동했다고 한다. 이사야가 왕실 서기관으로 일했다고도 하고(대하 26:22), 이사야의 아버지 아모스가 웃시야 의 아버지인 아마샤와 형제라는 이야기도 있는데 정확히는 알 수 없다. 이 사야는 히스기야 때까지 예언자로 활동했지만, 이사야가 죽은 것은 히스기 야 다음 왕인 므낫세에 의해 죽은 것으로 전해진다. 악한 왕 므낫세가 극심 하게 우상숭배 하는 것을 이사야가 지적하자 이사야를 톱으로 켜서 죽였 다는 얘기가 전해져 내려오고 있다. 그래서 히브리서 11장 37절에 톱으로 켜서 죽임당한 자를 이사야로 보기도 한다. 이사야서는 구약·신약성경 66 권 중에 가장 영적인 성경으로 알려져 있다.

기록 목적

앗수르는 세력을 확장해 가고 있었고, 북 이스라엘은 멸망을 눈앞에 두 고 있었다. 남 유다 역시 서서히 기울어져 가고 있자 이사야는 남 유다의 미래를 바라보며 백성이 하루 빨리 회개하고 하나님께 돌아오기를 바라는 메시지를 선포했다. 이사야 이름의 뜻처럼 오직 구원은 하나님에게서 나오 는 것이며, 이 구원은 모든 사람에게 해당된다.

역사적 배경

이사야가 활동하던 시기에는 앗수르가 세계 최강국이었다. 이때 앗수르의 왕은 불(디글랏빌레셀)이다. 이 왕은 주변의 땅들을 점령해 나가는 일에 아주 열을 내고 있었다. 이때 북 이스라엘의 왕은 므나헴으로 앗수르에 열심히 조공을 바치고 있었다. 앗수르의 영토 확장이 물밀 듯 밀려오자 주변 나라들은 두려울 수밖에 없었다. 그래서 우선 시리아(아람)와 북 이스라엘이 반 앗수르 동맹을 맺었다. 이에 남 유다 아하스에게도 함께 가담하기를 원했다. 하지만 앗수르라는 나라가 얼마나 무섭고 잔인한지 익히 알고 있었던 아하스는 섣불리 동맹에 가담하지 않고 고민하기 시작한다. 그러다가 남 유다의 아하스는 오히려 앗수르의 편이 된다. 이를 눈치 챈 시리아와 북 이스라엘이 먼저 남 유다를 공격하려고 하자 아하스는 앗수르 왕에게 도움을 요청한다. 앗수르는 기회를 잡은 듯 시리아와 북 이스라엘을 공격하게 된다. 이때 북 이스라엘의 왕은 베가이고, 시리아(아람) 왕은 르신이었다.

두 나라는 패망하고, 호세아가 북 이스라엘의 마지막 왕이 된다. 북 이스라엘이 완전히 앗수르에 점령당했기 때문에 조공을 바치지 않을 수 없었다. 이때 앗수르의 왕은 불(디글랏빌레셀)의 뒤를 이어 살만에셀이 통치를 하고 있었다. 그런데 호세아가 그동안 앗수르에 바쳤던 조공을 끊어버리자 앗수르의 살만에셀이 쳐들어와서 북 이스라엘을 완전히 멸망시킨다. 이것이 B.C. 722년 북 이스라엘의 멸망이다. 멸망시킨 후 쓸 만한 사람들은 다 앗수르로 잡아가고, 남겨둔 사람들은 주변 나라들과 혼혈정책을 벌여 정체성과 민족성을 완전히 도말해 버린다. 그래서 이들을 사마리아인이라고 부르게 되었다.

이사야 때 통치한 남 유다 왕들

웃시야의 또 다른 이름은 아사랴이다. 웃시야의 뜻은 "하나님은 능력이시다"이고, 아사랴의 뜻은 "하나님께서 나를 도우신다"이다. 이름의 뜻에 맞게 웃시야 때 나라가 비교적 안정되고 부강했다. 웃시야는 16세에 왕위에 올라 52년 동안의 긴 통치를 했다. 이때는 북 이스라엘과 남 유다를 끊임없이 괴롭혔던 앗수르도 내부의 문제로 다른 나라들에 신경쓸 여유가 없었다. 그래서 이 기간에는 앗수르의 괴롭힘 없이 남 유다는 오랜만에 평안했다. 그런데 그만 웃시야가 해서는 안 되는 일을 하고 만다. 제사장만이 하는 제사를 왕이 나서서 드리려 하였다. 그러자 곧장 하나님께서 웃시야를 나병에 걸리게 하셨다. 나병에 걸린 후 궁궐에 살지 못하고 별궁에서 지내야 하는 불행한 삶을 산다.

웃시야의 아들 요담이 25세에 왕위에 올라 16년을 통치한다. 아버지 웃시야가 나병에 걸렸으므로 8년 동안 요담이 섭정으로 통치를 했다. 요담은 경건하고 선한 왕이었다. 아버지가 성전 제사를 주관하려다 나병에 걸린 것을 봤기 때문에 성전에 들어가는 것을 두려워했다. 이때도 백성들은 여전히 우상숭배를 했으니, 완전히 우상을 제거하지 못하였다.

그 다음 왕은 아하스다. 아하스도 20세에 왕위에 올라 16년간 통치를 했다. 아하스는 이방 신의 가증한 것을 배워 아들을 불 가운데로 지나가게 하는 인신제사를 하고, 다른 나라의 신당들을 모방해서 같은 제사를 드렸다. 아하스는 하나님을 의지한 것이 아니라 앗수르 왕을 의지하며 앗수르 왕의 완전한 신복이 되었다.

아하스의 뒤를 이어 그의 아들 히스기야가 왕이 되었다. 히스기야는 25세에 왕위에 오르고 29년을 통치했다. 앗수르가 쳐들어올 때 이사야와 함께 했던 간절한 기도로 인하여 하룻밤에 앗수르 대군 18만 5천 명이 죽음을 당하기도 하고, 히스기야가 죽을병이 걸렸을 때도 하나님께서는 그의 기도를 들어주셔서 15년의 생을 연장해 주기도 하셨다. 아버지 아하스와는 다르게 히스기야는 우상을 파괴하고 산당도 헐어버리는 비교적 경건한 왕이었다. 히스기야는 북 이스라엘이 멸망할 무렵에(B.C. 722년) 활동한 왕이었다.

구성

1-39장 : 심판의 메시지		40-66장 : 구원과 회복에 관한 메시지	
1-12장	유다와 예루살렘에 대한 심판	40-55장	야훼의 종과 구속 예루살렘의 구원과 회복
13-23장	이웃 열방에 대한 심판	56-66장	새 하늘과 새 땅 창조 종말에 대한 희망의 말씀
24-27장	온 세상에 대한 심판(묵시)		
28-35장	지도자들의 심판, 재앙과 회복 선포		
36-39장	히스기야 왕 이야기		

이사야서를 연구하는 학자들에 따르면 1-39장을 제1이사야, 40-55장을 제2이사야, 56-66장을 제3이사야로 나누고 있다. 1-39장만 이사야가 썼고, 나머지는 다른 사람이 썼다고 한다. 그러나 어떤 것이 정확한 것인지는 알 수 없다. 신약성경에서 제일 많이 인용한 구약성경은 이사야서다.

● 1-39장 : 심판의 메시지

1-12장 : 유다와 예루살렘에 대한 심판

B.C. 8세기를 배경으로 하고 있다. 이사야 1장은 이사야 전체의 핵심 주제라고도 할 수 있다. 제1이사야라고 불리는 1-39장은 주로 하나님의 심판에 대해 언급한다. 1-12장은 죄로 가득 찬 성읍에 대해 끊임없이 심판의 메시지를 전하고 있다. 하나님은 한 비유를 언급하시며 남 유다를 소경과 귀

머거리로 지칭한다. 이는 남 유다 백성들의 타락상을 계속 지적하고 있지만, 말 그대로 보아도 보지 못하고 들어도 듣지 못하는 소경이고 귀머거리라는 것이다. 그런가 하면 남 유다를 소돔과 고모라, 창기로까지 비유하신다. 오죽하면 하나님은 번제로 드리는 숫양과 살진 짐승으로 이미 배가 부르셨고, 아무리 번제 제단에 피를 뿌려도 하나님은 하나도 기쁘게 받지 않으신다고 하신다. 많은 제물을 가지고 와서 하나님께 드리지만 이런 것 또한 다 필요 없으시다는 말씀이다. 진정한 마음으로 하나님을 찾는 것이 아니라 행위로만 하나님의 성전을 밟는 사람들에게 가증해서 못 견디겠다고 하신다.

웃시야가 죽던 해에 이사야는 하늘의 천상회의를 본다. 거룩한 하나님의 영광 앞에서 죄 된 자신을 본 이사야가 "화로다 망하였다"라고 고백하자 스랍(천사) 중 하나가 이사야의 입술에 숯불을 대고 모든 죄를 사해 준다. 하늘의 천상회의에서 하나님은 천사들에게 누가 땅에 내려가서 예루살렘의 멸망에 대해 선포할 거냐고 물으시지만 천사들 중 아무도 대답하지 않는다. 이때 이사야가 나서며 자신이 가서 전하겠다고 한다. 그러나 하나님은 그 일이 아주 힘든 일일 것이라고 이사야에게 알려준다. 완악하고 패역한 백성들이 너의 말을 들어도 깨닫지 못할 것이라고 한다. 하나님께서 이사야의 아들들의 이름을 직접 지어주신다. 이는 앞으로 예루살렘에 벌어질 일을 미리 이사야의 아들들의 이름을 통해서 보여주시는 것이다.

13-23장 : 이웃 열방에 대한 심판

남 유다에 대한 책망이 아니라 열방에 대한 책망이다. 이는 하나님이 오직 남 유다만의 하나님이 아니라 온 세상의 주인이심을 보여주고 있다. 대제국 바벨론의 멸망도 예언한다. 바벨론 역시 멸망의 원인은 교만이다. 구약

·신약성경에서 바벨론은 하나님을 대적하고 온갖 죄악과 더러운 우상을 숭배하는 것으로 나타난다. 남 유다 백성들은 하나님보다 애굽을 더 의지했다. 하나님은 이사야에게 애굽도 곧 망할 것이니 의지하지 말라고 충고하지만 히스기야가 듣지 않자 이사야가 3년 동안 벗은 몸과 벗은 발로 다니며 몸으로 징조와 예표를 보인다. 이 행위는 남 유다 백성이 앗수르에 끌려갈 때 똑같이 겪게 될 것을 예언한 것이다. 이사야가 이렇게까지 하는 이유는 이를 통해 다윗의 자손이 끊어질 것을 염려했기 때문이다. 예언자의 삶이 얼마나 험난한지를 이사야를 통해 잘 보여준다.

24-35장 : 온 세상에 대한 심판, 지도자들의 심판

종말에 관한 심판 예고이다. 하나님이 남 유다를 심판하시되 완전히 멸하는 것이 아니라 그루터기에서 나온 새싹들은 하나님이 지키신다는 약속이다. 또한 북 이스라엘과 남 유다의 지도자들에 대한 심판의 말씀도 나온다. 북 이스라엘은 이사야가 아무리 조언을 해도 하나님을 의지하기보다는 이웃나라들과의 동맹을 맺는 편을 택했다.

36-39장 : 히스기야 왕 이야기

히스기야는 아버지 아하스의 뒤를 밟지 않고 산당과 우상을 깨뜨리고 백성들이 섬기던 모세의 놋뱀도 부수며 성전을 정결케 하는 종교개혁을 강행했다. 히스기야의 아버지 아하스는 자기 아들을 불 가운데로 지나가게 하는 인신제사도 서슴지 않고 행했던 왕이었다. 이런 것을 다 보고 자란 히스기야였기에 더욱더 종교개혁을 강행했는지도 모른다. 소중한 자식까지 산제물로 바쳤지만 결국 남 유다를 구원해 주는 일은 일어나지 않았다. 앗수르 왕 산헤립이 예루살렘으로 대군을 이끌고 왔을 때 히스기야는 어디를 둘러봐도 피할 방법이 없었다. 오직 하나님을 의지하고 기도하는 수밖에 없었다. 이때 하나님은 천사를 보내어 하룻저녁에 앗수르 대군 18만 5천 명이라는 어마어마한 숫자를 다 죽이셨다. 그래서 이제 평안을 누리는가 하는데 히스기야에게 죽을병이 걸렸다. 자식도 없이 죽을병에 걸린 히스기야의 마음이 어떠했을까? 그저 이사야 선지자와 함께 열심히 살려 달라고 기도했다. 이번에도 하나님이 기도를 들으시고 히스기야의 생명을 15년이나 연장해 주셨을 뿐만 아니라 자식도 주셨다.

그때 하나님이 증표를 하나 보여주시는데, 아하스의 해시계의 해 그림자가 십도 뒤로 물러나게 하셨다. 그러나 그렇게 훌륭한 히스기야도 어쩔 수 없나 보다. 죽을병에서 살아났다는 소리를 듣고 바벨론 왕이 신하와 함께 많은 예물을 히스기야에게 보냈다. 바벨론이 히스기야를 찾아온 목적은 단순히 하나님의 기적이 궁금해서가 아니라 다른 속뜻이 있었다. 그런데 그런 줄도 모르고 히스기야는 이들이 자기를 방문한 것을 기뻐한 나머지 하지 말아야 할 실수를 하고 만다. 히스기야는 자기 스스로 교만에 빠져 사신들에게 궁중의 보물창고와 무기고를 보여주며 뽐냈다. 이에 이사야가 히스기야를 꾸짖으며 히스기야 아들 이름의 뜻을 말하며 이 많은 보물들이 다 바벨론에 의해 약탈당할 것이라고 말해준다.

● 40-66장 : 구원과 회복에 관한 메시지

하나님께서 바벨론에 포로로 잡혀가 있는 남 유다 백성들을 해방시키고 위로하신다는 말씀이다. 제2이사야로 분류한 40-55장 부분은 바벨론에서 포로생활을 하고 있는 남 유다 백성들에게 위로를 전하는 메시지이고, 제3이사야로 분류한 56-66장은 포로생활에서 해방되어 귀환할 백성들에게 심판 후 주어지는 구원에 대한 소망의 메시지다. 이는 모세가 애굽에서 이스라엘 백성들을 출애굽시키는 것과 같다고 볼 수 있다. 이사야는 하나님의 절대주권을 거듭 언급한다. 하나님만이 참 신이시며, 온 세계의 주인이시고, 세상을 창조하신 유일하신 분이라는 것이다.

야훼의 종의 노래가 네 번이나 나온다. 야훼의 종은 죄로 뒤덮인 인간을 위한 구원자로서 그분이 대속제물이 되어야 한다고 한다. 이것을 할 수 있는 사람은 누구인가? 오직 예수 그리스도 한 분밖에는 없다. 하나님은 이방 나라의 왕 고레스의 마음도 움직이셔서 남 유다 백성들을 놓아주게 하신다. 포로에서 돌아온 백성들에게 하나님은 끊임없이 위로하신다. 그리고 더 이상 같은 죄를 짓지 않기를 원하신다. 그동안 남 유다 백성들이 잘 지키지 못한 안식일을 비롯하여 성전을 더럽히지 말 것과, 가난한 자와 약한 자를 돌보라고 하신다. 그리고 성전은 만민이 기도하는 집이니 거짓 행위로 예배하지 말라고 하신다.

우리가 생각하는 금식과 하나님이 생각하시는 금식은 다르다. 하나님이 기뻐하시는 금식은 가난한 자를 위하고 압제당하는 사람을 자유롭게 하기 위한 금식이어야 한다. 따라서 나의 필요를 채우기 위해 하는 금식은 받으시지 않는다는 말씀이다. 이사야의 예언 중 가장 놀라운 것은 예수님(메시아)에 대한 예언이다. 예수님이 태어나시기도 전에 예수님이 우리에게 어떻게 다가오실지 명확하게 예언하며 십자가 사건을 말해준다. 장차 처녀의 몸을 통해 메시아가 태어날 것을 예언한다. 이사야서를 통해 주시는 분명한 메시지는 하나님은 심판을 하시지만 또한 구원도 하신다는 것이다. 하나님을 알지 못하고 악행을 저지르는 사람들은 멸망과 심판을 받지만, 하나님의 경고 말씀을 듣고 회개하여 돌이키면 하나님께서 창조하시는 새 하늘과 새 땅에서 영원한 축복을 누리게 된다고 선포한다.

이사야서의 핵심

"그러므로 주께서 친히 징조를 너희에게 주실 것이라 보라 처녀가 잉태하여 아들을 낳을 것이요 그의 이름을 임마누엘이라 하리라"
(7:14)

"여호와께서 이와 같이 말씀하시기를 너희는 정의를 지키며 의를 행하라 이는 나의 구원이 가까이 왔고 나의 공의가 나타날 것임이라 하셨도다"(56:1)

"내가 지을 새 하늘과 새 땅이 내 앞에 항상 있는 것같이 너희 자손과 너희 이름이 항상 있으리라 여호와의 말이니라"(66:22)

17

미가

책명

히브리어 성경과 칠십인역(LXX, 미카이아스 Μιχαίας), 우리말 성경 모두 '미가'라는 이름을 책명으로 삼는다. 미가의 히브리어 표기는 '미카야'의 축약형인 '미카'(מיכה)이다. 미가의 뜻은 '누가 여호와와 같은가?'이다.

저자

본서의 저자는 미가이다.

기록 목적 및 배경

미가의 이름에는 신관의 의미를 담고 있다. 이 세상에 여호와와 같은 신은 없다는 말이다. 감히 누가 여호와와 같을 수 있냐는 것이다. 미가는 남유다에 임박한 심판을 선포하고, 지도자들의 종교적 부패를 책망하며, 사회적 약자들에게 행해지는 불의를 책망하는 메시지를 선포했다. 이사야가 왕궁 출신의 귀족인 것에 비해 미가는 예루살렘에서 남서쪽으로 20마일 지점에 있는 농촌 모레셋 출신으로, 주로 가난한 자들을 대변하는 일을 했다. 부자들이 가난한 사람들을 억압하고 착취하는 것을 규탄하고, 지도자들을 고발하며 호소한다.

시대적 배경

미가는 남 유다 왕 요담, 아하스와 히스기야 시대인 B.C. 8세기 후반에 활동했다. 미가는 이사야 선지자와 함께 남 유다에서 활동했다. 앗수르가 북 이스라엘을 B.C. 722년에 멸망시키고 남 유다까지 쳐들어오는 어려운 때였다. 그처럼 어려운 시기에 활동한 선지자가 미가와 이사야이다.

구성

범위	내용
1-2장	남 유다와 북 이스라엘의 멸망에 관한 메시지
3-5장	심판과 구원에 관한 말씀
6-7장	심판과 구원에 관한 말씀, 하나님의 은혜에 대한 메시지

미가는 선지자들 중 최초로 예루살렘의 멸망을 예언한 사람이었다. 미가서는 12개의 소예언서 정중앙에 위치한다. 그중 "사람아 주께서 선한 것이 무엇임을 네게 보이셨나니 여호와께서 네게 구하시는 것은 오직 정의를 행하며 인자를 사랑하며 겸손하게 네 하나님과 함께 행하는 것이 아니냐"(6:8)는 말씀이 소예언서 전체의 내용 중 가장 핵심 되는 부분이다.

우리가 정의, 인애, 겸손의 삶을 살아야 하는 것은 하나님의 백성이 하나님의 은혜에 부응하는 것이며, 그것이 하나님이 우리를 부르신 목적이기 때문이다. 북 이스라엘과 남 유다의 죄는 다름 아닌 지도자들로부터 시작되었다는 것을 미가가 격렬히 책망하고 있다. 미가서는 하나님을 아는 것에 머무는 삶이 아니라 죄에서 완전히 돌이켜 하나님께로 돌아가야 진정으로 사는 것이라고 말한다. 하나님이 우리에게 원하시는 것은 많은 제물도 아니고 형식적인 예배도 아니다. 우리 자신의 마음과 삶의 방식이 하나님을 믿는 사람다워야 한다는 것이다.

미가는 하나님으로부터 남 유다와 북 이스라엘 두 나라 모두에게 책망하는 메시지를 받은 유일한 선지자이다. 북 이스라엘 역시 하나님의 백성이니 정신 차리고 하나님께 돌아오라고 한다. 그러나 듣지 않고 결국에 망한다. 북 이스라엘이 망하는 것을 보고도 남 유다 또한 정신 차리지 않았다. 하나님은 비록 자신이 택한 백성이라 할지라도 회개하지 않고, 돌아오지 않으면 징계하시는 분이다. 그런데 남 유다 백성들은 하나님은 절대로 자신들을 버리지 않을 자신들만의 하나님이라고 굳게 믿고 살았다.

미가가 생각하는 하나님의 나라는 공의와 정의에 의해 통치되는 나라이다. 그러나 이 시대 사람들의 삶은 전혀 그렇지 못했다. 그렇게 된 근본적 원인이 지도자들에게 있다는 것을 알고 그들부터 바뀌어야 된다고 생각했다. 악행을 저지르는 것을 아무렇지 않게 생각했고, 선을 미워하고 악을 기뻐하며 백성의 가죽을 벗겨 그 뼈에서 살을 뜯어 먹는다고 표현했다. 거짓 선지자들은 백성들에게 무엇인가 뇌물을 받으면 평강을 외치고, 그렇지 않으면 전쟁을 벌일 준비를 하라고 거짓된 말만 전한다. 예루살렘을 죄악으로 건축하고, 우두머리들은 뇌물을 받고서야 재판하고, 제사장들은 돈을 받고 율법을 가르치며, 선지자도 돈을 받고 미래의 일을 말해주고 있다. 이처럼 지도자들의 소명과 사회적 책임은 실종되고 오로지 돈만 밝히는 사회가 되었다. 총체적 타락 상태임에도 불구하고 미가는 여기에 동조하지 않았다.

자신은 그렇게 살지 않겠다고 한다. 아무리 세상이 부패했어도 자기는 하나님의 영으로 산다고 말한다. 애굽에서 종살이할 때부터 인도해 내어 속량해 주셨고 지금까지 많은 은혜를 부어 주셨음에도 백성들은 하나님을 따르지 않고 있다. 하나님이 우리에게서 무엇을 받고 싶어 하시고, 무엇을 원하는지를 미가서는 보여주고 있다.

그날이 오면 칼을 쳐서 보습을 만들고 창을 쳐서 낫을 만들 것이며, 이 나라와 저 나라가 다시는 칼을 들고 서로 치지 않는 전쟁이 없는 나라가 될 것이라고 한다. 이렇게 되기 위해서는 지금이라도 하나님께로 돌아오라고 외친다.

여호와께서 자기 백성에게 원하시는 것은 첫째, 정의를 행하는 것, 둘째, 인자를 사랑하며, 셋째, 겸손하게 하나님과 동행하는 것이다. 이것이 하나님이 원하시는 신앙의 핵심이다. 미가는 베들레헴에서 새로운 왕이 출현할 것을 예언했다. "베들레헴 에브라다야 너는 유다 족속 중에 작을지라도 이스라엘을 다스릴 자가 네게서 내게로 나올 것이라 그의 근본은 상고에, 영원에 있느니라"(5:2). 그 왕의 기원은 심지어 태초, 곧 영원에까지 닿아 있다. 하나님께서는 이미 700년 전에 베들레헴 땅에 메시아가 오실 것을 예언하셨다. 예수님은 미가서 5장 2-5절의 예언을 성취하셨다. 다윗 계열의 참 메시아적 왕으로 오신 예수님은 베들레헴에서 출생하셨으며, 예루살렘에서 하나님의 말씀을 가르치셨고, 온 열방이 그분의 말씀을 들을 것이다.

미가서의 핵심

"곧 많은 이방 사람들이 가며 이르기를 오라 우리가 여호와의 산에 올라가서 야곱의 하나님의 전에 이르자 그가 그의 도를 가지고 우리에게 가르치실 것이니라 우리가 그의 길로 행하리라 하리니 이는 율법이 시온에서부터 나올 것이요 여호와의 말씀이 예루살렘에서부터 나올 것임이라"(4:2)

"사람아 주께서 선한 것이 무엇임을 네게 보이셨나니 여호와께서 네게 구하시는것은 오직 정의를 행하며 인자를 사랑하며 겸손하게 네 하나님과 함께 행하는 것이 아니냐"(6:8)

<열왕기서>

(34) 남 유다 왕 므낫세(당시 활동한 선지자 : 나훔)

히스기야가 불치병으로 하나님께 기도하자 15년의 생명을 연장해 주셨을 뿐만 아니라 자식까지 주셨다. 그래서 얻은 아들이 므낫세이다. 므낫세 이름의 뜻은 '잊어버리다'이다. 히스기야가 죽을 때 므낫세의 나이는 12세였다. 어린 나이에 왕위에 올랐다. 아버지 히스기야는 하나님이 보실 때에 전무후무한 선한 왕이었다. 그러나 그의 아들 므낫세는 55년을 통치하면서 남 유다 20명의 왕 중에서 가장 악한 왕이라고 할 수 있다. 남 유다를 망하는 길로 나아가게 했다고 볼 수도 있다. 그의 아버지 히스기야가 헐어 버린 산당들을 다시 세우고 많은 우상을 섬긴다. 자기 아들들을 불 가운데로 지나가게 하며 인신제사를 지내고 점도 보았다. 남 유다 왕 므낫세가 행한 가증한 일들은 전에 있던 아모리 사람들의 행위보다 더욱 심했다. 결국 이들이 하나님께 심판을 받게 된 것은 우상숭배 때문이었다. 하나님의 임재 처소인 성전에 버젓이 다른 우상을 세운다는 것은 하나님을 완전히 멸시하는 행위였다. 왕이 나서서 하나님을 버리고 우상을 섬기니 백성은 말할 것도 없이 타락해 가고 있었다. 이런 므낫세를 하나님은 그냥 두고 보시지 않는다. 많은 선지자들을 보내서 므낫세에게 회개를 촉구하고 설득도 해 보지만 므낫세는 오히려 그런 소리를 듣기 싫어한다. 그래서 므낫세는 자신에게 의로운 말을 하는 선지자들을 마구 죽인다.

전승에 따르면 이사야 선지자도 므낫세에게 회개를 촉구하기 위해 찾아갔다. 그런 이사야를 잔인하게 톱으로 켜서 죽인 것이 므낫세가 아닐까라고 전해지고 있다. 므낫세의 뒤를 이어 그의 아들 아몬이 대를 잇는다.

18

나훔

책명

히브리어 성경은 '나훔'(נַחוּם), 칠십인역(LXX)은 '나움'(Ναοὺμ), 우리말 성경은 본서의 중심인물인 '나훔'으로 책명을 삼는다. 나훔의 뜻은 '위로와 위안'이다. 나훔은 니느웨의 멸망에 대해 선포하지만 이를 듣는 남 유다 백성은 오히려 위로를 받는다.

저자 및 기록 배경

나훔을 저자로 본다. 본서에는 나훔이 엘고스 사람이라는 것을 제외하고는 그에 대한 다른 정보가 없다. 엘고스는 "하나님은 맹렬하시다"라는 뜻을 가진 지명이다. 멈추지 않고 북 이스라엘과 남 유다 백성을 괴롭힌 앗수르는 하나님의 심판을 받을 것이다. 앗수르의 수도 니느웨는 바벨론에 의해 B.C. 612년에 함락되고, B.C. 609년에 완전히 멸망해 사라진다. 나훔은 남유다의 므낫세와 아몬 때 활동한 선지자이다.

기록 목적

나훔서는 앗수르의 수도 니느웨의 멸망을 예언하는 책이다. 앗수르는 이집트의 수도인 노아몬을 B.C. 663년에 점령하며 계속 승승장구하는 것처럼 보였지만 결국 니느웨는 모든 일이 잘되고 있을 때 하나님께 심판을 받고 역사에서 사라진다. 인간의 눈으로 볼 때 니느웨는 강력한 나라이지만 니느웨의 갑작스런 멸망은 하나님의 섭리 가운데 일어난 사건임을 보여주기 위함이다.

구성

범위	내용
1장	니느웨의 멸망에 대한 선포
2장	니느웨의 멸망하는 광경
3장	니느웨의 멸망의 원인과 정당성

● 나훔서에는 하나님이 어떤 분이신지 하나님의 성품이 잘 나타나 있다.

(1) 하나님은 죄짓는 행위에 대해 질투하시며 보복하시는 분이다.

질투는 시기와 다르다. 특별히 하나님이 죄짓는 것에 대해서 하시는 질투는 우리가 흔히 생각하는 그런 질투가 아니다. 하나님의 질투 이면에는 사랑이 있다. 하나님이 인간을 너무 사랑하시기에 인간이 계속 죄를 짓는 것을 마음 아파하시며 그 길로 가면 안 된다고 손짓하시고 계신다.

(2) 하나님은 곧장 화를 내는 분이 아니시고 오래 참으신다.

불의한 사건이나 악한 사람을 볼 때 하나님께서 이런 사람을 곧바로 혼내주셨으면 하는 마음이 들 때가 있다. 그러나 하나님께서는 자신이 만든 피조물이 다 회개할 때까지 기다리고 또 기다리신다. 하나님이 생각하시는 때와 우리가 생각하는 때, 그 시간은 엄연히 다르다. 하나님의 때인 '카이로스'는 곡식이 다 익어 추수할 때까지 기다린다는 의미이다.

(3) 하나님은 죄지은 자를 결코 그대로 내버려두지 않으신다.

아무리 작은 죄라도 회개하지 않으면 안 된다. 하나님 앞에서는 어떠한 작은 죄도 다 드러나기 때문이다.

(4) 하나님이 심판하기로 결정하시면 그 심판을 면할 길이 없다.

심판이 주어지면 그때 가서 어떤 선한 행위나 자선을 베푼다고 해도 이미 때는 늦었다. 하나님의 심판 앞에서 인간이 할 수 있는 일은 아무것도 없다.

나훔서가 기록되기 약 100년 전 하나님은 요나를 통해서 니느웨에 회개를 촉구하고 용서할 기회를 주셨다. 요나의 그 짧은 메시지(40일이 지나면 니느웨가 무너지리라)에도 니느웨는 왕부터 짐승까지 회개하며 금식을 했었다. 그러던 앗수르는 결국 요나의 말씀 선포가 있은 후 30년이 지나 북 이스라엘을 멸망시켰다. 그리고 100년이 지나자 니느웨는 다시 죄악으로 가득 차 버렸다. 북 이스라엘의 죄악으로 인해 하나님이 그 당시 앗수르를 도구로 사용하신 것은 맞지만, 앗수르의 죄악 또한 심각해지자 하나님은 더이상 참지 않으시고 앗수르의 심판을 결정하셨다.

요나서가 하나님의 긍휼하심과 헤세드(사랑, 인애, 자비)를 보여준 책이라면 나훔서는 죄에 대해 심판하시는 하나님을 보여준다. 앗수르는 포로 된 자들을 너무도 잔인하게 학대하고 괴롭혔다. 사람의 코를 뚫어 엮어서 끌고 가는가 하면, 죽은 시체를 토막 내어 개나 돼지에게 먹이로 던져주고, 죽은 사람의 머리로 피라미드를 쌓는 악행을 저질러 왔다. 자신들의 말을 듣지 않거나 배반하면 어떻게 되는지를 똑똑히 보여주었다. 앗수르는 B.C. 722년에 북 이스라엘을 먼저 멸망시켜 포로로 끌고 가고, 북 이스라엘에 남아 있는 사람들은 주변국과 강제로 혼인을 시켜 다 섞어버렸다. 그리고 남 유다도 계속 괴롭히며 조공을 뜯어가고 압박했다. 남 유다를 비롯한 주변국들은 과연 저 막강한 제국 앗수르가 무너지는 날이 올까라고 생각했다. 그러나 나훔이 드디어 앗수르의 멸망을 예언한다. 처음에는 사람들이 믿지 않았을 것이다. 나훔의 이름의 뜻이 말해주듯 끊임없이 남 유다를 괴롭히는 앗수르의 멸망은 남 유다에게는 가장 큰 위로였다.

하나님의 백성이 죄악에 빠져 살고 아무리 많은 선지자들을 보내도 듣지 않으니 하나님께서 앗수르라는 나라를 심판의 도구로 사용하신 것은 맞다. 앗수르는 자신들의 나라가 부강하고 큰 제국을 이룬 것이 자신들의 힘으로 된 것으로 착각하며 교만했다. 앗수르는 북 이스라엘뿐만 아니라 남 유다와 주변의 수많은 나라들도 꼼짝하지 못하게 하고 그 사람들을 짐승 취급하며 함부로 죽이고 잔인한 짓을 했다. 결국 앗수르의 악행과 교만이 하나님의 인내에 한계를 오게 하였다.

나훔서는 앗수르나 바벨론이 사용한 아카드어로 기록되지 않고 히브리어로 쓰였다. 앗수르에게 경고하는 메시지로 보이지만 결국 나훔이 외친 소리는 남아 있는 남 유다 백성에게 들으라고 한 것이다. "유다야, 네 절기를 지키고 네 서원을 갚으라. 이제 악인들 다 진멸되었으니 너희들도 정신 차리고 빨리 회개하고 하나님께로 돌아오라"는 메시지였다. 위로를 안겨주는 동시에 너희들도 똑바로 살지 않으면 앗수르처럼 심판을 면하지 못한다는 경고의 말씀이기도 하다. 하나님의 백성들에게 주어지는 말씀은 큰 나라를 만들고 전쟁에서 승리할 준비를 하라는 것이 아니라 하나님을 제대로 아는 것의 중요성을 강조하고 있다. 그러므로 강대국 앗수르를 두려워하고 무서워할 것이 아니라 하나님을 경외하고 하나님께 순종하는 믿음을 갖는 것의 중요성을 강조하고 있다.

나훔서의 핵심

"여호와는 질투하시며 보복하시는 하나님이시니라 여호와는 보복하시며 진노하시되 자기를 거스르는 자에게 여호와는 보복하시며 자기를 대적하는 자에게 진노를 품으시며 여호와는 노하기를 더디하시며 권능이 크시며 벌 받을 자를 결코 내버려두지 아니하시느니라 여호와의 길은 회오리바람과 광풍에 있고 구름은 그의 발의 티끌이로다"(1:2-3)

<열왕기서>

(35) 남 유다 왕 아몬

22세에 왕이 된 아몬은 예루살렘에서 2년 동안 다스린다. 아몬이 그의 아버지 므낫세의 행함같이 여호와 보시기에 악을 행한다. 그의 악행을 두고 볼 수 없었던 그의 신하들이 결국 반역하고 아몬을 궁중에서 죽인다. 그리고 그의 아들 요시야가 왕위에 오른다.

(36) 남 유다 왕 요시야(당시 활동한 선지자 : 예레미야, 예레미야애가, 스바냐)

요시야가 왕위에 오를 때에 나이가 8세다. 예루살렘에서 31년간 다스린다. 여호와 보시기에 정직히 행하며 좌우로 치우지지 아니했다. 요시야는 유다 왕조 최고의 성군으로 남게 된다. 요시야가 왕이 되고 8년째 해에 요시야는 하나님을 찾기 시작하고, 통치 12년이 되던 해부터는 모든 우상을 없애는 일부터 시작했다. 남창이 거주하는 집들도 다 헐어버리고, 힌놈의 아들 골짜기도 깨끗이 치웠다. 북 이스라엘을 범죄로 이끈 느밧의 아들 여로보암이 벧엘에 세운 제단과 산당도 헐었다. 우상들을 빻아 가루로 만들어 우상을 숭배한 자들의 무덤에 뿌림으로써 흔적을 없애 버렸다. 부서진 성전을 수리하려고 하자 국고가 바닥이 나 있는 상태였다. 이에 요시야는 백성들에게 성전 수리를 위한 헌금을 요구했고, 모아진 헌금으로 성전은 깨끗이 수리되었다. 왕은 다시 유월절을 지키라고 명령한다. 사사가 이스라엘을 다스리던 시대부터 북 이스라엘과 남 유다의 여러 왕들을 거친 지금까지 유월절을 지킨 일이 없었다. 이제 요시야 왕 18년째에 예루살렘에서 여호와 앞에 유월절을 지켰다.

요시야의 나이 26세가 되던 해에 여호와의 성전을 수리하는 과정에서 대제사장 힐기야가 율법책을 발견했다. 힐기야는 율법책을 서기관 사반에게 주며 왕에게 전달하게 했다. 서기관 사반이 요시야 앞에서 율법책을 읽었다. 사반이 읽은 내용은 신명기 28장에 기록된 축복과 저주에 관한 말씀이라고 대부분의 학자들은 말한다. 율법책의 내용을 들은 요시야는 애통해하며 자기의 옷을 찢었다. 지난날의 모든 재앙들이 하나님의 말씀을 지키지 않아서 나라가 이렇게 힘들었다는 것을 알았기 때문이다. 이에 요시야는 사람을 보내어 여선지자 훌다에게 하나님의 뜻이 무엇인지 더 자세히 알아오게 한다. 여선지자 훌다는 이 율법책에 기록된 대로 여호와께서 남유다에 재앙을 내리신다고 한다. 이는 이들이 여호와를 버리고 다른 신을 섬겼기 때문이라 전한다. 그러나 요시야 때는 이 일이 일어나지 않겠지만 요시야의 자식 때에 벌어질 것이라고 한다. 요시야는 유다의 모든 장로들과 백성들에게 율법책의 말씀을 알게 했다. 다 같이 회개하기 위함이었다. 이미 멸망할 것이라는 메시지를 들었음에도 요시야는 포기하지 않았다. 자신이 살아 있는 동안에 백성들이 하나님을 바로 알고 하나님을 떠나지 않게하기 위함이었다. 요시야와 같이 마음을 다하고 뜻을 다하고 힘을 다하여 모세의 모든 율법을 따라 여호와께로 돌이킨 왕은 요시야 전에도 없었고 후에도 없었다.

이렇게 훌륭한 요시야였건만 왜 그는 일찍 세상을 뜰 수밖에 없었는가? 북 이스라엘을 괴롭혀 온 앗수르가 신흥 강대국 바벨론이 부상하자 서서히 힘을 잃어가고 있었다. 바벨론이 나타나기 전까지는 앗수르와 애굽이 1·2위를 다투고 있었다. 그러나 이제는 두 나라 모두 떠오르는 바벨론을 견제할 수밖에 없었다. 그래서 이제 두 나라가 동맹을 맺고 바벨론과 대항하려고 한다. 이에 애굽 왕 바로느고가 앗수르를 돕기 위해 군대를 이끌고 갈그미스로 향한다. 갈그미스 성으로 가려면 유다를 거쳐 가야 하는데 이때 무슨 생각에서인지 요시야가 애굽 군대 앞을 막아서게 된다. 애굽 왕 바로느고가 요시야에게 "나는 너희와 싸우려는 것이 아니니 길을 막지 말라"고 해도 듣지 않는다. 그래서 애굽 왕 바로느고는 갈그미스로 가기 전에, 비켜 서지 않는 요시야로 인해 계획에도 없는 전쟁을 남 유다와 하게 된다. 애굽 왕 바로느고는 전혀 남 유다와 싸울 계획이나 마음이 없었고 요시야를 죽 일 생각도 없었다. 그러나 불행하게도 이 전쟁에서 요시야가 전사한다. 이곳 이 므깃도이다. 갑자기 나라의 왕이 죽고 그의 아들 여호아하스가 왕위에 오른다.

19

예레미야

책명

히브리어 성경은 '이르미야후'(ירמיהו), 칠십인역(LXX)은 히에레미아스 (Ἰερεμίας), 우리말 성경은 인명인 '예레미야'로 책명을 삼는다. 예레미야의 뜻은 '하나님이 세우신 자', '여호와께서 높여주시다' 또는 '여호와께서 던지신다'이다.

저자 및 기록 배경

저자는 예레미야로 알려져 있고, 그의 친구인 바룩이 받아 적은 것으로 본다. 조국 남 유다가 망하는 것을 마지막까지 지켜보며 계속 눈물을 쏟아내는 예레미야를 '눈물의 선지자'라 부른다. 예레미야는 제사장 가문 출신의 예언자이다. 예레미야가 활동한 시기는 요시야부터 남 유다의 마지막 왕 시드기야 때까지 약 40년 이상 활동한 선지자다. 예레미야서는 총 52장으로 되어 있지만 시간적 순서로 배열되어 있지 않다. 그래서 읽는 데 다소 어렵거나 혼란스러울 수 있는 책이다. 구약성경에 많은 예언자가 있지만 가장 많은 고난을 받은 예언자가 예레미야가 아닐까 싶다. 20대 초반에 예언자로 부름 받아 40년 동안 남 유다에서 활동했으며, 나중에 애굽으로 끌려가 거기서 10년 정도 살다가 70세쯤에 죽은 것으로 알려져 있다. 아마도 구약·신약성경 중에 가장 분량이 많은 책일 것이다.

기록 목적

북 이스라엘이 멸망한 것을 본 남 유다가 정신을 좀 차렸으면 좋았을 것인데 그러지 못했다. 이제 하나님은 더이상 참으실 수가 없으셨다. 그래서 남 유다 백성들을 바벨론에 포로로 보내기로 결심하셨다. 젊은 예레미야를 예언자로 지목하시고 남 유다 사람들에게 하나님의 말씀을 선포하라고 하신다. "남 유다 역시 바벨론에 의해 망할 것이다. 하지만 그것으로 끝은 아니다. 바벨론에 항복하고 70년 동안 잠잠히 살고 있으면 다시 예루살렘으로 돌려보내 주겠다"는 말씀이다. 이와 같은 하나님의 말씀을 예레미야는 왕과 백성들에게 눈물로 계속 전했지만 듣는 사람이 없었다. 오히려 예레미야를 죽이려 했고 매국노로 치부해 버린다. 결국 하나님의 예언대로 남 유다는 바벨론에 의해 멸망되었고, 포로로 끌려가는 백성들과 망해가는 조국을 보면서 예레미야는 탄식하며 운다. 하나님은 이들을 완전히 멸망시켜 끝내시는 것이 아니라 다시 새 언약을 주시며 구원과 희망의 메시지도 주신다.

역사적 배경

예언서를 읽을 때는 그 시대의 역사적 배경과 정치적 상황을 알고 읽어야 한다. 적어도 열왕기서에 등장하는 어느 왕 때의 이야기인지만 알아도 예언서 읽기가 조금은 수월하다. 깊은 역사적인 내용까지는 아니더라도 예레미야서에 등장하는 왕들에 대해서는 알고 읽어야 한다. 예레미야는 유다의 왕 요시야부터 마지막 왕 시드기야 때까지 활동한 예언자로 볼 수 있다. 특히 여호아하스나 여호야긴은 통치기간이 3개월밖에 되지 않기 때문에 그들에 대해서는 성경에 거의 언급이 없다. 그러나 여호야김과 시드기야는 똑같이 11년을 통치하며 예레미야와 같이 활동한 왕들로 볼 수 있다. 요시야의 아버지는 아몬이고, 할아버지는 극악무도한 므낫세이다. 남 유다의 멸망을 가져온 것이 므낫세가 아닌가 싶을 정도로 그의 치세는 악의 극치였다. 이런 할아버지와 아버지에게서 태어난 요시야는 고작 8살에 왕위에 오른 어린 왕이었지만 그에게는 스바냐와 같은 좋은 선지자가 함께했다. 요시야가 21살이 되었을 때 본격적인 왕으로서 통치를 시작한다. 제일 먼저 한 것이 우상을 깨뜨리고 성전을 보수하는 개혁부터 했다. 참으로 훌륭한 왕이었다. 요시야가 통치할 때는 애굽과 앗수르가 세계 강대국으로서 1·2위를 다투고 있을 때였다. 그런데 갑자기 신흥 바벨론이라는 나라가 점점 세력이 강대해지면서 앗수르를 넘보고 있었다. 이에 애굽과 앗수르는 서로 원하지는 않았지만 동맹관계를 맺을 수밖에 없었다. 그래서 앗수르에 바벨론이 쳐들어오려 하자 애굽이 돕는다고 나섰다. 애굽이 앗수르를 돕기 위해서는 남 유다 땅을 지나가야 하는데 무슨 생각에서인지 요시야가 이 길을 지나지 못하게 막아선다. 애굽은 남 유다와 전쟁을 하려는 것이 아니었고 남 유다에 대해 아무런 관심이 없었다. 단지 앗수르를 도와주려고 가는 것뿐이다.

이렇게 요시야가 비켜서지 않자 예기치 않게 전쟁은 애굽과 남 유다가 하게 되었다. 이 전쟁에서 안타깝게도 요시야가 죽게 된다. 이 전쟁이 일어난 곳이 므깃도이다. 갑자기 왕이 죽자 남 유다는 불안한 혼란의 시기를 겪게 되고, 바벨론은 앗수르와 전쟁을 벌여 대승을 거둔다. 남 유다의 왕이 없어지자 백성들은 요시야의 아들 중에서 그래도 괜찮다고 생각했던 여호아하스를 왕위에 앉혔다. 요시야에게는 3명의 아들이 있었다. 첫째 엘리야김(여호야김), 둘째 여호아하스(살룸), 셋째 맛다니야(시드기야)다. 둘째가 왕이 된 것에 화가 난 엘리야김은 아버지 요시야를 죽게 만든 애굽으로 가서 왕에게 사정한다. 자기를 왕으로 세워 주면 애굽에게 충성을 다하겠다고 한다. 이에 애굽은 엘리야김을 믿고 왕으로 세우고 여호아하스를 애굽으로 데려가 죽인다. 그러면서 엘리야김의 이름을 애굽식 이름인 여호야김으로 개명까지 한다. 애굽에 충성 맹세를 한 여호야김은 그들이 원하는 대로 조공을 바쳐야 했기 때문에 백성들은 제대로 숨 쉬며 살 수가 없었다. 그런데 이번에는 바벨론과 애굽이 전쟁을 벌였다. 바벨론이 대승을 거둔다. 이 전쟁이 갈그미스 전투이다. 이에 여호야김은 어디에 충성해야 할지 헷갈리기 시작한다. 그동안 애굽에 모든 충성을 했는데 이제 어느 편을 택해야 할지 고민이다. 그러자 바벨론 왕은 애굽에 충성해 온 여호야김을 믿지 못해 많은 인질과 왕의 자식들을 데려간다. 이것이 B.C. 605년 1차 포로다.

여호야김이 애굽과 바벨론 사이를 왔다갔다하다가 결국 바벨론 왕에 의해 죽게 된다. 이제 바벨론은 여호야김의 아들인 여호야긴을 왕으로 세우지만 여호야긴 또한 바벨론에 온전한 충성을 하지 않는다. 그래서 여호야긴과 함께 많은 장인들과 기능공들을 포로로 잡아간다. 이것이 B.C. 597년 2차 포로다.

다시 막내인 맛다니야를 남 유다의 왕으로 세우고 이름을 시드기야로 바꾼다. 말만 왕이지 꼭두각시나 다름없는 왕이었다. 그런데 시드기야 역시 완전히 바벨론에 충성하지 않고 애굽과 바벨론 사이를 오간다. 이에 예레미야는 시드기야에게 바벨론에 항복하고 충성하라고 계속 권면하지만 악한 왕 시드기야는 예레미야의 말을 들으려 하지 않는다. 결국 바벨론이 쳐들어와 예루살렘 성전을 불태우고 나라는 망한다. 이때 나머지 사람들을 끌고 간다. 이것이 B.C. 586년 3차 포로다.

이와 같은 흐름을 알고 예언서를 읽으면 훨씬 이해하기가 쉽다. 결국 모든 예언서의 내용은 하나님의 뜻대로 살지 않으면 멸망한다는 것이다. 또한 다시 돌이켜 회개하고 하나님께로 돌아오면 하나님은 구원하신다는 내용이다.

구성

범위	내용
1-25장	심판의 말씀(예레미야의 소명, 유다에 심판, 설교)
26-45장	예레미야 이야기(고난의 삶과 위로, 새 언약의 희망 메시지)
46-52장	열방에 대한 심판(9개의 주변 국가 심판에 대한 내용) 예루살렘 멸망과 포로

● 1-25장 : 심판의 말씀

예레미야의 소명 이야기로 시작된다. 예레미야는 아나돗 출신이며, 아버지는 제사장 힐기야이다. 예레미야가 하나님께 소명을 받은 때는 20대 초반이다. 하나님의 소명 앞에 예레미야는 자신을 영적 아이로 표현하며 자신은 대중 앞에서 말도 잘하지 못하는 내성적인 사람이라고 한다. 그래서 자신은 하나님의 선지자로서의 삶을 도저히 감당할 수 없다고 한다. 그러나 하나님은 예레미야에게 내가 너와 항상 함께 있으니 두려워하지 말라고 위로하시며 기어이 예언자로 살기를 원하신다. 예레미야에게 여러 가지 환상을 보여주심으로써 남 유다가 이렇게 망할 것이니 지금이라도 정신 차리고 회개할 것을 예레미야의 입을 통해 선포하게 하신다.

예레미야에게 살구나무를 보여주시며 하나님이 언어유희(word play)를 하신다. 살구나무를 보고 있는 예레미야에게 하나님께서는 "지켜 그대로 이루려 함이라"라고 동문서답을 하시는 듯하다. 히브리어로 살구나무는 '샤케드'이고 하나님이 말씀하신 "지켜 그대로 이루려 함이라"는 '쇼케드'이다. 북에서부터 기울어진 끓는 가마를 보게 하시면서 북쪽에서 바벨론이 끓는 가마처럼 남 유다로 쳐들어와 남 유다를 삼킨다고 하신다.

이번에는 허리띠를 하나 사서 유브라데로 가서 그 띠를 바위틈에 감추라고 하신다. 예레미야가 그 띠를 유브라데 물가에 감췄다. 시간이 지나 하나님께서 예레미야에게 감추었던 띠를 다시 가져와 보라고 하신다. 그런데 가져와 보니 띠가 완전히 썩어버렸다. 남 유다 또한 이 허리띠처럼 썩어 없어질 것이라고 하신다.

이번에는 토기장이의 옹기를 하나 사라고 하신다. 그리고 많은 백성들 앞에서 그 옹기를 깨뜨리라고 하신다. 예레미야가 하나님의 말씀대로 한다. 이렇게 내리쳐 깨진 옹기처럼 하나님께서 남 유다를 이렇게 내리쳐 깨뜨리시겠다고 하신다.

또한 무화과 두 광주리를 보여주시며 한쪽에는 좋은 무화과가 있고, 다른 한쪽에는 썩은 무화과가 들어 있다. 이 또한 앞으로 바벨론이 예루살렘을 멸망시키고 백성들을 포로로 잡아갈 것이라는 예언이다. 그러나 전부는 아니고 일부는 예루살렘에 남게 되는데 이때 잡혀간 사람들을 좋은 무화과로, 예루살렘에 남아 있는 사람들을 나쁜 무화과로 비유하신다. 이유는 비록 포로로 끌려갔지만 그들이 그곳에서 다시 하나님을 찾고 회개하면 하나님께서 나중에 귀환시키실 때 이들을 통해서 다시 예루살렘을 세워 나가시겠다는 약속이기 때문이다. 여러 환상을 보여주시고 예레미야가 목이 터져라 울부짖는다. 그러나 백성들은 회개는 고사하고 오히려 예레미야를 원망하고 저주하며 죽이려 한다.

이들이 예레미야의 말을 듣지 않은 데는 두 가지 잘못된 신념이 있다. 첫째는 예루살렘 성전에 대한 환상이다. 예루살렘 성전은 절대 무너지지 않는다고 믿었다. 성전에는 하나님이 임재하시고, 거기서 백성을 만나고 지켜주시는 곳인데 어떻게 예루살렘 성전이 망할 수 있냐는 것이다. 다른 하나는 다윗과의 언약 때문이다. 하나님은 다윗과 약속하셨다. 너희가 아무리 잘못해도 내가 혼은 낼 수 있어도 절대로 너희의 왕위를 폐하거나 멸망케 하지 않을 것이라고 하셨다. 너희 나라는 영원히 견고할 것이라고 한 다윗과 맺은 언약 때문이다. 이런 신념에 갇혀 있는 남 유다 백성들에게 예레미야의 말이 받아들여질 리가 없었다. 예레미야 혼자 탄식을 하며 눈물로 설교를 해도 아무도 듣지 않는다.

● 26-45장 : 예레미야 이야기

하나님은 예레미야에게 줄과 멍에를 만들어 목에 걸고 다니라고 하신다. 이 행위가 말해주는 것은 바벨론도 너희의 목에 멍에를 씌워 끌고 갈 것이니 바벨론의 멍에를 순순히 받아들이고 하나님이 정하신 날까지 거기서 복종하고 살라는 것이다. 그런데 예레미야를 더욱 힘들게 한 것은 백성이 아니라 거짓 예언자들이다. 예레미야는 하나님의 말씀대로 바벨론에 가서 조용히 잘 견디면 70년 후에 하나님이 분명히 되돌아오게 해 주신다고 전하는 반면, 거짓 예언자 하나냐는 자신이 분명히 하나님의 음성을 들었는데 2년 안에 예루살렘으로 돌아오게 해 주신다고 했다고 전한다. 이에 백성들은 예레미야의 말보다 거짓 예언자 하나냐의 말을 더 믿었다.

하나님은 예레미야에게 두루마리 책에 말씀을 기록하라고 하신다. 그래서 예레미야는 친구 바룩에게 자기가 불러주는 대로 받아 적게 한다. 그리고 이것을 성전에 가서 낭독하게 한다. 지금 예레미야는 붙잡혀 있는 상태이기 때문에 바룩이 낭독을 한다. 바룩이 낭독하고 두고 간 두루마리를 여후디에게 읽게 한 여호야김은 화를 내며 그 두루마리를 면도칼로 찢고 화롯불에 던져 버린다. 화가 나신 하나님은 예레미야를 통해 여호야김에게 심판의 메시지를 전한다.

남 유다 땅에 남아 있는 백성 중에 이스마엘이라는 사람이 있었다. 바벨론은 남 유다 땅에 남아 있는 자들을 통치하기 위해 그다랴를 남 유다 총독으로 임명한다. 그러나 민족성이 강한 이스마엘이 바벨론에서 총독으로 세워놓은 그다랴와 군사들을 죽이고 애굽으로 망명을 한다.

예레미야는 남 유다에게뿐만 아니라 애굽에서도 하나님의 말씀을 선포한다. 하나님이 예레미야에게 애굽 땅 다바네스에 있는 바로의 궁전 대문에 큰 돌을 진흙으로 감추라고 한다. 이는 애굽 또한 바벨론에게 멸망당할 것을 예고하시는 것이다. 언제 어떤 상황이든 간에 예레미야는 하나님이 전하라고 하면 무조건 순종하며 전했다. 예루살렘이 무조건 망한다고만 선포한 것은 아니다. 30-33장은 하나님이 남 유다 백성과 다시 새로운 언약을 맺을 것이라는 희망의 메시지도 주신다. 모세가 시내 산에서 받은 말씀이 옛 언약이라면, 예레미야는 다시 새 언약을 받았다. 예레미야는 구약성경에서 처음으로 새 언약을 선포한 예언자다. 지금은 예루살렘이 망하는 것처럼 보이지만 주어질 새로운 미래가 있다는 것을 암시한다.

● 46-52장 : 열방에 대한 심판, 예루살렘 멸망과 포로

46-51장은 이스라엘 주변 9개 국가들이 앞으로 받을 심판에 대해 기록하고 있다. 마지막 52장은 남 유다의 시드기야에 대한 이야기다. 시드기야는 21세에 왕위에 올라 11년 동안 통치했다. 애굽과 바벨론 사이를 오가며

눈치를 보지만 끝내는 바벨론을 배반한다. 이에 바벨론 느부갓네살 왕이 예루살렘을 쳐들어와 다 무너뜨린다. 바벨론 왕은 시드기야가 보는 앞에서 시드기야의 아들들을 죽이고 시드기야의 눈을 빼고 사슬로 묶어 옥에 가둔다. 왕족과 귀족들은 다 바벨론으로 잡아가고 가난하고 힘없는 백성들만 남 유다에 남겨두어 포도원을 관리하게 한다. 열왕기하 마지막 25장에 여호야긴이 37년 만에 석방된 이야기를 하면서 어렴풋이 남 유다의 희망을 보여주었듯 예레미야서 마지막 52장에서도 비슷한 장면의 이야기로 마무리한다. 예레미야의 예언대로 남 유다 왕국은 멸망했지만 이것으로 끝이 아님을 보여준다.

예레미야 선지자가 전하는 메시지

남 유다는 망한다. 하나님이 바벨론을 도구로 사용하셔서 너희를 포로로 끌고 간다. 그러나 이것이 끝이 아니다. 70년 동안 바벨론에 항복하고 순종하면 정한 기간에 하나님이 분명히 예루살렘으로 귀환시켜 주신다. 그러니 그동안의 모든 악행을 회개하고 하나님께 돌아오라는 불편한 메시지를 외치며 하나님께 끝까지 순종하고 자신의 사명을 충직하게 감당하고 죽었다.

예레미야서의 핵심

"너는 내게 부르짖으라 내가 네게 응답하겠고 네가 알지 못하는 크고 은밀한 일을 네게 보이리라"(33:3)

20

예레미야애가

책명

히브리어 성경은 '에카'(איכה, '어찌', '어찌하여 이런 일이'), 칠십인역(LXX)은 '쓰레노이'(Θρῆνοι, 눈물들), 영어 성경은 '애가'(Lamentations), 우리말 성경은 '예레미야애가'(슬픔의 노래)로 책명을 삼는다.

저자

대부분의 학자들이 예레미야를 저자로 보는 두 가지 견해가 있다. 첫째, 역대하 35장 25절에 요시야의 죽음에 대해 예레미야가 애가를 지었다는 기록이다. 둘째, 구약성경의 히브리어를 헬라어로 번역한 칠십인역(LXX) 서문에 이스라엘이 포로로 끌려가고 예루살렘이 황폐하게 된 후에 예레미야가 주저앉아 울며 애가를 읊었다고 기록되어 있다. 내용적으로도 예루살렘에 대한 멸망을 많이 얘기하고, 글을 쓰는 문체에 있어서도 예레미야서와 예레미야애가서에 비슷한 것들이 많다. 그러나 다른 한편으로는 예루살렘의 멸망을 직접 목격한 익명의 저자가 썼다는 주장도 있고, 예레미야의 친구이자 서기관인 바룩이 썼다는 견해도 있다.

기록 목적

예루살렘의 멸망에 대한 슬픔을 표하며, 죄지은 백성들에게 회개를 촉구한다. 하나님의 약속은 변함이 없으시고 신실하시며 악에 대해 끝까지 심판하시지만, 그럼에도 돌이키는 백성들에게 새 희망을 주시기 위함이다.

시대적 배경

B.C. 586년 남 유다의 마지막 왕 시드기야 때 예루살렘은 멸망되고 하나님의 임재의 상징인 예루살렘 성전도 파괴된다. 백성들은 바벨론에 포로로 끌려가고 힘없고 가난한 사람들만 남아서 농사를 짓게 했다. 예루살렘이 완전히 초토화되어 버렸다. 열왕기하 24-25장의 내용과 예레미야 52장을 바탕으로 예레미야가 슬픔을 담아 서술하였다.

구성

범위	내용
1장	예루살렘이 멸망당한 후 황폐해진 것을 보면서 슬픔을 표현
2장	하나님께서 화를 내신 이유
3장	죄를 지은 백성들에게 회개 촉구
4장	멸망 후의 예루살렘, 이방나라에 대한 심판
5장	하나님께 간구하는 내용

총 5장으로 구성된 예레미야애가서는 3장을 제외하고는 각 장이 하나같이 22절로 되어 있다. 히브리어 알파벳은 22자이다. 그래서 히브리어 첫 자인 알렙(א)부터 시작해서 마지막 타우(ת)까지 알파벳 22자를 첫 글자로 사용하고 있다. 1장, 2장, 4장, 5장은 22절로 끝이 나지만 특별히 3장은 22절의 3배수인 66절로 되어 있다. 또한 1-4장까지는 각 절마다 알파벳의 순서로 첫 글자를 따서 문장이 시작되지만 마지막 5장은 22절로 되어 있으나 알파벳의 순서는 아니다. 예레미야애가서가 슬픔을 노래하듯 1장, 2장, 4장의 첫 단어는 '슬프다'로 시작한다. 예레미야애가서는 요시야의 죽음에 대한 슬픔과 예루살렘이 멸망 후 황폐해진 조국을 보며 비탄한 마음을 노래한 시이다.

에스더는 부림절에, 전도서는 장막절에, 아가서는 유월절에, 룻기는 오순절에 읽는 것처럼 다섯 두루마리 중 한 권인 예레미야애가서는 아브월 9일에 예루살렘 성전 파괴를 슬퍼하며 읽는 책이다. 아브월은 현대력으로 7-8월이다. 또한 어떤 사람은 금식절에 읽기도 하고, 매주 금요일마다 예레미야애가를 읽기도 한다.

황폐해진 예루살렘을 보면서 재앙의 원인이 남 유다의 죄악에 있음을 깨닫는다. 하나님의 명령을 어기고 선지자들의 말을 듣지 않았다. 남 유다보다 더 나쁜 바벨론에 의해 멸망당했지만 바벨론은 남 유다를 심판하기 위한 하나님의 도구일 뿐이다. 정작 예레미야애가서에는 바벨론에 대한 언급이 전혀 없다. 남 유다가 힘이 없어 강력한 제국 바벨론에 의해 패망한 것이 아니라 이들의 멸망은 남 유다 자신들의 죄악 때문이었다. 재앙의 원인을 제대로 알았으니 다시 회개하고 돌이켜 하나님께 돌아가자고 한다. 예레미야애가서가 슬픔의 노래이기도 하지만 예레미야애가서 3장은 희망을 보여준다. 다시 회개하기만 하면 회복시켜 주신다는 하나님의 신실함이 잘 나와 있다.

예레미야애가서의 핵심

"여호와의 인자와 긍휼이 무궁하시므로 우리가 진멸되지 아니함이 니이다 이것들이 아침마다 새로우니 주의 성실하심이 크시도소이다" (3:22-23)

"여호와여 우리를 주께로 돌이키소서 그리하시면 우리가 주께로 돌아가겠사오니 우리의 날들을 다시 새롭게 하사 옛적 같게 하옵소서"(5:21)

/

21

스바냐

/

책명

히브리어 성경은 '츠파니야'(צפניה), 칠십인역(LXX)은 '소포니아스'
(Σοφονίας), 우리말 성경은 인명인 '스바냐'로 책명을 삼는다. 스바냐의 뜻은
'여호와가 그를 감추셨다', '여호와께서 숨기시다', '여호와께서 보호하신다'
이다. 이름의 뜻에서 보여주듯 환난날에 여호와께서 자기 백성들을 보호하
시고 감추신다는 신뢰가 담긴 이름이다.

저자

전통적으로 스바냐를 저자로 본다. 스바냐는 본서에 나와 있는 대로 히
스기야의 4대손으로서 왕실 가문이다.

기록 목적

하나님을 버리고 하나님을 찾지도 않는 사람들에게 "여호와의 날"은 심

판의 날이지만, 하나님께 순종하고 불의와 타협하지 않은 남은 자들에게는 구원의 날이 됨을 선포하기 위함이다. 이들에게 주어지는 상급과 희망의 말씀을 보여준다.

시대적 배경

스바냐는 남 유다의 므낫세 때부터 요시야 때까지 활동한 선지자다. 특히 므낫세 때는 하나님도 섬기고 이방종교도 섬기는 혼합신앙을 책망하며 요시야와 함께 개혁운동을 일으켰다.

구성

범위	내용
1장-2장 3절	우상으로 가득한 유다 심판, 여호와의 날에 있을 심판
2장 4절-3장 8절	열방에 대한 심판
3장 9-20절	하나님의 구원, 남은 자들 구원, 희망의 말씀

스바냐서는 17개의 선지서들 가운에 자신의 족보에 대해 자세히 서술하고 있다. 스바냐는 히스기야의 현손, 아마랴의 증손, 그다랴의 손자, 구시의 아들이다. 스바냐는 왕족 출신답게 스바냐서에 왕실과 예루살렘의 주변에 대해 자세히 기록하고 있다. 예를 들면, '어문', '제2구역', '막데스'라는 용어가 등장한다. 스바냐는 왕실에서 남부러울 것 없이 편안하게 살 수도 있었다. 그러나 스바냐는 제사장들, 방백들, 왕가의 사람들, 종교지도자들의 타락을 보면서 단호히 그들의 죄를 지적했다.

스바냐서에는 하나님이 진노하시는 장면이 많이 등장하는데 본서만큼 강하고 무섭게 말씀하신 곳은 없다. 하나님의 심판에 대해 자세히 언급이 되어 있다. ① 진멸한다 ② 멸절한다 ③ 하나님이 직접 죄인을 두루 찾아 벌하신다 ④ 고난을 내린다 ⑤ 내 칼에 죽임을 당한다 등 무서운 말씀이 많이 등장하는 선지서다.

죄를 지은 인간에게만 벌하시는 것이 아니라 짐승과 공중의 새와 바다의 고기까지, 마치 노아의 홍수 때를 연상시키며 땅 위에 있는 모든 것을 멸절하신다고 한다. 그 순서는 창조주가 창조한 순서가 아니라 거꾸로다. 결국 인간의 죄로 인하여 아무 죄 없는 짐승과 고기까지 다 멸절되는 것이다.

남 유다 백성뿐 아니라 열방, 즉 블레셋, 모압, 암몬, 구스, 앗수르에 대해서도 심판을 선언한다. 이는 하나님이 이스라엘의 하나님만이 아니라 온 우주의 하나님이시기 때문이다. 남 유다 백성들에게 "여호와의 날"은 구원의 날이었지만, 죄악으로 덮여진 남 유다 백성들에게 이제는 더이상 구원의 날이 아니라 심판의 날, 고통의 날이 될 것을 선포한다. 모든 예언서들이 심판과 구원에 대해 선포하지만 특히 스바냐서에는 심판, 회개, 구원에 대한 말씀이 명백하게 잘 나타나 있다.

선지서가 누누이 강조하지만, 하나님께 심판을 받게 되는 죄인들은 하나님을 버리고 우상을 숭배하는 자들이고, 하나님에 대해 함부로 망령되이 말하는 사람들이다. 아예 하나님을 찾지도 않고 하나님을 구하지도 않는 자들은 다 멸절된다고 한다.

그러나 스바냐가 무조건 하나님의 심판만 전하는 것은 아니다. 희망의 말씀, 구원의 말씀도 전한다. 하나님을 버린 백성들에게는 재앙의 날이지만, 하나님이 택한 백성 '남은 자'(remnant)들은 구원을 받는 날이다. 하나님은 심판의 순간마다 모든 사람들을 다 멸하지 않으셨다. 하나님께 순종하고 의롭게 사는 사람들을 아래와 같이 남기셨다.

① 가나안 정탐을 했던 12명 중에 결국 가나안에 들어간 여호수아와 갈

렙을 남기셨다.

② 미디안과의 전쟁에서 300명을 기드온과 남기셨다.

③ 엘리야 시대에 바알에게 무릎 꿇지 않은 7,000명을 남기셨다.

④ 다니엘, 에스겔 등 포로로 끌려간 사람들을 남기셨다.

하나님의 정의와 공의를 외치는 믿는 자들을 하나님께서 남기시고 이 남은 자들과 함께 새롭게 하나님의 나라를 이루어 가신다.

스바냐서의 핵심

"너의 하나님 여호와가 너의 가운데에 계시니 그는 구원을 베푸실 전능자이시라 그가 너로 말미암아 기쁨을 이기지 못하시며 너를 잠잠히 사랑하시며 너로 말미암아 즐거이 부르며 기뻐하시리라 하리라"(3:17)

복음성가로도 유명한 이 구절은 믿음생활의 영감과 마음의 안식을 제공한다.

<열왕기서>

(37) 남 유다 왕 여호아하스(살룸)

요시야가 죽자 백성이 요시야의 아들 여호아하스에게 기름을 붓고 왕으로 세운다. 갑자기 훌륭한 왕이 없어지자 유다는 불안하고 혼란의 시기를 겪을 수밖에 없었다. 바벨론은 앗수르와 전쟁을 벌여 대승을 거두었다. 남 유다의 왕이 없어지자 백성들은 요시야의 아들 중에서 젊고 똑똑하다고 생각했던 23세의 여호아하스를 왕위에 앉혔지만 3개월밖에 통치하지 못했다. 여호아하스가 여호와 보시기에 악을 행했다. 애굽 왕 바로느고가 여호아하스를 폐위시켰다. 여호아하스가 예루살렘에서 왕이 되지 못하게 하고, 은 100달란트와 금 1달란트를 벌금으로 내게 한다. 여호아하스는 애굽으로 끌려가 그곳에서 죽는다. 애굽의 바로느고가 요시야의 아들 여호야김을 남 유다의 왕으로 삼는다.

(38) 남 유다 왕 엘리야김(여호야김) (당시 활동한 선지자 : 다니엘, 하박국)

애굽은 여호아하스를 폐위시키고 요시야의 장남 여호야김을 남 유다의 왕으로 세운다. 그의 나이 25세 때다. 예루살렘에서 11년간 다스린다. 그가 애굽의 꼭두각시 왕이라는 것을 각인시키기 위해 엘리야김의 이름을 여호야김으로 바꾸게 한다. 애굽이 요구한 벌금을 내느라 여호야김은 백성들에게 세금을 많이 부과할 수밖에 없었다. 자기를 왕으로 세워 준 애굽에게 충성을 다해야만 했다. 오직 애굽 왕에게 잘 보이기 위해 노력하는 왕이 백성들의 마음을 살필 리 없다. 원하는 대로 조공을 바쳐야 했기에 백성들은 허리띠를 졸라맬 수밖에 없었다.

그런데 문제는 바벨론과 애굽이 전쟁을 벌인 것이다. 이 전쟁에서 바벨론이 대승을 거둔다. 이 전쟁이 갈그미스 전투이다. 이에 여호야김은 어디에 충성을 해야 할지 헷갈리기 시작한다. 그동안 애굽에 모든 충성을 했는데 이제 어떻게 해야 할지 난감했다. 결국 힘의 중심이 바벨론으로 간 것을 눈치 챈 여호야김은 바벨론이 시키는 대로 3년을 가만히 섬겼다. 그런데 여호야김이 바벨론을 배반한다. 다시 애굽을 선택한 여호야김을 바벨론이 가만 둘 리 없다. 화가 난 느부갓네살이 군대를 이끌고 남 유다로 쳐들어온다. 이에 바벨론 왕은 애굽에 충성해 온 여호야김을 쇠사슬에 묶어 잡아가고, 많은 지도자들과 왕의 자식들을 데려간다. 이것이 1차 포로다. 이때 다니엘도 함께 잡혀간다. 여호야김이 애굽과 바벨론 사이를 오가다 결국 바벨론 왕에 의해 죽게 된다.

22

다니엘

책명

히브리어 성경은 '다니엘'(דָּנִיֵּאל), 칠십인역(LXX) '다니엘'(Δανιήλ), 우리말 성경도 인명인 '다니엘'로 책명을 삼는다. 다니엘의 뜻은 '하나님은 나의 재판관이다'이다. 다니엘서는 구약성경의 대표적인 묵시문학이다.

저자 및 기록 배경

저자는 다니엘이다. 다니엘은 바벨론 느부갓네살 왕이 이스라엘 백성들을 포로로 끌고 갈 때 1차(B.C. 605년)로 끌려갔던 10대 소년이었다. 흔히 다니엘서를 구약성경의 계시록이라고 한다. 신약성경의 요한계시록과 중첩되는 내용들이 많다. 다니엘은 포로 귀환하지 않고 끝까지 이방 땅에 남아 기도한 사람이다. 에스겔은 다니엘보다 8년 늦게(B.C. 597년) 포로로 끌려갔지만 분량이 많아 구약성경에는 에스겔이 먼저 나온다. 다니엘과 에스겔이 포로로 끌려갔지만 아직 남 유다는 완전히 망하지 않은 상태다. 남 유다는

B.C. 586년에 바벨론에 의해 멸망한다. 다니엘서는 두 가지 언어로 기록되어 있다. 1장에서 2장 3절까지는 히브리어로 기록되어 있고, 2장 4절부터 7장까지는 아람어로 기록되어 있으며, 8장부터 12장까지 다시 히브리어로 기록되어 있다. 히브리어로 기록된 부분은 이스라엘 백성들을 위함이고, 아람어로 기록된 것은 전 세계를 향한 하나님의 선포이다. 이는 그 당시 공용어가 아람어였기 때문이다. 다니엘은 포로기 후반에 활동한 선지자이다. 히브리어 성경에는 다니엘서가 성문서로 구분되어 있지만 우리말 구약성경에는 선지서에 포함되어 있다.

기록 목적

포로로 끌려가 고난 받는 이스라엘 백성에게 하나님은 끝까지 그들을 지켜주시고 보호하여 주신다. 포로 된 하나님의 백성에게 위로와 소망을 주고, 세상의 모든 주권은 오직 하나님에게만 달려 있음을 보여주기 위함이다.

구성

1-6장 : 다니엘에 대한 이야기		7-12장 : 여러 가지 환상에 대한 이야기	
1장	다니엘은 누구인가, 왕의 음식 거부	7장	다니엘이 본 환상 네 마리 짐승
2장	느부갓네살 왕의 꿈을 해석	8장	다니엘이 본 또 다른 환상, 숫양과 숫염소 환상
3장	다니엘의 세 친구가 신상에 절하지 않아 위기에 처함	9장	다니엘의 민족을 위한 공동기도
4장	느부갓네살 왕의 두 번째 꿈	10장	힛데겔 강가에서 본 환상
5장	벨사살 왕에게 보여진 문자 해석	11장	남방 왕과 북방 왕의 싸움
6장	다니엘이 사자 굴에 던져짐	12장	앞으로의 큰 환난을 예고함

● 1-6장 : 다니엘에 대한 이야기

1장 : 다니엘은 누구인가, 왕의 음식 거부

남 유다의 여호야김 때 바벨론의 느부갓네살 왕은 이스라엘 백성들을 포로로 끌고 간다. 한 번에 다 끌고 간 것이 아니라 3차에 나누어 끌고 갔다. B.C. 605년 남 유다의 귀족, 왕족들, 학식이 많은 사람들, 다니엘과 세 친구가 1차로 끌려간다. 다니엘은 지혜와 총명이 다른 사람보다 열 배는 뛰어나다고 했다. 이때 다니엘의 나이는 16세 정도로 추정한다. 다니엘도 귀족 가문에서 태어나 어렸을 때부터 하나님을 잘 섬기며 자란 소년이다. 비록 포로로 바벨론에 끌려갔지만 남의 나라에서도 여전히 하나님을 잘 섬겼다.

느부갓네살 왕이 끌려온 포로 중에 특출한 소년들을 뽑으라고 지시한다. 여기에 다니엘과 세 친구들이 뽑힌다. 이들의 이름을 바벨론식 이름으로 바꿔준다. 다니엘은 벨드사살로, 하나냐는 사드락, 미사엘은 메삭, 아사랴는 아벳느고로 이름을 바꾼다. 이들에게 왕의 음식이 주어진다. 음식을 주는 것은 고마운 일이지만 다니엘은 율법에 의해 그 음식들을 먹을 수 없었다. 이 당시 대부분의 음식들은 신전에서 제사를 지내고 나온 음식이기 때문이다. 다니엘은 환관장에게 자신들은 신전에서 나온 음식을 먹을 수 없으니 채소와 물만 달라고 한다. 이에 10일 동안 시험한 환관장은 놀라지 않을 수 없었다. 10일 동안 채소만 먹은 다니엘과 세 친구가 다른 사람들보다 훨씬 얼굴에서 광채가 났기 때문이다.

2장 : 느부갓네살 왕의 꿈을 해석

느부갓네살 왕이 어느 날 꿈을 꾼다. 그리고 바벨론에 있는 주술사와 점쟁이들을 불러들여 꿈을 해석하라고 하지만 아무도 할 수가 없다. 이에 화가 난 느부갓네살 왕은 저들은 물론 바벨론의 지혜자를 모두 죽이라고 명한다. 이 명령이 다니엘과 세 친구에게까지 온다. 다니엘은 침착하게 우리를 죽이지 말고, 우리가 해석할 수 있는 시간을 달라고 한다. 다니엘이 하나님께 기도하고 간구한다. 당연히 하나님은 다니엘이 죽임을 당하지 않도록 느부갓네살 왕의 꿈을 환상으로 보여주신다. 느부갓네살 왕의 꿈에 대해 알게 된 다니엘은 기쁨과 감사로 하나님을 찬송한다.

다니엘 2장 31-45절의 해석은 이렇다. 머리의 순금은 느부갓네살 왕, 즉 바벨론을 가리키며, 가슴과 두 팔은 은으로 이는 앞으로 올 메대와 바사 나라이고, 배와 넓적다리는 놋으로 이것은 헬라를 말하며, 마지막 쇠와 진흙은 거대한 제국 로마를 가리킨다. 그런데 이 거대한 신상을 손대지 않은 돌이 나와서 다 부서뜨린다고 한다. 이 돌은 예수 그리스도를 의미한다. 앞으로 세계 역사가 어떻게 전개될지를 하나님은 느부갓네살 왕의 꿈을 통해 알려주셨다. 이를 해석한 다니엘에게 느부갓네살 왕은 귀한 선물을 많이 주고 지위를 높여 모든 지혜자의 어른으로 삼는다.

3장 : 다니엘의 세 친구가 신상에 절하지 않아 위기에 처함

느부갓네살 왕이 금으로 높이 60규빗, 너비 6규빗인 신상을 만들어 낙성식을 거행한다. 그리고 누구를 막론하고 이 신상에게 절하라는 명령을 내린다. 만일 절하지 않는 사람은 뜨거운 풀무불에 던져져 죽임을 당한다. 그런데 포로로 끌려온 사람들 중 절하지 않는 세 사람이 있었다. 다니엘의 세 친구이다. 느부갓네살 왕 앞에 끌려간 그들에게 느부갓네살 왕이 왜 절하지 않았느냐고 물었다. 그러나 그들은 그 신상에 절할 수 없었다고 단호히 말한다. 이에 화가 난 느부갓네살 왕은 약속대로 이들을 풀무불에 던진다. 얼마나 화가 났던지 평소보다 7배 더 뜨겁게 하라고 하며 이들을 던진다.

그런데 분명 풀무불 안에 세 사람만 던졌는데 다른 사람 하나가 그 안에 더 있는 것이다. 세 사람을 풀무불 안에서 나오게 하여 보니 이들의 몸이 하나도 상하지 않았고 불에 탄 냄새도 나지 않았다. 이에 느부갓네살 왕은 너희의 하나님을 찬송한다고 말한다. 그뿐 아니라 이들이 섬기는 하나님을 경솔히 하는 사람들은 죽음을 면치 못할 것이라고 명한다.

4장 : 느부갓네살 왕의 두 번째 꿈

느부갓네살 왕이 두 번째 꿈을 꾼다. 한 나무가 있는데 그 나무는 견고히 자라 하늘까지 닿고 많은 열매도 맺어 들짐승들도 거기서 쉰다. 그런데 어느 날 하나님이 천사를 보내 그 나무를 잘라버리고 밑둥만 남겨놓는다. 다니엘이 해석을 한다. 하나님이 느부갓네살 왕을 나무가 하늘에 닿은 것처럼 높여주고 올려주어 그 밑에 수많은 제국을 만들어 살게 했는데, 느부갓네살 왕이 점점 교만해지니 하나님이 나무를 자르고 밑만 남겨 놓은 것처럼 느부갓네살 왕도 그렇게 된다는 것이다. 나중에 느부갓네살 왕이 실제로 7년을 들짐승과 함께 살고 소처럼 풀을 뜯어먹고 산다. 느부갓네살 왕은 이 불길한 꿈의 해석을 듣고도 다니엘을 죽이거나 해하지 않고 오히려 하나님을 찬양하는 놀라운 모습을 보였다.

5장 : 벨사살 왕에게 보여진 문자 해석

느부갓네살 왕이 죽고 그의 아들 벨사살이 왕이 되어 귀족 1,000명을 초청하여 잔치를 베푼다. 술에 취하자 아버지 느부갓네살 왕이 예전에 예루살렘 성전에서 탈취해 온 그릇들이 생각났다. 그래서 예루살렘 성전에서 탈취해 온 금, 은 그릇들을 가져오게 하여 그 그릇들로 술을 마셨다. 분위기 좋게 술을 마시며 연회를 즐기고 있는데, 갑자기 사람의 손가락이 나타나서

벽에 글을 쓰는 것이 아닌가! 이것을 벨사살 왕이 본다. 얼마나 무섭고 놀랄 일인가! 술을 마시다 놀란 벨사살 왕이 소리를 지르며 술사와 점쟁이들을 불러 벽에 쓰인 이 글자를 해석하라고 한다. 물론 해석하는 사람에게 많은 보상이 걸렸다. 그러나 그들 누구도 당연지사 맞출 수가 없었다.

이에 아버지 때 지혜자로 소문난 다니엘이 생각났다. 그를 불러 해석하게 한다. 벽에 쓰인 글자는 "메네 메네 데겔 우바르신"이다. 이는 "한 므나, 한 므나, 한 세겔과 반 세겔"이라는 말로서 메네는 '세다'이고, 데겔은 '달다'이며, 베레스는 '나누다', '측정하다'라는 뜻이다. 이것을 해석하면 하나님이 벨사살 왕을 저울에 달아보니 한참 모자라서 벨사살 왕을 자리에서 내려오게 한다는 뜻이다. 이에 벨사살 왕은 다니엘에게 약속대로 보상을 하고, 벨사살 왕은 그날 죽는다. 이제부터는 페르시아의 다리오 왕이 통치를 한다.

6장 : 다니엘이 사자 굴에 던져짐

다니엘의 꿈 해석대로 바벨론 제국이 막을 내리고 이제는 메대의 다리오 왕이 바벨론을 다스린다. 다니엘에게 총리직을 준다. 페르시아 사람들에게 다니엘은 눈엣가시다. 그래서 호시탐탐 다니엘을 고발할 근거를 찾고자 노력한다. 그러다 다니엘이 매일 하나님께 기도하는 것을 알고 이것으로 모사를 꾸민다. 30일 동안 다리오 왕 외에 어떤 신에게도 기도하지 못하게 하고 만일 그것이 적발되면 사자 굴에 넣기로 하였다. 금령이 떨어졌다. 그러나 조서에 이미 다리오 왕의 도장이 찍힌 것을 알고도 다니엘은 마음에 작은 동요도 없이 지금까지 해 오던 대로 하루 세 번 무릎을 꿇고 예루살렘 쪽을 향해 하나님께 기도한다. 이에 기다렸다는 듯이 다니엘을 다리오 왕에게 고발한다. 이제 꼼짝없이 다니엘은 사자 굴에 들어가게 되었다.

그런데 다리오 왕이 다니엘을 많이 사랑한 것 같다. 사자 굴에 들어가는 다니엘을 보고 안절부절 못한다. 다리오 왕이 다니엘을 위해 금식하고 밤새 잠도 이루지 못한다. 이른 새벽 다니엘이 걱정되어 굴에 가보니 어찌된 일인가! 다니엘도 지난날의 세 친구처럼 아무런 상처 없이 나올 수 있었다. 무사한 다니엘을 보고 다리오 왕이 기뻐한다. 다리오 왕이 다니엘을 고발한 자들과 그 식구들까지 사자 굴에 던져 넣게 하는데 이때 던져지자마자 사자가 그들을 움켜 뼈까지도 부서뜨렸다. 다니엘은 다리오 왕부터 고레스 왕때까지 형통했다.

● 7-12장 : 여러 가지 환상에 대한 이야기

7장 : 다니엘이 본 환상 네 마리 짐승

다니엘이 꿈을 꾸며 환상을 받는다. 그런데 이번에는 예사롭지 않다. 바다에서 짐승 네 마리가 올라온다. 당시 고대 근동에서 바다란 무질서와 혼돈, 죽음을 상징했다.

첫째는 사자다. 그런데 온전한 모양의 사자가 아니라 독수리의 날개도 있고, 사람처럼 두 발로 서며, 사람의 마음을 받았다고 한다. 이것은 바벨론 느부갓네살 왕을 뜻한다. 느부갓네살 왕이 사람이지만 짐승같이 포악하고 교만한 왕으로 변해 벌을 받아 7년간 들짐승과 살며 풀을 뜯어먹고 살다가 다시 사람으로 돌아왔다. 그래서 짐승이지만 사람의 마음을 갖고 있는, 즉 느부갓네살 왕을 말한다. 둘째는 곰이다. 곰이 이빨 사이에 세 갈빗대를 물고 있다. 이 곰은 메대와 페르시아를 말한다. 메대와 페르시아는 B.C. 546년에서 B.C. 525년 사이에 루디아, 바벨론, 이집트 세 나라를 정복한다. 세 번째는 표범이다. 표범 등에는 새의 날개 넷이 있고, 또 머리가 넷이 있다. 이는 메대와 페르시아를 점령할 그리스 헬라를 뜻하며, 곧 헬라의 알렉산더(Alexander the Great, B.C. 333-323년)이다. 표범이 엄청 빠르고 날렵한 것을 상징하듯 알렉산더도 20대부터 빠른 속도로 많은 땅을 정복하기 시작하여 13년 동안 통치하지만 결국 33세에 요절한다. 후계자를 세우지 못하고 죽었다. 알렉산더가 죽은 후 네 나라로 나누어지는 것을 머리 넷으로 보여준 것이다. 네 번째 짐승은 무섭고 아주 강하며 쇠로 된 큰 이빨이 있어 먹고 부서뜨리며 남은 것은 다 발로 밟아 버린다. 앞의 세 짐승과는 현저히 다르고 열 뿔도 가지고 있다. 이는 헬라를 점령할 로마를 뜻한다. 10개의 뿔은 로마의 유명한 열 명의 왕이다. 로마는 10개의 언덕으로 둘러싸여 있다. 바다에서 올라온 네 마리의 짐승 중에 온전하고 제대로 된 짐승이 하나도 없다. 하지만 이 네 짐승은 결국 "옛적부터 항상 계신 이"에게 권세를 빼앗기게 된다. 7장을 해석함에 있어서는 학자들의 의견이 분분한 장이기도 하다.

8장 : 다니엘이 본 또 다른 환상, 숫양과 숫염소 환상

다니엘에게 다시 또 환상이 나타난다. 숫양과 숫염소의 환상이다. 두 뿔 가진 숫양 중 한 뿔이 다른 것보다 길다. 이는 메대와 페르시아를 말한다. 처음에 둘은 연합해서 바벨론을 점령했는데 나중에 메대는 없어지고 페르시아(바사)만 남는다. 그런데 숫염소가 나타나서 숫양을 마구 들이받는다. 구약·신약성경에서 양은 하나님의 백성을 상징하지만 여기서 숫양으로 묘사된 것은 페르시아가 헬라에 덤벼보지도 못하고 무참히 쓰러진 것을 의미한다. 숫염소의 한 뿔이 꺾이는 것은 알렉산더가 죽는 것이고, 그 후에 네 나라가 일어나는 것은 6장에서 말한 알렉산더 사후의 네 나라를 말한다. 마지막 때에 얼굴이 뻔뻔하고 속임수에 능한 한 왕은 안티오코스 에피파네스 4세(Antiochus IV Epiphanes)이다. 아무리 거대하고 힘센 나라라고 하더라도 권불십년일 뿐이다. 세상의 어떤 왕도 진정한 왕이 될 수 없다. 오직 하나님만이 온 우주를 통치하시는 진정한 왕임을 보여준다.

9장 : 다니엘의 민족을 위한 공동기도

다니엘의 기도이다. 다니엘은 예레미야가 외친 말을 깨달았다. 예레미야의 말대로 예루살렘 백성들은 70년 동안 포로로 끌려가고 나라는 황폐해졌다. 비록 백성들의 죄로 인해 오늘날 이렇게 되었지만 백성들을 탓하지 않고 다니엘 자신이 먼저 용서를 구하고 하나님께 회개하며 금식하면서 기도를 한다.

10-12장 : 힛데겔 강가에서 본 환상, 남방 왕과 북방 왕의 싸움, 앞으로의 큰 환난을 예고함

이번에는 환상 중에 다니엘이 큰 전쟁을 본다. 그런데 무슨 뜻인지 도무지 알 수가 없다. 그래서 3주 동안 슬퍼하며 금식하던 다니엘에게 천사가 나타나 다니엘이 본 환상에 대해 알려준다. 지금까지 보여준 환상의 내용과 비슷하다. 페르시아가 헬라에 의해 없어지고, 그다음 이어지는 헬라는 또 어떻게 될 것이며, 헬라의 알렉산더가 죽은 이후 네 나라 중 안티오코스 에피파네스 4세의 극악무도한 짓을 알려준다. 그러나 안티오코스 에피파네스 4세 또한 영원하지 않다. 하나님이 제거해 버리신다고 하신다. 다니엘서가 보여주는 것은 진정한 왕은 하나님 한분이라는 것이다. 앞으로 이어지는 역사 속에서 다니엘이 본 환상대로 이루어지는 것을 우리는 이미 구약·신약성경을 통해 알고 있다.

다니엘서의 핵심

"오직 은밀한 것을 나타내실 이는 하늘에 계신 하나님이시라 그가 느부갓네살 왕에게 후일에 될 일을 알게 하셨나이다 왕의 꿈 곧 왕이 침상에서 머리 속으로 받은 환상은 이러하니이다"(2:28)

23

하박국

책명

히브리어 성경은 '하바쿡'(חֲבַקּוּק), 칠십인역(LXX)은 '암바쿰'(Ἀμβακούμ), 우리 말 성경은 인명인 '하박국'으로 책명을 삼는다. 하박국의 뜻은 '씨름하다', '포옹하다', '끌어안다'이다.

저자

본서의 저자는 하박국이다. 하박국서 안에는 하박국에 대한 개인적인 정보가 전혀 없다. 다만 시기오놋이나 지휘라는 용어가 나오는 것을 근거로 레위 자손으로 추정하기도 한다.

기록 목적

악인이 잘되고 의인이 고난 받는 현실에 대해 하박국이 하나님께 따지듯 호소하지만 결국 하나님의 선하심과 정의가 승리할 것을 일러주기 위함이다. 하박국 역시 하나님의 공의로우심을 깨닫고 하나님의 말씀을 선포했다.

시대적 배경

하박국서가 기록될 당시는 요시야의 아들 여호야김이 활동하던 때이다. B.C. 609년 애굽이 앗수르를 돕는다는 명분으로 북진하려고 할 때 요시야가 애굽을 막아서면서 뜻하지 않은 애굽과 남 유다의 전쟁이 벌어졌다. 이때 요시야가 애굽에 의해 므깃도에서 전사한다. 갑자기 훌륭한 성군 요시야가 죽자 남 유다는 대 혼란의 시기를 겪는다. 백성들은 요시야의 둘째 아들 여호아하스를 왕위에 앉히지만 첫째 아들 여호야김이 이를 못마땅하게 여겨 애굽에게 충성을 맹세하는 아부를 하며 왕권을 찬탈한다. 애굽은 여호아하스를 애굽으로 데려가 죽이고 여호야김을 남 유다의 꼭두각시 왕으로 세운다. 이렇게 세워진 여호야김은 오직 애굽에 조공을 바치며 충성을 할 뿐, 백성들의 안위는 안중에도 없다. 패역과 불의를 자행하며 하나님을 버리고 백성들을 힘들게 한다. 더욱이 하나님의 말씀을 전하는 예언자들을 죽이고 옥에 가두는 악한 왕이었다. 이때에 활동한 선지자가 하박국이다.

구성

범위	내용
1-2장	하박국의 항의, 하나님의 대답이 두 번에 걸쳐 나옴
3장	하나님의 답변에 대한 감사와 찬양

하박국은 다른 선지자들과 달리 하나님의 말씀을 받아 백성들에게 전하기만 한 것이 아니다. 얼핏 보면 마치 하나님께 따지고, 호통치는 것처럼 보인다. 피조물인 인간으로 감히 창조주 하나님께 겁 없이 따지고 대든 선지

자이기도 하다.

남 유다의 여호야김이 통치하면서 나라 전체를 우상숭배 국으로 만들고 하나님의 정의와 공의는 땅에 떨어지고 말았다. 종교지도자들마저 타락한 참으로 악한 시대였다. 하박국은 도대체 하나님께서 이런 상황을 언제까지 그냥 지켜보고만 계실 것인지를 따지며, 하나님께 첫 번째 질문을 한다. "하나님! 도대체 왜 이 악한 왕이 나라를 이 지경으로 만들고 못된 짓을 저지르고 있는 데도 하나님께서는 왜 가만히 계십니까? 하나님이 뭐라고 말씀 좀 해 보세요"라고 묻는다. 그러자 하나님은 이렇게 대답하신다. "걱정하지 마라. 내가 바벨론을 보내 남 유다를 심판할 것이다." 그 말씀에 더 화가 난 하박국이 다시 하나님께 호소한다. "남 유다보다 더 악한 것이 바벨론인데 어째서 더 악한 것을 들어 남 유다를 심판하려고 하십니까?" 하고 따진다. 이에 하나님께서는 하박국에게 내가 하는 말을 판에 명백히 새겨 모든 사람이 알게 하라고 하시며 묵시의 말씀을 주신다. 그 묵시의 말씀은 '때'이다.

구약·신약성경에서 말하는 시간에는 두 가지 개념이 있다. 크로노스 (Chronos)와 카이로스(Kairos)이다. 크로노스는 지금 흘러가고 있는 현재시간 몇 시 몇 분, 즉 역사적, 자연적 시간을 말하고, 카이로스는 상황적, 즉 특정한 때를 나타낼 때 사용하는 시간 개념으로 곧 의미 있는 시간을 말한다. 하나님께서는 하박국에게 내가 정한 때가 있으니 혹여 그때가 더딜지라도 언젠가는 응할 것이니 포기하지 말고 기다리라고 하신다. 악인이 계속해서 판을 치고 세상을 다스릴 것 같지만 하나님의 계획이 분명히 있고, 때가 되면 악인도, 바벨론도 심판하실 것이니 걱정하지 말고 기다리라는 말씀이다. 하나님의 정의와 선은 분명히 악을 이길 것이니 참고 기다리라고 하신다. 하박국서 2장 5절에서 20절까지에는 하나님의 때에 심판받을 사람들에 대해 구체적으로 쓰여 있다.

결국 재앙을 받는 사람들은 정의와 공의를 짓밟고 사회적 약자를 괴롭히며 부당한 이득을 취하는 자, 힘으로 약소국을 점령하여 거대한 제국을 만드는 자, 하나님이 제일 싫어하시는 우상을 숭배하는 자들이다. 하박국서의 핵심 말씀인 "의인은 그의 믿음으로 말미암아 살리라"는 신약성경에서 세 번이나 인용되었다. 먼저 로마서 1장 17절, 갈라디아서 3장 11절, 히브리서 10장 38절에서 인용되었다. 종교개혁자 마틴 루터(Martin Luther)는 로마서 1장 17절 "오직 의인은 믿음으로 말미암아 살리라"는 말씀으로 이신칭의를 깨달았고, 성 어거스틴(St. Augustin), 감리교의 창시자 존 웨슬리(John Wesley) 등 많은 신학자들에게 영향을 준 구절이다.

따지고 항의하듯이 질문한 하박국이 하나님으로부터 명쾌한 대답을 듣고 환상을 보자 이에 감격하여 하나님께 찬양과 감사의 기도를 한다. 이는 하나님께 드린 질문에 대한 답을 얻어서가 아니다. 아무것도 해결되고 나아진 것은 없었다. 남 유다는 여전히 불의한 자들이 판을 치고 포악한 바벨론은 점점 더 세력을 키워가고 있을 뿐이었다. 그런데 어떻게 하박국은 기뻐하고 즐거워할 수 있을까? 하박국은 하나님의 마음을 제대로 알았고, 하나님이 어떤 분인지를 확신했다. 그래서 당장은 해결된 것이 아무것도 없지만 때가 되면 하나님이 구원의 약속을 성취해 주실 것을 알기에 비록 지금 자기 앞에 아무것도 없을지라도 나는 오직 여호와 한 분만을 위하여 즐거워하고 기뻐할 수 있다고 찬양한다.

혼탁하고 어둡고 불의가 판을 치는 세상에서 과연 그리스도인들은 어떻게 살아가야 하는가? 하박국서는 우리에게 신실하게 하나님의 말씀을 붙들고 믿고, 기다리라고 말하고 있다. 주님이 재림하실 때 이처럼 신실한 성도들을 찾으실 터인데 과연 그 숫자는 얼마나 될까?

하박국서의 핵심

"비록 무화과나무가 무성하지 못하며 포도나무에 열매가 없으며 감람나무에 소출이 없으며 밭에 먹을 것이 없으며 우리에 양이 없으며 외양간에 소가 없을지라도 나는 여호와로 말미암아 즐거워하며 나의 구원의 하나님으로 말미암아 기뻐하리로다 주 여호와는 나의 힘이시라 나의 발을 사슴과 같게 하사 나를 나의 높은 곳으로 다니게 하시리로다"(3:17-19)

<열왕기서>

(39) 남 유다 왕 여호야긴(여고냐)(당시 활동한 선지자 : 에스겔)

여호야김의 아들 여호야긴이 왕이 될 때에 나이가 18세다. 예루살렘에서 3개월간 통치한다. 여호와 보시기에 악을 행하였다. 여호야긴 또한 바벨론에 온전한 충성을 하지 않았다. 그래서 여호야긴과 함께 지도자와 많은 장인들과 기능공들, 대장장이를 포로로 잡아간다. 비천한 자들은 그 땅에 남겨둔다. 이것이 2차 포로다. 이때 에스겔도 잡혀간다. 바벨론 왕은 여호와의 성전의 모든 보물과 금 그릇들을 다 가져가고 성전을 파괴했다. 여호야긴은 바벨론 감옥에서 37년 동안 갇혀 있게 된다. 바벨론 왕이 여호야긴의 숙부, 즉 요시야의 막내아들 맛다니야를 여호야긴을 대신하여 왕으로 삼고 그의 이름도 시드기야로 바꾸게 한다.

24

에스겔

책명

히브리어 성경은 '여혜즈켈'(יחזקאל), 칠십인역(LXX)은 '예제키엘'(Ἰεζεκιηλ), 우리말 성경은 인명인 '에스겔'로 책명을 삼는다. 에스겔의 이름의 뜻은 '여호와께서 강하게 하신다', '여호와께서 힘을 주신다'이다.

저자 및 기록 배경

저자는 에스겔이며, 에스겔은 이사야, 예레미야와 같이 제사장의 아들로 태어났으며, 남 유다의 요시야가 종교개혁을 단행한 B.C. 622년에 태어난다. 그의 아버지는 제사장 부시이고, 에스겔은 결혼해서 아내가 있었지만 예루살렘 성이 무너지는 B.C. 586년에 아내가 죽었다. 남 유다가 바벨론의 침략을 받으면서 다니엘은 B.C. 605년에 1차 포로로 먼저 끌려가고, 에스겔은 B.C. 597년에 2차로 끌려가는데, 이때 여호야긴과 백성 만 명이 함께 바벨론으로 끌려간다. 남 유다는 아직 완전히 멸망하지 않았다. 나라는 존재하고 있지만 백성들이 포로로 끌려갔다. 에스겔이 포로로 끌려갈 때 나이는 25세다. 끌려간 지 5년 즈음에 바벨론 그발 강가에서 하나님의 말씀이 에스겔에게 임하면서 나이 30에 소명을 받는다. 나라가 망하지 않았다면 아버지가 제사장이기 때문에 에스겔도 제사장 업무를 시작할 나이였다. 에스겔은 B.C. 592년에 소명을 받아 대략 B.C. 570년까지 선지자 역할을 한 것으로 보인다. 바벨론에 의해 나라가 완전히 망하기 전에는 남 유다의 죄를 지적하고 회개를 촉구하며 심판의 메시지를 전했지만 나라가 완전히 망한 후에는 회복의 메시지, 소망의 메시지를 전했다. 하나님께서는 에스겔을 '인자'로 부르신다. 에스겔서는 신약성경에 많은 부분이 인용되며 특히 요한계시록에 많이 나타난다.

기록 목적

하나님은 이스라엘만의 하나님이 아니고 온 열방의 하나님이시다. 끝내 하나님과의 약속을 저버린 남 유다에게 하나님은 심판을 하실 수밖에 없으셨다. 그러나 이게 끝은 아니다. 하나님은 에스겔에게 성전 재건의 환상을 보여주시며 회복을 약속하신다.

구성

범위	내용
1-24장	에스겔의 소명, 유다 심판, 상징 행동, 성전의 부패, 심판 비유와 예고
25-32장	열방의 심판(암몬, 모압, 에돔, 블레셋, 두로, 시돈, 애굽)
33-48장	하나님의 구원과 희망의 말씀, 새 예루살렘과 새로운 성전

에스겔서는 다른 예언서에 비해 구조가 비교적 단순하고 연대 기록이 정

확한 책이다. 그러나 에스겔서 안의 내용은 이해하기가 결코 쉽지 않다. 많은 환상과 상징들로 난해하고 복잡하며 생소한 면이 적지 않다. 에스겔서는 전체가 1인칭으로 되어 있는 예언서이다.

● 1-24장 : 에스겔의 소명, 유다 심판, 상징 행동, 성전의 부패, 심판 비유와 예고

에스겔의 나이 30이 되었을 때에 바벨론의 그발 강가에서 에스겔이 하나님께 소명을 받는 장면부터 나온다. 에스겔이 포로로 끌려올 당시는 아직 남 유다가 완전히 멸망하지 않은 때이며, 에스겔이 포로로 잡혀온 지 11년 후에 남 유다는 멸망한다. 남 유다 백성들이 회개하지 않으면 예루살렘이 결국 바벨론 군대에 의해 패망하게 되고 하나님의 영광이 예루살렘 성전을 떠나는 환상을 에스겔이 본다. 에스겔에게 남 유다에 대한 심판의 메시지를 전해야 하는 사명이 주어진다. 하나님께서는 남 유다의 심판에 대한 메시지가 빼곡하게 적혀 있는 두루마리를 에스겔에게 주며 그것을 먹으라고 한다. 에스겔은 창자에 채운 심판의 내용을 남 유다 백성에게 토해내듯 잘 전달해야 한다. 에스겔의 어깨는 무겁다. 에스겔이 전한 심판의 말씀을 듣고 백성들이 회개하면 다행이지만, 그들이 완악하고 강퍅해서 회개치 않으면 그들은 심판을 면하지 못한다. 그러나 이런 사명을 에스겔이 제대로 감당하지 못해서 남 유다 백성들이 회개할 기회를 놓친다면 이 또한 에스겔의 책임이 더 커진다. 하나님은 남 유다 백성들이 얼마나 강퍅하고 완악한지 이미 알고 계셨다. 그래서 완악한 남 유다 백성을 상대하려면 에스겔의 이마와 심장도 그들과 똑같이 금강석처럼 단단하고 굳어야 했다.

다음은 하나님이 에스겔에게 지시하신 상징적인 행동들이다. 에스겔이 왼쪽으로 390일을 눕고, 오른쪽으로 40일을 눕는다. 왼쪽으로 눕게 되면

북쪽 이스라엘을 향하게 되고, 오른쪽은 남쪽 유다를 향하게 된다. 이는 곧 남북 이스라엘 민족이 하나님의 징계를 받는 날 수를 말한다. 에스겔에게 적은 양의 음식을 먹게 하고 소똥으로 떡을 만들어 먹게 함은 장차 예루살렘 백성들이 당할 고통과 비참함을 예고한다. 에스겔의 머리와 수염을 잘라 1/3은 성읍 안에서 불사르고, 1/3은 성읍 사방에서 칼로 치고, 1/3은 바람에 흩어버리라고 한다. 성읍 안에서 불사른 1/3은 전염병으로 죽고 기근으로 망하며, 칼로 친 1/3은 전쟁에서 칼에 맞아 죽을 것이고, 바람에 흩어버린 1/3은 흩어져 숨어도 하나님이 끝까지 찾아내서 심판하신다는 말씀이다. 이상하리만큼 생각되는 상징 행동에도 불구하고 하나님의 말씀에 순종하는 에스겔을 두고 마치 미친 사람으로 여기거나 정신분열증이 있는 선지자로 취급하는 학자들도 있다. 하지만 이는 에스겔이 하나님이 부르신 선지자의 사명을 잘 감당한 것이다. 왜 하나님이 남 유다를 심판하시는가? 남 유다는 하나님과의 언약을 깨뜨렸기 때문이다. 하나님을 버리고 이방신을 따라갔기 때문이다.

지금 바벨론에 있는 에스겔을 하나님은 환상 중에 예루살렘 성전으로 데리고 가서 환상을 보여주신다. 성전 안에는 질투의 우상뿐 아니라 각종 곤충과 가증한 짐승과 부정한 우상들이 사방 벽에 그려져 있었다. 거기에 이스라엘 장로 70명이 손에 향로를 들고 이곳에서 경배하고 있는 장면을 본다. 성전 안으로 더 들어가니 여인들이 앉아 담무스 우상 앞에서 울며 애곡을 하고 있다. 성전 안뜰로 들어가니 25명의 사람들이 여호와를 등지고 여호와를 멸시하며 애굽이나 다른 열방들이 섬기는 태양신을 향해 경배하고 있는 장면도 본다. 성전 안에는 이방의 우상으로 가득 차 있고, 지도자들과 권력 있는 사람들은 온갖 악행을 저지르며 부패하고 타락했다. 성전에서 이미 하나님이 떠나셨기 때문에 성전은 더이상 하나님의 임재의 처소가 아니라 단지 건물일 뿐인데 남 유다 백성들은 그런 줄도 모르고 헛 제사를 드리고 있다. 하나님은 남 유다 백성의 영적 간음에 대해서도 에스겔에게 보여주신다.

모든 남 유다 백성이 하나님을 버린 것은 아니다. 그래서 하나님은 가증한 일 때문에 탄식하며 슬퍼하는 자들에게는 이마에 히브리어로 '타우'(ก)라는 표시를 하라고 하신다. 이들을 제외한 나머지 사람들에게는 천사들이 죽이는 무기를 가져와서 죽인다고 한다. 늙은 자부터 젊은이, 처녀, 어린이와 여자를 다 죽이지만 이마에 '타우'(ก)라는 표시가 있는 자에게는 손대지 말라고 하신다.

태어나자마자 핏덩이 채 불쌍하게 버려진 여자 아이를 하나님이 온갖 정성을 다해 키우신다. 제일 좋은 것으로 먹이고 입히고 아름다운 패물들로 치장해 주셨는데 어쩌자고 지나가는 모든 남자들과 행음을 하고 하나님이 주신 소중한 장식품까지도 그들에게 주고 있다. 결국 이 여자 아이는 하나님을 버리고 다른 신을 섬기며 산다. 이 여자 아이는 이스라엘 백성들을 의미한다. 이스라엘 백성들 사이에 속담이 하나 있다. "아버지가 신 포도를 먹었으므로 그 아들의 이가 시다." 결국 이들은 남 유다가 망하고 지금 바벨론에 포로로 잡혀온 것은 자신들 때문이 아니라 조상들이 잘못 살아왔기 때문이라고 생각하고 있다.

하나님께서는 다시는 이 속담을 쓰지 못하게 하신다. 왜냐하면 벌은 각자의 죄의 결과로 받는 것이지 아버지의 죄로 인해 아들이 벌을 받는 것이 아니라는 것이다. 악인이라도 돌이켜 회개하면 이전에 지었던 죄를 하나도 기억하지 않으시고, 의인이라도 변하여 악한 짓을 한다면 이전에 한 공의로운 일들은 다 잊으시고 지금 행하는 악행으로 인하여 죽는다고 하신다. 하나님의 심판이 내리는 곳에 설령 노아, 다니엘, 욥이 있더라도 그들 또한 자기의 공의로 자기의 생명만 건질 수 있을 뿐, 이들이 거기에 있다고 해서 거기 있는 다른 사람들이 죄에서 용서받을 수는 없다고 하신다. 하나님이 얼마나 분노하고 화가 나셨는지 알 수 있는 반면 얼마나 사랑하셨는지도 알 수 있다. 거짓 선지자와 제사장, 고위직에 있는 사람들에게도 하나님이 경고하신다.

이들은 힘없고 가난한 자들과 고아와 과부를 학대하며 재산과 보물을 탈취하고, 제사장들은 거룩한 성소의 성물을 더럽히고, 선지자들은 거짓을 말하고 거짓 환상을 말했기 때문이다. 또한 한 엄마에게 두 딸이 있는데 하나는 오홀라로 북 이스라엘 사마리아를 뜻하고, 둘째는 오홀리바로 남 유다를 뜻한다. 언니인 사마리아 오홀라보다 둘째 오홀리바 남 유다가 더 행음을 했고, 북 이스라엘이 B.C. 722년 앗수르에 의해 먼저 멸망했음에도 이를 반면교사로 삼지 않고 남 유다는 회개는커녕 북 이스라엘보다 두 배 더 행음하고 우상을 섬겼다고 하신다. 이들의 죄가 얼마나 부패했는지 녹슨 솥에 비유하시면서 아무리 녹을 벗겨내고 닦아내려고 해도 도저히 깨끗한 솥이 될 수 없다고 하신다. 결국은 다 불살라 버리겠다고 하신다. B.C. 586년에 결국 예루살렘이 바벨론에 의해 멸망당한다. 이때 에스겔의 아내가 갑자기 죽지만 하나님께서는 에스겔에게 울지도 말며 슬퍼하지도 말고 장례식도 하지 말라고 하신다. 이는 아내를 잃고도 슬퍼할 수 없는 심정처럼 하나님의 백성 남 유다를 멸망시킬 수밖에 없는 참담하고 아픈 하나님의 심정을 나타낸다.

• 25-32장 : 열방 심판-암몬, 모압, 에돔, 블레셋, 두로, 시돈, 애굽

하나님께서 남 유다뿐만 아니라 열방(암몬, 모압, 에돔, 블레셋, 두로, 시돈, 애굽)에 대해서도 심판하신다. 열방 심판을 하심으로써 결국 하나님은 이스라엘

만의 하나님이 아니라 온 우주의 하나님이시라는 것을 보여주신다. 암몬은 남 유다 족속이 잡혀갈 때에 좋아했다. 모압은 남 유다를 향해 모든 이방과 다름없다고 비웃었다. 에돔과 블레셋은 남 유다를 쳐서 원수를 갚았고, 원수를 갚음으로 더 범죄했다. 두로는 남 유다의 망함을 보고도 뉘우치지 않고 자신의 이익만을 따지고 있었다. 애굽은 하나님을 인정하지 않고 스스로를 신격화함으로 하나님이 애굽을 황폐하게 하셨다. 그 당시 세계 최강으로 여겨졌던 애굽마저도 하나님이 보실 때는 그저 힘없는 갈대 지팡이일 뿐이었다. 그런 줄도 모르고 남 유다는 끝까지 하나님보다 애굽을 의지하며 친애굽 정책을 펴고 있었다. 많은 선지자들이 애굽을 의지하지 말라고 몇 번이고 선포했지만 결국 남 유다는 듣지 않았다. 애굽 역시 멸망하리라고는 생각하지 못하고 자신들의 신이 백성들을 구원해 줄 것이라고 여겼지만 결국 그들의 신은 그들을 구원하지 못했다. 하나님의 주권을 인정하지 않는 나라나 사람은 결국 하나님의 심판을 피할 수 없다.

● 33-48장 : 하나님의 구원과 희망의 말씀, 새 예루살렘과 새로운 성전

구원과 새로운 소망에 대해 선포한다. 하나님이 에스겔에게 회복의 말씀을 약속하신다. 깨끗한 물로 이들을 씻기시고, 우상숭배에서 정결하게 되어 새 영을 하나님이 부어 주시니 이들의 육신이 깨끗해지고 부드러운 마음을 가지고 하나님의 율례와 규례를 지켜 다시 이들이 하나님의 백성이 된다는 비전을 주신다.

그러시면서 에스겔을 뜻밖의 장소로 데려가신다. 그곳은 죽어 마른 뼈들이 가득한 골짜기였다. "인자(에스겔)야, 이 뼈들이 능히 살 수 있겠느냐? 여호와여 주께서 아시나이다." 바벨론에 포로로 끌려와 있는 남 유다 백성들의 상태가 지금 딱 죽은 뼈들이 가득한 골짜기 같았다. 미래에 아무 희망도 없고 어느 누구도 이 상황을 예전으로 돌이킬 수 없었다. 오직 주님만이 자신들을 회복시켜 주실 수 있고 거기서 건져내 주실 수 있는 분임을 다시 한 번 보여주고 있다. 죽은 뼈들이 서로 붙어 큰 군대를 이루듯 앞으로 이스라엘 백성들이 이렇게 회복될 것임을 보여주신다.

막대기 2개를 가져다가 하나에는 남 유다라 쓰고 다른 하나에는 북 이스라엘이라 쓰며 그 둘을 서로 연결시켜 하나가 되게 하신다. 이는 그동안 남북으로 분열되었던 이스라엘 민족이 한 나라를 이루어서 한 임금이 모두 다스리게 될 것이라는 회복의 메시지다.

천사와 함께 에스겔이 성전에 들어갔는데 성전 문지방에서 물이 흘러나오는 걸 본다. 처음에는 물이 에스겔의 발목에 닿더니, 그 다음엔 무릎까지 닿고, 또 허리까지 닿더니, 이제는 사람이 건널 수도 없는 깊은 강이 된다. 강 주변에 심히 많은 나무들이 자라고 있다. 강물이 이르는 곳마다 죽었던 바닷물이 살아나고 모든 생물이 살고 고기가 심히 많으며 열매가 끊이지 않고 잎사귀는 약 재료가 된다. 이는 이스라엘을 회복시키시는 하나님의 구원이 이스라엘 백성뿐만 아니라 온 세상 사람들의 구원을 말씀하시는 것이다.

새로운 성전이 재건되고 난 후 이스라엘 12지파가 공평하게 땅을 분배받을 것이라고 하신다. 그러나 놀라운 것은 이스라엘뿐만 아니라 타국인(이방인)들에게도 똑같이 주시겠다고 하신다. 지금은 비록 이방 땅 바벨론에 살고 있고 아무런 희망이나 살아갈 소망도 없지만 에스겔은 이들에게 이것이 끝이 아니라며 반드시 하나님이 다시 회복시켜 주실 것이라는 희망의 말씀을 전한다. 모든 것이 다 새롭게 변할 것이다. 거짓 목자들은 선한 목자들로 바뀔 것이고, 완악하고 강퍅한 마음은 부드러운 마음이 될 것이며, 새 하늘과 새 땅을 기업으로 차지하게 될 것을 보여준다. 새로운 성전과 예루살렘 성읍의 회복을 보여주며 그 성읍의 이름을 "여호와 삼마"로 부르신다. 이는 "하나님께서 거기에 계시다", 즉 "하나님이 그 땅의 중심에 계시다"라는 뜻이다. 하나님이 주신 비전을 믿고 슬픔에서 기쁨으로, 좌절에서 희망으로 옮기라는 메시지로 다가온다.

에스겔서의 핵심

> "주 여호와의 말씀이니라 내가 어찌 악인이 죽는 것을 조금인들 기뻐하랴 그가 돌이켜 그 길에서 떠나 사는 것을 어찌 기뻐하지 아니하겠느냐"(18:23)

<열왕기서>

(40) 남 유다 왕 시드기야(맛다니야)

시드기야가 왕이 될 때의 나이가 21세다. 예루살렘에서 11년간 다스린다. 여호와 보시기에 악을 행했다. 요시야의 막내인 맛다니야를 남 유다의 왕으로 세우면서 시드기야로 이름을 바꾸게 한다. 이름만 왕이지 거의 꼭두각시나 다름없는 왕이었다. 그런데 시드기야 역시 완전히 바벨론에 충성하지 않고 왔다갔다한다. 이에 예레미야는 시드기야에게 끊임없이 바벨론에게 항복하고 충성하라고 권한다. 그러나 악한 왕 시드기야는 예레미야의 말을 들으려 하지 않는다. 마침내 바벨론 느부갓네살 왕이 군대를 거느리고 예루살렘을 포위하기 시작한다. 그때에 기근이 심하여 양식이 떨어지자 부모들이 자기 자식들을 잡아먹기까지 했다. 시드기야는 밤중에 도망을 가지만 결국 붙잡혀 심문당한다. 겁에 떨고 있는 시드기야 앞에서 바벨론 군사들은 시드기야의 아들들을 죽이고 시드기야의 두 눈을 빼고 놋사슬로 묶어 바벨론으로 끌고 갔다. 바벨론 느부갓네살 왕의 신복 시위대장 느부사라단이 성전과 왕궁을 불사르고 남은 자들을 포로로 끌고 간다. 이것이 3차 포로다. 비천한 자를 남겨두어 포도원을 가꾸고 농사를 짓게 한다.

바벨론 느부갓네살 왕이 그달리야를 남 유다의 총독으로 삼아 감독하게 했다. 그러나 엘리사마의 손자 느다니야의 아들 이스마엘이 부하 10명을 거느리고 그달리야를 쳐 죽이고, 그와 함께 있는 남 유다 사람과 바벨론 사람을 죽이고 애굽으로 도망갔다. 세월이 흐르고 느부갓네살 왕이 죽고 그의 아들 에윌므로닥이 바벨론의 왕이 된다. 남 유다의 왕 여호야긴이 포로로 잡혀간 지 37년, 바벨론의 에윌므로닥 왕이 즉위 기념으로 그를 감옥에서 풀어준다. 그리고 여호야긴의 지위를 높이고 일평생에 항상 왕의 앞에서 음식을 먹게 하였다.

열왕기상·하의 결론

남 유다 20명의 왕들과 북 이스라엘 20명의 왕들을 살펴보았다. 하나님이 온 우주의 왕이심을 깨닫지 못하고 백성들은 계속해서 왕을 요구했고 하나님은 들어주셨다. 북 이스라엘 20명의 왕들은 하나같이 악행을 행하다 결국 B.C. 722년에 앗수르에 의해 멸망한다. 이를 본 남 유다 20명의 왕들 또한 하나님에게로 돌아가는 것이 아니라 더 악행을 행하다 마침내 B.C. 586년에 바벨론에 의해 멸망되고 포로로 끌려간다. 결국 40명의 왕들의 통치는 실패로 끝났다. 더이상 어떠한 희망이 보이지 않았다. 하지만 남 유다가 완전히 망하는 것처럼 보여졌지만 여호야긴의 석방으로 꺼져가는 남 유다에 희미하게 등불이 밝혀지고 있다. 하나님의 약속은 반드시 실현됨을 보여준다.

열왕기상·하의 핵심

"여호와를 찬송할지로다 그가 말씀하신 대로 그의 백성 이스라엘에게 태평을 주셨으니 그 종 모세를 통하여 무릇 말씀하신 그 모든 좋은 약속이 하나도 이루어지지 아니함이 없도다"(왕상 8:56)

❖ 이스라엘 남·북의 왕과 당시 활동한 선지자

왕조	남 유다	평가	선지자	왕조	북 이스라엘	평가	선지자
다윗	① 르호보암	악		1) 여로보암	① 여로보암	악	
	② 아비얌	악			② 나답	악	
	③ 아사	선		2) 바아사	③ 바아사	악	
	④ 여호사밧	선			④ 엘라	악	
	⑤ 여호람	악	오바댜	3) 시므리	⑤ 시므리	악	
	⑥ 아하시야	악			⑥ (디브니)	악	
	⑦ 아달랴	악		4) 오므리	⑦ 오므리	악	
	⑧ 요아스	선	요엘		⑧ 아합	악	
	⑨ 아마샤	선			⑨ 아하시야	악	
	⑩ 웃시야	선			⑩ 여호람	악	
	⑪ 요담	선			⑪ 예후	악	
	⑫ 아하스	악			⑫ 여호아하스	악	
				5) 예후	⑬ 요아스	악	
	단일왕조 시작				⑭ 여로보암 II	악	호세아 아모스 요나
					⑮ 스가랴	악	
				6) 살룸	⑯ 살룸	악	
				7) 므나헴	⑰ 므나헴	악	
					⑱ 브가히야	악	
				8) 베가	⑲ 베가	악	
	⑬ 히스기야	선	이사야 미가	9) 호세아	⑳ 호세아	악	

	⑭ 므낫세	악	나훔
	⑮ 아몬	악	
다윗	⑯ 요시야	선	예레미야 예레미야 애가 스바냐
	⑰ 여호아하스	악	
	⑱ 여호야김	악	다니엘 하박국
	⑲ 여호야긴	악	에스겔
	⑳ 시드기야	악	

남 유다 B.C. 586년 바벨론에 멸망　　　　　**북 이스라엘 B.C. 722년 앗수르에 멸망**

구약성경 ———————— 제4장

포로 후기

25

역대상 · 하

책명

역대기서 역시 우리말 성경에는 역대기 상과 하로 나뉘어 있지만 히브리어 성경은 한 권으로 되어 있다. 히브리어 성경 책명은 '디브레 하야밈'(דברי הימים)이다. 이는 '각 시대의 사건들' 또는 '각 시대의 말씀들'이라는 뜻이다. 영어 성경은 'Chronicles'로서 '연대기', '~을 연대기에 싣다'이다. 칠십인역(LXX)의 명칭인 '파랄레이포메논'(Παραλειπομένων)은 '생략된 것들의 책들'이라는 뜻이다. 이것은 역대기서 앞에 있는 사무엘서와 열왕기서의 기록 중 빠진 것을 보충하다 보니 그렇게 붙여진 이름인 듯 보인다. 그런데 역대기서는 빠진 것을 보충한 책이 아니라 전혀 다른 관점에서 서술한 책이다.

히브리어 성경에는 구약성경 마지막에 역대기서가 놓여 있지만 우리말 성경은 열왕기서 다음에 역대기서가 있고, 구약성경의 맨 마지막은 말라기서가 편집되어 있다. 역대기서가 족보부터 시작되다 보니 첫 장부터 지루하고 비슷하게 반복되는 내용이 많아 더이상 읽고 싶지 않은 책으로 여겨져

왔다. 그러나 다른 관점에서 쓰인 것을 발견한다면 사무엘서나 열왕기서와는 다른 새로운 면을 많이 볼 수 있다.

저자 및 기록 연도

에스라를 저자로 본다. 역대하 36장 22-23절의 내용이 바로 뒤에 나오는 책 에스라 1장 1-3절의 내용과 거의 같고, 에스라가 포로 귀환 후 백성들에게 가르칠 교재로 역대기서를 썼다는 견해가 많다. 역대기서는 성전 중심의 이야기로 구성되어 있고, 제의적인 내용들도 많이 언급되어 있다. 특히나 레위인들을 많이 드러내고 있어서 어떤 학자들은 저자를 레위인 중 한 사람으로 생각하기도 한다. 저작 연도는 B.C. 450-400년경이다. 특히 역대기서는 역사자료와 예언자들의 글을 참고해서 쓴 책이다.

역대기서는 많은 역사자료를 인용한 것으로 보이는 내용이 눈에 자주 띈다. 예를 들면, "다윗 왕의 역대지략", "이스라엘 열왕기", "열왕기 주석", "유다와 이스라엘 열왕기"뿐만 아니라 그 당시 활동한 예언자들의 이름도 많이 보인다. 아사랴나 야하시엘, 스가랴, 또 다른 스가랴, 오뎃 등 예언자들의 기록을 참고했다고 한다.

기록 목적

열왕기서가 포로기에 쓰인 책이라면, 역대기서는 포로 귀환 후 한참 뒤에 쓰인 책이다. 포로생활에서 돌아온 자들에게 아무런 희망도, 기대도 없었다. "하나님이 정말 우리를 버리신 건가? 하나님이 계시긴 한 건가? 그토록 소원하며 기다리던 메시아는 언제 오시는 것인가?"를 생각하며 낙담하고 좌절하고 포기하고 있었다. 이를 본 역대기서 저자는 "포기하지 마라. 조금만 더 기다려라. 하나님이 너희들을 버리지 않으셨다. 다윗의 언약은 반드시 성취된다"는 사실을 알려주고자 열왕기서를 보충하는 책으로 보여짐에도 불구하고 다시 한 번 역대기서를 저술하였다. 역대기서에서 성전을 중시하는 이유는 하나님께 진정한 예배를 드릴 때 하나님과의 언약관계가 성립된다는 것을 보여주기 위해서다.

구성

역대상		역대하	
1-9장	족보	1-9장	솔로몬에 관한 이야기
10-29장	다윗에 관한 이야기	10-36장	남 유다 왕들의 이야기

● 역대기서는 어떻게 읽어야 하나?

역대기서는 사무엘서나 열왕기서의 보충교재가 아니라 전혀 다른 사관의 입장으로 읽어야 한다. 사무엘서와 열왕기서가 신명기사관, 즉 순종하면 복을 받고 불순종하면 벌을 받는다는 인과응보식 서술을 하고 있다면, 역대기서는 다른 관점으로 보아야 한다. 즉, 역대기사관으로 이 역사서를 읽어 내려가야 한다. 역대기서는 누구보다 우선순위를 다윗에 두고 있다는 점도 알고 읽으면 그 답을 찾을 수 있다.

● 역대상 1-9장 : 족보

족보에 관한 내용이 나온다. 설교자들이 농담으로 역사상 최대의 수면제라고까지 일컬어지는 장이다. 그만큼 남의 나라의 족보를 본다는 것은 지루하고 따분하다. 그렇다면 역대기서 저자는 이 족보를 굳이 왜 9장에 걸쳐 길게 나열했을까? 이 족보를 통해 무엇을 알리고 싶었던 것일까? 족보에는 많은 사람들의 이름이 나와 있다. 이 많은 사람들 중에서 하나님이 택한 백성은 바로 너희 이스라엘이다를 보여주고 있는 것이다. 즉, 다윗의 후손임을 강조하기 위함이다. 다윗의 후손을 강조하고 싶은 이유가 뭘까? 그를 통해 메시아(예수님)가 오시기 때문이다. 족보에서 유독 두드러지게 드러내는 지파는 유다 지파이다. 창세기 49장에 야곱이 아들들을 축복할 때 유다에게 엄청난 축복을 했다.

르우벤이 장자임에도 야곱은 유다에게 장자권을 주었다. 메시아가 유다 지파를 통해서 오시기 때문에 더 강조를 하고, 베냐민과 레위 지파 또한 많은 언급을 한다. 물론 북 이스라엘은 남 유다보다 먼저 나라가 멸망하고 없어져 더이상 남은 사람이 없지만 끝까지 남은 지파는 남 유다의 유다와 베냐민이기 때문이다. 이스라엘이 중간에 끊어질 위기도 있었지만 결국 유다와 베냐민 지파로 인해 하나님의 언약대로 계속 이어져 나갈 것임을 족보가 보여준다. 레위 지파의 중요성은 역대기서가 성전을 강조하는 터라 성전 일을 하는 레위 지파가 보다 드러나는 것은 당연한 일이다. 레위 지파를 언급하면서 강조하는 것은 하나님께 올려드리는 찬양이다. 예배와 찬양이 얼마나 중요한지를 보여주고 있다. 야곱의 12지파 중 스불론과 단 지파는 족보에 아예 언급도 되지 않았다.

● 역대상 10-29장 : 다윗에 관한 이야기

사울 왕에 관한 내용은 역대상 10장에 간략하게 묘사한다. 사울은 여호와께 범죄해서 죽은 왕으로 기록되어 있다. 사울이 유다 지파였다면 그렇게까지 표현하지는 않았을 것이다. 그리고 11장부터 29장까지는 다윗이 행한 모든 일들을 보여준다. 그런데 사무엘서에서 보여주는 다윗의 여러 실수와 잘못은 거의 언급되지 않고 오직 한 가지 실수만 언급하는데, 그 내용은 다윗이 인구조사를 한 것으로 인해 하나님께 징계를 받은 이야기다. 이 일은 다윗 스스로 교만해져서 나라의 국방력이 어느 정도인지 가늠하고 싶어서 인구조사를 한 것인데 역대상 21장 1절은 사탄이 다윗을 충동질하여 인구조사를 하게 한 것으로 나온다. 다윗에게 있어 들추고 싶지 않은 사건이 있다면 그것은 그 유명한 사무엘하 11장에 나오는 밧세바 사건일 것이다. 이 일로 인하여 하나님은 대단히 진노하셨고, 많은 재앙이 일어날 것이라고까지 했다. 그러나 역대기서에는 다윗과 밧세바의 이야기가 빠져 있다.

사무엘서를 읽어서 알 수 있는 내용이지만 다윗 역시 흠 없이 순종만 한 왕은 아니었다. 인간 다윗도 많은 실수를 했고, 엄청난 범죄도 저질렀다. 역대기서 저자가 일부러 이렇게 쓴 것에는 분명한 의도가 있다. 다윗이 헤브론에서 남 유다의 왕으로 7년 반 동안 활동할 때 북 이스라엘은 사울의 아들 이스보셋이 다스리고 있었는데 이 이스보셋의 이야기도 전혀 나와 있지 않다. 다윗이 출전하는 모든 전쟁은 항상 신실한 다윗이 하나님과 함께함으로써 100% 승리한 것으로 묘사된다. 다윗은 백성에게 언제나 정의와 공의를 행하는 왕으로 표현된다. 다윗의 관심은 온통 성전을 건축하는 것에 있고, 이를 위해 자금과 재료를 모으는 등 성전에만 온 정성과 힘을 쏟는 것으로 나온다.

● 역대하 1-9장 : 솔로몬에 관한 이야기

역대기서에서 왜 다윗과 솔로몬을 위대한 왕으로 묘사하고 있는가? 그것은 성전의 중요성 때문이다. 다윗은 성전 건축에 필요한 모든 물품을 죽기 전에 다 준비하고 설계한 왕이었고, 솔로몬은 실제로 성전을 건축한 왕이기 때문이다. 솔로몬이 왕이 된 후 다윗은 솔로몬에게 앞으로 왕의 자리가 평탄하기 위해서는 정적을 없애라고 유언한다. 그래서 솔로몬은 그 정적들을 다 제거한다. 그러나 역대기서에는 그런 내용이 없다. 솔로몬의 사치 또한 이루 말할 수도 없다. 금이 아닌 것은 쓰지 않았고, 은은 그냥 돌멩이처럼 생각할 정도였다. 또한 부인이 700명이고 첩이 300명이며, 첩들의 우상을 솔로몬이 함께 숭배했다. 그러나 역대기서에는 전혀 이런 내용이 나오지 않는다. 솔로몬 역시 오직 아버지 다윗이 남기고 간 성전 물품과 설계도에만 관심 있는 왕으로 묘사하고 있다.

왜 역대기서 저자는 그토록 성전 건축의 중요성을 강조했을까? 페르시아 고레스 왕은 포로 된 사람들에게 돌아가 예루살렘 성전을 건축할 것을 명령했다. 왜 다윗과 솔로몬의 나쁜 행실은 전혀 기록하지 않고 두 사람 모두 열심히 성전을 건축한 것만 언급하며 다윗과 솔로몬이 신실하게 하나님을 경외한 사람으로 묘사할까? 이는 성전의 중요성 때문이다. 백성들에게 더이상 낙심하지 말고 빨리 돌아가서 너희들도 무너진 예루살렘 성전을 재건하고 온힘을 다해 다시 하나님을 찾고 하나님만 의지해야 하나님이 다시 역사하실 수 있다는 것을 알려주고 싶었던 것이다. 이방 땅에서 포로생활하면서 태어난 사람들은 사실 하나님을 잘 알지 못할 수도 있다. 태어나 보니 이방나라였고 자기들의 민족성과 정체성이 무엇인지도 모르는 사람들이었다. 사실상 이스라엘이 북 이스라엘과 남 유다로 분열이 된 것은 엄밀히 말하면 솔로몬 때문이었다. 그러나 역대기서에서는 전혀 솔로몬의 잘못은 지적하지 않고, 북 이스라엘의 초대 왕 여로보암 때문에 나라가 분열된 것으로 나타낸다.

- **역대하 10-36장 : 남 유다 왕들의 이야기**

북 이스라엘은 여로보암과 아합을 잠시 등장시킨 것 외에는 아무도 나타내지 않는다. 열왕기서는 북 이스라엘과 남 유다 왕을 교차서술 방식으로 자세히 쓰고 있는 반면, 역대기서는 오직 남 유다 왕들만 기록하고 있다. 선한 왕으로 인정받은 왕들은 많은 지면을 할애해서 쓰는 반면, 악한 왕들은 짧게 기록하고 지나간다. 열왕기서가 선지자적 관점으로 쓰였다면, 역대기서는 제사장적 관점으로 쓰였다. 그 이유는 역대기서 저자가 성전의 중요성을 더 부각시키고 싶었기 때문이다. 열왕기서는 다윗이 죽고 솔로몬이 왕에 오른 이야기를 쓰고 있다면, 역대기서는 아담을 시작으로 온 이스라엘을 나열한다. 열왕기서에서 보여주는 므낫세는 그의 아버지 히스기야에 한참 못 미치는 가장 악한 왕으로 묘사된 반면, 역대기서는 그가 비록 악한 죄는 지었으나 하나님 앞에 엎드려 회개하고 간구하자 하나님이 다시 므낫세를 받아주시고 회복시켜 주셨다고 기록했다. 무엇을 말하고 싶은 것일까? 아무리 악한 죄를 지었어도 다시 하나님 앞에 엎드리면 하나님은 언제나 내민 손을 받아주신다는 것을 보여주고 싶은 것이다.

역대하 36장 21절은 이스라엘 백성들이 그동안 하나님이 주신 기업, 즉 땅을 소중히 생각하지 않고 험하게 다루어 하나님이 일부러 70년 동안 바벨론에 포로로 끌려가게 한 다음 땅이 충분히 쉰 후 안식년을 누린 것처럼, 다시 회복된 땅으로 이스라엘 백성들을 돌려보내는 것으로 보인다. 무슨 말인가? 하나님이 땅을 잘 다듬어 놓았으니 너희는 다시 돌아가서 성전을 짓고 예전처럼 하나님을 다시 찾으라는 뜻이다. 그리하면 하나님은 다윗과 약속한 언약을 반드시 성취하시겠다는 말씀이다. 바사 왕 고레스가 포로로 잡혀온 남 유다 백성들에게 엄청난 선포를 한다. 이제는 너희의 고국으로 돌아가 예루살렘 성전을 건축하라고 한다. 이 얼마나 가슴 벅차고 감격스러운 일이었을까?

역대상·하가 주는 교훈

하나님은 절대 포기하시는 분이 아니다. 한 번 하신 말씀은 꼭 이루시고

야 마는 분이다. 지금 당장은 계시지 않는 것처럼 느껴져도 언젠가는 하나님의 의가 드러나고 우리는 그것을 발견할 수 있다.

역대상·하의 핵심

"그는 나를 위하여 집을 건축할 것이요 나는 그의 왕위를 영원히 견고하게 하리라"(대상 17:12)

❖ 페르시아 왕들

왕	연도	성경	내용
고레스	B.C. 538년	스 1-3장	고레스 칙령, 스룹바벨과 예수아를 중심으로 1차 포로 귀환 스룹바벨을 중심으로 무너진 성전 재건
캄비세스	B.C. 520년	스 4장	사마리아인들의 방해로 인해 성전 공사 15년간 중단됨
다리오 1세	B.C. 515년	스 5-6장	학개와 스가랴의 격려로 성전이 완공됨
아하수에로 (크세르크세스)	B.C. 486년	에 1-10장	페르시아 수산에 사는 에스더와 모르드개 이야기, 에스더의 남편 아하수에로 왕
아닥사스다	B.C. 458년	스 7-10장	성전이 완성된 지 57년 후 에스라가 2차 귀환
	B.C. 445년	느 1-7장	느헤미야가 3차로 귀환하며 성벽을 중건함
	B.C. 443년	느 8-10장	모든 백성이 참회하며 기도하고 새 언약을 맺음
	B.C. 433년	느 11-13장	중건된 성벽을 봉헌하고 느헤미야가 페르시아로 돌아갔다가 다시 돌아와 개혁을 이룸
	B.C. 430년	말 1-4장	구약성경의 마지막 선지자 말라기의 예언

성경의 제국 : 앗수르▶바벨론▶페르시아(바사)▶그리스(헬라)▶로마▶메시아의 도래

26

에스라 · 느헤미야

책명

히브리어 성경은 '에즈라 우네크헤미야'(עזרא ונחמיה), 칠십인역(LXX)은 '에스드라스 알파'(Ἔσδρας Αʹ), '에스드라스 베타'(Ἔσδρας Βʹ), 우리말 성경은 인명인 '에스라'와 '느헤미야'로 책명을 삼는다. 에스라의 뜻은 '하나님께서 도우신다', '도우심'이라는 뜻이고, 느헤미야는 '하나님은 나의 위로자'라는 뜻이다. 두 사람의 이름이 말해주는 것처럼 낙심하고 있는 백성들을 돕고 위로하라는 메시지를 확인할 수 있다. 이 책들 역시 히브리어 성경에는 한 권(에즈라)으로 되어 있지만 후대에 에스라와 느헤미야 각 권으로 나누어졌다. 느헤미야 1장 1절에 나오는 아닥사스다 왕의 이름이 히브리어 성경에는 언급이 되어 있지 않다. 그것은 한 권의 책을 두 권으로 나누다 보니 앞부분에 기록된 왕의 이름을 한 번 더 언급해 준 것이다.

저자 및 기록 배경

저자에 대해 많은 의견이 있지만 에스라가 에스라, 느헤미야, 역대상·하를 기록한 것으로 알려져 있다. 에스라와 느헤미야가 활동한 때는 전반적으로 페르시아 시대이다. 페르시아의 왕들 중에서 이때 활동한 왕은 아닥사스다 1세다. 에스라가 종교지도자로 활동했다면 느헤미야는 평신도지도자로 활동하였다. 구약성경 내용이 자칫 왕이나 지도자들에게 초점을 맞추는 듯 보이지만 에스라와 느헤미야의 활동을 보면 평신도의 역할도 못지않게 두드러진다. 즉, 하나님의 나라를 이루는 데에는 남녀노소나 어떤 신분의 차이가 아무런 상관이 없다는 것을 잘 보여주고 있다. 또한 유대 전승에서는 에스라를 '제2의 모세'로 부르는데, 이는 하나님이 모세에게 율법을 주신 것처럼 구약성경의 마지막 책인 에스라서에서 잃어버린 율법을 다시 가르치는 학자로 에스라를 사용하셨기 때문이다.

에스라와 느헤미야는 70년간의 바벨론 포로생활을 마치고 고레스 왕의 칙령에 의해 고국 예루살렘으로 돌아온 남은 자들에 관한 이야기다. 출애굽기서가 애굽에서 종살이하다가 약속의 땅 가나안으로 들어가는 여정이라면, 에스라서와 느헤미야서는 포로생활을 마치고 본국 예루살렘으로 귀환하는 여정이다. 에스라는 대제사장 아론의 16대손이며 율법을 연구한 학사로서 백성들에게 율법을 가르친다.

기록 목적

역대상 1-9장의 족보만큼 에스라서, 느헤미야서에도 많은 사람들의 명단이 나온다. 물론 포로에서 귀환한 사람들의 명단이다. 큰 그림으로 보면 스룹바벨은 무너진 성전을 재건하고, 에스라는 재건된 성전에서 말씀을 가르치고, 느헤미야는 성벽 재건과 개혁을 위한 귀환이다. 에스라 2장에서 언급한 명단이 느헤미야 7장에 또다시 반복된다. '왜 같은 명단을 한 번 더 언급했을까? 결국 포로에서 귀환한 사람들, 즉 남은 자(Remnant)들에 의해 성전도 지어지고 하나님의 말씀도 다시 살아나고 이들에 의해 계속 하나님의 나라가 이어져 가야 하기 때문이다. 남은 자 사상의 중요성을 알리고 싶었을 것이다. 에스라와 느헤미야를 통해서 꺼져가는 등불을 다시 밝히시고 하나님의 언약은 반드시 이루어진다는 희망의 메시지를 전해주고 싶어서이다.

에스라, 느헤미야, 에스더서는 페르시아의 왕들을 모르면 혼돈되기 쉽고 구약성경을 읽을 때 자칫 어려울 수도 있다. 또한 바벨론으로 포로로 끌려간 남 유다 백성들이 귀환해서 올 때는 페르시아의 지배 아래에 있다. 그것은 그 당시 바벨론이 대제국인 페르시아에 의해 멸망되었기 때문이다. 고레스 왕이 포로가 된 남 유다 백성들을 완전히 해방시켜 자유를 준 것은 아니고 여전히 페르시아의 한 속국으로서 다만 예루살렘으로 돌아가 성전을 짓고 살라고 하였다. 그래도 유대인들 입장에서는 고레스 왕이 고마울 뿐이다. 구약성경에 나오는 다섯 개의 제국 또한 알아두면 신약성경을 이해하는 데 많은 도움이 된다. 대제국 페르시아는 B.C. 559년에 나라가 시작되어 B.C. 330년에 결국 헬라의 알렉산더에 의해 멸망한다.

구성

에스라		느헤미야	
1-6장	스룹바벨과 1차 귀환 성전 건축	1-7장	느헤미야와 3차 귀환 성벽 재건
7-10장	에스라와 2차 귀환 전적인 회개운동	8-10장	에스라의 개혁운동
		11-13장	성전 봉헌과 느헤미야의 개혁

역대하 마지막 장 36장 22-23절에서 페르시아의 왕 고레스가 포로로 있던 남 유다 백성들에게 예루살렘으로 돌아가서 성전을 건축하라는 명령으로 끝이 났다.

● 에스라 1-10장

1-6장 : 스룹바벨과 1차 귀환, 성전 건축

고레스 왕의 명령을 듣고 백성들이 예루살렘으로 돌아온다. 이스라엘 백성이 바벨론 포로로 끌려갈 때 3차에 걸쳐 갔던 것처럼 귀환도 3차에 걸쳐 이루어진다.

처음 1차로 스룹바벨과 함께 백성들이 돌아온다. 스룹바벨은 다윗의 후손이다. 1차로 돌아올 때 백성과 함께 바벨론에서 약탈해 갔던 성전의 물건들도 함께 귀환한다. 페르시아 왕이 성전의 그릇들과 물건들도 가지고 가라 했기 때문이다. 고국으로 돌아와 보니 생각했던 것보다 상황은 훨씬 좋지 않았다. 무엇보다 무너진 성전을 보며 다른 일은 제쳐두고 성전부터 건축한다. 비록 남의 나라이기는 했지만 그런대로 페르시아에서 터를 잡고 잘살던 사람들도 있었을 것이고, 굳이 이제 와서 고국으로 돌아가는 것을 꺼리는 사람들도 있었을 것이다. 그럼에도 많은 사람들이 고국으로 돌아가길 희망했고, 다시 성전이 건축되기를 소원하고 돌아왔다. 그 명단이 2장에 길게 나열되어 있다. 열심히 땀 흘린 결과 성전의 기초공사도 마무리된다. 하지만 생각지 않은 방해꾼들이 나타난다. 북 이스라엘은 앗수르에 의해 B.C. 722년에 멸망했다. 앗수르는 이곳에 남아 있는 사람들과 주변국들을 섞여 살게 했다. 이들을 가리켜 사마리아인들이라고 불렀다.

유다 사람들이 귀국해서 성전을 재건한다는 소리를 듣고 사마리아 사람들과 주변의 대적자들이 함께 성전을 건축하기 원했지만 유다 사람들은 이들을 돌려보냈다. 그 이유는 이 당시 혼합신앙이 성행하고 있었고, 유다 사람들은 이미 혼합적 삶을 살고 있는 사마리아 사람들을 사람답게 취급하지 않았다. 사마리아 사람들도 겉으로 보기에는 돕는 명분이었지만 속마음은 자신들이 섬기는 이방신도 성전으로 끌어들이기 위함이었다. 성전 건축에 함께하지 못하게 하자 이에 앙심을 품은 사마리아 사람들과 대적자들이 성전을 건축하지 못하도록 왕에게 상소를 하고 모함을 하며 해코지를 하기 시작한다. 이로 인해 백성들은 더이상 성전을 건축할 수 없었고, 15년 동안이나 중단되었다.

이때 두 명의 선지자 학개와 스가랴가 이들을 격려하고, 백성들은 하나님의 말씀에 감동되어 다시 성전 공사가 시작된다. 마침내 성전 재건이 완성된 후 포로로 끌려갔다 돌아온 사람들은, 예전 솔로몬의 성전과는 비교도 안 될 만큼 초라해진 성전을 보고 지난날을 그리며 통곡하지만, 예전 성전을 보지 못하고 포로생활 중 태어난 백성들은 성전이 다시 건축된 것을 보면서 기뻐했다.

7-10장 : 에스라와 2차 귀환, 전적인 회개운동

에스라는 페르시아에 아직 남아 있는 백성들과 2차 귀환을 한다. 에스라가 돌아올 때는 이미 성전이 완성된 후였다. 6장과 7장은 57년의 세월이 흐른 뒤다. 에스라는 제사장 가문 출신이다. 대제사장 아론의 16대손이다. 에스라는 페르시아 땅에서 포로의 자손으로 태어난 인물이다. 비록 남의 나라 페르시아에 살면서 성전에서 제사를 드릴 수는 없었지만 제사장 가문의 내력을 따라 제법을 배우고 익히며 율법을 공부하고 연구한 학자였다. 언제 어디서 사용될지 모르는 공부를 에스라는 꾸준히 하였다. 에스라가 이렇게 한 것에는 이유가 있었다. 그것은 하나님의 언약의 말씀을 믿었기 때문이다. "그래! 하나님이 이 백성들에게 언젠가는 고국으로 다시 돌려보낸다고 하셨어"라는 말씀을 붙들고 끝까지 열심히 준비하며 살았다.

성전 봉헌식이 끝난 후 에스라는 백성들에게 다시 율법을 가르칠 것을 결심한다. 에스라와 함께 돌아온 계보와 명단들이 8장에 나열되고 그 안에서 레위 사람을 찾는다. 그런데 백성들은 다시 죄를 짓고 만다. 하나님이 그렇게 경계하시는 이방인과의 통혼을 아무렇지도 않게 하며 아이까지 낳고 산다.

지난날 이들이 남의 나라에 포로로 끌려가고 성전이 무너지게 된 원인이 뭐였는가? 이방인과의 통혼으로 우상숭배가 팽배하고 끊임없이 불순종하며 하나님께 죄를 지었기 때문이 아니던가? 그럼에도 그 죄는 다시 되풀이되고 있었다. 이를 본 에스라는 더이상 참을 수가 없었다. 이런 백성들을 향해 잔인할 정도의 계획을 추진한다. 이제 이방 여인과 소생을 다 내쫓고 깨끗이 이혼하고 완전히 단절하라고 한다.

● 느헤미야 1-13장

1-7장 : 느헤미야와 3차 귀환, 성벽 재건

느헤미야가 친형제 하나니를 통해 고국의 아픈 소식을 듣고 기도한다. 느헤미야 또한 에스라처럼 페르시아 포로 중에 이방나라에서 태어난 사람이다. 고국에 대해 알면 얼마나 알고 들었을까? 가본 적도 없는 그런 나라이다. 그리고 지금 자기의 위치는 페르시아 왕 아닥사스다의 술 맡은 고위 관원이다. 편안하고 안정된 위치에 있었다. 그런 위치에서 고국의 아픈 소식으로 마음이 아프고 슬프다면 부모로부터 계속 자기 나라와 민족성, 정체성에 대해 들어 익히 알고 있었기 때문일 것이다. 귀환한 백성들이 성전 건축을 훌륭히 끝내고 하나님을 잘 섬기며 산다는 좋은 소식이 전해졌다면 굳이 귀환할 생각을 하지 않았을지도 모른다. 그러나 느헤미야는 자신만의 편안과 안위만을 생각하지 않았다. 자신이 가서 해야 할 일이 있다고 생각하였다.

느헤미야는 하루에도 몇 번씩 왕을 대면하는 아주 중요한 위치에 있는 사람이었다. 어느 날 느헤미야의 얼굴에 수심이 가득하자 왕이 무슨 일이냐고 묻는다. 느헤미야는 왕에게 자신의 고국에 돌아가서 무너진 성벽을 재건하고 백성들을 위로하고 돌아오게 해 달라고 한다. 그러자 왕은 느헤미야를 유다의 총독으로 임명까지 해 준다. 이렇게 해서 느헤미야는 아직도 페르시아에 남아 있던 유다 백성들과 함께 3차로 귀환을 한다.

돌아온 느헤미야는 백성들을 위로하고 성벽을 재건하는 일에 온 힘을 쏟는다. 느헤미야는 성벽을 재건하는 일이 뭐가 중요하다고 왜 그렇게 열심이었을까? 새로 건축된 성전에서 백성들이 하나님을 섬기며 율법도 배우고 있었지만, 여전히 외부의 침략 때문에 불안하고 언제 다시 당할지 모르는 위험으로부터 보호하고 싶었을 것이다. 기껏 백성들이 마음잡고 신앙생활 잘하는데 호시탐탐 노리는 외부 세력들에 의해 또다시 죄를 짓고 신앙을 버리면 안 되기 때문이다. 그래서 성벽 재건에 온힘을 기울였다. 그런데 성전 건축을 할 때에 방해꾼들이 있었듯이 느헤미야가 성벽을 보수할 때도 역시 방해꾼들은 있었다. 아무리 훼방을 해도 느헤미야는 흔들림 없이 하나님만 의지하며 앞만 보고 나아갔다.

그 결과 성벽이 52일 만에 완성되는 놀라운 일이 일어났다. 황폐해진 땅에서 성전과 성벽 공사에 열심인 백성들에게 있어 자신들의 삶은 여전히 힘들었다. 가난한 사람들의 삶은 계속 힘든 반면, 부자들은 이를 이용해 가난한 사람들을 더욱 억압하며 자기들의 부를 쌓는 일에만 열심이었다. 이에 느헤미야는 행동으로 보여준다. 총독의 신분이지만 백성들보다 더 많은 일을 하고, 총독의 녹도 받지 않고 무보수로 일한다. 가난한 백성들을 생각해 주는 모범을 보인다.

8-10장 : 에스라의 개혁운동

이스라엘 백성들이 수문 앞 광장에 모여 학사 에스라에게 율법책을 읽어 달라고 한다. 율법책을 읽어주며 그동안 잊고 살았던 각각의 절기도 알려주고 중요성도 깨닫게 한다. 어렴풋이 알고 있던 하나님의 말씀을 다시 들은 백성들이 죄를 자복하고 눈물을 흘린다. 우리 백성이 왜 이렇게 되었는지도 깨달으며 깊은 회개를 한다. 금식도 하고 스스로를 돌아보는 시간을 갖는다. 아브라함 때부터 시작해서 오늘에 이르기까지 뒤돌아보니 자기들의 죄가 낱낱이 보이기 시작하였다. 이제는 하나님의 성전이 다시는 무너지는 일이 없도록 잘 관리해야 하며 한시도 하나님의 말씀 없이 살아서는 안 된다고 생각되어 백성 모두가 하나님 앞에서 서원한다. 다시 약속을 하고 다짐을 해 인봉한 명단들이 10장에 나열된다.

11-13장 : 성전 봉헌과 느헤미야의 개혁

느헤미야의 두 번째 개혁에 관한 이야기다. 백성의 지도자와 일부는 예루살렘에 거주하게 하고, 나머지는 다른 성읍에 거주한다. 제사장들과 레위 사람들의 명단이 나온다. 드디어 성벽을 봉헌한다. 안식일의 중요성을 강조한다. 이들이 제일 지키지 못하고 산 것이 안식일이다. 그 이유는 돈 때문이다. 더 많이 벌려는 욕심에 주인들은 종들에게 일을 시키고 안식일을 지키지 못하게 하였다. 그렇게 한 것이 어느새 일상생활이 되다 보니 안식일을 지키지 않는 것도 아무렇지 않게 되어버렸다. 그래서 하나님은 일부러 바벨론이라는 심판의 도구를 사용해 이들을 남의 땅에 70년간 잠시 보내셨다. 그 사이 땅을 쉬게 하고 백성들은 자기들의 죄를 깨우치게 하기 위함이다. 예루살렘에서 12년 동안의 사역을 마친 후 느헤미야는 일단 페르시아로 돌아간다. 하지만 잘 맺어진 열매들이 시간이 지남에 따라 다시 타락하고 또다시 죄를 짓는 현상이 나타났다. 그래서 느헤미야는 여전히 개혁이 필요한 예루살렘으로 다시 돌아와서 나머지 개혁에 박차를 가한다.

구약성경의 성전과 신약성경의 성전

에스라서·느헤미야서를 끝으로 이스라엘 역사가 여기서 일단락되는 것을 알 수 있다. 구약성경의 거의 마지막 내용으로도 볼 수 있다. 에스라서·느헤미야서는 이스라엘 백성들이 귀환한 후 성전 건축과 다시 말씀을 붙잡는 것이 주된 내용이다. 구약성경에서 말하는 성전은 말 그대로 건물이다. 하나님이 임재하시고, 백성들은 성전에서 제사를 드리고, 자신들의 죄를 용서받고, 그곳에서 하나님을 만난다. 그러나 신약성경에서 성전의 개념은 좀 다르다. 하나님의 자녀 한 명 한 명이 성전이다. 이들이 모인 공동체가 교회이다.

에스라서의 핵심

"에스라가 여호와의 율법을 연구하여 준행하며 율례와 규례를 이스라엘에게 가르치기로 결심하였었더라"(7:10)

느헤미야서의 핵심

"오직 주는 여호와시라 하늘과 하늘들의 하늘과 일월성신과 땅과 땅 위의 만물과 바다와 그 가운데 모든 것을 지으시고 다 보존하시오니 모든 천군이 주께 경배하나이다"(9:6)

27

학개

책명

히브리어 성경은 '학가이'(חַגַּי), 칠십인역(LXX)은 '악가이오스'(Ἀγγαῖος), 우리말 성경은 인명인 '학개'로 책명을 삼는다. 학개는 '나의 절기' 또는 '축제'라는 뜻이다.

저자 및 기록 배경

저자는 학개이다. 포로 귀환 후에 활동한 선지자 중 가장 먼저 활동한 사람이다. 학개서 안에는 학개에 대한 개인적인 배경이 전혀 없다. 학개는 이스라엘 백성들이 포로로 잡혀갈 때 같이 갔다가 함께 귀환한 사람일 수도 있다. 그렇다면 열 살 즈음에 포로로 잡혀갔다 하더라도 70년의 포로생활이 끝나고 돌아온 학개의 나이는 대략 80대 정도였을 것으로 본다. 학개는 선지자 스가랴와 함께 동시대에 활동한 선지자이다. 2개월 먼저 학개가 활동했다. 학개서에는 정확한 날짜가 언급되어 있다. 에스라서 5장에 학개와 스가랴의 활동이 나온다.

기록 목적 및 역사적 배경

페르시아가 바벨론을 점령한다. 그때 페르시아의 왕은 고레스다. 하나님께서 고레스 왕의 마음을 감동시켜 포로 된 유다 백성들을 귀환시킬 것과 무너진 예루살렘 성전을 건축하라는 명령을 내린다. 이에 스룹바벨과 예수아가 백성들과 함께 1차로 귀환한다. 70년 동안 남의 나라에 포로로 있었으니 얼마나 감격스러웠겠는가! 부푼 꿈을 안고 고국으로 돌아온 이들은 먼저 무너진 성전부터 건축한다. 그런데 뜻하지 않은 일이 발생한다. 주변 대적들의 방해로 성전을 더이상 짓지 못하고 거의 15년 동안 건축이 중단되었다. 그래서 성전 공사는 중단한 채 자신들의 집을 먼저 짓고 살았다. 이때 하나님께서는 선지자 학개와 스가랴를 이들에게 보내 이들을 격려하고 성전 건축을 완성하게 하신다. 학개는 다리오 왕 때 활동한 선지자다. 학개와 스가랴는 하나님이 맡기신 사명을 잘 감당하며 지쳐 있는 백성들을 위로하고 권면하면서 성전 짓기를 함께한다. 드디어 제2의 성전이 완공되었다.

구성

범위	내용
1장	첫 번째 설교 : 성전 건축 명령, 성전 건축 격려
2장 1-9절	두 번째 설교 : 성전의 외형이나 화려함은 중요치 않음
2장 10-19절	세 번째 설교 : 성전 건축 이후의 축복을 약속하심
2장 20-23절	네 번째 설교 : 구원을 약속하심

● 1장 : 첫 번째 설교

학개서는 총 4개의 설교로 되어 있다. 스룹바벨과 예수아가 1차로 포로 귀환을 하고 제일 먼저 한 것은 성전을 건축하는 일이었다. 열심히 뜻을 모아 건축을 하는데 사마리아 사람들과 이방의 대적자들의 방해로 성전 건축은 중단된다. 열심히 성전 건축을 하려다 못하게 되는 상황이 되자 백성들은 실의에 빠지고 낙심한다. 그래서 성전은 포기하고 자신들의 집을 짓고 살았다. 이때 하나님은 학개 선지자를 보내어 성전을 완공할 수 있도록 격려하게 하신다. 그러나 백성들은 이런저런 핑계를 대며 미루고 있었다. 성전 건축에 마음이 없는 백성들은 아직 성전을 건축할 때가 아니라며 핑계를 대고, 하나님은 지금이 성전을 건축할 때라고 하신다. 때는 우리가 정하는 것이 아니라 하나님이 정하시는 것이다. 성전 건축을 포기하고 각자 먹고살기 위해 농사일도 열심히 하며 살아보려고 애썼지만 노력한 것에 비해 소득은 적었다. 씨를 많이 뿌려도 수확이 적었고, 배부를 만큼 넉넉히 먹지도 못했으며, 옷을 입어도 따뜻하지 않았고, 밑 빠진 독에 물 붓듯 돈은 계속해서 새어나갔다. 황폐해진 성전은 내버려둔 채 먹고살기 위해 열심이었지만 결과는 힘든 삶만 눈앞에 있었다. 또한 끊임없는 문제들이 이들을 더욱 힘들게 했다.

포로로 잡혀가지 않고 유다에 남아서 살고 있던 사람들과의 갈등도 많았다. 자기들 땅으로 알고 살아왔는데 갑자기 포로에서 귀환한 사람들이 자기 땅이라고 하니 싸움은 끊이지 않았다. 이런 혼란한 상황에 하나님은 학개 선지자를 보내어 이들을 중재하고 설득하게 하신다. 그 이유는 그동안 흩어졌던 유대인들을 하나로 묶어 주기 위함이었다. 학개가 23일 동안 이들에게 하나님의 말씀을 전하고 백성들은 하나님의 말씀을 경청하면서 이들의 마음이 감동되었다. 즉, 하나님의 영이 들어와 백성들은 학개의 말에 순종하며 성전을 다시 건축하기로 한다. 예전 솔로몬이 성전을 지을 때는 아버지 다윗이 살아생전 준비한 최고급 재료와 최고의 기술자들로 구성이 되어 있었지만 지금은 그런 상황이 아니다. 그저 산에 올라가서 아무 나무나 가져다가 뚝딱 뚝딱 지어야 하는 상황이다.

● 2장 1-9절 : 두 번째 설교

드디어 성전 건축이 시작되었다. 그런데 이전 솔로몬의 화려한 성전을 본 사람들이 지금 자신들이 짓는 성전을 보고는 한숨을 쉰다. 비교할 수 없을 만큼 초라하기 때문이다. 학개도 예전 솔로몬 성전을 봤던 사람이다. 백성들은 생각한다. 하나님의 성전을 이렇게 초라하게 지어도 되는가? 과연 이처럼 초라한 곳에 하나님이 오시기는 할까? 그러나 하나님은 전혀 상관이 없다고 하신다. 아무리 외형이 훌륭한 성전이라도 그 안에 하나님이 계시지 않으면 아무 소용이 없기 때문이다. 그리고 웅장하리만큼 화려했던 솔로몬 성전이 완전히 무너지는 것을 보지 않았던가? 세상의 모든 금과 은이 하나님 것이라며 외부의 크고 화려함은 전혀 중요치 않다고 말씀하신다. 또한 예전 솔로몬 성전 때의 영광보다 나중 성전의 영광이 클 것이라고 말씀하신다. 백성의 눈에는 하찮아 보이는 성전이지만 하나님은 백성 한 사람 한 사람의 마음을 보고 계신다. 조금 있으면 모든 만국을 진동시킬 만한 보배가 올 것이라고 하신다. 나중 성전, 만국을 진동시킬 만한 보배는 예수 그리스도의 예표이다.

● 2장 10-19절 : 세 번째 설교

성전을 짓기 시작한 지 3개월쯤 되었다. 하나님께서는 학개를 통해 백성들의 부정함을 제사장들에게 말하게 하신다. 만일 거룩한 성물이 부정해진

곳에 닿으면 닿은 물건이 거룩해지냐고 묻는다. 제사장들은 아니라고 대답한다. 그러면 시체를 만져 부정해진 사람이 어떤 물건을 만지면 어떻게 되냐고 묻자 부정해진다고 대답한다. 즉, 백성들의 삶이 여전히 죄를 짓고 있으면서도 아무렇지 않게 성전에 와서 거룩하게 제사를 드린다고 해서 이 제사가 거룩한 제사가 되는 것은 아니라는 말씀이다. 따라서 그 제사는 부정한 제사일 수밖에 없다는 것으로 하나님은 학개를 통해 백성들의 성결문제를 지적하신다. 하나님은 성전 건축 이후의 삶을 바로잡으라고 충고하신다.

● 2장 20-23절 : 네 번째 설교

성전이 완공된 후에 하나님께서는 하늘과 땅을 진동시키실 것이라고 학개에게 말씀하신다. 이 말씀을 학개는 스룹바벨에게 전달한다. 이 말씀 때문에 얼마나 많은 백성들이 기다리다 지쳤는지 모른다. 학개를 통해서 분명히 조금만 기다리면 만국을 진동할 보배를 보내 주리라 하셨는데 아무리 기다려도 오지 않자 백성들은 힘들어한다. 그러다 보니 하나님을 온전히 신뢰하지 못하고 신앙을 저버리는 사람들도 있고, 더이상 하나님의 뜻이 아닌 자기의 소견대로 대충 사는 사람들도 늘어난다. 또한 이들이 손꼽아 기다린 메시아는 정치적으로나 경제적으로 힘 있는 사람을 생각하며 기다리고 있었다. 정말 만국을 흔들 만큼 한 방에 주변 나라들을 다 쓸어버릴 그런 메시아가 오길 간절히 기다리고 있었다. 하지만 아무리 기다려도 그런 메시아는 오지 않았다. 그러나 하나님은 하나님을 대적하는 자들을 다 멸하시고, 스룹바벨을 중심으로 하나님의 백성들을 구원하시겠다고 약속하신다. 스룹바벨 또한 예수님을 예표한다. 결국 이 세상에 복을 가져다주시는 분은 오직 예수님 한 분뿐이다.

성전 재건의 의미

학개서는 성전 건축이 중단된 것을 학개가 격려해서 성전이 완공되었다는 단순한 내용이 아니다. 하나님의 성전을 화려하고 웅장하게 지어야만 하나님이 기뻐하시고 백성들을 축복해 주신다는 내용은 더더욱 아니다. 한두 명 모이는 초라한 성전이라도 하나님이 임재하시는 곳이면 그곳이 곧 성전이다. 예수님은 포로 귀환 후 다시 건축된 초라한 성전처럼 우리에게 초라한 모습으로 다가오셨다. 학개서 전체의 내용은 이 땅에 모든 인간의 죄를 짊어지고 우리를 구원하실 메시아, 즉 예수 그리스도에 대해 말하고 있다.

학개서의 핵심

"이 성전의 나중 영광이 이전 영광보다 크리라 만군의 여호와의 말이니라 내가 이곳에 평강을 주리라 만군의 여호와의 말이니라"(2:9)

28

스가랴

책명

히브리어 성경은 '즈카르야'(זכריה), 칠십인역(LXX)은 '자카리아스' (Ζαχαρίας), 우리말 성경은 인명인 '스가랴'로 책명을 삼는다. 스가랴의 뜻은 '하나님이 기억하신다'이다.

저자 및 기록 배경

저자는 스가랴이다. 스가랴는 다리오 왕 때 선지자로 부름을 받았고, 학개와 같은 시기에 활동했으며, 학개보다 2개월 늦게 사역을 시작했다. 잇도의 손자이고 베레갸의 아들이며, 선지자이고 제사장이다. 학개가 중단된 성전 건축에 힘을 썼다면, 스가랴는 영적으로 침체되어 있는 귀환 백성들을 향해서 하나님께서 약속하신 것은 반드시 지키신다는 것과 백성들을 위로하는 일에 더 힘을 썼다. 구약성경 전체에서 같은 이름의 스가랴가 27명 정도 나온다. 스가랴서도 구약성경의 묵시문학이다. 에스라서 5장에 학개와 스가랴의 활동이 나온다.

기록 목적 및 역사적 배경

학개보다 2개월 정도 늦게 선지자 활동을 시작했으나, 거의 같은 시기 같은 문제 해결을 위해 쓰임 받았다. 과제는 성전 건축이었다. 페르시아의 고레스 왕이 유다 백성들을 귀환시키고 성전 건축도 허락했다. 고국으로 돌아온다는 것과 무너진 성전을 건축한다는 크나큰 기대를 가지고 돌아오지만 상황은 만만치 않았다. 그래도 열심히 지어보려고 노력했지만 방해꾼들로 인해 성전 건축은 중단된다. 이때 학개와 스가랴가 이들을 격려하며 성전 건축에 만반을 기한다. 앞에서도 많은 예언서들을 살펴보았지만 같은 시대에 같은 문제를 놓고 두 명의 예언자를 사용하신 것은 드문 경우다. 이는 성전 건축이 무엇보다 중요한 일이기 때문이다. 학개는 성전을 건축해야하는 당위성에 대해 권면했다면, 스가랴는 하나님의 약속은 반드시 이루어질 것이고, 미래에 하나님이 보내실 메시아에 대해서도 언급한다. 하나님의 나라는 반드시 도래할 것이다.

구성

범위	내용
1-6장	스가랴가 본 8가지 환상
7-8장	진정한 금식에 관한 교훈
9-14장	고난 받는 목자, 메시아 왕국의 승리

- **1-6장 : 스가랴가 본 8가지 환상**

하나님께서 스가랴를 선지자로 부르시고 백성들을 향해 외치라고 하신다. "너희는 내게로 돌아오라 … 그리하면 내가 너희에게로 돌아가리라"
(1:3). 이렇게 스가랴의 사역이 시작된다. 먼저 스가랴가 본 8개의 환상이다.

첫 번째 환상은 붉은 말, 자줏빛 말, 백마를 탄 사람들이 땅을 두루 다니
며 순찰을 하고 돌아와서 화석류나무 사이에 서 있는 여호와의 천사에게
보고하기를 온 땅이 평안하고 조용하더라고 한다. 천사가 하나님께 아뢰며
70년 동안 포로로 끌려가 고생한 유다 백성과 예루살렘에게 언제까지 화
를 내실 것이냐며 하나님께 묻는다. 이제는 좀 유다 백성들을 불쌍히 여겨
달라고 한다. 그러자 하나님께서는 예루살렘을 다시 회복시킬 것이고, 하나
님의 집이 다시 건축될 것이라고 하신다.

두 번째 환상은 네 뿔과 대장장이 네 명이다. 네 뿔은 그동안 유다와 이
스라엘을 괴롭힌 나라를 상징하며, 대장장이 네 명이 그 뿔들을 쳐서 심판
하고 떨어뜨리게 한다는 환상이다.

세 번째 환상은 측량줄을 잡은 한 사람이 예루살렘을 측량하려고 한다.
그런데 예루살렘이 너무 커져서 측량줄로 잴 수 없음을 보여준다. 황폐했던
예루살렘에 많은 사람들과 가축들이 살 것이고, 하나님께서 친히 예루살
렘을 지키시며 그 안에 함께 계실 것이다. 다시 재건된 예루살렘은 성벽이
없다. 하나님께서 친히 불로 둘러싼 성곽이 되어주실 것이기 때문이다.

네 번째 환상은 여호수아가 더러운 옷을 입고 하나님 앞에 서 있다. 이때
사탄이 여호수아를 하나님께 고소하는데, 하나님께서는 오히려 사탄을 책
망하신다. 그리고 천사들에게 명하여 즉시로 더러운 옷을 벗기고 깨끗하고
아름다운, 예식에 입는 옷으로 갈아입힌다. 또 하나님께서는 일곱 눈이 있
는 한 돌을 여호수아에게 보이시며 이 땅의 죄악을 하루에 다 제거하리라
고 하신다.

다섯째 환상은 순금 등잔대가 있는데 그 곁에 두 감람나무가 있다. 순금

등잔대는 앞으로 건축될 성전을 의미하며, 두 감람나무는 스룹바벨과 여호수아를 상징한다. 예루살렘 성전이 다시 건축될 것이다.

여섯 번째 환상은 날아가는 두루마리이다. 이 두루마리의 길이는 이십 규빗이고, 너비는 십 규빗이다. 이 두루마리에는 온 땅에 내릴 저주가 가득 적혀 있다. 하나님께서는 도둑질하는 자와 하나님의 이름을 가리켜 망령되이 맹세하는 자들을 심판하신다고 한다.

일곱 번째 환상은 에바 안에 한 여인이 앉아 있다. 에바는 하나님의 심판을 의미한다. 에바 안에 앉아 있는 여인은 죄악을 상징한다. 이는 하나님이 언약 백성을 심판하시는 환상이다.

여덟 번째 환상은 네 병거가 두 산 사이에서 나온다. 첫째 병거는 붉은 말들이, 둘째 병거는 검은 말들이, 셋째 병거는 흰 말들이, 넷째 병거는 어룽지고 건장한 말들이 끈다. 네 병거는 하늘의 네 영을 상징한다. 네 영은 동서남북으로 흩어진다. 이는 하나님께서 하실 심판을 나타낸다. 이런 환상들을 보여주신 후 하나님께서 여호수아에게 면류관을 씌워주신다. 이를 통해 오실 메시아를 상징한다.

● 7-8장 : 진정한 금식에 관한 교훈

백성들 중의 일부가 지난 포로생활 70년 동안 5월과 7월에 애통해하며 해 오던 금식을 계속해야 되는지 묻고 있다. 이에 하나님께서는 너희들이 한 금식이 진정 나를 위한 것이었느냐고 물으신다. 순전한 마음으로 하나님의 말씀을 지키며 과부와 고아, 나그네와 가난한 자에게 자비롭게 대했는지가 형식적인 금식보다 중요하다고 하신다. 그런데 그들은 하나님의 말씀을 들으려고도, 지키지도 않았고, 이들을 돌보지도 않았다. 이에 하나님은 진노하셨고, 이들을 여러 나라에 흩어지게 하셨으며, 땅은 황폐하게 되었다.

그렇다고 이 백성들을 완전히 버리신 것은 아니다. 예루살렘을 여전히 사랑하시고, 다시 이들을 돌아오게 하시며, 회복시키실 것이다. 예전의 영광이 회복될 것을 선포하신다. 하나님은 다시 변함없는 성실과 공의로 예루살렘을 다스릴 것이다.

● 9-14장 : 고난 받는 목자, 메시아 왕국의 승리

이스라엘을 대적했던 나라들은 멸망할 것이며 메시아가 도래할 것이다. 메시아는 공의롭고 구원을 베풀 것이며 겸손하여 나귀를 타고 오실 것이다. 그는 이방 사람에게 화평을 전할 것이고, 온 세상을 통치할 것이다. 하나님께서 참된 목자를 세우신다. 이 참된 목자는 본서 저자인 스가랴를 말하며, 스가랴는 예수님을 예표한다. 하나님은 스가랴에게 두 개의 막대기를 취하여 하나에는 은총이라 쓰고 다른 하나에는 연합이라 써서 양 떼를 돌보라고 하신다. 참된 목자가 악한 세 명의 목자를 제거했지만 양들은 그것이 이내 못마땅하다. 그래서 참된 목자에게 맞서고 참된 목자를 받아들이지 않는다. 화가 난 참된 목자는 은총이라고 쓰인 막대기를 꺾어 버리고 떠나려고 한다. 떠나면서 그동안의 품삯으로 은 삼십 개를 요청한다. 은 삼십 개를 받은 참된 목자는 토기장이에게 던져 버리고 연합이라고 쓰인 막대기 또한 꺾어 버린다. 이에 하나님도 화가 나서서 아주 나쁘고 못된 한 목자를 보내셔서 그가 양들을 돌보게 하지만 못된 목자는 양들을 다 잡아먹고 이방에 팔아버린다. 마지막 때에 이방인들이 예루살렘을 침공하지만 하나님께서 참된 목자, 즉 메시아를 보내셔서 이들을 구원하신다.

하나님께서 예루살렘 주민에게 은총과 간구하는 심령이 되게 해 주셔서 이들이 대대적인 회개를 하고 애통하게 하신다. 우상과 이제 거짓 예언자들이 다 사라질 것이고 목자를 쳐서 양들 또한 다 흩어지게 되는데 온 땅에서 삼분의 이는 멸망하고 삼분의 일은 남아 하나님의 백성으로 삼을 것이다. 하나님께서 예루살렘을 깨끗하게 하시고 모든 것을 정화시켜 거룩하게 하실 것이다. 그리하여 만국이 하나님의 새로운 왕국으로 모일 것이다.

스가랴서의 핵심

"시온의 딸아 크게 기뻐할지어다 예루살렘의 딸아 즐거이 부를지어다 보라 네 왕이 네게 임하시나니 그는 공의로우시며 구원을 베푸시며 겸손하여서 나귀를 타시나니 나귀의 작은 것 곧 나귀 새끼니라"

(9:9)

29

에스더

책명

유일하게 구약성경에서 여성의 이름이 책명인 책은 에스더서와 룻기이다. 히브리어 성경은 '에스테르'(אסתר), 칠십인역(LXX)은 '에스테르'('Εσθήρ), 영어 성경은 '에스더'(Esther), 우리말 성경도 인명인 '에스더'로 책명을 삼는다. '에 스테르'의 히브리식 이름은 2장 7절에 나와 있듯 '하닷사'이다. 에스더는 페 르시아어로 '별'(star)이라는 뜻이고, 히브리어로는 나무의 일종인 '도금양' (은매화)이다.

저자 및 기록 배경

에스더서의 저자는 확실치 않다. 혹자는 모르드개나 에스라라고도 하지 만 정확하지는 않다. 또 어떤 학자는 페르시아의 상황을 잘 아는 익명의 유 대인이 썼을 가능성도 있다고 한다. 페르시아가 바벨론을 점령한 후 고레스 왕은 바벨론에 살고 있던 많은 유대인들에게 칙령을 내려 대부분의 유대인들이 고국으로 돌아갔지만 여전히 페르시아에 남아서 살고 있는 소수 유대 민족의 이야기가 에스더서 배경이다. 에스더서는 에스라서에서 포로 귀환한 사람들이 성전 건축을 한 후 에스라가 2차로 백성들을 데리고 귀환하는 중간 시점에 페르시아 수산에서 발생한 일이다. 에스라서 6장과 7장 사이에 에스더 사건이 일어난다. 구약성경 목록에는 에스라서·느헤미야서 다음에 에스더서가 있지만, 시간상으로는 에스라가 포로 귀환하기 전에 에스더의 사건이 발생했다. 에스더서의 내용은 아하수에로 왕 때의 일이고, 에스라와 느헤미야는 아하수에로 왕의 아들 아닥사스다 왕 때의 인물이다.

기록 목적

구약성경 39권이 정경으로 확정될 때 논란이 되었던 책들이 몇 권 있다. 그중에 에스더서도 포함된다. 여러 이유가 있지만 유독 에스더서에는 하나님이나 여호와라는 표현이나 언급이 전혀 없다. 또한 모세오경에는 없는 부림절이라는 절기가 에스더서에 있다. 그리고 쿰란에서 히브리어 성경 사본이 많이 발견되었는데 그 안에 에스더서 사본은 발견되지 않았다. 종교개혁자 마틴 루터(Martin Luther)는 에스더서가 차라리 존재하지 않았으면 좋았을 것이라 했고, 칼뱅(John Calvin) 역시 많은 주석을 쓰고 설교를 했지만 에스더서를 언급한 적이 없고, 에스더서 주석만 쓰지 않았다. 그럼에도 불구하고 기원후 90년에 얌니아 회의(Council of Jamnia)에서 에스더서를 정경으로 채택했다면 그만한 이유가 있을 것이다. 하나님의 언급이 한 번도 없어서 마치 하나님이 일하시지 않는 것처럼 보이지만 하나님은 이방 땅에서조차 쉬지 않고 일하심을 에스더서를 통해서 더 확실히 볼 수 있다. 하나님은 예루살렘에서만 계시는 것이 아니라 모든 곳에서 역사하시는 분임을 보여준다.

구성

범위	내용
1-2장	왕후가 된 에스더
3-4장	하만의 음모와 에스더의 결심
5-7장	왕에게 연회를 베풀며 지혜와 용기를 냄
8-10장	모르드개의 위상이 높아지고 하만의 음모가 드러나면서 극적 승리, 부림절 탄생

● 1-2장 : 왕후가 된 에스더

대제국 페르시아가 얼마나 많은 영토를 확장해 나갔는지 아하수에로(크세르크세스)는 인도에서 구스까지 127지방을 다스리는 왕이라고 소개한다. 아하수에로는 페르시아의 네 번째 왕이다. 180일 동안 잔치를 하며 풍성한 음식을 차려놓고 금잔으로 술을 마신다. 술에 취해 한참 기분이 좋아진 왕은 자기의 아내 와스디를 모든 사람 앞에서 자랑하고 싶어 한다. 그래서 왕후 와스디를 데려오라는 명령을 하지만 와스디는 왕의 명령을 거역한다. 왕의 명령에 오지 않았다는 이유로 왕후에서 폐위된다. 그래서 전국의 처녀들을 다 불러들여 그 중에서 가장 아름답고 왕의 마음에 드는 사람을 왕후 자리에 앉히기로 한다. 여기에서 에스더가 왕후가 된다. 일찍 부모를 잃은 에스더를 그의 사촌 오빠 모르드개가 자기 딸처럼 키웠다. 모르드개는 유다가 망하고 바벨론의 느부갓네살 왕이 유다 사람들을 포로로 끌고 갈 때 함께 끌려간 사람인 것 같다.

모르드개는 에스더에게 자신이 유대인인 것을 숨기라고 했다. 페르시아는 명문 가문 중에서 왕후를 뽑는 것이 전통이었기 때문에 유대인인 에스더가 왕후가 되는 일은 절대 있을 수 없는 일이기 때문이다. 에스더는 자신의 신분을 숨기고 왕후에 올랐다. 궁궐 밖에서 에스더의 안위가 궁금한 모르드개는 매일 그 주변을 서성인다. 그러다 어느 날 빅단과 데레스가 왕을 죽이려는 음모를 꾸미는 것을 우연히 듣게 되어 왕후 에스더에게 알려준다. 에스더가 이 일을 모르드개의 이름으로 왕에게 알린다. 이에 왕은 두 사람을 처벌하고 자신의 목숨을 구한다.

● 3-4장 : 하만의 음모와 에스더의 결심

왕에게는 아각 사람 함무다다의 아들 하만이라는 2인자가 있다. 하만은 아말렉의 후손이다. 왕의 2인자라는 명분으로 사람들을 무시하고 오만방자하다. 하만의 교만이 싫었던 것인지, 아니면 아말렉의 후손이라는 점이 싫었던 것인지 모르드개가 하만에게 절을 하지 않는다. 이에 하만은 모르드개 한 사람 때문에 무척 화가 난다. 모르드개가 유대인인 것을 아는 하만은 모르드개뿐만 아니라 모든 유대인을 죽일 결심을 한다. 왕에게 은 일만 달란트를 주며 거짓으로 방책을 꾸민다. 마침내 각 지방에 조서를 보내 모르드개뿐만 아니라 모든 유대인을 죽이라는 내용을 보낸다. 자기의 민족이 죽게 됨을 안 모르드개가 매일 궁궐 앞에서 자기의 옷을 찢고 대성통곡을 한다. 그런 상황을 궁궐에 있는 사람들이 에스더에게 전달한다. 에스더가 왕에게 이 사실을 알리고 하만을 말려달라고 간청하고 싶지만 이미 왕 앞에 나가지 못한 지가 한 달이 된 터였다. 왕의 부름 없이 그냥 왕 앞에 나가는 것은 거의 죽음이나 다름없는 일이다. 그래서 모르드개에게 자신이 마음대로 왕 앞에 나가는 일은 곤란하다고 하자 모르드개는 아랑곳하지 않고 너의 왕후 됨이 이때를 위함이 아닌지 누가 알겠냐며 단호히 말한다. 이에 에스더가 3일간의 금식을 요구하며 함께 기도하자고 한다. 그리고 에스더는 죽으면 죽으리이다라는 각오로 왕 앞에 나가겠다고 한다.

● 5-7장 : 왕에게 연회를 베풀며 지혜와 용기를 냄

3일간의 금식 후에 왕의 부름 없이 에스더가 왕 앞에 나간다. 죽을 각오를 하고 왕 앞에 나섰지만 오히려 왕은 에스더를 매우 사랑스럽게 본다. 그리고 다정한 말투로 그대의 소원이 무엇이냐고 묻는다. 한숨 돌린 에스더는 오늘 음식을 준비하고 잔치를 베풀 터이니 하만과 함께 오라고 한다. 잔치에서 왕이 다시 그대의 소원이 무엇이냐고 물어도 에스더는 아직 속 얘기를 하지 않고 내일 한 번 더 하만과 잔치에 오라는 말만 한다. 대접을 잘 받고 나온 하만은 여전히 자기에게 인사를 하지 않는 모르드개가 마음에 들지 않는다. 그래서 집에 모르드개를 달아 죽일 나무를 세운다.

그날 밤 왕이 잠이 오지 않아 뒤척이다가 신하에게 역대일기를 가져오게 해서 읽게 한다. 그런데 지난 일기를 듣다 보니 얼마 전 자신의 목숨을 구해 준 모르드개에게 아무런 상급도 내리지 않은 것을 알게 된다. 그래서 다음 날 모르드개에게 내릴 상급을 하만과 의논한다.

하만은 모르드개를 나무에 매어 죽일 것을 왕에게 상의하러 왔는데 오히려 왕은 모르드개에게 상급을 내릴 것을 의논한다. 그래서 모르드개를 죽이지 못하고 왕이 내린 상급을 실행한다. 기분이 몹시 나쁜 하만은 다시 에스더가 초대한 두 번째 잔치에 간다. 다시 왕이 에스더에게 묻는다. 도대체 그대의 소원이 무엇인지 말해보라고 한다. 이번에는 에스더가 왕의 손을 잡고 간절히 요청한다. 나의 생명과 내 민족의 생명을 살려 달라고 하였다. 뜻밖의 말에 왕이 누가 너의 목숨을 잡기라도 했느냐고 묻자 에스더는 하만을 가리킨다. 이 일로 하만은 모르드개를 죽이려고 세운 나무에 자신이 달려 죽는다.

에스더서를 읽다 보면 많은 반전을 볼 수 있다. 죽기를 각오하고 간 에스더가 왕의 눈에 사랑스럽게 보이고, 모르드개를 죽이려고 상의하러 간 하

만에게 오히려 모르드개에게 상을 내리라고 하고, 모르드개를 달려고 한 나무에 하만이 달려서 죽고, 이런 것들은 우연이 아니고 하나님이 하신 일이라고밖에 생각하지 않을 수 없다.

● 8-10장 : 모르드개의 위상이 높아지고 하만의 음모가 드러나면서 극적 승리, 부림절 탄생

모르드개가 하만 대신에 왕의 2인자가 된다. 하만은 죽었지만 이미 발송된 조서를 철회해 달라고 에스더가 요구하지만 한 번 왕의 반지로 인을 친 것은 철회를 할 수 없었다. 그래서 다른 방식으로 편지를 보내 유대인을 살리는 방편을 찾는다. 많은 백성들이 2인자가 된 모르드개를 두려워하므로 유대인을 도우며 대적자들을 제거한다.

9장 10절을 보면 하만의 아들들까지 다 죽였지만 그들의 재산에는 손을 대지 않았다고 되어 있다. 무엇을 말하는 것일까? 하만은 아말렉의 후손이고, 모르드개는 베냐민 지파이다. 아말렉은 막 출애굽을 한 힘없는 이스라엘 백성들에게 제일 먼저 쳐들어온 사람들이다. 하나님이 모세의 손을 들게 함으로써 이 전쟁에서 승리하게 하셨다. 베냐민 지파인 초대 왕 사울 때도 하나님은 사울에게 아말렉의 호흡하는 것 하나도 남기지 말고 다 진멸하라고 했다. 그러나 사울이 그렇게 하지 않고 아말렉 왕 아각과 좋은 동물들을 남김으로 하나님께 버림받았다. 이들이 하만의 재산에 손대지 않은 것은 하나님께서 아무것도 취하지 말고 모조리 진멸하라고 명령하셨기 때문이다. 신명기 25장 17-19절에 하나님이 아말렉을 지면에서 흔적도 없이 없애버린다고 하신 말씀이 이곳에서 성취된 듯싶다. 모르드개와 에스더에 의해 유대인들은 목숨을 건질 수 있었다.

하만이 유대인을 처형하려고 제비를 뽑은 날이 12월 13일이었다. 그러나

왕궁 옆 수산에 있는 대적들마저 처리하기 위해서는 하루가 더 필요했다. 그래서 14일에도 남은 대적을 제거했다. 부림(Purim)은 부르(Pur-'제비', '주사위')의 뜻이다. 이렇게 해서 부림절이 탄생하게 되었다. 원수를 갚은 후 그 다음날 이를 기념하기 위해서 잔치를 했는데 수산을 제외한 지역에서는 12월 14일에 절기를 지키고 수산은 15일에 지킨다. 이날은 죽음에서 구원받은 날이다. 모세오경의 절기에는 없지만 지금도 유대인들은 부림절을 지키고 있다. 유대인들은 부림절에 에스더서를 읽는다.

에스더서가 주는 교훈

상처(Scar)가 별(Star)이 된다는 말이 있다. 비록 유대인이지만 이방 땅에 살면서 어쩌면 하나님이 계시지 않는 것처럼 여겨지는 상황 속에서도 모르드개는 정체성을 잃지 않고 있었다. 자기 지파의 대적자 하만에게 끝까지 굴복하지 않는 모르드개의 행동을 보게 되는 반면, 조금만 어려운 일이 있어도 사탄에게 쉽게 굴복하고 마는 우리의 모습을 보게 해 준다.

에스더서의 핵심

"이 때에 네가 만일 잠잠하여 말이 없으면 유다인은 다른 데로 말미암아 놓임과 구원을 얻으려니와 너와 네 아버지 집은 멸망하리라 네가 왕후의 자리를 얻은 것이 이 때를 위함이 아닌지 누가 알겠느냐 하니"(4:14)

30

말라기

책명

히브리어 성경은 '말르아키'(מלאכי), 칠십인역(LXX)은 '말라키아스'
(Μαλαχίας), 우리말 성경은 인명인 '말라기'로 책명을 삼는다. 말라기는 '나
의 사자', '여호와의 소식을 전하는 자'라는 뜻이다. 구약성경 39권 가운데
마지막 책이자 선지서 가운데 제일 끝에 있다. 그러나 히브리어 성경에는
구약성경의 끝이 말라기서가 아니라 역대기서이다.

저자 및 기록 배경

저자는 말라기이다. 말라기서 안에는 저자에 대한 배경 언급이 전혀 나
와 있지 않다. 말라기 선지자가 활동한 때에는 이스라엘 백성이 포로에서
귀환한 후 성전 건축을 마치고 100여 년의 시간이 지난 후다.

기록 목적

포로에서 돌아온 백성들이 여전히 종교적, 형식적으로 예배를 드리는 것에 대해 책망한다. 하나님의 징계가 있었음에도 끊임없이 영적으로 타락하고 도덕적으로 죄를 짓는 백성들에게 회개를 촉구한다. 메시아의 오심을 알게 하기 위함이다.

역사적 배경

페르시아 왕 고레스에 의해 포로 된 자들이 예루살렘으로 귀환을 하고 성전까지 건축했다. 막상 예루살렘으로 돌아와 보니 땅은 황폐해져 있었고 살 길은 막막했다. 그래도 마음 한편에는 고국으로 돌아가기만 하면 뭔가 다른 삶을 살려는 비전들도 나름 있었을 것이다. 성전을 열심히 짓고 있는데 사마리아 사람들에 의해 중단되는 일이 발생하고, 이에 손놓고 있는 이스라엘 백성들에게 위로와 격려를 아끼지 않으며 다가온 선지자가 학개와 스가랴이다. 그러면서 학개는 조금만 있으면 만국을 진동시킬 보배가 올 것이니 조금만 참고 열심히 하나님을 섬기며 기다리자고 했다. 얼마나 힘이 나는 말인가? 그래! 조금만 참으면 정치적으로나 경제적으로 우리가 예전에 부강했을 때처럼 다시 그런 날이 올 것이라며 메시아가 오기를 학수고대하고 있었다.

이들이 기다린 메시아는 자기들이 지금 억압받고 있는 것으로부터 해방되고, 가난과 궁핍에서 벗어나게 해 줄 그런 메시아를 기다리고 있었다. 또한 메시아가 나타나 그동안 자기들을 힘들게 한 나라들을 다 쓸어버릴 것이라는 기대를 했다. 학개와 함께 열심히 중단된 성전을 건축하고 봉헌식까지 한다. 성전만 다 짓고 나면 곧 상황이 좋아질 줄 알았는데 나아지는 것은 아무것도 없었다. 학개가 말한 '조금'은 도대체 언제인지, 정말 메시아가 오시기는 하는 것인지, 하나님이 우리를 버리신 것은 아닌지, 분명한 것은 아무것도 없었다. 아무리 기다려도 그런 메시아가 오시지 않자 이제는 체념하며 다시 예전의 삶으로 돌아가기 시작한다. 하나님의 이름을 멸시하며 원망과 불평이 입에 붙어 있다. 성전 제사에 대한 중요성도 망각한 채 형식만 남았을 뿐 알맹이는 이미 썩어 가고 있을 때 선지자 말라기가 이런 유다 백성을 끊임없이 위로하고 격려한다.

구성

범위	내용
1장 1절	서언
1장 2-5절	첫째 논쟁 : 하나님의 사랑
1장 6절-2장 9절	둘째 논쟁 : 제사장들의 타락
2장 10-16절	셋째 논쟁 : 결혼과 이혼
2장 17절-3장 6절	넷째 논쟁 : 하나님의 공의
3장 7-12절	다섯째 논쟁 : 십일조
3장 13절-4장 3절	여섯째 논쟁 : 여호와를 경외하는 자들
4장 4-6절	결론

　　말라기서는 하나님과 유다 백성 간에 그동안 쌓였던 서운한 감정들을 논쟁 형식으로 구성한 예언서이다. 여섯 개의 질문과 답변, 그리고 계속 하나님의 공의와 정의가 보인다. 포로로 끌려가 70년 동안 고생을 했고 하나님의 은혜로 다시 귀환하여 성전도 건축했지만 여전히 변화되지 않는 이들의 삶의 모습들을 보여주고 있다. 선지자들의 예언을 믿고 긴 세월 하나님을 기다렸지만 현실로 나타나는 것이 아무것도 없다 보니, 더이상 하나님을 의

지할 필요도 없고 지금껏 드리던 제사도 온전하게 드리는 것이 아니라 대충 형식만 갖추는 제사가 되었다. 게다가 실의에 빠져 있는 백성들을 더 위로하고 격려하며 올바른 신앙생활을 할 수 있도록 지도하며 인도해야 하는 제사장들의 임무는 사라진 지 오래되었고, 오히려 제사장들이 더 타락하는 모습을 볼 수 있다.

첫째 논쟁은 하나님이 언제 우리를 사랑하셨냐고 따진다. 그러나 하나님은 야곱과 에서를 들추시며 하나님이 어떻게 야곱을 사랑하고 계셨는지를 알려주신다.

둘째 논쟁은 타락한 제사장들을 책망하신다. 먼저 솔선수범이 되어서 하나님을 섬겨야 하는 제사장들이 오히려 하나님을 멸시했다는 것이다. 성전에 드리는 떡도 더러운 것을 드리고, 제단에 올려야 하는 제물도 흠 없고 깨끗한 것을 드리는 것이 아니라 저는 것, 병든 것을 드렸다. 이제 하나님은 자신의 이름이 이스라엘이 아니라 이방 민족 중에서 크게 나타나실 것이라고 한다.

셋째 논쟁은 결혼과 이혼에 대한 것이다. 하나님은 이스라엘 백성들이 이방의 딸과 결혼하는 것을 싫어하셨다. 그리고 하나님이 친히 증인이 되셨고 하나님 앞에서 서약한 결혼을 깨고 이혼하는 것은 하나님이 매우 미워하신다고 했다. 절대로 이혼은 하면 안 된다고 하신다.

넷째 논쟁은 공의의 하나님이 어디에 계시냐는 것이다. 죄악으로 가득한 이스라엘 백성들은 끊임없이 하나님 앞에서 죄를 지으면서도 자신들의 잘못을 깨닫지 못하고, 오히려 하나님이 아무 말씀하시지 않는 것에 대해서 하나님을 원망하고 불만을 토로한다. 그러나 모든 것을 아시는 하나님께서는 여호와의 심판 날에 공의와 정의로 심판하실 것이다.

다섯째 논쟁은 십일조에 관한 내용이다. 하나님께로 돌아오라고 하니 백성들은 어떻게 하여야 돌아갈 수 있냐고 묻는다. 이건 물리적인 거리상의 가고 옴이 아니라 하나님과의 관계 회복이다. 구약성경에서 처음으로 하나님을 시험해 보라고 하는 말씀도 나온다. 많은 사람들이 말라기 3장 7-10절에 나와 있는 십일조에 대한 내용에 대해 오해를 한다. 이는 십일조를 해야만 하나님이 차고 넘치도록 창고에 부어 주시겠다는 말이 아니다. 너무나 타락한 백성들을 향해 하나님이 질타하시는 말씀이다. 기본적인 십일조도 드리지 않으면서 하나님을 믿느니 안 믿느니 그런 소리하지 말라는 것이다. 지금 십일조가 중요한 것이 아니라 너희들의 생활방식, 신앙생활, 삶이 바뀌어야 한다고 지적하고 계신다. 삶은 잘못 살면서, 예배도 형식적으로 드리고는 마치 십일조를 드린 것으로 할 일을 다 한 것처럼 하지 말고, 우선적으로 삶의 모습을 바꾸라는 말씀이다.

또한 하나님이 십일조를 언급하신 이유는, 이들이 지금 억압받고 다른 나라에 의해 지배를 받는 것은 이 나라에 왕이 없어서가 아니고 정치적, 경제적으로 부족해서도 아니다. 이들이 이 지경까지 온 것은 순전히 이들의 '죄' 때문이다. 그러기에 온전한 회개를 하고 하나님만이 주인이심을 자각하고 그동안 받은 은혜를 값없이 취급하지 말라는 것이다. 그리고 십일조는 땅을 분배받지 않은 레위인들의 생계를 책임져야 하고 사회적인 약자를 돕는 데 사용해야 한다. 그러나 이들은 오직 자기들밖에 모르는 듯 도움이 필요한 이웃들과는 상관없는 삶을 살고 있었다. 십일조를 도둑질했다는 말은 아마도 십일조를 온전히 구제하는 일에 사용하지 않고, 십일조를 관리하는 자들이 자기들의 주머니를 채우거나 다른 용도로 사용했기 때문일 것이다.

마지막 논쟁은 백성들이 끊임없이 완악한 말로 하나님을 대적하고도 본인들은 무엇을 잘못했는지 잘 모른다. 또한 악을 행하고 교만한 자들이 신앙을 지키는 자신들보다 훨씬 더 번성하고 잘사는 것에 대해 하나님께 불평한다. 그러나 하나님께서는 하나님을 경외하는 사람들을 특별관리하시고 아끼실 것이라고 하신다. 교만한 자들은 다 타서 지푸라기처럼 될 것이고 뿌리와 가지까지도 남기지 않으실 것이지만, 하나님을 경외하는 자들에게는 공의로운 해가 떠올라서 치료하는 광선을 비추신다고 하신다.

마지막 결론은 하나님이 호렙 산에서 모세에게 주신 율례와 법도를 기억하라고 하신다. 그리고 구약성경의 선지자 엘리야를 보내신다고 약속하신다. 즉, 이 말씀은 신약성경에서 예수님보다 먼저 와서 길을 닦고 예비한 세례 요한을 말한다. 구약성경의 마지막 성경이면서 마지막 선지자인 말라기와 신약성경이 자연스럽게 연결되는 책이기도 하다.

말라기서의 핵심

"내 이름을 경외하는 너희에게는 공의로운 해가 떠올라서 치료하는 광선을 비추리니 너희가 나가서 외양간에서 나온 송아지 같이 뛰리라"(4:2)

신구약 중간기

신약성경을 이해하기 위해서는 구약성경을 제대로 알아야 한다. 구약성경의 배경이나 예수님이 오시기 전까지 이스라엘 백성들의 생활상, 나아가 왜 예수님이 이 땅에 오셔야만 했는지를 알게 되면 신약성경을 이해하기가 쉬워진다. 우리는 구약성경을 통해 인간이 얼마나 완악하고 강퍅한지를 볼 수 있다. 하나님은 끊임없이 은혜를 베풀어주시지만 인간들은 자기의 소견에 옳은 대로 살아간다.

말라기 선지자 이후 하나님은 더이상 선지자를 보내지 않으셨고, 아무런 말씀도 하지 않으셨다. 이 기간이 거의 400년 동안 계속된다. 이 기간에 무슨 일이 있었는지 구약성경에는 전혀 언급이 없다. 말라기 이후 예수님이 오실 때까지 하나님의 어떠한 말씀도 없으셨기에 이 400년 기간을 침묵기라고도 하고, 구약·신약성경 중간에 있어서 신구약 중간기라고도 한다. 그렇다면 구약성경에 아무런 기록이 없다고 해서 하나님께서 아무 일도 하지 않고 계신 것일까? 그렇지 않다. 하나님이 침묵하고 계신 것처럼 보이지만 모든 것은 다 하나님의 손길로 이루어지고 준비하고 계셨다.

구약성경에서 말하는 5대 제국이 있다. 앗수르, 바벨론, 페르시아, 헬라, 로마이다. 구약성경에는 페르시아 제국의 이야기까지 나온다. 물론 다니엘서에서 보여주는 환상에서는 페르시아 다음에 헬라, 그리고 로마제국의 이야기까지 언급한다.

바벨론 ▶ 페르시아(바사) ▶ 헬레니즘 제국의 알렉산더 대왕 ▶ 이집트의 프톨레미 왕조 ▶ 셀류코스 왕조 ▶ 유대의 독립(100년) ▶ 로마의 점령 ▶ 메시아의 탄생

세계사는 다니엘이 꿈에서 본 환상대로 흘러간다. 페르시아 다음에 헬라

가 나온다. 헬라의 알렉산더(Alexander the Great, B.C. 333-323년)는 20세부터 33세까지 승승장구하면서 많은 땅을 다 점령한다. 알렉산더의 스승은 아리스토텔레스(Aristotle)이다. 세계 최고의 철학자이자 물리학, 논리학, 수사학자인 아리스토텔레스에게 모든 것을 어려서부터 배운 알렉산더는 생각이나 사상이 일찍부터 트인 사람이었다. 그러다 보니 사람을 점령하는 것은 칼이나 무기가 아니라 그들의 마음과 정신이라는 것을 일찍부터 알았다. 그래서 알렉산더는 자기가 점령한 나라마다 교육, 문화, 철학까지 그리스 사상을 심어 갔다. 점령한 모든 영토를 헬레니즘(Hellenism)화시킨 것이다. 알렉산더에 의해서 헬라어가 공용어가 되었다. 창세기 11장에 바벨탑을 쌓는 인간을 하나님이 흩으심으로 언어가 혼잡하게 되었는데, 여기서 한 번 언어가 합쳐지는 셈이다. 그리고 신약성경에 와서 오순절 성령강림 때 합쳐진다. 복음이 세계 각처에 빠르게 전달되기 위해서는 언어의 통일이 중요하다.

이때가 히브리어로 기록된 구약성경을 헬라어로 번역한 시기이다. 하나님의 복음이 세계 각처에 빠르게 전달되기 위해서 알렉산더를 들어 쓰시고 언어가 통일되게 하셨다. 헬라어가 세계 공용어가 된 것은 우연이 아니다.

그런데 알렉산더는 그렇게 넓은 영토를 점령하고 33세라는 젊은 나이에 요절한다. 알렉산더가 뒤를 이을 후계자를 정해 놓지 못하고 죽자, 알렉산더 휘하에 7명의 장군들이 각축을 벌인 끝에 알렉산더가 점령한 땅은 4명의 장군에 의해 넷으로 나뉜다. 카산드로스(Cassander)는 그리스와 마게도냐를, 리시마코스(Lysimachos)는 소아시아를, 프톨레미(Ptolemy)는 이집트와 팔레스타인을, 셀류코스(Seleucid)는 시리아를 통치한다. 이중에서 프톨레미와 셀류코스는 서로 유대 팔레스타인 땅을 차지하려고 자주 티격태격한다. 그러다가 유대 팔레스타인 땅을 결국 셀류코스가 점령한다. 셀류코스는 유대인들을 여기저기 강제로 이주시킨다. 이때부터 유대인 디아스포라

(Diaspora)가 생겼다.

셀류코스의 속국이 된 유대인들은 두 파로 나뉜다. 이왕에 이렇게 된 것 헬라에 충성하며 살자는 파와 절대로 그럴 수 없다는 파로 나뉜다. 헬라에 충성하는 사람들은 율법과 할례도 무시하며 살았다.

이때까지는 그래도 종교생활도 자유롭게 하며 살았다. 문제는 셀류코스 왕조 중에 안티오코스 에피파네스 4세(Antiochus IV Epiphanes)가 왕이 되었을 때다. 자신을 스스로 '살아 있는 신'이라는 뜻에 에피파네스(Epiphanes)라고 하지만 사람들은 이 사람을 향해 '미친놈'이라는 에피마네스(Epimanes)라고 생각했다. 이때 유대인들을 핍박하기 시작하고, 신성한 하나님의 성전에 버젓이 제우스 신상을 세우며, 유대인들이 경멸하는 돼지피를 바르고 돼지가 제물로 바쳐지며 돼지고기를 먹게 한다. 이것이 다니엘 11장 31절에 나오는 "멸망하게 하는 가증한 것을 세울 것"이라는 말씀의 성취이다. 율법 금지령을 내리고, 안식일을 지키거나 할례를 하면 바로 사형이었다. 심지어 할례 받은 어린 아이들을 죽여 엄마 목에 두르는 미치광이 짓까지 한다. 유대인들에게 있어서 성전은 하나님의 임재처소였고 그들의 자존심이었다.

성전이 모독되고 이들에게 핍박이 점점 강해지자 더이상 참을 수가 없었다. 이대로 밟히고만 살 수 없는 것, 이제 모데인이라는 작은 동네에 사는 아론 계열의 제사장인 마타디아(Mattathias)가 아들들과 함께 투쟁에 나선다. 그에게는 다섯 명의 아들이 있었다. 첫째는 요한, 둘째는 시몬, 셋째는 유다, 넷째는 엘르아살, 다섯째는 요나단이다. 마타디아와 다섯 아들이 주동이 되어 시작된 항거에 주변 유대인들이 모여들며 혁명으로 확대되었고, 이 혁명의 지도자는 마타디아의 셋째 아들 유다였다. 유다의 별명이 '쇠망치'라는 뜻의 마카비(Maccabeus)여서 사람들이 유다 마카비(Judas Maccabeus)라고 불렀고, 그가 주도하는 혁명을 마카비 혁명(The Maccabean

Revolution)이라 불렸다. 유대인이 승리했다. 이때가 B.C. 166년이다. 이것을 경건한 사람들의 운동이라고 해서 하시딤(Hasidim)운동이라고도 한다.

전쟁에서 승리 후 이들이 제일 먼저 한 일은 더럽혀진 성전을 깨끗하게 하는 것이었다. 예루살렘 성전이 다시 회복되었다. 이것이 요한복음 10장 22절에 나오는 수전절(Hanukkah, 하누카)이다. 성전을 깨끗하게 하고 예배가 회복된 것을 기념하는 절기로 탄생하였다. 이때부터 100년 동안 유대는 독립국가가 된다. 그래서 솔로몬 때처럼 자신들도 왕국을 세우고 율법과 할례, 안식일을 지키며 산다. 이때 세워진 왕조가 하스몬 왕조(Hasmonean dynasty)이다. 침묵기 400년 기간 중 유일하게 100년 동안 독립해서 왕조로 살았다. 하나님이 이스라엘 백성에게 다시 회복할 수 있는 기회를 주셨다.

하스몬 왕조가 막강해지면서 예루살렘 동남쪽 이두메 에돔까지 점령을 했다. 이쪽 지역에는 총독을 세워 다스리게 한다. 이때 세워진 사람이 이두메 사람 헤롯이다. 헤롯은 에돔 출신이다. 신약성경 초반에 예수님의 생애와 얽혀 있는 헤롯이 여기서부터 출발한다. 이스라엘이 에돔을 정복해서 헤롯을 총독으로 세웠으니 처음에는 이스라엘에 충성도 하고 조공도 바치며 잘했다. 그러다가 헬라가 로마에 의해 무너져갈 때 약삭빠르고 여우 같은 헤롯은 로마에 붙어 이스라엘을 배신한다. 로마 폼페이우스(Gnaeus Pompeius Magnus) 장군이 헬라의 셀류코스 왕조를 무너뜨리고 다메섹까지 정복한다. 그러다 보니 유대 하스몬 왕조의 영토 예루살렘도 로마의 손아귀에 들어가고 만다. 예루살렘이 쑥대밭이 된다.

로마가 유대를 지배하기 시작한 시점은 B.C. 63년이다. 로마 1대 황제는 옥타비아누스(Augustus, 아우구스투스 황제)이다(눅 2:1). 구약성경에서는 없었던 새로운 직분들과 파당들이 다 신구약 중간기 때 생겨난다. 로마라는 나라는 전쟁으로 시작된 나라라고 해도 과언이 아니다. 그래서 군대 보급을 빠르게 하는 것을 대단히 중요하게 생각한다. 그러다 보니 빠르게 움직일 수 있는 도로가 잘 건설되어야 했다. 그런 만큼 로마는 도로 건설을 중요하게 생각했다. "모든 길은 로마로 통한다"(All roads lead to Rome)라는 말이 여기서 나왔다. 결국 로마가 닦아놓은 이 도로를 이용해서 사도들이 복음을 전하러 세계 각처로 다니게 된다. 이 또한 하나님이 400년 동안 준비하신 일 중의 하나라고 볼 수 있다. A.D. 70년 로마의 티투스(Titus) 장군에 의해 예루살렘 성전은 무너지고 유대인들은 뿔뿔이 흩어진다.

신구약 중간기와 밀접하게 관련된 요소들

• **유대교(Judaism)** : 포로에서 돌아온 유대인들이 자신들의 정체성을 다시 찾고 거룩하게 살기로 한다. 율법과 절기들을 지키며 하나님의 계명과 규례를 잘 지키겠다고 맹세한다. 이것이 유대교의 출발이다. 이 모임의 중심세력이 바리새인이다.

• **바리새파(Pharisee)** : 구별된 자, 분리된 자라는 뜻으로 처음에는 경건한 하시딤에서 출발했다. 율법을 철저히 지키고 다시 본질로 돌아가자고 외치던 자들이다.

• **사두개파(Sadducee)** : 사두개는 '사디킴'으로 '의로운'이라는 뜻이며 사독에서 유래되었다. 사독 계열의 후손들이지만 점점 돈과 권력의 맛을 알고 로마에 꼭두각시 노릇하는 부자들이었다. 이들은 모세오경만을 믿고 부활과 영, 천사, 내세는 믿지 않았고 단지 현재만 잘살면 된다고 주장하는 사람들이다.

• **에세네파(Essene)** : 처음에는 바리새파에 속해 있다가 바리새파들이 점점 정치와 권력을 손에 쥐면서 타락하자 아예 광야로 가서 은둔생활을 하며 성경을 필사하고 검소한 생활을 한다. 금욕주의자들이며 쿰란공동체로 불리기도 한다.

• **열심당** : 젤롯당(the Zealots)으로 불린다. 이 사람들은 칼을 차고 다니며 자신들과 대립되는 사람들을 무작위로 죽이고 도망간다. 특히 헤롯당을 못 마땅해 했다.

• **헤롯(Herod)** : 하스몬 왕조 때 에돔을 다스리던 총독이었는데 나중에 로마가 예루살렘을 점령한 후 로마에 가서 뇌물을 주고 그 자리를 사면서 오히려 유대를 통치하게 된다. 유대인들의 환심을 사려고 성전도 개보수한다.

• **분봉왕(Tetrarch)** : 왕이 죽으면 그 아들들에게 땅을 나누어주어 통치하게 했다. 이렇게 나누어진 땅을 통치하던 각각의 왕을 가리킨다.
  (1) 대 헤롯 : 예수님이 탄생하실 때 2살 미만 아이를 죽이라고 명령한 사람
  (2) 헤롯 아켈라오 : 유대, 사마리아, 이두매 지역을 통치한다.
  (3) 헤롯 안티파스 : 갈릴리와 베레아 지역을 통치한다. 세례 요한을 죽인 사람
  (4) 헤롯 빌립 : 갈릴리 북동부지역을 통치한다(가이사랴 빌립보를 세움).
  (5) 헤롯 아그립바 : 예수님의 제자 야고보를 죽이고, 베드로를 옥에 가두고, 벌레에게 먹혀 죽은 왕

• **총독(Prefect, Procurator, Proconsul)** : 로마에서 예루살렘을 총괄하려고 본국에서 파견한 사람이다. (예수님을 십자가에 못 박은 본디오 빌라도 총독이며, 바울 당시의 총독은 벨릭스와 베스도이다.)

• **대제사장(High Priest)** : 주로 사두개파로 구성되었다. 이 당시는 대제사장직을 돈으로 살 수 있었다. 성전에서 제물을 팔고, 돈을 환전해 주면서 많은 이득을 남겼다. 돈과 권력을 쥐고 성전을 타락시켰다. 물론 대제사장은 신구약 중간기 때 생긴 것은 아니다. 그러나 이때는 많이 변질되고 타락되었다.

• **산헤드린(Sanhedrin)** : 산헤드린이라는 이름은 '위원회'(council)를 뜻하는 그리스어 쉬네드리온(συνέδριον)에서 유래했고, 자치의결기관으로 사두개파, 바리새파, 대제사장들이 참여했다.

• **세리(tax collector)** : 유대인 동족에게 과한 세금을 뜯어 로마에 바쳤기 때문에 유대인임에도 불구하고 죄인 취급받는 사람이었다.

• **회당(synagogue, συναγωγή)** : 세계 각처에 흩어진 유대인들이 예배도 드리고 성경공부도 하는 곳이다. 어느 나라든 유대인 남자 10명이 있어야 회당을 세울 수 있다. 유대인들의 종교생활 중심지다.

• **칠십인역(Septuagint, LXX)** : 히브리어로 된 구약성경을 헬라어로 번역한 것이다.

• **수전절(Hanukkah)** : 안티오코스 에피파네스 4세에 의해 더럽혀진 성전을 깨끗이 정화한 날(요 10:22)이다. 유대교에서 "빛의 축제"(Festival of Lights)로도 불린다.

신약성경

신약성경 한눈에 보기

예수님 중심 사역 기간		
B.C. 4년 혹은 A.D. 1년	30년	33년
예수님 탄생	공생애 시작	죽음, 부활, 승천
	(마가, 마태, 누가복음)(요한복음)	

사도행전 사역 기간			
33-47년	47-48년	49년	50-53년
예루살렘 교회	바울의 1차 선교여행	예루살렘 종교회의	바울의 2차 선교여행
(베드로 중심 사역)	(갈라디아서)		(데살로니가전·후서)
53-57년	57-60년	60-62년	62-66년
바울의 3차 선교여행	로마행	1차 로마 감옥	바울의 4차 선교여행
(고린도전·후서, 로마서)		(빌립보서, 빌레몬서, 골로새서, 에베소서)	(디모데전서, 디도서)
67-68년	68년 이후	70년	
2차 로마 감옥	바울, 베드로 순교	로마 티투스 장군에 의해 예루살렘 멸망	
(디모데후서)			

사도 요한 사역 기간	
90년	95-100년
(요한1, 2, 3서)	(요한계시록)

옥중서신	빌립보서 빌레몬서 골로새서 에베소서	목회서신	디모데전서 디도서 디모데후서	공동서신	히브리서 야고보서 베드로전서 베드로후서 유다서 요한1서 요한2서 요한3서

신약성경 ———————— 제6장

복음서

01

마가복음

책명

헬라어 성경은 '카타 마르콘'(*KATA MAPKON*), 즉 '마가에 의한' (According to Mark)이고, 우리말 성경은 '마가복음'으로 책명을 삼는다.

저자 및 기록 배경

마가복음의 저자는 마가 요한이다. 마가는 로마식 이름이고, 요한은 유대식 이름이다. 사복음서를 기록했다는 이유로 마태, 마가, 누가, 요한을 예수님의 12사도로 알고 있는 사람들이 의외로 많다. 그러나 마가와 누가는 예수님의 12사도에 포함되지 않는 사람들이다. 그러면 12사도도 아닌 마가가 어떻게 예수님의 생애나 가르침을 마치 옆에서 직접 본 것처럼 정확하게 저술할 수 있었는지 의문이 생긴다.

우선 마가는 우리가 잘 아는 바나바의 생질(조카)이다. 또한 '마가의 다락방'으로 잘 알려진 그곳이 마가의 집이다. 120명을 수용할 수 있는 다락방이 있다는 것은 그만큼 마가의 집이 부유했다는 것을 알 수 있다. 사도행전 13장에 보면 바나바와 바울이 1차 선교여행을 떠날 때 마가도 함께 따라나선다. 그런데 함께 잘 가다가 중간에 마가가 포기하고 예루살렘으로 돌아간다. 마가의 중도하차로 바나바와 바울도 사이가 소원해진다. 왜 마가는 중도에 포기했을까? 이 행동에 대해 학자들의 의견이 다양하다. 부잣집 아들이니 고생을 해 보지 않아서, 아니면 추진력이 너무 강한 바울을 감당하기 힘들어서, 풍토병이나 향수병 때문에 등등 여러 견해들이 있다. 다시 2차 선교여행을 떠날 때 바나바는 마가를 데리고 가자고 하지만 바울은 절대로 그렇게 할 수 없다고 단호하게 거절한다.

이 일로 바나바는 마가를, 바울은 실라를 데리고 떠난다. 바울은 마가를 한심하고 무책임한 사람으로 보았을 것이다. 그러나 그렇게 다시는 마가를 안 볼 것처럼 했던 바울이 자신의 마지막 유언과 같은 서신 디모데후서에서 "마가가 나의 일에 유익하니 마가를 데리고 오라"(4:11)고 한다. 이는 오랜 세월이 지나는 동안 마가가 완전히 다른 사람으로 변했다는 이야기다. 마가를 이토록 변하게 한 사람은 베드로였을 것으로 추측한다. 마가는 베드로의 수행비서 겸 통역관으로 항상 베드로와 함께했다. 함께하면서 베드로는 마가에게 예수님의 생애와 사역에 대해 모든 것을 얘기해 주었고, 따라서 마가는 마치 자기가 그것을 본 것처럼 서술할 수 있었다. 베드로전서 5장 13절에는 베드로가 마가를 자신의 영적인 아들로 표현한다. 마가복음의 핵심 구절인 1장 1절의 "하나님의 아들 예수 그리스도의 복음의 시작이라"라는 표현과 베드로가 예수님을 향해 고백한 유명한 구절 "주는 그리스도시요 살아 계신 하나님의 아들이시니이다"(마 16:16)라는 말은 같은 맥락이다.

마가복음에만 기록된 한 청년에 대한 이야기가 있다(14:51-52). 예수님이 사람들에게 체포당해 끌려가는 것을 보고 놀라서 베 홑이불을 두르고 예수님을 따라가다가 무리에게 잡히자 베 홑이불을 버리고 벗은 몸으로 도망한 자를 마가로 보는 견해도 있다. 정말 이 청년이 마가 본인이라면 마가는 스스로의 창피를 무릅쓰고 왜 자신의 이야기를 썼을까? 미흡하고 한심하고 선교 도중 포기한 상처 많은 자신의 과거를 거침없이 표현함으로써, 지금은 지난날의 마가가 아니라 완전히 새 사람으로 변화되었다는 것을 말하고 싶었던 것은 아닐까?

기록 목적

전체 16장으로 구성된 이 복음서는 사복음서 중에서 가장 먼저 쓰인 책이다. 마가복음은 A.D. 65-70년 사이에 기록되었다. 마가복음 전체의 핵심은 1장 1절의 "하나님의 아들 예수 그리스도의 복음의 시작이라"이다.

A.D. 64년에 로마에 대화재가 발생한다. 원인을 알아보니 주범은 네로(Nero, 로마제국의 5대 황제, A.D. 54-68년)라는 소문이 급속도로 퍼지게 되었다. 이 소문에 당황한 네로는 화재 주범의 방향을 다른 데로 돌리고자 한다. 그중 제일 만만한 그리스도인들을 떠올렸다. 소문은 소문을 낳고 결국 예수님을 믿는 사람들의 소행이라는 결론을 냈다. 이때부터 그리스도인들에게 잔인한 핍박이 가해졌다. 예수님을 믿는 사람들을 끌어다가 화형을 시키고, 로마의 원형경기장에 넣어 짐승의 밥이 되게 하고, 가든파티를 하며 이들의 몸에 불을 붙여 등불로 이용하는 등 상상할 수 없는 잔인한 방법으로 많은 사람들을 죽음으로 몰아넣었다.

불안과 공포에 떨고 있던 그리스도인들은 다시 유대교로 개종을 하거나, 아예 예수님을 포기하기도 하였다. 네로의 박해로 인해 고난당하고 순교당하는 로마에 있는 그리스도인들을 대상으로 기록했다. 특히 로마에는 많은 노예들이 있었다. 예수님을 그들과 처지가 비슷한 분으로 빨리 이해시키고 싫어서 예수님을 '고난 받는 종' 또는 '섬기는 종' 묘사를 하고 있다.

구성

범위	내용
1장 1-13절	세례 요한의 사역, 예수님의 소명, 공생애 사역 준비
1장 14절-10장	예수님의 갈릴리 사역, 유대와 베레아 사역, 예루살렘으로 향하심
11-16장	예수님의 예루살렘 사역, 구원 사역 완성

마가복음의 특징

(1) 복음서 중의 복음서

1장 1절에서 보여주듯이 마가는 처음부터 끝까지 예수님이 우리를 죄에서 구원하시기 위해 십자가로 향하시는 움직임에 초점을 맞추고 있다. 마가복음 안에는 예수님의 수난과 고난에 대한 내용이 전체 내용 중 1/3을 차지한다.

첫 구절에 나온 '복음'이라는 말은 헬라어로 '유앙겔리온'(εὐαγγέλιον)이다. 마가가 이 단어를 쓴 의도는 분명하다. '유앙겔리온'이라는 말은 좋은 소식, 복된 소식(Good News)이다. 처음부터 이 단어를 쓰면서 예수님에 대해 기록한 유일한 책이 마가복음이다. 그리스-로마 시대에도 같은 단어 '유앙겔리온'이라는 말을 사용했지만 그 의도는 완전히 다르다. 그리스-로마에서의 '유앙겔리온'이라는 말은 전쟁에 나가 이겼을 경우나 황제에게 뭔가 좋은 일이 생겼을 때 '유앙겔리온'이라고 크게 외쳐 온 국민이 알게 하는 데에 사용되었다.

그러나 마가가 첫줄을 시작하면서 복음이라는 말을 쓴 의도는 예수님이 하나님의 아들이면서 우리를 구원하고 그리스도로서 승리했다는 좋은 소식(복음)을 지금부터 말하겠다는 의도이다. 마가복음의 끝부분에 이와 수미 상관 구조를 이루는 백부장의 증언이 나온다. 십자가에 달려 돌아가신 예수님을 향해 "이 사람은 진실로 하나님의 아들이었도다"라고 이방인 백부장은 고백한다(15:39). 예수님이 죄와 사망에서 승리하셔야 우리를 구원할 수 있기 때문이다. 즉, 로마의 핍박으로 인해 떨고 두려워하는 사람들에게 빨리 이 소식을 알리고 싶었던 것이다. 예수님이 승리했으니 더이상 겁내지 말라는 권고이다. 마가에 의해 '복음서'라고 하는 장르가 처음으로 만들어졌다.

(2) 긴박성

긴박하고 빠르게 이 복음을 전하려다 보니 글을 쓰는 마가의 마음도 굉장히 급하다는 것을 엿볼 수 있다. 마가복음 안에는 유쑤스(εὐθύς), '곧' '즉시'라는 부사가 굉장히 많이 나온다. 내일 당장 죽을지 모르는 사람들에게 예수님의 생애와 전체 사역을 다 쓸 시간이 없었다. 한 영혼이라도 더 살리려는 마가의 심정이 고스란히 녹아들어가 있다. 마태복음이나 누가복음에서처럼 예수님의 산상수훈을 설명한다든지, 율법을 가르친다든지, 어떤 교훈에 대한 언급이 없다. 예수님의 설교 내용보다는 예수님의 삶과 행동에 초점을 맞추고 있다. 마태복음 안에는 마가복음의 내용이 90% 정도 실려 있고, 누가복음에는 마가복음의 내용이 50% 정도 실려 있다. 마태나 누가가 최초의 복음서인 마가복음을 참고로 썼기 때문이다.

(3) 아람어 사용

로마에 있는 이방인 그리스도인들을 대상으로 쓰다 보니 예수님이 사용하신 아람어나 히브리어를 헬라어로 번역해 주어야 했고, 유대인들의 문화를 모르는 이들에게 설명을 해 주고 있다.

① 보아너게 : 우레의 아들(3:17)

② 달리다굼 : 소녀여 일어나라(5:41)

③ 고르반(קָרְבָּן) : 〈히〉'하나님께 바쳐진 예물' 〈헬〉 도론($\delta\tilde{\omega}\varrho o\nu$) '하나님께
드림'(7:11)

④ 에바다 : 열리라(7:34)

⑤ 아빠 : 아버지(14:36)

⑥ 엘리엘리 라마 사박다니 : 나의 하나님, 나의 하나님 어찌하여 나를 버
리셨나이까(15:34)

⑦ '장로들의 전통'에 대한 설명(7:3-4)

(4) 제자도의 중요성

① 예수님의 제자가 되기 위해서는 자기를 부인하고 자기 십자가를 지고
예수님을 따라야 한다(8:34).

② 누구든지 첫째가 되고자 하면 뭇사람의 끝이 되며 뭇사람을 섬기는
자가 되어야 한다(9:35).

(5) 예수님의 호칭

마가는 예수님을 '고난 받는 종'으로 묘사했다. 또한 마가복음은 로마에
있는 노예나 이방인들을 대상으로 쓴 것이기 때문에 유대인의 율법이나 관
습의 언급이 거의 없다.

예수님이 이 땅에 오신 이유 : 예수님의 사명

"인자가 온 것은 섬김을 받으려 함이 아니라 도리어 섬기려 하고 자기 목숨을 많은 사람의 대속물로 주려 함이니라"(10:45)

마가복음의 핵심

"하나님의 아들 예수 그리스도의 복음의 시작이라"(1:1)

/

02

마태복음

/

책명

헬라어 성경은 '카타 맛싸이온'(*KATA MAΘΘAION*), 즉 '마태에 의한' (According to Matthew)이고, 우리말 성경은 '마태복음'으로 책명을 삼는다. 마태의 이름의 뜻은 '여호와의 선물'이다.

저자 및 기록 배경

저자는 예수님의 12제자 중 한 명인 세리 마태다. 레위라고도 한다. 마태의 직업은 세리였다. 당시의 유대 사회에서 혐오와 경멸의 직업은 세리와 창기였다. 그럼에도 불구하고 마태는 자신의 이름 앞에 세리를 붙여 지난날 자신의 부끄러운 과거를 드러내면서까지 새롭게 변화된 자신의 모습을 보여주고 싶었던 것은 아닐까 싶다. 세리는 이스라엘 백성에게 세금을 징수해 로마에 바치는 사람이다. 그래서 유대인들은 세리를 좋아하지 않았고 상종도 하지 않았다. 이런 마태가 어떻게 예수님의 제자가 되었고, 복음서를 기록하여 당당히 성경에 이름을 올릴 수 있었을까?

마태는 가버나움 근처에서 세금 걷는 일을 했다. 어느 날 예수님이 지나가시다가 마태를 보고 나를 따르라고 하자 마태는 모든 것을 버려두고 예수님을 따른다(9:9-13). 마태가 단번에 예수님을 따를 수 있었던 것은 학자들 간에 여러 가지 견해가 있다. 세례 요한의 설교를 듣고 회심했을 수도 있고, 마태 자신이 유대인임에도 자신의 나라에서 멸시를 받고 있던 터에 예수님께서 따뜻하게 대하며 손을 내밀자 얼른 따랐을 수도 있다. 이 당시는 글을 읽고 쓸 줄 아는 사람들이 그렇게 많지 않았다. 그러나 세리라는 직업은 당연히 글도 알아야 하고 셈도 잘해야 하는 꽤 똑똑한 사람들이었기에 마태가 이렇게 복음서를 기록할 수 있는 특권을 얻었을 것이다.

기록 연도 및 목적

기록 연도는 대략 A.D. 75년으로 추측한다. 마태복음의 1차 독자는 유대인들이다. 유대인들을 위해서 기록했다. 예수님이 이 땅에 오셔서 구속 사역을 하시고 결국에는 십자가에서 죽으시고 부활, 승천하셨다. 예수님이 승천하신 후 제자들은 마가의 다락방에 모여 열심히 기도하다 성령을 받고, 이로 인해 교회들이 생겨나고 열방으로 선교 활동이 시작되었다. 그런데 구약성경에서부터 기다려 온 메시아가 분명히 이 땅에 오셔서 죽으시고 부활해서 승천하셨는데도 여전히 유대인들은 메시아를 대망하고 있다. 예수님의 제자인 마태가 예수님의 사역을 직접 눈으로 본 증인으로 유대인들에게 이분이 바로 우리가 그렇게 기다리던 메시아라고 아무리 설명을 해 주어도 유대인들은 믿지 않았다. 그래서 마태는 예수님의 출생이 어떠했고, 어떤 사역을 하셨으며, 어떤 길을 가셨는지를 자세히 설명하고자 붓을 들었다.

● 유대인들은 왜 예수님을 메시아로 인정하지 않을까?

마태가 살던 당시 유대인들은 굉장히 가난하고 억압받으며 살고 있었다. 바벨론에 포로로 끌려갔다 돌아왔지만 형편은 전혀 나아지지 않았다. 이 당시는 로마가 또 유대인들을 지배하고 있었다. 그러다 보니 자신들이 기다려 온 정치적인 메시아가 와서 가난으로부터도 벗어나게 해 주고, 로마도 뒤집어엎어 더이상 억압받지 않고 세상에 우뚝 서는 나라가 되기를 고대하고 있었다. 그러던 어느 날 자칭 메시아라는 사람이 오긴 했지만 전혀 로마를 뒤엎을 생각은 하지 않고, 오히려 유대인들이 경멸하는 세리와 창기, 이방인, 죄인들의 친구가 되어 함께 다니며 음식을 먹는다. 그리고는 자신이 하나님의 아들이라고도 하고, 성전을 허물면 3일 만에 다시 짓겠다고도 한다. 그런 소리를 하더니 어느 날 신성모독 죄로 십자가에 매달려 죽는 것이 아닌가? 나무에 달린 자는 하나님께 저주를 받았다는 신명기(21:23)의 말씀 때문에 더욱 메시아라고 생각하지 않았다. 당시에는 자칭 메시아라고 떠들고 다니는 거짓 선지자들이 많았다. 유대인들은 예수님도 그런 가짜 중의 하나라고 생각했다.

구성

범위	내용
1장-4장 16절	예수님의 출현, 하나님 나라의 도래
4장 17절-16장 20절	예수님의 공생애, 하나님 나라의 확장
16장 21-28절	예수 그리스도의 최후, 하나님 나라의 성취

마태복음의 특징

(1) 유대인들을 대상으로 썼으며, 유대적인 성향이 강한 복음서이다.

마태는 '하나님의 나라'(ἡ βασιλεία τοῦ θεοῦ)라는 단어 대신에 '하늘나라', '천국'(ἡ βασιλεία τῶν οὐρανῶν)이라고 쓴다. 이는 유대인들이 '하나님'이라는 발음을 하지 않기 때문이다. 하나님의 이름을 함부로 부르거나 사용하면 불경하다고 생각했다. 그래서 이들은 '아도나이'로 바꿔서 부르기로 했다. 성경을 필사하는 랍비들은 필사를 하다가 하나님이라는 단어가 나오면 붓을 빨기도 하고, 목욕을 여러 번 했다고 전해진다. 예수님이 그 당시 모국어인 아람어를 사용하신 구절에서는 유대인이라면 익히 알고 있기 때문에 마태는 이것을 번역하지 않는다. 유대인들이 경멸하는 대상인 '세리와 창기'도 관용어처럼 자연스럽게 쓴다. 주님께서 가르쳐 주신 기도의 첫마디도 "하늘에 계신 우리 아버지여"(6:9)이다. 이것 또한 유대적인 표현이다.

(2) '교회'라는 단어를 처음 쓴 복음서이다.

유대인들이 포로기 후에 흩어지면서 신앙생활을 하고 말씀을 배우던 장소가 있다. 회당이다. 회당은 율법을 중심으로 모인 공동체이다. 그러나 예수님이 오셔서 그 율법을 완성하시고 한 사람 한 사람을 교회로 세우셨다. 베드로가 예수님께 신앙고백을 한다. "주는 그리스도시요 살아 계신 하나님의 아들이시니이다"라는 고백을 들으신 예수님께서 베드로에게 이 반석 위에 내 교회를 세운다고 하신다(16:18). 교회는 예수님을 하나님의 아들로 인정하고 그분이 내 구주임을 고백하는 사람들의 모임이다.

(3) 구약성경의 내용을 상당히 많이 인용한 복음서이다.

유대인들은 구약성경을 잘 안다. 그래서 마태는 구약성경에서부터 예언된 메시아(예수님)를 인용하면서 쓰고 있다. 예수님은 구약성경의 언약을 성취하기 위해 오셨고 다 성취하신 분이다. 마태는 예수님을 '왕'으로 묘사한다.

(4) 기독론에 초점을 맞춘다. 예수님은 누구인가?

① 율법을 완성하시는 분(5:17)

② 모세보다 크신 분(5:21-48)

③ 성전보다 크신 분(12:6)

④ 요나보다 크신 분(12:41)

⑤ 솔로몬보다 크신 분(12:42)

(5) 반유대주의가 강하다.

21-22장에 보면 세 가지 비유가 나온다. 아버지께서 일을 시키시자 큰아들은 한다고 대답하고는 하지 않고, 작은아들은 안 한다고 했지만 나중에는 한다. 여기서 큰아들은 유대인을, 작은아들은 이방인을 뜻한다. 악한 포도원 소작인 비유도 포도원은 이스라엘을 상징하고, 악한 소작인들은 이스라엘의 종교지도자들을 상징한다. 왕의 혼인잔치에 초대받은 사람들이 오지 않자 다른 사람들을 초대한다. 처음 초대받은 사람들은 유대인을, 나중에 온 사람들은 이방인을 뜻한다(22:1). 예수님의 십자가 죽음에 대해 유대인들의 책임을 언급한다. 유대인들에게 심판과 경고의 말씀 또한 강하게 표현한다.

가장 반유대적인 표현이 27장 25절 말씀 "그 피를 우리와 우리 자손에게 돌릴지어다 하거늘"이다. 예수님을 빌라도가 심문할 때 빌라도는 예수님에게서 죄를 찾지 못했지만 백성들은 끝까지 예수님을 십자가에 못 박으라고 소리쳤다. 하는 수 없이 빌라도는 백성들의 뜻에 따라 예수님을 십자가에 못 박아야 했다. 그리고 이 사람의 피는 자신과 무관하다고 빌라도가 말하자 백성들은 그 피를 자신들에게 돌리라고 한다. 이 말씀 때문에 나중에 유대인들이 엄청난 핍박을 받았지만 가해를 한 사람들은 이 말씀으로 인해 유대인들에게 어떠한 양심의 가책도 느끼지 않았다.

(6) 이방인들을 상당히 우대하고 부각시킨다.

대표적인 것이 2장 1-11절에 예수님이 탄생하셨을 때 옛 언약의 백성인 유대인들은 아무도 왕이 오셨는지를 모른다. 동방 페르시아 지역에서 점성술사 혹은 천문학자 이런 사람들이 예수님의 탄생을 축하하기 위해 예루살렘까지 오는 장면은 마태복음에만 기록되어 있다. 예수님은 유대인만의 메시아가 아닌 온 세상의 메시아임을 보여준다.

(7) 율법 문제를 정면으로 다룬다.

유대교, 유대인에게 있어서 율법은 떼어놓을 수 없다. 유대인들은 하나님과의 언약을 지키는 수단이 율법을 잘 지키는 것으로 알고 살았다. 자신들이 바벨론에 포로로 끌려간 것도 결국 율법을 제대로 지키며 살지 않았기 때문이라고 생각했다. 그래서 포로에서 돌아온 이후 율법은 더 강해졌고, 그만큼 가난한 백성들은 율법을 지키며 살기가 더욱 힘들어졌다. 예수님은 율법을 폐하려고 오신 것이 아니라 완성하려고 오셨다(5:17-19). 유대인들은 율법의 외적인 조항을 열심히 지키는 종교주의자들이었다. 율법을 지킬 수 없는 고통 받는 사람들을 향해 예수님께서 말씀하신다. "수고하고 무거운 짐 진 자들아 다 내게로 오라 내가 너희를 쉬게 하리라"(11:28). 속으로는 죄를 짓고 살면서 겉으로 율법 규정에만 매달리지 말고 마음을 변화시켜 의롭게 되라고 하신다. 모세 때 주신 율법 613가지를 십계명으로, 이것을 또 예수님은 두 가지로 단축시켜 주신다. "네 마음을 다하고 목숨을 다하고 뜻을 다하여 주 너의 하나님을 사랑하라 그리고 네 이웃을 네 자신같이 사랑하라 이 두 계명이 온 율법과 선지자의 강령이니라"(22:37-40).

족보

마태복음의 족보를 보면 역대기나 누가복음에 나와 있는 족보와 다른 점을 발견할 수 있다. 유대인들에게 족보는 굉장히 중요하다. 족보를 자세히 살펴보면 중간에 몇몇 빠진 사람들이 있다. 유대인들에게 있어서 '다윗'이라는 사람은 엄청난 인물이다. 마태는 다윗이라는 사람을 드러내기 위해서 일부러 14대씩 맞춘다. 히브리어, 헬라어, 라틴어에는 글자마다 음가(숫자)가 있다. 이것을 게마트리아(gematria) 용법이라고 한다. 다윗(דוד)이라는 이름의 숫자가 14이다. 마태는 예수님이 다윗의 자손으로 오신 것을 드러내기 위해 일부러 이런 족보를 의도하였다. 구약성경에서 다윗은 하나님의 대리통치자로서 가장 이상적인 왕이었다.

모세가 받은 십계명에 예수님은 더 추가해서 새로운 계명을 주신다.

모세	예수님
살인하지 말라.	형제에게 노하는 자마다 심판받고 형제에게 '라가'라 하는 자도 지옥 불에 들어간다.
간음하지 말라.	음욕을 품고 여자를 보는 자마다 이미 간음한 것이다.
이혼할 때는 이혼증서를 써주고 이혼하라.	음행한 이유 없이 이혼하지 마라.
헛된 맹세를 하지 마라.	하늘로도 맹세하지 말고 어떤 것으로도 하지 마라.
눈은 눈으로, 이는 이로 갚으라.	악한 자를 대적하지 말고 오른편 뺨을 치거든 왼편도 돌려대라.
이웃을 사랑하고 원수를 미워하라.	원수를 사랑하며 너희를 박해하는 자를 위하여 기도하라.

마태복음의 핵심

"예수께서 나아와 말씀하여 이르시되 하늘과 땅의 모든 권세를 내게 주셨으니 그러므로 너희는 가서 모든 민족을 제자로 삼아 아버지와 아들과 성령의 이름으로 세례를 베풀고 내가 너희에게 분부한 모든 것을 가르쳐 지키게 하라 볼지어다 내가 세상 끝날까지 너희와 항상 함께 있으리라 하시니라"(28:18-20)

누가복음

책명

헬라어 성경은 '카타 루칸'(*KATA ΛΟΥΚΑΝ*), 즉 '누가에 의한'(According to Luke)이고, 우리말 성경은 '누가복음'으로 책명을 삼는다. 누가의 이름의 뜻은 '빛을 주는 자'이다.

저자 및 기록 배경

누가는 바울 선교팀의 일원이지, 예수님의 12제자는 아니다. 누가가 직접 예수님을 대면한 적이 있는지는 알 수 없지만, 신약성경을 쓴 저자들 중 유일한 이방인이며 수리아 안디옥 출생으로 알려져 있다. 누가는 의사일 뿐 아니라 역사가이기도 하다. 누가는 누가복음에 이어 사도행전까지 기록했다. 누가복음과 사도행전의 문장은 다른 어떤 신약성경보다 수준 높은 헬라어를 구사하고 있다. 이는 누가가 그리스 출신이기 때문이기도 하지만 누가는 의사로서, 또한 역사가로서 고등교육을 받은 사람이기 때문일 것이다.

누가는 예수님의 제자가 아닌 이방인이기 때문에 자신이 직접 체험한 것을 기록한 것이 아니라 예수님을 직접 경험한 증인들이 남긴 역사적인 자료들을 수집 분석해 자세하게 쓴 것이다. 누가는 신약성경에 많이 언급되지는 않았다. 바울의 서신서에 세 번 등장한다. ① 골로새서 4장 14절 "사랑을 받는 의사 누가와 또 데마가 너희에게 문안하느니라." ② 빌레몬서 24절 "또한 나의 동역자 마가, 아리스다고, 데마, 누가가 문안하느니라." ③ 디모데후서 4장 11절 "누가만 나와 함께 있느니라."

수신자

1장 1-4절에는 누가가 이 글을 데오빌로 각하에게 헌정한다고 되어 있다. 데오빌로 각하에 대해서는 학자들의 이견이 많이 있지만 크게 두 가지로 볼 수 있다.

① **실제 인물이다** : 로마 사람으로서 사회적으로 지위가 높고 누가에게 재정적으로 후원을 하지 않았을까 생각하는 주장

② **가상의 인물이다** : 데오빌로(하나님을 사랑하는 모든 사람), 즉 하나님을 믿는 모든 사람을 데오빌로라는 가상의 인물을 사용하여 썼다는 주장

기록 연도 및 목적

A.D. 70-80년경에 쓰인 것으로 추측된다. 누가복음을 기록한 목적은 복음을 들은 지 얼마 되지 않은 사람들과 앞으로 예수님을 믿을 사람들을 위해 세례 요한의 출생부터 예수님의 생애, 수난, 부활에 대한 내용을 다른 어떤 복음서보다 자세하게 기록해 놓았다. 사건 내용을 설명보다는 이야기 형식으로 전개한다. 이방인들은 예수님이 누구인지 전혀 알 수 없다. 그래서 누가는 차근차근 독자들이 이해하기 쉽도록 이야기 형식으로 구성했다. 예수님이 누구인지, 그분이 이 땅에 왜 오셨는지, 오셔서 하신 일은 무엇인지,

교회는 무엇인지를 더 확실히 가르쳐 주고자 이 책을 기록했다.

구성

범위	내용
1장-4장 13절	예수님의 출생과 어린 시절, 공생애 시작
4장 14절-9장 50절	예수님의 갈릴리 사역
9장 51절-19장 27절	예수님의 예루살렘 사역(이 부분이 제일 중요한 부분이다. 다른 복음서에는 이 부분을 한 장으로 기록하지만 누가는 열 장으로 확대한다.)
19장 28절-24장	최후의 예루살렘 사역, 최후의 만찬, 예수님의 죽으심, 부활, 승천

누가복음의 특징

누가복음은 공관복음서(마태, 마가, 누가) 세 권 중에서 예수님의 어린 시절 행적부터 죽으심과 부활, 승천까지 세밀하게 기록한 책이라고 볼 수 있다. 누가는 세례 요한의 출생에 대해서도 다른 복음서보다 자세히 언급해 놓았다. 누가가 기록한 누가복음과 사도행전이 신약성경 전체의 1/4 가량이나 되는 많은 분량을 차지한다. 누가복음을 읽고 바로 사도행전을 같이 읽으면 좋다. 그래서 누가행전이라고도 한다. 누가복음과 사도행전은 아담을 시작으로 해서 예수님의 생애를 거쳐 바울까지에 대한 이야기다. 예루살렘에서 로마까지의 이야기다. 누가복음을 "약자의 복음서" 또는 "여인의 복음서"라고도 하며, "이 세상에서 가장 아름다운 책"이라고도 한다.

(1) 비유를 많이 쓴다.

다른 복음서에 비해 누가는 많은 비유를 쓴다. 비유를 많이 쓰는 이유는 알아듣기 쉽게 설명해 주기 위함이다.

● 마태복음과 마가복음에는 없는 누가복음에만 있는 비유들

① **선한 사마리아인 비유**(10:25-37) : 어떤 사람이 여리고로 내려가다가 강도를 만나 거의 죽게 되었다. 이 사람을 본 제사장도, 레위인도 보고 피하여 지나가지만 사마리아 사람만이 이 사람을 돌봐준 이야기이다. 유대인들이 상종하지 않는 사마리아인을 예수님은 상종하시고, 비유로까지 말씀하신 것은 특별하다.

② **마리아와 마르다**(10:38-42) : 예수님을 집으로 초대한 마르다는 열심히 대접하려는 일로 분주하고, 마리아는 예수님의 발취에 앉아 말씀을 듣는 이야기이다.

③ **친구를 위해 한밤중에 떡을 빌리는 이야기**(11:5-8) : 한밤중에 친구가 찾아와 떡을 구하자 자기 집에 먹을 것이 없어 옆집에까지 가서 음식을 구해다 주는 이야기이다.

④ **어리석은 부자**(12:13-21) : 오늘 죽을지도 모르는 부자는 자신을 위해서만 부를 축적하고 창고를 늘리며 평안히 먹고 즐기는 삶을 살려고 하는 이야기이다.

⑤ **잃어버린 동전**(15:8-10) : 열 개의 동전 중 한 개를 잃어버렸지만 끝까지 찾아내는 이야기이다.

⑥ **탕자 이야기**(15:11-32) : 아버지의 재산을 미리 상속받은 둘째아들은 돈을 가지고 멀리 떠나 허랑방탕하게 살다가 거지가 되어 돌아왔지만 아버지는 아무 일 없다는 듯이 둘째아들(탕자)을 기쁘게 받아주는 이야기이다.

⑦ **불의한 청지기**(16:1-13) : 주인을 속이다 들통이 나자 청지기가 사람들에게 빚을 탕감해 주는 이야기이다.

⑧ **부자와 거지 나사로**(16:19-31) : 부자와 거지가 죽었는데 부자는 음부에

서 물 한 방울 먹을 수 없는 상황에 처해 있고, 거지 나사로는 아브라함의 품에 안겨 있는 이야기이다.

⑨ **고침 받은 나병환자 10명**(17:11-19) : 열 명이 나병에서 고침 받았지만 사마리아인 한 사람만 하나님께 영광을 돌린 이야기이다.

⑩ **과부와 불의한 재판관**(18:1-8) : 과부가 불의한 재판관을 귀찮게 하자 마지못해 들어주는 이야기이다.

⑪ **바리새인과 세리**(18:9-14) : 자신이 의롭다고 착각한 바리새인이 세리를 경멸하는 이야기이다.

⑫ **예수님과 삭개오**(19:1-10) : 세리장이자 부자인 삭개오 이야기이다.

(2) 역사적인 사실을 배경으로 이야기를 있는 그대로 정확하게 기록한다.

"디베료 황제가 통치한 지 열다섯 해 곧 본디오 빌라도가 유대의 총독으로, 헤롯이 갈릴리의 분봉왕으로, 그 동생 빌립이 이두래와 드라고닛 지방의 분봉왕으로, 루사니아가 아빌레네의 분봉왕으로, 안나스와 가야바가 대제사장으로 있을 때에 하나님의 말씀이 빈들에서 사가랴의 아들 요한에게 임한지라"(3:1-2).

누가가 역사가인 만큼 역사가가 기록한 것 같은 인상을 보여준다.

(3) 기도와 성령에 대해 강조한다.

누가복음 안에는 예수님의 기도가 다른 복음서보다 많이 나온다. 예수님은 생애 전체가 기도로 채워진 삶을 사셨다. 예수님은 늘 기도하는 분이었고, 제자들에게도 기도의 중요성을 강조하셨다. 예수님은 성령으로 잉태되시고 성령으로 충만하셨다. 성령은 기도와 깊은 연관이 있다. 그래서 누가복음을 성령복음으로, 사도행전을 성령행전으로 부르기도 한다. 예수님은 매시간 기도하시고, 어떤 결정을 하시기 전에도 반드시 기도로 시작하셨다. 마지막 십자가상에서도 "아버지 내 영혼을 아버지 손에 부탁하나이다" (23:46)의 기도로 마치셨다.

(4) 여성들의 활약이 두드러지는 책이다. 그래서 누가복음을 "여인의 복음서"라고도 한다.

1세기에는 숫자에도 포함되지 못하고, 천대받고 무시받는 하류 계층인 여성들에게 예수님께서는 언제 어디서나 손길을 내미신다. 대표적인 이야기가 마르다와 마리아 이야기다(10:38-42). 마리아가 예수님의 발치에 앉아서 말씀을 듣고 있는 장면은, 그 당시 랍비들이 제자들을 가르칠 때만 가능한 장면이다. 여자는 랍비의 제자가 될 수 없을 뿐만 아니라 글도 배울 수 없는 시대였다. 예수님은 이미 이 당시 천대받는 여성들을 높이 세우셨고 가르치셨다. 예수님은 여성들을 제자로 삼으셨다. 예수님이 십자가를 지실 때에도 여성들은 함께했고, 부활의 첫 증인도 여자였다. 또한 여성들은 예수님과 12제자의 재정에도 많은 도움을 주었다(막달라 마리아, 요안나, 수산나). 예수님은 여성들을 많이 지지하시고 응원하셨다. 누가가 글을 쓰면서 남자와 여자를 1:1로 배치하며 차등 없이 똑같이 대하고 있는 것을 볼 수 있다.

(5) 누가는 의사인 만큼 늘 치유에도 관심이 많았다.

다른 복음서와는 달리 누가복음에는 치유에 대한 기록이 많이 나온다. 예수님의 손이 닿으면 못 고칠 병이 없고, 죽은 자가 살아나는 일들, 누가는 다른 어떤 자료보다 치유 사역을 많이 다루고 있다.

(6) 예수님은 이방인들, 세리들, 매춘부들, 사마리아인들을 배척하지 않으셨다.

그래서 예수님을 "세리와 죄인의 친구"라고 부르기도 했다. 이들은 이 당시 소외받고 인정받지 못한 부류이다. 그러나 예수님은 이들에게 친히 찾아가셔서 식사를 함께 하시며 돌보셨다.

(7) 누가복음의 부와 가난의 문제

누가복음은 부자와 가난한 자에 대한 비유가 다른 복음서에 비해 아주 강하게 대조된다. 주로 부자들에게는 책망을, 가난한 사람들은 위로를 해주신다. 누가복음에서의 예수님의 사명은 "가난한 자에게 복음을 전하는 것"이다(4:18-19). 마태복음에는 산상수훈에서 팔복을 언급하지만 누가복음에는 평지설교에서 4복과 4화가 나온다(6:20-26).

(8) 제자도의 중요성

제자도의 핵심은 "자기의 모든 소유를 버리지 아니하면 능히 내 제자가 되지 못하리라"(14:33)이다. 9장 57-62절에는 예수님의 제자가 되려는 3명의 이야기가 나온다. 그런데 하나같이 다 핑계를 댄다. 예수님께서는 제자가되는 우선으로 자기의 소유를 팔아 구제하고, 돈(맘몬)을 우상으로 섬기지 말라고 강조하신다.

(9) 누가는 옛 언약과 새 언약은 단절이 아니라는 것을 강조한다.

옛 언약과 새 언약은 각각의 다른 개념이 아니라 연속이다. 구약성경에서부터 약속된 옛 언약을 지금 예수님이 오셔서 이루고 계신다.

(10) 70인을 세우신다(10:1).

이 내용은 누가복음에만 나온다. 왜 70명을 세우셨을까? 이때는 세계의 모든 민족과 나라가 70개로 알고 있었다. 이 내용은 창세기 10장의 내용과 관련이 있는 듯 보인다. 노아의 홍수 이후 세 아들로 인하여 많은 족속이 생겨났다. 그 수가 70이다. 그래서 이런 한 사건을 통해 누가는 구원이 이스라엘만을 위한 것이 아니라 온 인류의 것이라는 것을 보여주는 것 같다. 하나님은 온 땅에 있는 모든 이방인까지 구원받기 원하시는 마음이 누가복음에 잘 나타나 있다.

족보

누가는 족보의 서술을 마태와 다르게 기록한다. 마태는 아브라함부터 예수님까지를 서술했다면, 누가는 상향식으로 예수님부터 그보다 한걸음 더 나아가 아담에 이어 하나님까지 올라간다. 이방인에게 아브라함이라는 사람은 모를 수 있지만 아담은 알고 있다고 생각했을 것이다. 누가는 족보를 서술하면서 하나님께서 택한 민족(이스라엘)만 구원받는 것이 아니라 온 인류에게도 구원의 문이 열려 있음을 보여주는 것 같다.

누가복음의 핵심

> "주의 성령이 내게 임하셨으니 이는 가난한 자에게 복음을 전하게 하시려고 내게 기름을 부으시고 나를 보내사 포로 된 자에게 자유를, 눈 먼 자에게 다시 보게 함을 전파하며 눌린 자를 자유롭게 하고 주의 은혜의 해를 전파하게 하려 하심이라 하였더라"(4:18-19)
>
> "인자가 온 것은 잃어버린 자를 찾아 구원하려 함이니라"(19:10)

요한복음

책명

헬라어 성경은 '카타 이오안넨'($KATA$ $I\Omega ANNHN$), 즉 '요한에 의한' (According to John)이고, 우리말 성경은 '요한복음'으로 책명을 삼는다.

저자 및 기록 배경

"예수의 제자 중 하나 곧 그가 사랑하시는 자가 예수의 품에 의지하여 누웠는지라"(13:23)라는 표현으로 보아 예수님의 12제자 중 한 명인 사도 요한으로 본다. 예수님의 제자들 중 가장 늦게까지 사역한 사람이다. 요한은 야고보와 형제이며 세베대의 아들이다. 그의 별명은 '보아너게'(우레의 아들) 이다. 다른 제자들이 순교한 데 반해 요한은 A.D. 100년경 자연사한 것으로 보인다. 요한의 직업은 갈릴리 어부였지만 요한복음의 내용을 보면 매우 세련된 문장과 내용에 깊이 있음을 읽게 된다.

에베소에서 사역하다가 밧모 섬 채석장으로 유배되어 많은 고통과 시련을 겪기도 했다. 밧모 섬에 있을 때 하나님께서 보여주신 놀라운 계시를 기록한 것이 신약성경의 마지막 책 요한계시록이다.

기록 연도 및 목적

A.D. 90년을 전후해서 에베소에서 기록한 것으로 본다. 요한은 본서에 자신이 왜 이 복음서를 기록하는지에 대한 목적을 자세히 밝히고 있다. "오직 이것을 기록함은 너희로 예수께서 하나님의 아들 그리스도이심을 믿게 하려 함이요 또 너희로 믿고 그 이름을 힘입어 생명을 얻게 하려 함이니라" (20:31).

이 당시에 많은 이단 거짓 교사들이 활동하고 있었다. 특히 영지주의자 (Gnostic)들이 들어와 예수님을 믿는 사람들에게 혼란과 갈등을 겪게 하였다. 어떻게 신성이신 하나님이 더러운 인간의 몸을 입고 이 땅에 올 수 있느냐며 사람들을 현혹시키고 예수님의 신성을 모독하고 무너뜨렸다. 그래서 요한은 예수님은 완전한 인간인 동시에 온전한 하나님이라는 것을 강조하기 위해 붓을 들었다.

요한복음의 내용은 태초부터 예수님의 재림까지의 내용을 다루고 있다. 요한복음은 초신자도 읽기에 부담이 없는 책이지만 그 내용은 심오하고 방대하다. 요한복음의 핵심은 "예수님은 어떤 분인가? 예수님은 누구신가?" 라는 기독론적인 관점에 맞추고 있다.

구성

범위	내용
1장	서론, 프롤로그
2-12장	표적의 책(7가지의 표적, 유대인들의 오해와 충돌)
13-20장	영광의 책(예수님의 수난, 대제사장적 기도, 십자가와 부활)
21장	결론, 에필로그

요한복음의 특징

(1) 공관복음서와 다른 점

① 공관복음서는 예수 그리스도의 신원에 관해 미리 말하지 않고 점차적으로 계시하는 반면, 요한복음은 시작부터 메시아를 선포한다(요 1:1).

② 공관복음서가 예수님의 생애나 사역에 대해 기록했다면, 요한복음은 자기 계시, 자기 설교, 예수님이 어떤 말씀을 하셨는지에 집중한다.

③ 공관복음서에는 자주 등장하는 단어들이 요한복음에는 나오지 않는다. 예를 들면, '복음', '회개', '기도하다', '하나님 나라' 등이다.

④ 공관복음서는 예수님의 사역이 주로 갈릴리에서 이루어지다가 예루살렘으로 이동되지만, 요한복음은 예수님의 사역이 주로 예루살렘에서 이루어지는 것으로 나타난다.

⑤ 공관복음서에는 예수님이 유월절(Passover)에 한 번 예루살렘으로 가셨다고 되어 있어 공생애 기간이 1년인 것 같은 인상을 주지만, 요한복음은 적어도 서너 번 유월절에 예루살렘을 방문한 것으로 기술하면서 공생애 기간이 3년 이상이었음을 암시해 준다.

⑥ 요한복음의 내용 90% 정도는 공관복음서에 나오지 않는 자료들이다.

⑦ 공관복음서는 '하나님의 나라'나 '천국'이라는 단어를 사용하지만, 요

한복음은 '영생'으로 표현한다.

⑧ 공관복음서에는 예수님을 메시아라고 정확하게 표현하기보다는 간접적으로 '인자'라는 말을 사용하지만, 요한복음은 '하나님의 아들'로 분명히 밝힌다.

⑨ 요한복음 안에는 "내가 그다"라는 예수님 자신을 가리키는 표현을 많이 사용하며, 이것은 출애굽기 3장 14절 "나는 스스로 있는 자"(I am who I am)와 같은 맥락이다.

⑩ 요한복음에는 "아버지, 믿음, 세상, 생명, 영생, 영광, 사랑, 위, 아래" 이런 단어들이 자주 등장한다.

⑪ 요한복음은 예수님의 사건 뒤에 해석, 즉 설명이 있지만, 공관복음서는 해석이 없다.

⑫ 요한복음은 하나님을 아버지로 부르는 것이 130번 정도 나온다. 이것은 요한복음의 가장 큰 특징이기도 하다.

⑬ 요한복음의 기적은 공관복음서와는 달리 하나의 사인(sign), 즉 표적으로 나타낸다.

⑭ 공관복음서에서 예수님의 설교는 짧은 데 반해, 요한복음에서는 비교적 긴 설교를 보여주시고, 특히 이원론적으로 사용하고 있는 '진리와 거짓', '빛과 어둠' 등이 요한복음의 특징이다.

⑮ 공관복음서는 예수님이 귀신을 쫓는 사역이나 죄인들과 함께 식사하시는 장면들이 많이 나오는데, 요한복음에는 그런 내용이 없다.

(2) 표적의 책

요한복음 2-12장에는 7가지 표적이 나온다. 이것을 "표적의 책"이라고 한다. 표적은 '세메이온'(σημεῖον)이다. 이 표적의 내용은 예수님의 십자가의 고난과 죽음의 때에 맞물려 있다.

① **갈릴리 가나 혼인잔치**(2:1-11) : 예수님은 물을 포도주로 변화시키신 것 처럼 물질도 변화시킬 수 있는 분이다. 우리는 본질이 죄인이고 우리 스스로는 어떤 노력이나 고행으로 변화될 수 없지만 오직 예수님만이 우리를 깨끗하게 하시고 변화시키실 수 있다.

② **왕의 신하의 아들을 고치는 사건**(4:46-54) : 예수님은 왕의 신하 아들 을 치유하시기 위해 직접 가지 않으셨다. 원격으로, 즉 말씀으로 낫게 해 주셨다. 예수님은 시공간을 초월하시는 분이다.

③ **베데스다 못가에 있는 38년 된 병자**(5:1-15) : 치유의 장소로 알려진 베 데스다라는 연못에 38년 동안 앉아 있었지만 고침 받지 못했다. 예수 님만이 오래된 병도 치유해 주실 수 있는 분이다.

④ **보리떡 다섯 개와 물고기 두 마리로 오천 명을 먹이신 오병이어 사건** (6:1-15) : 예수님의 손이 닿으면 모두가 배부르게 풍성히 먹고도 12광 주리가 남는다. 하나님 나라는 결코 결핍이 없다.

⑤ **예수님께서 물 위를 걸으심**(6:16-21) : 예수님은 모든 자연의 법칙도 초 월하시는 분이다.

⑥ **날 때부터 맹인 된 사람을 고치심**(9:1-12) : 예수님을 영접하는 사람은 육적인 눈과 영적인 시야가 열릴 수 있다.

⑦ **죽은 나사로 살리심**(11:1-46) : 예수님만이 우리의 생명을 주관하신다. 예수님은 자신이 부활과 생명 되심을 나타내신다.

(3) 예수님이 자신의 정체성을 나타내는 비유

예수님의 설교 속에서 자신의 정체성을 나타내는 비유가 7번 나온다. "나는 −이다"(ἐγώ εἰμί, 에고 에이미). 이것은 출애굽기 3장 14절에서 모세가 불타는 가시덤불 속에서 하나님의 이름을 여쭈었을 때 하나님께서 "나는 스스로 있는 자이니라"라고 하신 구약성경의 중요한 구절과 일맥상통한다.

① **나는 생명의 떡이다**(6:35, 41, 48, 51) : 예수님은 베들레헴(떡집)에서 태어나셨다. 떡은 우리의 생명을 유지하기 위해서 꼭 필요한 양식이다.

② **나는 세상의 빛이다**(8:12) : 인간은 빛이 없으면 다닐 수 없다. 예수님을 만나지 않고는 올바른 길로 갈 수 없다.

③ **나는 양의 문이다**(10:7, 9) : 하나님 나라에 들어가려면 예수님을 반드시 통과해야 된다.

④ **나는 선한 목자다**(10:11, 14) : 삯군 목자들은 자신의 이익만을 위해 일한다. 사자나 야생동물이 나오면 자신의 목숨을 지키고자 양을 버리고 도망간다. 그러나 선한 목자는 자기의 목숨을 아끼지 않고 끝까지 양을 지키고 책임진다.

⑤ **나는 부활이요 생명이다**(11:25) : 예수님은 생명의 원천되시는 분이다. 그를 믿는 자들은 영원한 생명을 얻는다.

⑥ **내가 길이요 진리요 생명이다**(14:6) : 우리는 예수님의 길을 가야 하고, 진리이신 예수님의 말씀만을 붙들어야 하고, 생명이신 예수님께 나아가야 한다.

⑦ **나는 참 포도나무다**(15:1, 5) : 예수님은 자신을 포도나무로, 신자인 우리를 가지로 비유하신다. 가지는 무슨 일이 있어도 나무에 붙어 있어야 산다. 예수님과의 연합을 말씀하신다.

(4) 영광의 책

요한복음 13-20장은 '영광의 책'으로서 '수난-죽음-부활'의 내용을 다룬다. 얼핏 보아 수난과 죽음이 무슨 영광일까라는 생각도 들지만, 이것은 예수님의 십자가 죽음이 하나님의 영광을 온전히 드러내기 때문이다.

(5) 예수님에 대한 증거

요한복음 안에는 이 땅에 오신 예수님에 대해서 증거하는 것으로 가득 차 있다.

① 세례 요한이 예수님을 증거한다(1:7, 26-27, 29-34).

② 사마리아 여인이 예수님을 증거한다(4:39).

③ 하나님 아버지가 예수님을 증거하신다(5:37, 8:18).

④ 성경이 예수님을 증거한다(5:39).

⑤ 모세가 예수님을 증거한다(5:46).

⑥ 성령이 예수님을 증거한다(15:26).

⑦ 예수님의 제자들이 예수님을 증거한다(15:27).

요한복음의 핵심

"하나님이 세상을 이처럼 사랑하사 독생자를 주셨으니 이는 그를 믿는 자마다 멸망하지 않고 영생을 얻게 하려 하심이라"(3:16)

사도행전과 바울의 1, 2, 3차 선교여행 시 기록한 서신

05

사도행전

책명

헬라어 성경은 '프락세이스 아포스톨론'(*ΠΡΑΞΕΙΣ ΑΠΟΣΤΟΛΩΝ*), 즉 '사도들의 행적'이고, 우리말 성경은 '사도행전'으로 책명을 삼는다.

저자

누가복음을 기록한 의사 누가이다. 누가는 바울에게 있어서 없어서는 안 될 만큼 소중한 동역자로 함께 선교에 동참한 인물이다.

기록 목적

사복음서는 예수님에 대한 내용이다. 사도행전은 예수님 이후 제자들에게 어떻게 성령이 임했는지, 어떻게 교회가 세워졌는지, 십자가와 부활의 복음이 어떻게 땅 끝까지 전파되어 나갔는지를 보여주는 책이다. 그런 의미에서 사도행전은 초대교회의 역사를 간직하고 있으면서 선교의 여정을 기록한 문서이다.

구성

범위	내용		
1장	서론(성령을 기다림)		
2-7장	예루살렘-유대 선교		
8-9장	사마리아 선교		
10-28장	땅 끝 선교	1차 선교여행	13-14장
		2차 선교여행	15장 36절-18장 22절
		3차 선교여행	18장 23절-21장 17절

● 1장 : 서론(성령을 기다림)

예수님께서는 오직 성령이 임하면 너희가 권능을 받고 예루살렘과 온 유대와 사마리아와 땅 끝까지 이르러 내 증인이 되리라고 말씀하시고 승천하셨다. 제자들과 예수님의 어머니 마리아와 많은 사람들이 마가의 다락방에서 기도한다. 그리고 자살한 가룟 유다(시 109:8 적용)를 대신해서 맛디아를 사도로 뽑는다.

● 2-7장 : 예루살렘-유대 선교

2장

예수님이 승천하시고 유월절 이후 50일째 되는 오순절에 마가의 다락방에 모인 120명에게 성령께서 임하셨다. 창세기 11장에서 바벨탑을 쌓다가 사방으로 흩어지며 혼잡해진 언어가 오순절에 성령이 임하면서 바벨탑 사건이 종식된다. 베드로가 구약성경 시편과 요엘서로 오순절 설교를 멋지게 한다. 그 말씀을 받은 사람 3,000명이 세례를 받고 회심한다. 이들은 사도의 가르침을 받아 서로 교제하고 기도하며 각자의 재산을 팔아 필요한 사람과 나누고 모이기에 힘썼다.

3-4장

베드로와 요한이 기도하려고 성전에 올라갈 때 나면서부터 걷지 못하는 사람이 구걸을 한다. 이에 베드로가 나사렛 예수 이름으로 권능을 베풀자 걷지 못하던 사람이 걷는다. 베드로가 솔로몬 행각에서 설교를 하자 이번에는 5,000명이 듣고 믿는다. 이들이 성령 충만하여 말씀을 전하고 기적도 행하자 대제사장과 종교지도자들이 시기하고 질투한다. 감옥에 넣을 만한 이유를 찾지 못해 이들에게 다시는 예수님의 이름을 말하지도, 가르치지도 말고 조용히 있으라며 강하게 협박하고 보낸다. 믿는 무리가 한마음과 한 뜻이 되어 서로의 재물을 아끼지 않고 어려운 사람과 나눈다. 구브로에서 난 레위족 사람 바나바(뜻 : 위로의 아들)는 자신의 밭을 팔아 사도들에게 가져온다.

5장

아나니아와 삽비라도 자신들의 소유를 팔아 드리고 싶었다. 그런데 순수했던 처음 마음이 변해 얼마를 감추고 일부만 드리다가 부부가 죽는 일이 발생한다. 이 일로 모든 사람들이 더 두려워한다. 그러나 사도들은 담대히 표적과 기적을 행하며 아픈 사람들을 낫게 한다. 대제사장과 사두개파가 시기가 가득하여 이번에는 사도들을 옥에 가둔다. 그러나 주의 사자가 밤에 옥문을 열어 끌어낸다. 이들은 옥에서 나와 여전히 성전에서 말씀을 가르치고 있다.

6장

헬라파 과부들과 히브리파 과부들의 구제에 있어서 문제가 발생한다. 히브리파 과부에게만 구제를 챙겨주는 것에 대한 헬라파 과부의 불만이었다. 이로 인해 헬라파에서 7명의 집사를 세워 일을 처리하게 하고, 사도들은 더욱더 기도하고 말씀을 가르치는 사역에 힘썼다. 이때 세워진 사람이 스데반이다. 스데반은 지혜와 성령이 충만했다. 스데반이 큰 기사와 이적을 백성들에게 행하고 리버디노 회당에서 예수님에 대해서 설교하자 이를 못마땅해 하던 사람들이 스데반을 공회에 고소해 버린다.

7장

스데반의 유명한 설교가 나온다. 창세기 아브라함부터 사복음서 예수님까지 사도행전 설교 중 가장 긴, 그리고 훌륭한 변증인 설교를 한다. 특히 유대인들에게 예민한 성전 부분을 설교하며 이들의 심기를 건드린다. 나아가 이들이 하는 종교생활이 얼마나 형식적인지를, 또한 우상을 숭배하는 자들을 신랄하게 비판하며 예수님만이 참된 구세주라고 말한다. 스데반을 못마땅해 하는 사람들이 설교를 듣고 달려들어 돌로 쳐서 스데반을 죽인다. 스데반은 죽으면서까지 "그들에게 죄를 돌리지 마시고 용서해 주십시오" 하며 순교했다. 사울도 그 자리에 있었다.

● 8-9장 : 사마리아 선교

8장

스데반의 죽음으로 헬라파 그리스도인들이 핍박을 받아 다 흩어진다. 빌립 집사가 사마리아로 내려가 복음을 전하며 전도한다. 예수님의 지상명령이 성취된다. 빌립이 귀신도 내쫓고 중풍병자와 걷지 못하는 사람도 걷게 하며 많은 이적을 행한다. 사마리아에서 마술을 행하던 시몬이라는 사람도 믿고 세례를 받는다. 예루살렘에 있는 베드로와 요한이 사마리아로 와서 사람들에게 안수하자 성령이 임한다. 이를 본 시몬이 그 권능을 돈 주고 사려다가 베드로에게 혼이 난다. 그리고 성령이 빌립을 예루살렘에서 가사로 내려가는 광야로 보낸다. 빌립은 거기서 에디오피아 여왕 간다게의 재정 맡은 관리 내시를 만난다. 그 내시는 가는 길에 수레에서 구약성경 이사야의 글(사 53:7)을 읽고 있었는데 이해가 되지 않아 답답해하고 있었다. 빌립이 그것에 대해 설명해 주고 예수님이 누구인지 가르쳐 주며 복음을 전하자 내시가 가던 길을 멈추고 빌립에게 세례를 받는다.

9장

사울이 등장한다. 헬라파 그리스도인들이 흩어지면서 다메섹에 숨어 있었다. 사울은 다메섹에 숨어 있는 사람들을 찾아내서 예루살렘으로 끌고 오려고 대제사장에게 공문을 받아 다메섹으로 출발했다. 다메섹에 이르자 하늘로부터 빛이 그를 둘러 비추면서 사울이 땅에 고꾸라지고 앞이 보이지 않는다. 여기서 부활하신 예수님을 만나게 된다. 성령이 아나니아에게 사울을 안수하게 하신다. 아나니아가 사울에게 안수하니 눈에서 비늘 같은 것이 벗어지면서 다시 보게 되고 세례도 받는다. 그리고 사울은 예수님이 '하나님의 아들'이라고 전파하고 다닌다. 전에 사울을 알던 사람들이 배신을 느끼고 사울을 죽이려고 공모를 한다. 그러자 사람들이 사울을 광주리에 담아 성벽에서 내려 피신하게 한다. 바나바가 사울을 데리고 예루살렘으로 데리고 가서 사울이 어떻게 예수님을 만나고 예수님께서 그에게 말씀하신 것이 무엇인지를 담대히 전한다.

사마리아를 순회하던 베드로와 요한이 룻다, 욥바, 가이사랴로 선교여행을 한다. 욥바에 다비다 또는 도르가라고 하는 선행과 구제를 많이 하는 여인이 있었다. 그런데 그녀가 병들어 죽자 사람들이 베드로를 간청해 불러온다. 이에 베드로가 기도하며 "다비다야 일어나라" 하니 그녀가 살아났다. 이것을 본 많은 사람들이 주를 믿었다.

● 10-28장 : 땅 끝 선교

10장

가이사랴에 고넬료라 하는 사람이 있다. 이는 로마 군대의 백부장이었다. 주님이 베드로에게 보자기 환상을 보여주시며 성령이 이방인에게까지 임하시고 역사하신다고 하신다. 베드로가 고넬료의 집에서 설교하자 모든 사람이 성령을 받고 방언을 말하며 하나님을 찬양했다. 이에 베드로와 함께 온 유대인들이 이방인들에게도 성령이 부어지고 구원이 임하는 것을 보고 놀란다.

11장

고넬료의 회심과 이방인들까지 생명 얻는 회개를 주셨다는 것을 베드로가 예루살렘에 와서 보고한다. 그런데 스데반의 일로 흩어진 무명의 사람들이 베니게와 구브로와 안디옥에 이르러 말씀을 전하고 다닌다. 최초로 수리아 안디옥에 이방인 교회가 탄생한다. 예루살렘 교회가 이 소문을 듣고 바나바와 사울을 안디옥에 보낸다. 이들이 안디옥에서 말씀을 가르친다. 예루살렘에서 아가보라는 사람이 와서 천하에 큰 흉년이 들 것을 예언한 바 있다. 그런데 지금 그 흉년이 들어 예루살렘 교회도 곤궁에 빠졌다.

이에 수리아 안디옥 교회는 구제 헌금을 모아 바나바와 사울을 통해 예루살렘 교회에 전달한다.

12장

12사도 중의 하나이며 요한의 형제 야고보가 순교한다. 제자 중에 첫 순교자다. 베드로는 옥에 갇힌다. 그러나 천사의 도움으로 기적같이 풀려난다. 옥에 갇힌 베드로를 위해 사람들이 마가의 다락방에 모여 기도하고 있었는데 베드로가 나타나자 모든 사람들이 놀란다. 야고보를 죽이고 베드로를 옥에 가둔 헤롯 아그립바 1세는 벌레에게 먹혀 갑자기 죽는다. 바나바와 사울이 헌금을 전달하고 마가를 데리고 예루살렘에서 수리아 안디옥으로 간다. 12장까지 베드로의 사역이 끝나고 이제 사도 바울의 사역이 시작된다.

13-14장 : 바울의 1차 선교여행의 시작

수리아 안디옥 교회에서 바나바, 사울, 마가를 안수하고 파송한다. 바보에서 거짓 선지자인 마술사 바예수를 만난다. 구브로의 총독 서기오 바울이 바나바와 사울에게 하나님의 말씀을 듣기 원하지만 바예수가 방해를 한다. 바예수는 성령께서 눈을 멀게 하시고, 총독 서기오 바울은 하나님을 믿고 주의 가르치심을 놀랍게 여긴다.

사도행전 13장 13절부터는 사울의 이름이 '바울'로 바뀐다. 밤빌리아 버가에서 마가는 선교를 중단하고 예루살렘으로 돌아간다. 바울이 비시디아 안디옥에서 회당 설교를 한다. 바울 역시 베드로나 스데반처럼 하나님이 이스라엘 백성들을 애굽에서부터 인도하신 이야기부터 부활하신 예수님에 대해 설교한다. 이 설교에 많은 이방인들이 듣고 기뻐하자 유대인들이 경건한 귀부인들과 유력한 사람들을 선동해서 바울과 바나바를 박해하고 그 지역에서 쫓아낸다. 그래서 이들은 이고니온으로 간다. 이곳에서도 유대인의 회당으로 가서 말씀을 전하자 많은 사람이 믿는다. 그러자 이들을 돌로 치려고 달려들어 바울과 바나바가 루스드라와 더베로 간다. 거기서 나면서부터 걷지 못하는 사람을 성령의 권능으로 치유해 준다. 이에 사람들이 바나바는 제우스, 바울은 헤르메스라고 하며 신격화한다. 이고니온에서 이들을 돌로 치려고 했던 사람들이 여기까지 쫓아와서 바울을 돌로 쳐서 죽게 한다.

이들은 바울과 바나바가 죽은 줄 알고 성 밖으로 끌어다 버린다. 제자들이 바울을 둘러섰을 때에 바울이 기적처럼 살아난다. 갈라디아 지역에서 각 교회의 장로들을 택하여 금식기도하며 교회를 탄탄히 정비해 놓고, 바울과 바나바는 앗달리아에서 배를 타고 수리아 안디옥으로 돌아온다. **여기까지가 바울의 1차 선교여행이다.**

＊ 1차 선교여행에서 **갈라디아** 지역에 교회를 개척한다(갈라디아서 기록).

15장 1-35절

예루살렘에서 첫 종교회의가 열린다. 유대에서 온 사람들이 이방인 그리스도인들에게 할례를 받지 않으면 구원을 받지 못한다고 하며 충돌이 일어난다. 그래서 안디옥에서 바나바와 바울이 포함된 대표단을 결성해서 예루살렘에 보낸다. 가는 길에 베니게와 사마리아에 들러 이방인들이 주께 돌아온 일들을 말하며 같이 기뻐한다. 예루살렘에 도착해 사도와 장로들이 이 일을 의논하기 위해 모였다. 예루살렘 공의회가 베드로와 야고보의 주관으로 진행된다. 베드로는 이방인 로마 백부장 고넬료가 성령 받고 구원받은 것을 설명했고, 야고보는 구약성경 아모스서 "그날에 내가 다윗의 무너진 장막을 일으키고 그것들의 틈을 막으며 그 허물어진 것을 일으켜서 옛적과 같이 세우고 그들이 에돔의 남은 자와 내 이름으로 일컫는 만국을 기업으로 얻게 하리라 이 일을 행하시는 여호와의 말씀이니라"(9:11-12)를 인용한다. 다만 이방인 중에 하나님께로 돌아온 자는 우상의 더러운 것과 음행과 목매어 죽인 것과 피를 멀리하라고 한다. 유대인과 이방인 둘 다 예수님을 믿음으로 구원받는다는 결론으로 일단락 짓는다. 예루살렘 종교회의가 끝나고 바나바와 바울, 또 유다와 실라도 공문서를 가지고 함께 안디옥으로 간다.

15장 36-41절 : 바울의 2차 선교여행의 시작

바나바는 1차에 함께했다가 도중하차한 마가도 데리고 가자고 하는데 바울은 원치 않는다. 이 일로 크게 다투고 바나바와 바울이 헤어진다. 바나바는 자신의 고향인 구브로로 마가를 데리고 가고, 바울은 실라를 데리고 자기 고향 다소 쪽으로 간다.

16장

바울이 더베와 루스드라에서 중요한 동역자를 만나게 된다. 갈라디아 지역에서 칭찬받는 디모데이다. 2차 때는 바울이 아시아(에베소)에서 말씀을 전하고 싶었지만 마게도냐로 건너와 도우라는 환상을 본다. 16장 10절부터 누가가 등장한다. '우리'라는 단어가 등장하는 것으로 보아 사도행전을 쓰는 누가가 합류한 것으로 보인다. 마게도냐 네압볼리를 지나 마게도냐 지방의 큰 성이며 로마의 식민지인 빌립보에 도착한다. 빌립보에 회당이 없어 강가에 나가 사람들과 말하다가 자색 옷감 장사 루디아라는 여자를 만난다.

루디아는 고넬료처럼 하나님을 경외하는 이방 여인이었다. 이곳에서 빌립보 교회가 개척된다. 바울과 실라가 기도하는 곳에 가다가 귀신들린 여종에게서 귀신을 쫓아낸 일로 감옥에 갇힌다. 이들이 한밤중에 기도하고 하나님을 찬송하는데 갑자기 큰 지진이 나서 매인 것이 풀어지고 옥문이 열린다. 옥문이 열린 것을 보고 죄수들이 도망간 줄 알고 간수가 자결하려고 하자 바울이 말린다. 이 일로 간수가 구원을 받고 바울과 실라를 자기 집으로 데려다가 음식을 대접하고 온 가족이 세례를 받는다.

17장

옥에서 나온 바울 일행은 데살로니가로 간다. 회당이 있는 그곳에서 세 안식일(3주 동안)에 걸쳐 구약성경을 가르친다. 경건한 헬라인과 귀부인들도 바울과 실라를 따른다. 유대인들이 또 시기하여 바울 일행이 머물고 있는 야손의 집에 침입한다. 그러나 바울이 없어 야손의 일행들을 관원에게 끌고 간다. 이들에게 보석금을 받고 풀어 준다. 바울이 데살로니가를 떠나 밤에 베뢰아에 도착한다. 베뢰아에 있는 사람들은 데살로니가 사람들보다 너그럽고 날마다 구약성경을 상고했다. 유대인들은 또 소동을 일으켜 베뢰아에도 있을 수 없게 되었다. 바울은 아덴(아테네)으로 떠나고 실라와 디모데는 마게도냐에 남겨두었다. 아덴은 철학과 예술의 도시이다. 바울이 아덴에 우상이 가득한 것을 보고 격분한다. 어떤 에피쿠로스와 스토아 철학자들이 바울과 쟁론을 한다. 바울은 예수님과 부활을 전한다. 그리스 사람들은 무수히 많은 신을 섬긴다. 그러다 보니 실수로 섬기지 못하는 신이 있어 신들이 분노할까봐 "알지 못하는 신"이라는 제단도 세워 섬기고 있다. 바울은 이들에게 더 하나님을 알게 하고 싶었다. 바울은 아레오바고라는 곳에서 이방인을 대상으로 설교를 한다.

18장 1-22절

아덴에서 큰 성과 없이 바울은 고린도로 떠난다. 글라우디오(Claudius, 로마제국의 4대 황제, A.D. 41-54년)가 로마에서 유대인은 떠나라고 명한 후 고린도에 와 있는 브리스길라와 아굴라를 만난다. 바울과 천막을 만드는 생업이 같았다. 낮에는 천막을 만들고, 밤에는 말씀을 가르치는 사역을 이들과 같이 했다. 이들 부부로 인해 고린도 교회가 개척된다. 마게도냐에 두고 온 실라와 디모데가 고린도로 내려와서 데살로니가의 소식을 전해준다. 데살로니가의 소식을 듣고 바울은 데살로니가전서와 후서를 이곳 고린도에서 쓴다. 바울은 이들과 함께 고린도에서 본격적인 사역에 들어간다. 회당 옆에 디도 유스도라 하는 하나님을 경외하는 사람의 집에서 모였고, 회당장 그리스보는 온 집안이 주를 믿으며 세례를 받는다. 바울은 고린도 교회에서 1년 6개월 동안 사역한다. 밤에 주께서 환상 가운데 바울에게 말씀하시길 두려워하지 말고 백성에게 말하라고 한다. 아가야 총독 갈리오에게 유대인들이 바울을 고소한다. 그러나 총독은 바울을 고소한 사람들을 법정에서 쫓아낸다. 바울은 브리스길라와 아굴라와 함께 고린도를 떠나며 수리아 안디옥으로 향한다. 가는 길에 에베소에 들러서 이곳에 브리스길라와 아굴라를 두고, 바울은 에베소를 떠나 가이사랴와 예루살렘을 거쳐서 수리아 안디옥으로 돌아간다. **여기까지가 바울의 2차 선교여행이다.**

* 2차 선교여행에서 빌립보, 데살로니가, 고린도 교회를 개척한다(데살로니가전서·후서 기록).

18장 23-28절 : 바울의 3차 선교여행의 시작

바울이 수리아 안디옥 교회에서 3차 선교여행을 출발한다. 목표는 에베소를 향하는 것이다. 2차 선교여행에서 돌아올 때 에베소에 브리스길라와 아굴라를 머물게 하고 바울은 수리아 안디옥 교회로 떠난 사이 알렉산드리아(Alexandria, 알렉산더 대왕이 이집트에 건설한 도시)에서 태어난 구약성경에 능통한 아볼로가 에베소에 온다. 회당에서 강론하는 아볼로에게 브리스길라와 아굴라는 바울에게 배운 "하나님의 도"를 더 정확하게 풀어 아볼로에게 설명해 준다. 이들 부부와 바울이 고린도 교회를 개척 후 떠나올 때 마땅히 고린도 교회에서 말씀을 가르칠 사람이 없었는데 아볼로에게 권면하자 아볼로가 흔쾌히 고린도 교회로 간다. 아볼로는 구약성경에 능통한 자이고 언변이 좋았다.

19장

아볼로는 고린도 교회로 가고, 바울은 에베소에 도착한다. 바울이 에베소 사람들에게 성령을 받았느냐 물으니 이들은 성령이 있다는 말을 듣지도 못했다고 한다. 그래도 그들에게 세례 요한의 세례는 알려져 있었다. 바울은 이들에게 세례 요한이 세례를 베풀며 말하길 "자기 뒤에 오시는 이를 믿으라 하였으니 그가 곧 예수"라며 세례 요한이 전한 예수님에 대해 알려준다. 그들은 주 예수 이름으로 세례를 받고 바울이 안수하자 성령이 임하고 방언도 하고 예언도 한다. 바울이 회당에서 3개월간 말씀을 전하자 비방자들이 나타나 바울은 제자들을 데리고 두란노 서원으로 가서 날마다 말씀을 전한다. 바울이 2년 동안 말씀을 전하니 많은 이들이 주의 말씀을 듣는다. 하나님이 바울의 손으로 놀라운 능력을 행하게 하시자 바울이 걸친 앞치마나 손수건만 갖다 대도 병이 낫고 악귀도 떠나간다. 이것을 흉내 낸 스게와의 일곱 아들이 오히려 악귀에게 당하고 도망한다. 마술을 행하던 사람들은 회심하고 마술책을 불사르기도 한다. 그 불사른 책값을 계산하니 은 오만이나 되었다.

바울은 에베소에서의 사역이 끝나면 마게도냐와 아가야를 거쳐 예루살렘에 갔다가 로마로 갈 계획을 가지고 있었다. 디모데와 에라스도 두 사람을 먼저 마게도냐로 보내고 바울은 아시아(에베소)에 좀 더 머문다.

은으로 아데미의 신상 모형을 만들어 파는 데메드리오라 하는 사람이 문제를 일으킨다. 바울이 "사람의 손으로 만든 것들은 신이 아니라" 하는 말에 분개하고 자신들의 영업에 손해를 가져오자 사람들을 선동해 소요를 일으킨다. 연극장에 많은 사람들이 모이고 바울과 같이 다니는 가이오와 아리스다고를 붙잡아 사람들 앞에 세웠지만 이들의 잘못을 찾아내지 못해 사람들은 흩어진다. 데메드리오 사건으로 인해 생각보다 일찍 에베소를 떠나야만 했다. 에베소에서 사역하는 동안 고린도 교회에 여러 가지 문제가 생겼다는 소식을 전해 듣는다. 그래서 바울은 에베소에서 고린도 교회에 편지를 써서 보낸다(고린도전서 기록).

20장 1-2절

소요가 그치자 바울은 에베소에서 마게도냐로 떠난다(고린도후서 기록).

20장 3절

마게도냐에서 고린도 교회에 도착해 3개월 동안 머문다(로마서 기록).

20장 3-38절

3개월 동안 고린도 교회에 있으면서 로마서를 쓰고 수리아 안디옥으로 바로 가려고 하자 유대인들이 바울을 해하려고 공모한다는 정보를 입수한다. 그래서 다시 마게도냐를 거쳐 돌아간다. 소바더와 아리스다고, 세군도,

가이오, 디모데, 두기고와 드로비모는 바울과 함께 동행한다. 이들은 예루
살렘에 헌금을 전달할 사람들이다. 이들이 먼저 가서 드로아에서 바울을
기다린다. 여기서 누가(우리)가 출현한다. 바울과 누가는 빌립보에서 배를 타
고 드로아에 도착한다. 드로아에서 바울이 밤중까지 말씀을 전하는데, 유
두고라는 청년이 말씀을 듣고 졸다가 떨어져 죽었다가 살아나는 기적도 발
생한다.

에베소 교회 장로들을 밀레도로 불러 바울이 그들에게 고별 설교를 한
다. 자신이 예루살렘에서 무슨 일을 당할지는 모르지만 성령에 매여 가야
한다고 전한다. 그리고 주께 받은 사명을 감당하는 일에 자신의 생명조차
아끼지 않는다는 말까지 한다. 자신이 떠난 후에 사나운 이리들이 에베소
교회를 뒤흔들더라도 바울이 3년 동안 밤낮 쉬지 않고 눈물로 각 사람을
훈계하던 것을 기억하라고 한다. 바울은 이곳에서 사역하면서 은이나 금을
탐내지 않았고, 자기 스스로 자비량 선교를 함으로 본을 보인 것에 대해 말
한다. 주는 것이 받는 것보다 복이 있다고 하신 주의 말씀을 기억하라고 당
부한 후 사람들과 함께 기도한다.

21장 1-17절

밀레도에서 에베소 교회 장로들에게 고별 설교를 한 후 두로에서 제자들
을 만나 7일을 함께 보낸다. 이에 성령으로 감동된 제자들은 바울에게 예
루살렘으로 가지 말라고 한다. 그러나 제자들의 만류에도 불구하고 바울
은 예루살렘으로 향한다. 가다가 가이사랴에 있는 빌립의 집에 머문다. 빌
립에게는 딸이 네 명 있고 모두 예언하는 자들이다. 유대에서 온 아가보라
는 선지자는 바울의 띠를 가져다가 자기 수족을 묶고서 극적인 예언을 한
다. 이제 예루살렘으로 내려가면 이렇게 결박당해 이방인의 손에 넘겨질 것

이니 바울에게 가지 말라고 말린다. 그러자 바울은 이번에도 예수님의 이름을 위하여 결박을 당할 뿐 아니라 죽을 각오도 되어 있다고 한다. 그리고 바울은 예루살렘으로 간다. **여기까지가 바울의 3차 선교여행이다.**

＊ 3차 선교여행에서 에베소 교회를 개척한다(고린도전서·후서, 로마서 기록).

21장 18-40절

예루살렘에 돌아와 예수님의 동생 야고보와 장로들에게 그동안의 사역에 대해 보고한다. 유대인들로부터 바울을 보호하고자 정결예식을 할 것을 조언한다.

정결예식이 끝날 무렵 아시아에서 온 유대인들이 바울을 알아보고 붙들며 폭동을 일으킨다. 그들이 바울을 죽이려고 할 때 천부장과 군인들에 의해 바울은 체포된다. 영내로 들어가면서 바울이 천부장에게 자신이 백성들에게 말할 수 있게 해 달라고 부탁하자 천부장은 허락한다. 바울이 유창하게 히브리말로 연설을 한다.

22장

바울은 자신의 출생과 성장과정, 또 자신이 어떻게 예수님을 만나고 회심했는지, 어떤 소명을 받았는지에 대해 개인의 이전 경험을 소개하는 연설을 한다. 주님은 자신을 이방인을 위한 사도로 보내셨고, 자신은 주님이 주신 사명을 잘 감당했다고 연설한다. 연설 도중 사람들이 바울을 향해 죽이자고 소동을 피우자 천부장이 바울을 영내로 데려가 채찍질하라고 지시한다. 이에 백부장이 바울을 붙잡자 자신은 로마 시민권자라는 것을 밝힌다. 로마 시민권자를 영장도 없이 체포한 것에 대해 천부장은 두려워한다. 이튿날 천부장은 바울의 결박을 풀고 공회를 모아 백성들 앞에 세운다.

23장

대제사장과 공회를 소집해서 바울이 사람들 앞에서 증언하게 한다. 지금까지 자신은 하나님을 섬긴 것밖에 없다고 하자 대제사장은 옆에 있는 사람들에게 바울을 때리라고 명한다. 바울은 대제사장을 위선자라고 하며 오히려 대제사장이 율법을 어기고 있다고 말한다. 자신은 바리새인의 아들이며 죽은 자의 부활 때문에 지금 심문을 받고 있다고 말한다. 이 말을 듣자 바리새인과 사두개인 사이에 다툼이 벌어진다. 분쟁이 생기자 천부장은 바울을 영내로 데려간다. 그날 밤 주께서 바울에게 나타나셔서 "담대하라 예루살렘에서 나의 일을 증언한 것처럼 로마에서도 증언하여야 하리라"고 말씀하신다. 다음날 40여 명이 동맹하여 바울을 죽이기 전에는 먹지도 마시지도 않겠다고 한다. 바울을 죽이려고 매복하고 있다는 사실을 바울의 생질이 바울에게 전해준다. 바울은 생질에게 이 소식을 천부장에게 알리라고 한다. 천부장 글라우디오 루시아는 총독 벨릭스에게 편지를 쓰고 바울을 안전하게 후송할 보병과 기병을 준비해 달라고 부탁한다. 다음날 편지와 바울이 가이사랴에 도착하자 총독이 헤롯 궁에 바울을 두고 지키게 한다.

24장

5일 후에 대제사장 아나니아가 장로들과 변호사 더둘로를 데려와 총독 벨릭스에게 바울을 고발한다. 변호사 더둘로는 바울을 "전염병 같은 자", "나사렛 이단의 우두머리"라고 칭하고, 성전을 더럽게 한 자라고 말한다. 바울이 이에 대해 변명한다. 자신은 오직 죽은 자의 부활에 대하여 전한 것 때문에 체포되어 오늘 이 자리에 있는 것이라고 말한다. 벨릭스는 바울의 고소 건을 연기하고 백부장에게 명한다. 바울을 지키되 자유를 주고 친구들의 도움을 금하지 말라고 당부한다. 며칠 후 벨릭스가 그의 아내 유대 여자 드루실라와 함께 바울을 불러내서 예수에 대해 듣는다. 바울이 장차 올 심판에 대해 강론하자 벨릭스는 두려워한다. 벨릭스는 바울에게 뒷돈을 받을까 하고 자주 불러 대화한다. 바울이 가이사랴 옥에 있은 지 2년이 지난 후 보르기오 베스도가 벨릭스의 후임으로 온다.

25-26장

베스도가 부임한 지 3일 후에 가이사랴에서 예루살렘으로 올라간다. 2년 동안 바울이 옥에 있었지만 여전히 대제사장과 유대인들이 바울을 새 총독 베스도에게 고소한다. 베스도가 유대인의 마음을 얻고자 하여 바울에게 예루살렘에서 심문을 받겠냐고 묻는다. 그러자 바울은 가이사의 재판 자리에서 심문을 받겠다고 하며, 자신은 불의한 일을 행한 것도 없고, 만일 죽을죄를 지었으면 죽기를 사양하지 않겠다고 한다. 바울은 가이사에게 상소한다. 이 일로 바울은 로마로 갈 수 있게 되었다. 이는 바울이 로마 시민권을 소유했기 때문에 가능했다. 수일 후에 아그립바 왕과 버니게가 베스도에게 문안하러 왔다. 그간의 바울의 일에 대해 얘기한다. 다음날 아그립바와 버니게, 또 권위 있는 자들이 모여 바울을 데려와 세운다. 그리고 바울이 로마 황제에게 상소했으니 보내기로 결정했다고 한다.

아그립바는 바울에게 변명할 수 있는 기회를 준다. 바울의 최후의 변증이다. 아그립바와 베스도, 또 권위 있는 모든 사람들 앞에서 바울은 지금까지 자신이 살아온 모든 과정을 변증하는 방식으로 연설한다. 중점은 하나님이 죽은 사람을 살린 것을 왜 믿지 못하냐며 예수님의 부활을 상세히 설명한다. 자신이 다메섹에서 어떻게 예수님을 만났는지를 자세히 밝힌다. 바울의 간증을 다 들은 베스도는 바울에게 미쳤다고 소리친다. 재판과정에서도 바울은 복음을 전파했다. 이에 아그립바가 바울에게 "나도 그리스도인이 되게 하려 하느냐"고 한다. 이들은 바울에게서 잘못을 찾아내지 못했다. 아그립바는 바울이 만일 가이사에게 상소하지 않았다면 석방될 수도 있었을 것이라고 말한다.

27장

바울이 로마에 도착하기까지의 여정이 나와 있다. 배를 타고 이탈리아 행에 바울과 다른 죄수들이 탄다. 로마 황제에게 상소했기 때문이다. 바울은 로마로 압송되어 주님이 바울에게 로마에 가서도 말하라고 하신 명령을 성취하게 되는 것이다. 중간에 유라굴로라는 광풍을 만나 각자 가지고 있던 짐들도 다 버리게 된다. 여러 날 광풍으로 인하여 먹지도 못하고 두려워하고 있을 때 바울은 자신에게 나타나 하신 주님의 말씀을 전하며 안심하고 두려워하지 말라고 한다. 바울은 무슨 일이 있어도 가이사 앞에 꼭 서야 한다고 하신 주님의 말씀을 그대로 전한다. 여기서 누가가 또 바울과 합류한다. 거센 광풍이 와도 바울은 주님의 말씀을 믿고, 난파의 위기에 처한 배도 구하고, 백성들도 구한다. 바울의 말대로 모든 사람들이 상륙하여 구조되었다.

28장

구조된 후에 도착한 섬은 멜리데(몰타)였다. 비가 오고 추워 원주민들이 바울과 함께한 사람들에게 불을 피워 준다. 바울이 나무 한 묶음을 불에 넣으니 그 안에 있던 독사가 바울의 손을 물었지만 아무런 상함이 없었다. 이 장면을 본 섬 사람들은 바울을 신으로 생각했다. 이 섬에서 가장 높은 사람 보블리오라 하는 사람이 바울 일행을 잘 영접했다. 보블리오의 부친이 열병과 이질에 걸려 누워 있자 바울이 기도하고 안수하자 낫는다.

바울이 드디어 로마 땅을 밟는다. 로마에서 유대인의 높은 사람들을 불러 자신에 대해 얘기한다. 로마에 있는 사람들이 바울의 말을 듣고자 모여 바울은 아침부터 저녁까지 강론한다. 그 중에는 믿는 사람들도 있고 그렇지 않은 사람들도 있었다. 이에 바울은 이사야서 6장 9-10절의 말씀을 인용하여 하나님의 구원이 이방인에게로 보내어진 줄 알라고 전한다. 바울은 로마 감옥에 2년을 머물면서 자유롭게 사람들을 만나며 예수님에 관한 모든 것을 담대하고 거침없이 가르치고 복음을 전파한다. 바울의 1차 로마 감옥은 가택연금상태로서 비교적 자유로웠다. 이때 쓴 바울의 서신서가 네 권의 옥중서신이다. 누가는 28장을 끝으로 사도행전의 막을 내린 것이 아니라 앞으로 선교의 문을 활짝 열어놓았다.

사도행전의 핵심

"오직 성령이 너희에게 임하시면 너희가 권능을 받고 예루살렘과 온 유대와 사마리아와 땅 끝까지 이르러 내 증인이 되리라 하시니라"

(1:8)

06

갈라디아서
(1차 선교여행 때 쓴 서신)

책명

헬라어 성경은 '프로스 갈라타스'(*ΠΡΟΣ ΓΑΛΑΤΑΣ*), 즉 '갈라디아인들에게'(To Galatians)이고, 우리말 성경은 갈라디아 지역의 여러 교회에 보내는 서신으로 '갈라디아서'로 책명을 삼는다.

저자 및 기록 배경

사도 바울의 서신이다. 바울서신 중에서 가장 먼저 쓰인 책이다.

갈라디아서를 가리켜 로마서의 축소판이라고 한다. 또한 그리스도인들의 자유의 대헌장이라는 별칭도 있다. 갈라디아 남부 지역인 비시디아 안디옥, 이고니온, 루스드라, 더베 등에서 1차 선교여행을 마친 후 남부 갈라디아에 보낸 서신이다. 이때는 대략 A.D. 48-49년이다(행 13-14장, 1차 선교여행). 그러나 어떤 학자들은 갈라디아 북부 설을 주장하며 A.D. 56-57년에 쓰였다고 주장하기도 한다.

기록 목적

바울서신은 신약성경 중 13개가 있다. 바울의 편지에는 대개 특정한 틀이 있다. 먼저는 안부를 묻고, 그리스도의 은혜와 평강과 감사를 전하며, 본론으로 들어가 전하고자 하는 말을 한 후, 결론에 인사를 하고 당부의 말을 전한다. 그런데 13권의 서신서 중 첫 번째로 쓰인 갈라디아서는 안부보다는 자신이 사도라는 것부터 밝히고 시작한다. 그리고 전체적인 문체나 내용이 다소 격렬하고 바울의 화난 감정이 보여진다.

갈라디아서는 참된 복음과 구원이 어떤 것인지를 설명하는 가르침이 담겨 있어서 다른 서신서와 달리 감사인사나 동역자에 대한 안부의 언급도 없다. 이방 땅에 최초로 세워진 교회는 수리아 안디옥 교회이다. 안디옥 교회에서 처음으로 바울과 바나바를 선교사로 파송한다. 그들이 제일 먼저 복음을 전한 곳은 갈라디아 지역이다. 이곳에 5-6개의 교회를 세운다. 이곳에서 바울과 바나바가 예수님의 복음을 열심히 전하고 안디옥으로 돌아와 1차 선교여행을 마쳤다.

그런데 얼마 되지 않아 유대주의자들이 바울이 전한 복음에 반기를 들었다. 바울이 전하는 복음은 완전하지 않고 반쪽짜리 복음밖에 되지 않는다며 '다른 복음'을 전하였다. 그들이 전한 다른 복음은 바울이 전한 예수님을 믿는 것뿐만 아니라 거기에 그동안 구약성경에서부터 계속 지켜온 율법과 할례도 받아야 한다는 것이다. 아직 신앙이 여린 갈라디아 사람들은 누가 전하는 복음이 맞는 것인지 흔들리기 시작했고, 거짓 복음에 넘어가고 있었다. 이에 화가 난 바울은 진정한 복음은 무엇이고, 예수님 외에 다른 복음은 필요치 않은 것과 또한 자신은 예수님으로부터 직접 부름을 받은 사도임을 밝히고 있다.

구성

범위	내용
1-2장	자신의 사도 자격 변호, 다른 복음은 없다, 오직 믿음으로 의롭게 된다.
3-4장	율법과 복음
5-6장	성령의 열매, 그리스도인의 자유

- **1-2장 : 자신의 사도 자격 변호, 다른 복음은 없다, 오직 믿음으로 의롭게 된다**

1장

사도는 헬라어로 '아포스톨로스'(ἀπόστολος), 즉 "보냄을 받은 자"라는 뜻이다. 얼핏 생각해 보면 바울은 예수님과 함께 생활하지도 않았고 예수님의 제자도 아닌데 어떻게 예수님의 사도일까라고 생각할 수 있지만, 바울은 분명히 다메섹에서 부활하신 예수님을 만났고, 예수님의 계시를 직접 받아 가르침을 받았으며, 예수님으로부터 너는 이방인을 위해 택한 나의 그릇이라는 부름을 받은 진정한 사도이다. 사도로서 부름을 받은 후부터 바울은 진정한 복음이 무엇이고 구원을 받기 위해서는 "오직 예수 그리스도를 믿음으로 가능하다"는 것에서 절대로 흔들리지 않고, 일체의 양보도 하지 않았다. 자신이 사도임을 분명히 밝히는 것은 그렇게 되지 않으면 그동안 자신이 전한 복음이 흔들리고 거짓이 되기 때문이다. 그 당시 유대주의자들은 바울이 복음을 전하고 가고 나면 다시 이들에게 찾아가 바울의 복음은 완전하지 않다고 이들을 미혹시켰다.

유대주의자들은 바울이 전한 복음에 율법도 지켜야 하고 할례도 받아야 한다고 주장하는 사람들이다. 이들은 여전히 율법에 매여 있었다. 율법이 우리를 그리스도로 인도하는 초등 교사였다면, 성인이 된 지금은 그것을 넘어서야 한다. 예루살렘 공의회에서 구원은 오직 예수 그리스도를 믿음으로 된다고 했기에 이미 결정이 난 사항임에도 이들은 끊임없이 다른 복음을 전했다. 이에 바울은 끝까지 진리 앞에 한발짝 물러남 없이 자신의 주장을 밝혔다. 그러다 보니 격렬하고 심하다 싶을 만큼 강한 문장들이 보인다. 하늘에서 온 천사라도 다른 복음을 전하면 저주를 받을 것이라고 한다. 자신이 전한 복음은 사람에게서 받은 것도 아니고 다른 데서 배운 것도 아니며 오직 예수 그리스도의 계시로 받았다고 역설한다. 자신이 과거에는 예수님 믿는 자들을 심히 박해한 사람이었지만 지금은 완전히 다른 사람이 된 것도 간증한다.

2장

베드로가 안디옥에 왔을 때 바나바와 바울, 그리고 수리아 안디옥 교인들과 함께 식사를 했다. 그런데 예루살렘에서 야고보가 보낸 유대인이 도착하자 베드로가 먹다 말고 나가버린다. 이어 바나바까지 그 자리를 떠난다. 이를 두고 바울은 왜 말과 행동이 다르냐며 베드로를 책망한다. 왜 아직도 율법에 얽매여서 이리저리 눈치를 보냐고 한다. 사람이 의롭게 되는 것은 율법이 아니라 오직 예수님을 믿음으로 의롭다 함을 받는다는 것을 강력히 주장한다. 율법이 아니라 은혜이다. 유대인들은 무엇을 먹느냐, 누구와 먹느냐를 매우 중요하게 생각하기 때문에 베드로도 순간 이방인과 한 식탁에서 밥을 먹고 있다는 것에 당황하였다. 베드로야말로 예수님의 수제자다. 이런 제자에게조차도 복음을 두고서는 절대 양보할 수 없어 베드로를 책망하는 바울의 권위가 보인다.

• 3-4장 : 율법과 복음

누구든지 그리스도와 합하기 위해 세례를 받은 자는 그리스도로 옷을 입었다고 한다. 구약성경에서 계명, 율법을 주셨다면, 신약성경에서는 성령을 주셨다. 성령은 율법을 잘 지키고 의로워서 주신 것이 아니라 듣고 믿었기 때문에 주셨다. 아브라함도 할례를 받아서 의롭다 칭함을 받은 것이 아니라 하나님을 믿었기 때문에 먼저 의롭다고 여겨 주신 것이다. 예수님을 믿으면 유대인뿐 아니라 이방인도, 자유인이나 종도, 남자나 여자 누구를 막론하고 다 예수님 안에서 하나이다. 그러나 율법에서 자유하지 못한 사람들은 여전히 종과 다름없는 신세이다.

사람은 구약성경에서 지켜온 율법의 행위로 구원받는 것이 아니라 오직 예수님을 믿음으로 구원받는다. 그분만이 우리를 율법의 멍에로부터 자유롭게 해 주신다. 받은 구원의 자유를 빼앗겨서 다시 율법 아래에 들어가지 말라고 한다. 또한 자신의 자유를 죄를 짓는 곳에 사용하는 것이 아니라 의로운 생활을 하는 곳에 써야 한다. 율법(신 27:26)에 기록된 대로 다 행하지 않는 사람은 저주를 받는다고 했다. 우리는 율법을 다 지키고 살 수 없다. 오직 의인은 믿음으로 말미암아 산다.

성령이 우리 마음에 들어오게 되면 우리는 하나님을 "아빠 아버지"라 부를 수 있다. 예수 그리스도께서 우리를 대신해서 십자가에서 죗값을 다 치르셨기 때문에 우리는 더이상 죄에 얽매일 필요가 없다. 자유함을 얻었다.

• 5-6장 : 성령의 열매, 그리스도인의 자유

성령을 받고 성령을 따라 새로운 삶을 살라고 권고한다. 육체의 일은 음행, 더러운 것, 호색, 우상숭배, 분쟁, 시기, 분냄, 투기, 술 취함, 방탕 등이다. 성령의 열매는 사랑, 희락, 화평, 오래 참음, 자비, 양선, 충성, 온유, 절제이다.

예수님을 나의 주님으로 받아들인 성도는 이전의 율법으로 다시 돌아가는 우를 범해서는 안 되며, 육체의 일을 해서도 안 된다. 성령을 따라 성령의 열매를 맺는 생활을 해야 한다.

예수님을 믿고 구원받은 사람들은 범죄한 자를 보더라도 정죄하지 말고, 무거운 짐을 서로 지려고 노력하고, 자기 자랑하지 말고 겸손하며, 가르침을 받는 자는 말씀을 가르치는 자와 늘 화목하고, 선을 행하다 시험에 들어도 낙심하지 말 것은 때가 되면 거두기 때문이다.

바울은 끝을 맺으면서 더이상은 자신을 괴롭게 하지 말아 달라고 당부하며 편지를 마친다.

갈라디아서의 핵심

"다른 복음은 없나니 다만 어떤 사람들이 너희를 교란하여 그리스도의 복음을 변하게 하려 함이라 그러나 우리나 혹은 하늘로부터 온 천사라도 우리가 너희에게 전한 복음 외에 다른 복음을 전하면 저주를 받을지어다"(1:7-8)

데살로니가전서
(2차 선교여행 때 쓴 서신)

책명

헬라어 성경에서 데살로니가전서는 '프로스 데쌀로니케이스 알파'($\Pi PO\Sigma$ $\Theta E\Sigma\Sigma A\Lambda ONIKEI\Sigma$ A), 즉 '데살로니가인들에게 보내는 첫 번째 편지'이고, 데살로니가후서는 '프로스 데쌀로니케이스 베타'($\Pi PO\Sigma$ $\Theta E\Sigma\Sigma A\Lambda ONI$ $KEI\Sigma$ B), 즉 '데살로니가인들에게 보내는 두 번째 편지'이다. 우리말 성경은 '데살로니가전서·후서'로 책명을 삼는다.

저자

본서의 저자는 사도 바울이다.

기록 연도

바울이 2차 선교여행 중에 고린도에서 1년 6개월 동안 사역하면서 데살로니가 교회에 쓴 서신이다. 기록 연도는 A.D. 51-53년으로 본다. 사도행전

17장 1-15절에 바울이 데살로니가 교회에서 사역한 이야기가 나와 있다. 바울은 데살로니가 회당에서 3주 정도 말씀을 전한 것으로 사도행전은 밝히고 있다.

기록 목적

데살로니가 지역에서 말씀을 전할 당시 방해꾼들로 인해 밤에 급하게 도망치듯 데살로니가를 빠져나와야 했다. 믿음을 받아들인 지 얼마 되지 않은 성도들을 생각하니 바울은 몹시 마음이 불편하고 안타까웠다. 그래서 디모데와 실라를 마게도냐에 두고 나왔다. 바울이 떠난 후 디모데와 실라가 사역을 이어가면서 있었던 일들을 고린도에서 사역하고 있는 바울에게 전해준다.

데살로니가 교회가 바울이 전한 말씀을 잘 준행하며 어려운 핍박 중에도 성장해 다른 지역에까지 본이 되고 있었다. 그런데 이들에게 닥친 문제들이 있어 거기에 대해 바울이 편지를 쓴다. 첫째, 그동안 자신들이 믿고 섬기던 신을 버리고 그리스도를 믿음으로써 주변 사람들에게 당하는 핍박과 여러 가지 부정적인 일들로 인해 심리적, 정신적으로 불안한 상태인 이들에게 위로와 격려를 전하기 위함이다. 둘째, 어떤 이들은 우상숭배와 음란에 오랜 시간 젖어 살아서 복음을 듣고 회심을 했음에도 부도덕한 생활에서 완전히 빠져나오지 못하는 것에 대해 바른 가르침을 주기 위함이다. 셋째, 종말론과 예수님의 재림에 관한 문제에 대한 가르침이다. 데살로니가 교인들이 궁금해하고 있는 여러 가지 문제들에 대해 바울이 붓을 들었다. 이것이 데살로니가전서이다. 그런데도 여전히 몇 가지 문제들이 발생했다. 예수님이 금방 재림하신다는 오해로 이들은 일도 하지 않고 게으른 생활을 한다. 그래서 다시 쓴 편지가 데살로니가후서이다.

구성

데살로니가전서		데살로니가후서	
1-3장	교인들에 대한 감사	1장	박해받는 성도들을 격려함
		2장	예수님 재림에 대한 교훈
4-5장	종말에 대한 교훈	3장	성도들을 위한 권면

데살로니가는 마게도냐 지역의 수도이다. 데살로니가는 교통과 무역, 상업이 발달한 곳이었고, 로마의 유명한 군사도로인 '비아 에그나티아'(Via Egnatia)를 지나는 위치에 있었다. 데살로니가라는 이름은 카산드로스(Cassander, 알렉산더 대왕의 후계자, B.C. 305-297년)라는 장군의 부인 이름에서 따왔다. 부인의 이름은 데살로니테이며, 알렉산더 대왕의 이복누이 동생이다. 부인의 이름을 따서 데살로니카라는 도시를 만들었다. 이 도시는 각종 우상숭배와 성적으로 매우 타락한 도시였다. 이런 도시에서 바울이 복음을 전했고, 더 놀라운 것은 사람들이 회심하기 시작한 것이다. 데살로니가서의 주요 핵심은 믿음과 사랑과 소망의 편지이다. 하나님은 믿음, 사랑, 소망의 하나님이시다.

● 1-3장 : 교인들에 대한 감사

디모데와 실라에게 전해들은 소식에 의하면 데살로니가 교인들이 환난과 핍박의 상황 속에서도 바울이 전한 복음을 저버리지 않고 잘 성장한 것에 대해 그 주변 마게도냐와 아가야까지 이들의 믿음이 소문났다고 한다. 이에 바울은 믿은 지도 얼마 되지 않은 데살로니가 교인들이 너무 기특하고 대견해서 칭찬하며 기뻐한다.

바울은 어찌되었든 데살로니가를 급하게 나와야 했던 상황이었기 때문에 혹시라도 자신에 대해 오해하거나 자신의 사도권을 인정하지 않을까봐 자신이 그렇게밖에 할 수 없었던 상황에 대해서도 설명한다. 하나님께서 자신을 옳다고 여겨 자신은 복음을 위탁받아 기쁘게 전했다고 한다. 자신이 복음을 전하는 이유는 사람을 기쁘게 하려고 함이 아니고 오직 하나님을 기쁘시게 하기 위함이라고 한다. 교인들에게 부담을 주거나 폐를 끼치고 싶지 않아서 바울은 자신이 밤낮으로 일하며 복음을 전했다고 한다. 바울 자신이 급하게 데살로니가를 떠날 수밖에 없었던 이유도 예수님을 죽인 유대인들의 훼방 때문이었다고 말한다. 바울은 다시 데살로니가에 가고자 했으나 사탄(유대인)의 방해로 가지 못했다고 한다. 그러나 환난은 데살로니가에서만 받은 것이 아니라 빌립보 교회를 개척할 때도 환난과 핍박이 있었다고 회고한다. 바울은 데살로니가 교인들을 자식처럼 생각한다며 글을 쓴다.

바울이 갈 수 있는 상황이 못 되어 데살로니가 교인들의 믿음이 흔들리지 않게 하기 위해 디모데를 남겨두었다. 지금은 디모데가 바울에게 와서 데살로니가의 기쁜 소식을 전해준다. 소식을 전해들은 바울은 오히려 많은 위로를 받고, 주께서 우리가 너희를 사랑한 것 같이 너희도 서로서로 사랑하라고 한다. 바울은 데살로니가 교인들이 너무 보고 싶어 지금이라도 달려가고 싶다고 한다.

● 4-5장 : 종말에 대한 교훈

하나님의 뜻은 너희가 거룩한 존재가 되는 것이라고 한다. 음란을 버리고 아내에게 거룩함과 존귀함으로 대하라고 한다. 하나님을 모르는 사람들이 하는 음란의 행위를 하지 말라고 권면한다. 형제에 대해서는 스스로 생계를 해결하고 남에게 손을 벌려 피해를 주지 말고, 많이 가진 자는 소외된 이웃과 함께 나누며 살라고 한다.

바울이 데살로니가 교회에 좀 더 오랫동안 있었으면 이들의 신앙교육을 체계적으로 가르치고 그들이 궁금해하는 것에 대해 자세하게 설명해 줄 수 있었을 것이다. 그런데 그럴 시간도 없이 헤어졌기 때문에 데살로니가 교인들은 궁금한 것이 많았다. 그 중에서도 종말론에 관한 것이었다. 데살로니가 교인들은 예수님이 재림하실 때 이미 죽은 사람들은 나중에 어떻게 되는지 궁금해했다. 당시에는 데살로니가 교인들뿐만 아니라 바울조차도 자기들이 살아 있을 때 예수님이 재림하실 것이라고 믿고 있었기 때문이다. 그런데 아무리 기다려도 예수님은 오시지 않고, 주변 사람들은 하나 둘씩 죽어가고 있었다. 바울은 예수님 재림 전에 먼저 죽은 사람이나 나중에 예수님이 재림할 때까지 살아 있다가 주님을 만나는 사람이나 동일한 영광으로 참여하게 된다고 한다.

그래도 데살로니가 교인들은 예수님이 정확히 언제 오시는지 궁금했다. 바울은 그때와 시기는 아무도 모른다고 말한다. 주의 날이 도둑같이 오고 갑자기 오실 것이니 늘 깨어 정신을 차리고 피차 권면하고 덕을 세우라고 한다. 우리에게 바라시는 하나님의 뜻은 "항상 기뻐하고 쉬지 말고 기도하며 범사에 감사하라"(5:16-18)는 것이라고 한다. 교인들끼리는 서로 화목하고, 마음이 약한 성도들을 격려하고, 힘이 없는 사람을 도와주라고 권면한다. 악을 악으로 갚지 말고 늘 선을 따르고, 악은 어떤 모양이라도 버리라고 한다.

데살로니가후서
(2차 선교여행 때 쓴 서신)

구성

바울은 자신이 데살로니가전서에서 종말론에 대해 설명했음에도 데살로니가 성도들이 오해한 부분이 있어 이에 대해 다시 쓴 것이 데살로니가후서이다. 후서의 문체는 다소 격렬함이 느껴진다. 전서에서 감사와 따뜻함이 묻어 있다면, 후서는 그렇지 않다.

- **1장 : 박해받는 성도들을 격려함**

너희가 환난을 받더라도 하나님이 그들을 환난으로 갚으시니 잘 견디라고 한다. 하나님을 모르는 자들과 예수님의 복음에 복종하지 않는 자들에게는 형벌이 있다.

- **2장 : 예수님 재림에 대한 교훈**

데살로니가 사람들은 바울의 편지에서 갑작스런 '주의 강림'을 금방 임할

'주의 강림'으로 오해하였다. 그래서 예수님이 재림하실 때 어떠한 징조가 일어나는지 묻고, 이에 대하여 바울이 설명한다. 불법의 사람, 곧 멸망의 아들이 나타나기 전에는 그날이 이르지 않는다. 불법의 사람 때문에 배교하는 일이 생기고, 자신을 하나님이라고 하며, 자신이 하나님 자리에 앉아 숭배를 받는다. 그러나 예수님께서 나타나셔서 그를 죽이시고 폐하신다. 거짓 가르침을 잘 분별하고, 거짓 진리에 미혹되지 않도록 경고한다.

● 3장 : 성도들을 위한 권면

예수님이 금방 재림할 것이라고 믿는 게으른 성도들에게 일하기 싫으면 먹지도 말라고 경고한다. 바울은 일상의 삶을 잘 살라고 말한다. 무질서하게 행하지 말고, 누구에게든 음식을 값없이 먹지 말고, 아무에게도 폐를 끼치지 말라고 한다. 이웃과 나누기에 힘쓰고, 열심히 기도하고, 선을 행하다가 낙심하지 말라고 권면한다.

데살로니가전서·후서의 핵심

"형제들아 때와 시기에 관하여는 너희에게 쓸 것이 없음은 주의 날이 밤에 도둑같이 이를 줄을 너희 자신이 자세히 알기 때문이라"(살전 5:1-2)

"진리를 믿지 않고 불의를 좋아하는 모든 자들로 하여금 심판을 받게 하려 하심 이라"(살후 2:12)

09

고린도전서
(3차 선교여행 때 쓴 서신)

책명

헬라어 성경은 '프로스 코린씨우스 알파'(*ΠΡΟΣ ΚΟΡΙΝΘΙΟΥΣ Α*), 즉
'고린도인들에게 보낸 첫 번째 편지'이고, 우리말 성경은 '고린도전서'로 책
명을 삼는다.

저자

본서의 저자는 사도 바울이다.

기록 연도

바울이 3차 선교여행 중 에베소에서 사역할 때 고린도 교회 내의 여러 가
지 문제에 대한 대답으로 쓴 편지가 고린도전서이다. A.D. 55년경이다.

기록 목적

2차 선교여행 중 바울은 데살로니가에서 사역하다가 쫓겨나듯 나와 베뢰아로 갔다가 아덴으로 가서 마게도냐에 두고 온 실라와 디모데를 기다리고 있었다. 그런데 바울이 아덴에 먼저 도착해서 보니 그 지역 안에 우상이 가득했다. 사람들이 그 우상에게 제사를 드리는 것을 보자 안타까운 마음에 화가 불일 듯 일어났다. 심지어 "알지 못하는 신에게"라고 새긴 제단에도 이들은 절을 하고 있었다. 그래서 바울은 거기에 있는 사람들에게 복음을 전하고 논쟁을 벌이다가 결국 고린도로 쫓겨났다. 고린도에 와서 여기저기 다니다가 브리스길라와 아굴라를 만나 함께 천막 만드는 일을 하고 바울이 복음을 전하면서 고린도 교회가 시작되었다. 바울은 고린도 교회를 개척하고 1년 6개월 동안 사역했다.

바울은 2차 선교여행을 마무리하며 수리아 안디옥 교회로 향한다. 가면서 2차 선교여행 때 사역하고 싶었지만 하지 못했던 에베소에 들르게 된다. 고린도 교회를 떠날 때 브리스길라와 아굴라도 바울과 동행한다. 바울은 수리아 안디옥 교회에 가서 2차 선교에 대해 보고하고 3차 선교계획을 세워야 하기 때문에 에베소에서 금방 떠난다.

다시 3차 선교여행을 시작하면서 에베소에 들러 본격적인 사역을 시작한다. 에베소에서 사역하고 있는 바울의 귀에 고린도 교회에 대한 가슴 아픈 소식들이 들려오기 시작한다. 고린도 교회 안에 여전히 음란한 문제들이 있고, 한 교회 안에서 믿는 성도들이 나뉘어져 분쟁하고, 결혼, 이혼, 성찬 등 여러 가지 문제들이 생기면서 사람들이 에베소에 있는 바울을 찾아와서 자문을 구한다. 이에 바울이 붓을 든 것이 고린도전서이다.

구성

범위	내용
1-4장	교회 안의 분쟁
5-6장	교회 안의 음행과 법정 소송
7-15장	교회 안에 생긴 다양한 문제
16장	예루살렘 교회를 위한 헌금 부탁과 인사

　고린도전서와 후서를 합치면 바울이 쓴 서신서 13권 중에서 가장 긴 내용이다. 신약성경에는 고린도전서와 후서 두 편으로 되어 있지만 실상은 몇 차례 더 서신이 왕래되었다. 학자들은 최소 4번 이상의 편지가 전해진 것으로 본다. 바울이 고린도전서를 쓰기 전에 첫 번째 편지가 먼저 전달이 되었고, 그 후에 두 번째로 쓴 것이 고린도전서이다. 고린도전서 편지를 전달한 사람은 디모데이다. 디모데가 바울의 고린도전서 편지를 고린도 교회 성도들에게 들려주었다. 그러나 이들이 회개는커녕 오히려 바울이 직접 오지 않고 디모데를 보낸 것에 대해 분개하며 디모데를 내쫓듯 했다. 디모데가 에베소에 있는 바울에게 와서 고린도 교회의 상황을 전달하자 바울은 심히 화가 난다. 이번에는 바울이 직접 에베소에서 고린도 교회로 달려간다. 그러나 여전히 상황은 좋아지지 않았다. 바울에게도 심하게 대해 바울은 낙심하고 돌아온다. 그래서 바울이 다시 세 번째 편지를 쓴다. 이것을 소위 "눈물로 쓴 편지"라고 하며 이것을 전달한 사람은 디도이다. 세 번째 편지를 받고서야 이들이 진심으로 회개하고 뉘우치자 바울이 네 번째로 쓴 위로의 편지가 고린도후서이다.

　고린도는 대표적인 항구도시이며 세계적인 무역 중심지이다 보니 재정도 넉넉해서 대체로 생활이 부유했다. 그렇지만 빈부격차가 심해 여전히 가난한 사람들, 노예들도 많았다. 아프로디테 신전에는 1,000명의 신전 창기가 있었으며, 복음을 받아들인 후에도 신전 창기들과의 음란한 관계는 아무렇지 않게 자행되고 있었다. 고린도 지역은 우상숭배가 극심했고, 방탕했으며, 매우 음란한 도시여서 이들을 가리켜 '코린씨아조마이'(Κορινθιάζομαι, 고린도 사람처럼 행동하다)라고 말할 정도였다.

● 1-4장 : 교회 안의 분쟁

고린도는 물질이 넘치는 곳이다 보니 사람들은 어떻게 하면 더 성공할 수 있을까, 어떻게 하면 신분 상승할 수 있을까라는 생각으로 가득 차 있었다. 심지어 신앙까지도 서로 경쟁하며 한 교회 안에 바울파, 아볼로파, 게바파, 그리스도파로 나뉘어졌다. 고린도 지역에는 대체로 말을 잘하는 사람들이 많았다. 이에 아볼로 역시 수사학과 논리를 배운 사람으로서 언변이 좋았다. 이들이 생각하는 바울은 글에는 힘이 있고 잘 쓰지만 말은 어눌하다고 생각했다. 또한 바울과 아볼로를 비교하며 바울의 사도권을 의심하기까지 했다.

이에 바울은 하나님의 나라는 말에 있는 것이 아니라 능력에 있다고 한다. 그리고 바울이 전한 것은 오직 십자가에 못 박힌 그리스도를 전하는 것뿐인데 왜 바울이다, 아볼로다 하며 나뉘어 분쟁을 하는 것인지 따진다. 아직도 서로를 시기하고 분쟁하는 것이 꼭 젖 먹는 아이처럼 행동한다고 책망한다. 바울 자신은 단지 심었고, 아볼로는 물을 주었을 뿐 오직 이것을 자라나게 하시는 분이 하나님 한 분뿐이라고 한다. 너희는 하나님의 성전이고, 하나님의 성령이 너희 안에 있으니 누구든지 하나님의 성전을 더럽히면 하나님이 그 사람을 멸시하신다고 한다. 바울은 자신이 세상에서 만물의 찌꺼기같이 되었다고 한다. 그는 주리고, 목마르며, 헐벗고, 매 맞으며, 정처

가 없고, 누구에게도 손 벌리지 않고 친히 손으로 일을 하며, 모욕을 당해
도 참고 오히려 축복하며 살아왔다고 전한다. "너희들을 내 사랑하는 자녀
로 생각해서 권면도 하고 훈계도 하는 것이다. 너희들은 내가 복음으로 낳
은 자들이다. 지금 일어난 일들에 대해서 디모데를 보냈으니 우선은 디모
데의 말을 들어라. 하나님이 허락하시면 곧 고린도 교회로 갈 것이다"라고
한다.

● 5-6장 : 교회 안의 음행과 법정 소송

음행에 관한 것과 교회 안에서의 치리 문제이다. 교회 안에 어떤 성도가
아버지의 아내(계모, 첩)를 데리고 사는 사람이 있었다. 바울은 어찌하여 이
방인도 하지 않는 짓을 하냐며 당장 교회에서 쫓아내라고 한다. 그러면서
이것을 누룩에 비유한다. 적은 누룩이 온 덩어리에 퍼지듯이 이런 일을 그
냥 두면 교회 안이 점점 타락할 것을 염려한다. 또한 바울이 먼저 쓴 편지
에 음행하는 자들과 사귀지 말라고 권면한 것에 대해 이들이 오해를 했다.
바울은 교회 안에 음행을 저지르는 자와 사귀지 말고 그와 밥도 먹지 말라
고 한 것이지, 세상 사람들과 사귀지 말라는 얘기가 아니었다. 세상에 있는
사람들은 하나님이 심판하시니 너희는 교회 안의 악한 사람들을 내쫓으라
고 한다. 그리고 교회 안에서 다툼이 벌어지면 세상 법정에 가서 해결하지
말고 교회 안의 지혜 있는 사람을 세워서 교회 안에서 해결하게 하라고 한다.

● 7-15장 : 교회 안에 생긴 다양한 문제

7장

결혼에 대하여 이른다. 음행을 피하기 위해서는 결혼을 하는 것이 안전

하다고 권한다. 뿐만 아니라 각자 기도할 때를 제외하고는 분방하지 말라고 한다. 바울은 결혼을 하는 것도 좋지만 혼자 사는 것이 좋으나, 정욕을 이기지 못할 때는 결혼하는 것이 낫다고 한다. 믿지 않는 사람과 살 경우 믿는 사람이 믿지 않는 사람에게 먼저 이혼을 요구하는 것은 옳지 않다. 믿지 않는 사람이 믿는 사람에게 이혼을 요구했을 때는 받아들이라고 한다. 사별을 한 경우는 재혼을 해도 괜찮다. 또한 할례 받는 것이나 무할례나 그것은 구원에 있어서 아무 상관이 없다. 오직 하나님의 계명을 지키는 것이 중요하다.

8-11장

우상에게 바친 제물(고기)에 관한 문제이다. 당시는 제단에 바쳐졌던 제물이 시장으로 흘러들어와 사람들이 그 고기를 사 먹었다. 고린도 교회의 사람들이 바울에게 이것(고기)을 사 먹어도 되는지 묻는다. 바울은 시장에서 파는 것은 그냥 사서 먹어도 된다고 한다. 그러나 누군가가 이 고기는 우상에게 제사 지내고 나온 고기라고 토를 단다면 그것은 먹지 않는 것이 좋다고 권한다. 이것은 단지 신앙을 받아들인 지 얼마 되지 않은 사람들에게 본이 되지 않기 때문에 먹지 말라고 한다.

바울은 자신의 사도직에 대한 정통성을 변호한다. 자신도 사역하며 사례비를 받을 수 있고, 사역 외에 아내와 자식과도 시간을 가질 권리도 있지만, 바울은 모든 권리를 포기하고 참는다고 한다. 이는 복음을 전하는 일에 아무 장애도 없게 하려 함이다. 자신이 복음을 전하는 것에 대해 자랑하지 않는 것은 당연히 할 일이기 때문이며, 오히려 복음을 전하지 않으면 화가 있을 것이기 때문이라고 한다.

예배 시 여자는 머리에 무엇을 써야 한다. 고린도 지역은 음란한 도시이다. 당시 여자들은 공공장소에서는 머리에 무엇을 썼다. 유일하게 머리에 무엇을 쓰지 않는 사람들은 대부분 신전 창기나 매춘부들이었다. 고린도 교회 안에서 여자들이 기도나 예언을 할 때 머리에 무엇을 쓰지 않는 것은 다른 사람에게 덕이 되지 않으니 머리에 무엇을 쓰라고 권면한다.

당시의 성만찬은 거의 식사나 다름없었다. 빈부격차가 심한 상황에서 부자들은 일찍이 와 자기들이 가져온 음식들을 먼저 먹고 있는가 하면, 하루 종일 일하고 늦게 온 가난한 사람들은 먹을 음식이 없어 시장하고 성만찬에 참여할 수 없게 되는 상황이 되었다. 그러다 보니 가난한 사람들이 교회에 와서까지 소외를 당하게 되었다. 이에 바울은 성만찬의 의미를 다시 되새겨 주고 모든 사람들이 도착할 때까지 기다려 함께 성만찬을 하라고 한다.

12-13장

12장은 은사를 소개하는 장(章)이다. 고린도 교회 안에는 방언과 예언 등 은사를 받은 교인들이 많았다. 하지만 이들은 받은 은사를 잘못 사용하였다. 자기가 받은 은사를 자랑하려고 예배 중에도 무절제, 무질서하게 사용하며, 은사를 받지 못한 사람들에게 잘난 척하며 으스댄다. 바울은 이것에 대해 책망한다. 하나님이 주신 은사는 개인을 위해서도 사용하지만 교회 공동체를 위해서, 나아가 다른 사람의 유익을 위해서 사용하라고 주셨다. 은사는 내가 어떠한 일을 잘해서 받은 것이 아니라 전적으로 하나님이 주신 선물이고 은혜임을 강조한다.

13장은 사랑장이다. 바울은 어떠한 은사나 지혜보다 가장 중요한 것은 사랑이라고 한다. 사랑의 속성을 규명한다. 사랑은 오래 참고, 온유하고, 시기하지 아니하고, 무례히 행치 아니하고, 자기의 유익을 구하지 아니하고, 불의를 기뻐하지 말고 진리와 함께 기뻐하라고 한다. 믿음, 소망, 사랑 이 세

가지 중에서 제일은 사랑이다. 교회 안에 여러 가지 문제를 율법의 잣대로 하지 말고 항상 사랑으로 해결하라고 한다.

14장

방언과 예언에 대한 말씀이다. 이 두 은사를 교회에서 사용할 때 정해진 질서에 따라 공동체의 유익을 위해 사용해야 한다. 지혜에는 아이가 되지 말고, 악에는 어린 아이가 되라고 한다. 모든 것을 품위 있게 하고 질서 있게 하라고 권면한다.

15장

15장을 부활장이라고 한다. 고린도 교회 교인들 중에는 예수님의 부활을 믿지 않는 사람들도 있었다. 이에 바울은 그리스도의 부활의 확실성을 증언하기 위해 구약성경과 부활을 목격한 자들을 베드로부터 나열한다. 예수님의 부활은 자연스럽게 성도들에게도 연결된다. 예수님의 부활이 사실이라면 성도들도 부활할 것이기 때문이다. 만일 예수님께서 부활하지 않았다면 바울이 전하는 복음도 헛것이고, 예수님을 믿는 믿음도 헛것이라고 한다. 부활은 기독교 신앙의 핵심이고 모든 성도의 소망이기도 하다.

● 16장 : 예루살렘 교회를 위한 헌금 부탁과 인사

고린도 교회 성도들에게 헌금을 모아두라고 부탁하고 디모데가 가면 잘 대해 주라고 한다. 또한 고린도 교회에서 사역하다 지쳐서 돌아온 아볼로에게 바울이 여러 차례 고린도 교회로 다시 돌아갈 것을 권면했지만, 아직은 고린도 교회로 돌아갈 마음이 없다는 아볼로의 뜻도 전한다. 바울은 너희가 하는 모든 일을 사랑으로 하라며 끝맺는다.

고린도전서의 핵심

> "내가 너희 중에서 예수 그리스도와 그가 십자가에 못 박히신 것 외에는 아무것도 알지 아니하기로 작정하였음이라"(2:2)

10

고린도후서
(3차 선교여행 때 쓴 서신)

책명

헬라어 성경은 '프로스 코린씨우스 베타'($\Pi PO\Sigma\ KOPIN\Theta IOY\Sigma\ B$), 즉 '고린도인들에게 보낸 두 번째 편지'이고, 우리말 성경은 '고린도후서'로 책명을 삼는다.

저자

본서의 저자는 사도 바울이다.

기록 연도

바울이 3차 선교여행 중 에베소에서 사역할 때 고린도전서를 기록한 후 에베소를 떠나 드로아를 거쳐 마게도냐로 간다. 마게도냐의 빌립보 지역에서 고린도후서를 기록했다. A.D. 55년 가을 무렵이나 56년경으로 본다.

기록 배경 및 목적

고린도후서는 바울이 3차 선교여행을 하던 중 에베소를 떠나 마게도냐 빌립보에서 기록한 서신이다. 바울이 세 번째로 쓴 소위 "눈물로 쓴 편지"를 디도가 들고 고린도 교회로 향한다. 디도는 고린도 교회 교인들에게 바울의 편지를 읽어주고 다시 에베소로 와서 바울에게 이를 보고해야 했다. 그러나 뜻하지 않게 에베소에서 데메드리오 폭동이 일어나면서 상황이 좋지 않자 바울은 에베소를 떠나야만 했다. 고린도 교회에 대한 많은 걱정과 근심을 하면서 디도의 대답을 듣지 못한 채 바울은 드로아를 거쳐 마게도냐로 떠난다. 그리고 마게도냐 빌립보에서 디도를 만난다. 디도를 통해 그동안 염려하고 걱정하고 있던 고린도 교회의 소식을 듣게 된다.

뜻밖에도 세 번째의 편지로 인해 고린도 교회 교인들이 회개하고 돌이켰다는 반가운 소식을 듣는다. 그래서 바울은 자신이 너무 심하게 질책한 세 번째 편지에 대한 미안함과 고린도교회 교인들에게 위로의 말을 전하고, 자신의 사도직 권위에 대한 변호와 연보에 대한 오해를 설명하기 위해 네 번째 편지로서 고린도후서를 쓰게 된다.

구성

범위	내용
1-7장	바울 자신에 대한 오해와 사도권에 대한 설명
8-9장	예루살렘에 보낼 연보에 대한 권면
10-13장	자신의 사도직 권위에 대한 변호

● 1-7장 : 바울 자신에 대한 오해와 사도권에 대한 설명

고린도후서 1장 1-7절까지의 내용 안에는 '위로'라는 단어가 10번 나온다. 이는 바울이 디도를 만나 고린도 교회의 소식을 듣고 오히려 자신이 많은 위로를 받았다는 것이기도 하다. 디도에게 고린도 교회의 소식을 들어보니 아직도 해결되지 못한 문제들이 남아 있고, 여전히 바울을 오해하는 부분들이 있었다. 바울이 고린도 교회에 가겠다 하고 가지 않자 고린도 교회 성도들은 바울에 대해 약속을 지키지 않는 믿을 수 없는 사람이라는 비난을 했다. 이에 바울은 자신이 고린도 교회에 가지 못한 것에 대해 설명한다. 일부러 가지 않은 것에 대해 상황 설명을 하고, 무엇보다 고린도 교회 성도들을 많이 아꼈기 때문이라고 한다. 자신은 겉으로 대답만 그럴싸하게 예, 예 하는 예스맨이 아니라, 아닌 것은 아니라고 단호하게 말하며 옳은 것은 옳다고 정확히 표현하는 겉과 속이 똑같은 사람이라고 해명한다.

자신이 가지 못하는 상황이 발생해 바울은 눈물을 흘리며 편지를 써서 디도에게 보낼 수밖에 없었다고 한다. 고린도 교회에서 바울을 적대시하는 사람 중 일부가 바울이 예루살렘 사도들의 추천장도 없이 사역하는 것을 인정하지 않았다. 그러나 바울은 추천서 같은 것은 필요 없고, 내게는 복음의 열매, 즉 고린도 교회 성도들이 추천서라고 한다. 바울은 오직 예수 그리스도가 주 되심을 역설하며, 그 예수님을 위하여 우리가 너희의 종이 되었다는 것을 전한다. 바울은 자신에 대해 오해하고 있는 부분들에 대해 계속 고린도 교회 성도들에게 해명하고 자신에 대한 오해를 풀려고 노력한다. 이제 그리스도 안에서 새로운 삶을 시작했다면 이전 것들은 다 버리고 새 사람으로 거듭나야 한다. 이제는 바울 자신을 믿고 좀 받아들여 달라고 한다. 자신은 아무에게도 불의를 행하지 않았고, 남을 속이거나 빼앗은 일도 없다고 한다. 이런 말들을 하는 것은 너희들을 정죄하려는 것이 결코 아니라 우리가 함께 죽고 함께 살고자 함이라고 한다.

• 8-9장 : 예루살렘에 보낼 연보에 대한 권면

예루살렘 교회가 가뭄과 기근으로 재정이 어려워지자 바울은 여러 교회에서 연보를 거두어 예루살렘에 전달해 주고자 했다. 바울은 연보는 억지로 하는 것이 아니라 자원하는 마음으로 즐겁고 기쁘게 드릴 때 하나님께서도 기쁘게 받으신다고 알려준다. 마게도냐에 있는 교인들도 형편이 넉넉한 것은 아니었다. 그러나 예루살렘 교회의 형편을 듣고 흔쾌히 동참한 것에 대해 바울은 감사했다. 마게도냐에 있는 교인들에게는 고린도 교회 교인들이 1년 전부터 연보를 준비하고 있다며 고린도 교회를 자랑하고, 고린도 교회 교인들에게는 마게도냐 교인들은 어려운 가운데서도 연보를 많이 모았다고 자랑한다.

• 10-13장 : 자신의 사도직 권위에 대한 변호

바울의 사도권에 대한 변호가 구체적으로 나온다. 바울을 적대하는 자들은 끊임없이 바울의 사도권을 인정하지 않고 바울의 외모까지도 문제 삼았다. 바울의 언변이 어눌한 것을 트집 잡으며, 특히 바울이 쓴 편지들을 보면 힘이 있고 논리적이어서 괜찮은데 직접 대면해 보면 약하고 바울의 말주변이 별로라는 지적을 했다. 그래서 바울은 자신을 변호하다가 부득이 자기의 자랑을 늘어놓게 된다. 바울의 반대자들은 바울이 사례비를 받지 않고 자비량으로 하는 것은 가짜 사도임과 실력이 없어서일 것이라고 생각했다. 그러나 바울은 자신도 스스로 벌어서 생계비를 마련해 가며 사역하기 힘들었지만 그래도 고린도 교회에 손 내밀고 싶지 않아서 그렇게 한 것이라고 한다. 진짜 바울의 마음은 고린도 교회 교인들에게 부담을 주고 싶지 않았고, 더 큰 이유는 거짓 사도들과 자신이 같은 사람으로 보이는 것이 싫었기 때문이다. 바울은 자신이 거짓 교사들과 분명히 다르다는 것을 확실하게 표현한다. 그리고 바울은 자신이 고난 받고 고통 받았던 기억을 되살리며 그것들을 오히려 자랑스럽게 여긴다. 아무리 어렵고 많은 고난을 받았어도 바울에게는 모든 교회를 위하여 염려하는 것뿐이다.

바울은 자신이 14년 전에 셋째 하늘에 올라가서 하나님의 환상과 계시를 본 것을 말하면서 마치 다른 사람의 이야기를 하는 것처럼 말을 한다. 여러 계시를 받은 것이 너무 커서 혹시라도 바울이 자만할까봐 하나님은 바울에게 육체에 가시를 주셨다. 바울은 이것을 없애 달라고 세 번이나 주께 간구했지만 "내 은혜가 네게 족하도다"라는 주님의 말씀을 듣고 이로 인해 오히려 바울은 자신의 연약함을 기뻐하고, 이 연약함을 자랑한다고 말한다. 그리고 이제 세 번째로 고린도 교회를 방문할 계획을 얘기한다. 바울이 이런 편지를 써서 미리 디도 편으로 보내놓는다. 고린도후서를 보낸 후에 바울은 마게도냐에서 고린도로 떠난다. 고린도 교회 문제가 다 해결된 후 편한 마음으로 3개월을 고린도 교회에서 보내며 그 위대한 로마서를 기록한다.

고린도후서의 핵심

"우리는 우리를 전파하는 것이 아니라 오직 그리스도 예수의 주 되신 것과 또 예수를 위하여 우리가 너희의 종 된 것을 전파함이라"
(4:5)

"그런즉 누구든지 그리스도 안에 있으면 새로운 피조물이라 이전 것은 지나갔으니 보라 새 것이 되었도다"(5:17)

11

로마서
(3차 선교여행 때 쓴 서신)

책명

　헬라어 성경은 '프로스 로마이우스'(*ΠΡΟΣ ΡΩΜΑΙΟΥΣ*), 즉 '로마인들에게'이고, 우리말 성경은 '로마서'로 책명을 삼는다.

저자

　사도 바울이 썼다. 바울의 동역자 겸 서기관이었던 더디오가 대필하였다 (16:22).

기록 연도 및 배경

　A.D. 56-59년경 바울의 3차 선교여행 중 끝 무렵이다. 바울이 3차 선교여행 중 에베소에서 사역할 때 고린도 교회에 여러 가지 문제가 발생하면서 바울은 고린도에 여러 통의 편지를 보냈다. 편지를 발송하여 고린도의 문제를 해결하고, 바울이 마게도냐를 거쳐 고린도로 와서 겨울을 나는 3개월

동안에 기록하였다.

기록 목적

바울은 여러 차례 로마로 가려고 시도했으나 뜻대로 되지 않았다. 당시는 스페인이 땅 끝이라고 생각했고, 바울은 예수님의 지상명령대로 땅 끝까지 복음을 전하는 일을 완수하고 싶었다. 그래서 스페인에 가기 전에 로마를 방문하고 싶었다. 바울의 편지는 특정의 어느 개인이나 교회에 보내는 것이 아니라 로마에 있는 교회 전체에게 보내는 편지이다. 사도들로부터 체계적인 가르침을 받아 본 적이 없는 로마 교회에 제대로 복음을 전하고 싶었다. 바울의 편지는 겐그레아 교회의 여자 집사 '뵈뵈'를 통해 로마로 전달된다.

구성

범위	내용
1장-3장 20절	구원의 필요성
3장 21절-5장	의롭다 하심
6-8장	성령께서 거룩하게 하심
9-11장	이스라엘의 과거, 현재, 미래
12-16장	성도의 올바른 생활, 구원받은 성도들의 실제적 삶

흔히 로마서를 66권 성경에서 보석 중의 보석이라고 한다. 이는 바울의 다른 서신서와는 달리 논리적이고 체계적으로 정리가 잘 되어 있기 때문이다. 그럴 수밖에 없는 이유는 다른 서신들은 바울이 선교활동을 하며 이동 중에 기록했을 수도 있고, 어떤 문제 해결을 위해 빨리 전달하고 싶은 마음에 바쁘게 기록했을 수도 있지만, 로마서는 3개월 동안 고린도 교회에 있으

면서 편안한 마음으로 기록한 책이기 때문이다. 그동안 1차, 2차, 3차 선교 여행을 하며 많은 설교를 했고, 바울 자신도 무르익어 가고 있었다. 고린도 교회의 문제들로 많이 힘들었지만 잘 해결되었고, 고린도 교회 사람들이 변화되는 것을 보면서 바울의 마음에 평안을 찾은 시점이었다.

로마서를 통해 영향을 받았던 신학자들이 대거 등장하지만 그중에서도 마틴 루터(Martin Luther), 성 어거스틴(St. Augustin), 존 웨슬리(John Wesley)를 들 수 있다. 로마서의 핵심 구절이면서 기독교의 본질적인 교리인 1장 17절의 말씀이다. "복음에는 하나님의 의가 나타나서 믿음으로 믿음에 이르게 하나니 기록된 바 오직 의인은 믿음으로 말미암아 살리라." 이 말씀은 구약의 하박국 선지자가 선포했었다(합 2:4).

바울은 로마에 가보지 않았고, 로마에 직접 교회를 세운 것도 아니다. 그렇다고 예수님의 제자들이 세운 것도 아니다. 정확히 누군지는 모르지만 이미 로마에 교회가 세워져 있었고, 바울은 로마에 있는 교회들이 서로 돌려가며 편지를 보기 원했을 것이다. 그럼 누가 로마에 교회를 세웠는가? A.D. 49년에 클라우디우스(Claudius, 로마제국의 4대 황제, A.D. 41-54년)가 집권할 때 크레스투스라고 하는 사람 때문에 소요가 일어나면서 유대인들을 로마에서 다 추방했다. 이때 추방당한 사람들 중에 사도행전(18:2)에 나오는 브리스길라와 아굴라 부부가 있다. 그 후 네로(Nero, 로마제국의 5대 황제, A.D. 54-68년)가 황제가 되면서 추방당한 사람들이 다시 로마로 돌아올 수 있었다. 로마 안에는 많은 유대인 그리스도인들이 살고 있었고, 이들의 마음에는 예루살렘 고향에 대한 그리움도 있었을 것이다. 비록 예루살렘에서 살고 있지는 않지만 절기만큼은 예루살렘 성전에서 지키고 싶었을 것이다. 아마도 로마 교회는 사도행전 2장에 연관해 유추해 본다면, 오순절에 디아스포라 유대인들이 예루살렘에 절기를 지키러 왔다가 성령 충만한 베드로의 설교를 듣고 회심하며 자신들의 죄를 돌아보았을 것이다. 이때 은혜 받은 유대인들이 로마로 돌아와 회심하고 전도하자 성령이 함께하면서 로마에 교회가 세워지기 시작했을 것이다.

로마 교회의 유대 그리스도인들과 이방 그리스도인들 사이에 갈등과 충돌이 심했다. 최초의 로마 교회는 유대 그리스도인들이 세웠다. 그런데 유대 그리스도인들이 추방되면서 남아 있던 이방 그리스도인들이 교회를 장악하고 있었다. 그러다 보니 끊임없이 충돌하였다. 그래서 바울은 유대 그리스도인들과 이방 그리스도인들의 연합을 독려한다.

바울의 계획은 앞으로 로마 교회에서 힘을 얻어 바울이 생각하는 땅 끝 스페인(서바나)까지 선교를 하고자 로마 교회에 편지를 쓴다. 바울은 왜 스페인까지 가려고 하나? 여러 가지 이유가 있지만 바울은 자신에게 앞으로 시간이 많이 남지 않았다는 것을 알고 있는 듯하다. 바울이 3차 선교여행을 마치고 에베소 교회 장로들에게 고별 설교를 할 때 "내가 달려갈 길과 주 예수께 받은 사명 곧 하나님의 은혜의 복음을 증언하는 일을 마치려 함에는 나의 생명조차 조금도 귀한 것으로 여기지 아니하노라"(행 20:24)고 했다. 바울은 살아 있는 동안 자신이 땅 끝까지 복음을 전해야 한다는 사명감에 불타 있었다. 그래서 조급한 마음에 한 번도 가보지 못한 로마 교회에 먼저 편지를 써서 보내고, 로마에서 복음을 전한 후 바로 땅 끝인 스페인으로 가고 싶었다. 그래야 예수님이 주신 지상명령 "오직 성령이 너희에게 임하시면 너희가 권능을 받고 예루살렘과 온 유대와 사마리아와 땅 끝까지 이르러 내 증인이 되리라 하시니라"(행 1:8)의 말씀을 다 수행하는 것이라고 바울은 생각했다.

＊ 로마서는 크게 두 부분, 즉 1-11장은 교리 편, 12-16장은 생활 편으로 나뉜다.

● 1-8장

의인은 오직 믿음으로 산다는 복음의 핵심을 말한다. 복음이란? "부활하신 예수님만이 우리의 주님이시다"라는 것이다. 바울은 오직 이 복음만 전한 것이며, 이 복음을 전함에 있어 전혀 부끄럽지 않다고 말한다. 바울은 유대인과 이방인을 대조시키면서 유대인들이 강조하는 율법과 이방인들이 받은 은혜를 보여준다. 모든 사람은 죄인이다. 그래서 복음이 필요하다. 그런데 유대인들은 율법이라는 잣대를 가지고 이방인을 죄인이라고 판단한다. 바울은 여러 가지 죄악 중에 남을 판단하고 정죄하는 죄가 가장 큰 죄라고 한다. 모든 사람이 죄를 범하였으매 하나님의 영광에 이르지 못한다고 했다. 하나님 앞에서 의인은 없나니 하나도 없다. 이방인들만 하나님 앞에 죄인이 아니라 유대인이나 이방인이나 다 죄 아래 있고 다 죄인이다. 인간이 아무리 발버둥을 쳐도 스스로 구원받을 수가 없다. 그런데 복음에는 하나님의 의가 나타났다. 이것이 바로 예수 그리스도의 십자가 사건이다. 우리는 이것을 믿음으로 구원받는다.

● 9-11장

얼핏 보아 전혀 앞뒤의 내용과는 어울리지 않아 보이는 문맥이다. 여기에는 이스라엘 백성들의 과거, 현재, 미래에 대해 말하고 있다. 과거에 이스라엘은 하나님께 택함 받은 백성이었고, 이방인은 불순종한 삶을 살았다. 그런데 현재는 오히려 이스라엘이 하나님을 버리고 타락하며 우상을 숭배하는 삶을 살고, 이방인들은 하나님의 구원을 바라며 순종하는 삶을 살고 있다. 그래서 미래에 하나님께서는 먼저 이방인을 온전히 회복하게 하시고 이것을 본 이스라엘 백성들이 돌이켜 하나님께로 돌아오게 하실 것이라는 내용이다.

바울은 정통 유대인이고 바리새인 중의 바리새인이다. 누구보다도 유대인들에 대해 바울은 잘 알고 있었다. 이스라엘의 유대인들은 예수님을 구약성경에서부터 기다려 온 메시아라고 생각하지 않았다. 예수님이 이 땅에 오셨음에도 불구하고 이들은 예수님에 대해 아는 지식이 없어 결국 예수님을 십자가에 못 박아 죽이는 죄를 자행했다.

● 12-16장

하나님의 은혜로 구원받은 우리가 어떻게 살아야 하는지를 말하고 있다. 주일에 한 번 교회에 가서 드리는 것이 예배가 아니라 우리의 삶 전체가 하나님께 드리는 예배여야 한다. 서로 사랑하는 것이 율법의 완성이다. 형제를 비판하지 말고, 할 수 있거든 모든 사람과 더불어 화목하라고 한다. 하나님께 받은 은혜에 대한 합당한 삶을 사는 것이 우리가 해야 할 의무이다.

로마서의 핵심

"내가 복음을 부끄러워하지 아니하노니 이 복음은 모든 믿는 자에게 구원을 주시는 하나님의 능력이 됨이라 먼저는 유대인에게요 그리고 헬라인에게로다 복음에는 하나님의 의가 나타나서 믿음으로 믿음에 이르게 하나니 기록된 바 오직 의인은 믿음으로 말미암아 살리라 함과 같으니라"(1:16-17)

신약성경 ——————— 제8장

바울의 옥중서

📖

바울이 1차 로마 감옥(가택연금상태)에서
기록한 4권의 옥중서신(A.D. 60-62)

———————————————————

12

빌립보서

책명

헬라어 성경은 '프로스 필리페시우스'($ΠΡΟΣ \ ΦΙΛΙΠΠΗΣΙΟΥΣ$), 즉 '빌립보인들에게'이고, 우리말 성경은 '빌립보서'로 책명을 삼는다.

저자

본서의 저자는 사도 바울이다.

기록 연도

바울이 가이사에게 항소함으로 로마로 호송되어 투옥된다. 이때가 대략 A.D. 60-62년경이다. 이때 바울이 감옥에서 쓴 편지다.

기록 배경 및 목적

바울은 2차 선교여행에서 아시아(에베소)로 가기를 원했지만 드로아에서의 환상을 통해 발길을 돌려 마게도냐의 첫 성(큰 성) 빌립보에 도착하게 된다(행 16:9). 빌립보에는 유대인의 회당이 없어 바울이 기도할 곳을 찾다가 소아시아의 두아디라라는 곳에서 온 재력가 여성을 만난다. 그녀는 자색 옷감 장사이며 루디아로 불린다. 그 당시 자주색 옷감은 부와 권력을 상징하며 굉장히 비싼 옷감이었다. 이 여성의 집에서 빌립보 교회가 시작된다.

그러던 어느 날 바울이 점치는 귀신 들린 여종을 치유해 준 것 때문에 여종의 주인이 사람들을 선동하고 고발해 바울과 실라는 많은 매를 맞고 결국 옥에 갇히게 된다. 감옥에 갇혔음에도 바울과 실라는 하나님을 원망하지 않고 감옥 안에서도 찬송하고 기도했다. 이때 갑자기 하나님이 빌립보 감옥에 지진을 일으켜서 감옥 문이 열리는 역사가 일어났다. 그러나 바울과 실라는 도망가지 않았고, 이들을 지켜 본 간수는 바울에게 세례를 받고 기뻐한다. 상관은 나중에 바울이 로마 시민권자라는 사실을 알고 바울에게 사과하며 바울은 명예롭게 빌립보를 떠난다.

빌립보는 알렉산더(Alexander the Great, B.C. 333-323년) 대왕의 아버지 필립 2세(Philip 2)가 점령한 곳이다. 빌립보라는 곳에는 많은 야만족들이 살고 있었고, 필립 2세 다음으로 알렉산더가 이곳을 통치한다. 그러나 오랫동안 야만족들이 살아오던 땅이라 이곳에 그리스(헬라) 문화를 심기에는 많은 어려움이 있었다. 그러던 중 그리스와 로마가 전쟁을 하게 된다. 이 전쟁에서 로마가 승리하게 되지만, 로마 역시 야만족들을 쉽게 통치할 수 없었다. 그래서 로마의 퇴역장군들을 빌립보로 대거 이주시켜 서서히 로마의 문화를 정착시키려 한다. 당시에는 로마의 시민권을 갖는 것이 모든 사람들의 소망이었다. 그것을 이용하여 빌립보에 들어가는 사람들에게 먼저 로마 시민권을 부여하고 이 도시를 로마의 도시로 만들고자 한다.

바울이 로마 감옥에 갇히자 바울과 유독 사이가 좋았던 빌립보 교회 교인들은 바울의 안위가 걱정되었다. 이에 바울은 자신의 안위에 대해서 걱정하지 말라고 당부한다. 빌립보 교회가 루디아의 집에서 시작되었듯 교회 안에 여성들의 활약이 컸다. 그런 상황에서 유오디아와 순두게라는 두 여성으로 인하여 교회 안에 분쟁이 일어났고, 바울은 무엇보다 교회 안에서의 분쟁을 빨리 해결해 주고 싶어 붓을 들었다.

구성

범위	내용
1장	서론 및 사도 바울의 상태
2장	에바브로디도에게 감사
3장	그리스도를 아는 지식이 제일 고상한 것이다.
4장	결론과 문안 인사

빌립보서에서 가장 눈에 띄는 단어가 있다면 그건 바로 '기쁨'일 것이다. 4장으로 구성된 짧은 서신이지만 이 안에 기쁨이라는 단어가 여러 번 등장한다. 그래서 빌립보서를 "기쁨의 편지"라고도 한다. 그런데 놀랄 만한 것은 바울이 지금 이 편지를 쓰는 곳이 로마 감옥이라는 사실이다.

● 1장 : 서론 및 사도 바울의 상태

갈라디아서나 고린도전서·후서처럼 빌립보에 보내는 편지에는 '사도'라는 단어가 없다. 이는 빌립보 교회는 바울의 사도권에 대한 시비가 없었다는 것을 알 수 있다. 바울과 빌립보 교회와는 매우 친밀하고 돈독한 사이였음을 보여준다. 바울은 빌립보 교회 교인들을 향해 예수 그리스도의 심장으로 너희를 사랑하고 사모한다며 빌립보 교회 교인들을 얼마나 아끼는지를 전한다.

바울은 감옥에 갇혀 재판을 앞두고 있는 상황에서도 자신보다는 빌립보 교회 교인들을 더 걱정하고 있다. 바울은 로마 감옥에 갇힘으로써 여기서 간수들과 근위대들에게 복음을 전할 수 있어 오히려 기쁘다고 한다. 바울이 로마 교회에 전한 복음에 시기와 질투를 느낀 사람들은 오히려 바울을 곤경에 빠뜨리기 위해 나쁜 의도로 예수 그리스도를 전한다. 그럼에도 불구하고 바울은 그들의 행위를 나쁘게만 보는 것이 아니라 좋은 뜻으로 전하든, 나쁜 의도로 전하든 간에 예수 그리스도가 전해지면 그것으로 족하다고 한다.

바울은 지금 자신이 처한 상황에서도 오직 그리스도가 존귀하게 되는 것에 대해 자신은 죽든지 살든지 아무 상관이 없다고 한다. 오직 자기 몸에서 그리스도가 존귀하게 되는 것만이 자신이 간절히 바라는 것이라고 한다.

● 2장 : 에바브로디도에게 감사

그리스도인의 자세는 어떤 일을 하든 다툼이나 허영으로 하지 말고 오직 겸손한 마음으로 하며 항상 자기를 다른 사람 앞에서 낮게 여기라고 한다. 예수 그리스도는 하나님의 본체시지만 하나님과 동등한 자세를 취하지 않으셨다. 오히려 자신을 종으로 여겨 자신을 한없이 낮게 하셨다. 그리고 그는 인간의 몸으로 나타나셔서 죽기까지 복종하시고 십자가에서 죽으셨다. 이런 분을 하나님은 지극히 높이시고 모든 사람 위에 뛰어난 이름을 주셨다. 따라서 우리는 예수 그리스도를 주님이라 시인하며 선포할 수 있다.

에바브로디도가 죽을병에 걸렸다가 하나님의 은혜로 살아났다. 바울은 디모데를 보내 빌립보 교회에 편지를 전하려 했으나, 에바브로디도가 죽을 병에서 고침을 받자 이를 보고 기뻐할 빌립보 교회 교인들을 생각해서 에바브로디도에게 편지를 전하게 한다. 그리고 바울 자신도 빨리 빌립보 교회에 가서 교인들을 만나고 싶다고 전한다.

● 3장 : 그리스도를 아는 지식이 제일 고상한 것이다.

바울은 빌립보 교회에 침투해서 교회를 미혹하는 유대주의자들과 격렬한 논쟁을 한다. 바울은 유대주의자들을 향해서 '개'라고 지칭하며 그들을 조심하라고 한다. 그리고 자신도 인간적으로는 자랑할 것이 많다고 하며, 8일 만에 할례 받았고 이스라엘 족속이고 베냐민 지파이며 히브리인 중의 히브리인이고 바리새인이고 율법에는 흠이 없는 사람이라고 늘어놓는다. 바울 자신도 하나님에 대해서 열심이 대단했던 사람이지만 바울은 그 대단한 이력을 다 배설물로 여겨버렸다고 설파한다. 그 이유는 대단한 이력 때문에 자신의 눈이 가리어져 예수님이 이 땅에 오셨지만 자신은 예수님을 진정으로 알아보지 못했기 때문이라고 한다. 그래서 바울은 예수님의 의를 얻기 위해서 자신의 모든 것을 다 버렸고, 내 주 그리스도 예수를 아는 지식이 가장 고상하다고 한다. 예수님의 종이 되어 사는 바울은 예수님이 주시는 그 의를 얻기 위해서 모든 것을 버렸고, 자신이 이렇게 사는 것처럼 빌립보 교회 교인들도 자신을 본받아 살 것을 권면한다.

그리스도인들의 진정한 시민권은 하늘에 있다. 하늘의 시민권을 가지고 이 땅에서도 평안을 누리며 살 수 있다. 그리스도인으로 살아가면서 교회 안의 공동체 속에서 예수 그리스도를 중심으로 천국생활하면 된다. 이것이 복음에 합당한 삶을 살아내는 것이다. 교회 안에서는 서로서로를 위하고 겸손하게 대하며 상대를 더 높여 세워 주라고 한다.

• 4장 : 결론과 문안 인사

바울은 빌립보 교회 교인들을 향해 나의 사랑하고 사모하는 형제들, 나의 기쁨, 나의 면류관이라고 표현함으로써 바울과 빌립보 교회 교인들과의 친밀한 관계를 보여준다. 바울은 가는 곳마다 자비량으로 선교를 했다. 그러나 바울이 빌립보를 떠나 데살로니가에서 선교할 때는 빌립보 교회에서 바울에게 두 번이나 선교비를 보냈고, 바울도 흔쾌히 받았다. 그것은 바울과 빌립보 교회와의 친밀함을 보여준다. 바울이 로마 감옥에 투옥되었을 때도 빌립보 교회는 에바브로디도를 통해 바울에게 또 돈을 보내주었다. 바울은 관용을 베풀고 주 안에서 항상 기뻐하며 아무 염려하지 말라고 권면한다. 그렇게 할 수 있는 것은 예수님이 우리 곁에 가까이 계시기 때문이다. 바울의 고백이다. "내가 궁핍한 데 처하든지 아주 부요한 데 처하든지, 어떤 형편에도 처할 줄 아는 일체의 비결을 배웠다"(4:12).

빌립보서의 핵심

"그러나 무엇이든지 내게 유익하던 것을 내가 그리스도를 위하여 다 해로 여길 뿐더러 또한 모든 것을 해로 여김은 내 주 그리스도 예수를 아는 지식이 가장 고상하기 때문이라 내가 그를 위하여 모든 것을 잃어버리고 배설물로 여김은 그리스도를 얻고 그 안에서 발견되려 함이니"(3:7-9a)

13

빌레몬서

책명

헬라어 성경은 '프로스 필레모나'(*ΠΡΟΣ ΦΙΛΗΜΟΝΑ*), 즉 '빌레몬에게'(To Philemon)이고, 우리말 성경은 '빌레몬서'로 책명을 삼는다.

저자

본서의 저자는 사도 바울이다.

기록 연도

바울이 1차로 로마 감옥에 수감되었을 때 쓴 편지로서 A.D. 60-62년경에 쓰인 것으로 본다. 이때는 바울이 가택연금상태이므로 비교적 자유로웠다.

기록 목적

빌레몬은 신실한 성도로서 집도 부유했다. 이 가정에서 골로새 교회가 탄생한다. 빌레몬의 집에는 오네시모라는 노예가 있었다. 그러나 이 노예가 빌레몬의 재정에 손해를 입히고 로마로 도망갔다. 오네시모가 로마 감옥에 있는 바울을 만나 복음을 듣고 새 사람으로 변했다. 바울은 오네시모가 주인 빌레몬에게 돌아가 진정으로 용서를 구하고, 빌레몬은 오네시모를 사랑으로 받아주길 바랐다. 그래서 오네시모의 주인인 빌레몬에게 바울이 성의껏 편지를 쓴다. 그리고 오네시모를 빌레몬에게 보내면서 편지와 함께 두기고도 보낸다. 바울은 빌레몬에게 오네시모는 자신의 심장과도 같은 사람이니 이 사람을 처벌하지 말고 사랑으로 권면하여 두 사람의 관계가 회복되기를 바라는 간절함으로 이 편지를 쓴다고 전한다. 바울의 서신서 중에서 1장으로 되어 있는 가장 짧은 신약성경이다.

구성

범위	내용
1장	복음 안에서 주인과 노예의 화해

빌레몬서는 1장으로 된 바울의 짧은 서신이지만 그 안에는 깊은 내용이 함축되어 있다. 바울은 빌레몬을 생각할 때마다 감사와 기도를 했다. 그만큼 빌레몬은 신실했고 바울에게도 아주 좋은 성도였다. 빌레몬은 바울에게 뿐만 아니라 모든 사람들에게 좋은 사람으로 평이 나 있었다. 빌레몬의 재정에 손해를 끼치고 달아난 오네시모는 로마에 도착해 지내다가 바울을 만나게 된다. 바울에게 복음을 전해들은 오네시모는 옛 사람에서 그리스도의 새 사람으로 변화되었다. 오네시모의 이름의 뜻은 "유익한 사람"이다. 그러나 복음을 알기 전 오네시모는 자신의 이름에 합당하게 살지 못했다. 복음을 접한 후에야 그는 그의 이름에 맞는 삶을 살기 시작하였다. 복음만이 사

회를, 사람을 변화시킬 수 있다는 "복음의 능력"을 잘 보여주는 서신이다. 그전에는 보잘것없는 인생, 쓸모없는 인생이었던 오네시모가 지금은 완전히 다른 사람이 되었다. 바울은 새 사람이 된 오네시모를 이제는 예전 주인 빌레몬에게 보내고자 붓을 든다. 골로새 교회의 설립자는 에바브라이고 빌레몬의 집에서 시작되었다.

사실 빌레몬이 어떻게 복음을 듣고 교회를 시작할 수 있었는지에 대해서는 학자들 간의 다양한 의견이 있지만 바울이 에베소에서 선교활동을 하는 동안 그곳에서 복음을 들었을 것으로 추정한다. 바울이 빌레몬의 아내인 압비아와 아들 아킵보를 직접 소개한 것으로 보아 매우 신실한 가정이었음을 알 수 있다. 바울은 빌레몬에게 오네시모가 빚진 것, 불의한 것이 있거든 바울 자신 앞으로 계산해 놓으라고까지 한다. 이는 빌레몬이 바울에게 복음을 들은 영적인 빚을 말한다. 당시 노예가 오네시모처럼 주인의 재정을 훔쳐 도망치다가 잡히면 그냥 죽여도 아무런 문제가 되지 않던 시대였다. 그런데 바울은 그 어떤 처벌도 아닌 사랑으로 다시 받아주라고 권면한다. 이제부터는 종으로서가 아닌 사랑받는 형제로, 나아가 바울 자신을 맞이하는 것과 같이 맞이해 달라고 부탁한다. 그리고 바울 곁에서 항상 경건한 믿음생활을 하고 있는 두기고를 오네시모와 함께 빌레몬에게 보낸다. 빌레몬서는 그리스도의 사랑이 깊이 새겨 있는 책이며, 복음이 갖는 능력의 무한함을 보여주는 책이다.

초대교회 교부였던 이그나티우스(Ignatius)에 의하면 복음을 듣고 변화된 오네시모가 나중에 에베소 교회에 감독이 되었다고 전해진다. 바울이 빌레몬에게 쓴 개인적인 서신이 신약성경 정경에 채택이 된 이유는 여러 가지가 있겠지만 사람이 변화될 수 있다는 것은 "복음의 능력"이 아니고서는 일어날 수 없는 일임을 보여주기 위함일 것이다. 복음의 능력은 실로 놀랍다.

빌레몬서의 핵심

"이 후로는 종과 같이 대하지 아니하고 종 이상으로 곧 사랑받는 형제로 둘 자라 내게 특별히 그러하거든 하물며 육신과 주 안에서 상관된 네게랴 그러므로 네가 나를 동역자로 알진대 그를 영접하기를 내게 하듯 하고 그가 만일 네게 불의를 하였거나 네게 빚진 것이 있으면 그것을 내 앞으로 계산하라"(1:16-18)

14

골로새서

책명

헬라어 성경은 '프로스 콜로싸에이스'($\Pi PO\Sigma$ $KO\Lambda O\Sigma\Sigma AEI\Sigma$), 즉 '골로새인들에게'(To Colossians)이고, 우리말 성경은 '골로새서'로 책명을 삼는다. 에바브라가 골로새에 교회를 세웠다.

저자

본서의 저자는 사도 바울이다.

기록 연도

바울이 로마 감옥에 1차로 수감되었을 때 쓴 서신이다. A.D. 60-62년경이다. 이때는 바울이 가택연금상태로 있으면서 비교적 자유로웠다.

기록 목적

골로새 교회에 이단(영지주의, 천사숭배, 유대주의)이 침투해서 문제가 생겼다. 사실 골로새 교회는 바울이 직접 세우지도 않았고 가보지도 않은 교회다. 아마도 바울이 3차 선교를 하던 에베소에서 복음을 전할 때 에바브라가 그곳에서 복음을 듣고 난 후 세운 것으로 보인다. 그렇지만 에바브라가 골로새 교회에 침투한 이단 문제로 바울을 찾아갔을 때 바울은 교회에 왜 이런 문제가 생겼는지에 대해 잘 알고 있었다. 바울은 성도들이 거짓 진리에 미혹되는 것은 다름 아닌 예수 그리스도, 즉 복음을 제대로 알지 못하기 때문이라는 것을 알았다. 그래서 예수님이 누구인지에 대해 서술하고, 복음을 받아들이고 난 후의 성도들의 삶과 생활태도에 대해 쓴다. 에베소와 골로새는 약 160km 정도 떨어져 있다. 에베소서와 골로새서, 빌레몬서는 거의 같은 시기에 전달되었다(행 28:16-31).

구성

범위	내용
1장 1-14절	서론
1장 15절-2장	예수님의 정체성에 대한 서술
3장-4장 6절	새 사람으로서의 그리스도인의 삶과 생활
4장 7-18절	결론

● 1장 1-14절 : 서론

바울의 서신 중 유일하게 '기독론'에 대해 제일 잘 나와 있다. 우리로 하여금 빛 가운데서 성도의 기업의 부분을 얻기에 합당하게 하신 하나님께 감사하게 하기를 원하고, 그가 우리를 흑암의 권세에서 건져내어 그의 사랑의 아들의 나라로 옮기셨으니 그 아들 안에서 우리가 속량, 곧 죄사함을 얻었음을 서술한다.

● 1장 15절-2장 : 예수님의 정체성에 대한 서술

특히 1장 15-20절은 그리스도에 대해 자세히 서술한다. 골로새 교회에 침투해 온 이단(영지주의, 천사숭배, 유대주의)에 대해 바울은 어떻게 대처해야 되는지 설명한다. 여전히 유대주의자들은 할례나 율법, 음식 규정에 대해 따지고 든다. 할례나 율법 없이 예수 그리스도만 믿는 것으로는 안 된다고 한다. 그러나 바울은 예수 그리스도를 믿는 순간 이미 손으로 하지 않은 할례를 받았으니 이것이 그리스도의 할례라고 한다.

● 3장-4장 6절 : 새 사람으로서의 그리스도인의 삶과 생활

이제는 그리스도로 새 사람이 되었으면 땅의 것에 더이상 얽매이지 말고 위의 것을 찾는 일에 열심을 내라고 한다. 예전의 너희는 죽었고 이제는 그리스도와 함께 사는 삶이 되었으니 정욕이나 탐심, 우상숭배를 버리라고 한다. 서로 거짓말하지 말고 옛 사람의 행위를 벗어버리고 이제는 새 사람이 되어 긍휼과 자비를 베풀고 겸손하고 온유하고 오래 참음으로 새 옷을 입어야 한다. 또한 오네시모를 생각하면서 그가 잘못한 것이 있어도 피차 용서하고 그 위에 사랑을 더하라고 권한다. 부부가 서로 존중을 하고, 자녀들과도 좋은 관계로 지내며, 상전과 종들의 관계도 어떠해야 하는지를 권면한다.

● 4장 7-18절 : 결론

이 편지를 가지고 가는 사람은 두기고와 오네시모다. 이들을 만나거든 잘 영접해 주라고 당부한다. 바울이 지금 자기와 함께 있는 사람들을 소개한다. 그리고 이 편지를 라오디게아 교회 교인들에게도 읽게 해 주고, 또 라오디게아 교회로부터 오는 편지도 골로새 교회 교인들이 읽기를 바란다고 한다. 이는 모든 교회가 말씀 안에서 하나의 공동체로서 함께 세워져 가는 것임을 강조하는 것이다.

골로새서의 핵심

"그는 보이지 아니하는 하나님의 형상이시요 모든 피조물보다 먼저 나신 이시니 만물이 그에게서 창조되되 하늘과 땅에서 보이는 것들과 보이지 않는 것들과 혹은 왕권들이나 주권들이나 통치자들이나 권세들이나 만물이 다 그로 말미암고 그를 위하여 창조되었고 또한 그가 만물보다 먼저 계시고 만물이 그 안에 함께 섰느니라"(1:15-17)

15

에베소서

책명

헬라어 성경은 '프로스 에페시우스'(*ΠΡΟΣ ΕΦΕΣΙΟΥΣ*), 즉 '에베소인들에게'(To Ephesians)이고, 우리말 성경은 '에베소서'로 책명을 삼는다.

저자

본서의 저자는 사도 바울이다.

기록 연도

바울이 1차 로마 감옥에 투옥되었을 때 쓴 편지로서 A.D. 60-62년으로 추정된다. 이때는 바울이 가택연금상태이므로 비교적 자유로웠다.

기록 목적

사도 바울은 3차 선교여행 중 에베소 교회에서 3년간 사역했다. 감옥에서 빌레몬서와 골로새서를 써 보내면서 이 기회를 이용하여 마음에 숙제로 있던 편지를 한 통 더 써서 두기고가 에베소 교회에 전달한다. 같은 시기에 쓰다 보니 골로새서 내용과 에베소서 내용이 비슷한 부분이 많이 있다. 사도 바울은 로마 감옥에 투옥되어 있다. 자신이 설립한 에베소 교회뿐 아니라 아시아 지역이 항상 이방 그리스도인들과 유대 그리스도인들의 분열로 화합하지 못하고 있다는 소식을 듣는다. 바울은 이러한 갈등을 해결해 주려고 붓을 든다. 하나님의 구원의 경륜의 비밀을 가르쳐 주고 이방인과 유대인이 그리스도 안에서 하나가 되기를 소망한다. 또한 성도들의 성령 충만한 삶과 영적인 삶에서 승리하려면 어떻게 해야 하는지를 가르쳐 주고 있다. 1차 로마 감옥에서 에베소 교회에 보내는 회람 형식의 편지이다.

구성

범위	내용
1장 1-14절	인사와 감사
1장 15절-3장	기도와 그리스도 안에 있는 교회
4장-6장 20절	성도의 삶
6장 21-24절	끝맺는 인사

● 1장 1-14절 : 인사와 감사

바울은 에베소 교회 성도들에게 인사하며 그들에게 그리스도 안에서 하나 되게 하는 것이 창세전부터 이미 예정된 일이라고 한다. 아시아 지역에 늘 문제가 되었던 이방인과 유대인 사이의 분열을 해결해 주고자 서두를 연다.

• 1장 15절-3장 : 기도와 그리스도 안에 있는 교회

바울은 에베소 교회 교인들을 위해 기도할 때마다 감사가 넘친다. 에베소 교회 교인들의 구원받기 전과 구원받은 후의 생활을 비교한다. 전에는 세상 욕심을 따르고 살면서 본질상 진노의 자녀였지만, 긍휼이 풍성하신 하나님이 이들을 사랑하셔서 지금은 그리스도와 함께 살리시고 그리스도와 함께 일으키셨다. 이들의 구원은 오직 하나님께로부터 온 선물이기에 누구도 자랑할 수 없다. 이들은 선한 일을 위해 하나님이 손수 만드신 작품이다. 그리스도를 알기 전에는 약속의 언약들에 대해 외인이고 세상에서 소망도, 하나님도 없는 사람들이었지만, 그리스도 덕분에 이제는 외인도 아니고 나그네도 아니며 하나님에게 속한 동일한 시민이 되었다. 유대인과 이방인 사이의 막혔던 담이 그리스도로 인하여 허물어졌고 화평하게 되었다. 바울은 이방인들을 위해 갇힌 자가 되었다. 이는 하나님으로부터 받은 계시, 즉 비밀을 알게 하는 사역 때문이다. 이 비밀은 이방인들도 그리스도 안에서 함께 상속자가 되고 함께 약속에 참여하는 자가 된다는 내용이다. 바울은 자신이 성도 중에서 가장 작은 자이지만 그럼에도 이방인들에게 그리스도를 전하는 일을 맡았다고 한다. 모든 성도들이 그리스도의 넘치는 사랑과 깊이를 이해하고 하나님의 모든 충만하신 것으로 채워지기를 바란다.

• 4장-6장 20절 : 성도의 삶

본장부터는 성도들의 생활에 대해 권면한다. 부르심을 받은 일에 합당하게 행하여 겸손과 온유로 하고 오래 참으며 사랑으로 서로를 용납하라고 한다. 몸이 하나이고 성령도 한 분이시기 때문에 서로 화합해야 한다. 예수님도 한 분, 믿음도 하나, 세례도 하나이고 하나님도 한 분이다. 각자 부름을 받은 대로 온전하게 봉사의 일을 하며 그리스도의 몸을 세워야 한다. 우리는 다 하나님의 아들을 믿는 것과 아는 일에 하나가 되어 온전한 사람을 이루어 그리스도의 장성한 분량이 충만한 데까지 이르러야 한다. 이제는 옛 습관을 버리고 심령이 새롭게 되었으니 하나님을 따라 의와 진리의 거룩함으로 지으심을 받은 새 사람을 입으라고 한다. 죄를 짓지 말고, 너무 오래 화를 내지 말라고 한다. 그리하여 마귀에게 틈을 주지 말라고 한다. 모든 악은 떨쳐버리고 서로 친절하게 하며 용서하고 온순하게 대하라고 한다.

그리스도께서 너희를 사랑하신 것처럼 너희도 사랑 가운데서 행하라고 한다. 전에는 어둠이었지만 이제는 주 안에서 빛이니 빛의 자녀들처럼 행해야 한다. 술 취하지 말고 성령으로 충만하게 해야 한다. 남편과 아내에 대해 권면하면서 여자들은 남편에게 복종하기를 주께 하듯 하고, 남자들은 자기 아내 사랑하기를 자기 자신을 사랑하는 것처럼 하라고 한다. 바울은 창세기 2장 24절을 인용하면서 남편과 아내의 관계를 그리스도와 교회의 관계와 연관시켜 말하며 이 비밀이 크다고 한다. 또한 출애굽기 20장 12절을 인용하며 부모와 자식이 서로 어떻게 해야 하는지 권면하고, 주인과 종의 관계도 언급한다. 종은 주인에게 그리스도께 하듯 하고, 주인은 종들을 위협하지 말라고 한다.

끝으로 바울은 마귀를 대적하기 위하여 진리의 허리띠, 의의 호심경, 평안의 복음의 신발, 믿음의 방패, 구원의 투구, 성령의 검으로 전신갑주를 입으라고 한다. 이 전신갑주를 입고 성령 안에서 항상 깨어 기도해야 한다. 바울 자신을 위해서도 복음의 비밀을 담대히 전할 수 있도록 에베소 교회 성도들에게 기도를 부탁한다.

- **6장 21-24절 : 끝맺는 인사**

이 편지를 가지고 가는 두기고가 바울의 사정을 들려주고 또 바울이 무엇을 말하는 것인지 자세히 알려줄 것이며 이는 에베소 교회 성도들도 위로하기 위함이라고 한다.

하나님과 주 예수 그리스도께로부터 평안과 믿음을 겸한 사랑이 그들에게 있기를 바란다고 축복하며 편지를 마친다.

에베소서의 핵심

"우리가 다 하나님의 아들을 믿는 것과 아는 일에 하나가 되어 온전한 사람을 이루어 그리스도의 장성한 분량이 충만한 데까지 이르리니"(4:13)

바울의 목회서신

📖

바울이 1차 로마 감옥에서 풀려나 4차 선교여행 중에 쓴 목회서신(A.D. 62-66년) : 디모데전서, 디도서

바울이 4차 선교여행 후 2차로 로마 감옥에 갇혔을 때 쓴 유언과도 같은 목회서신(A.D. 67-68년) : 디모데후서

16

디모데전서

책명

헬라어 성경은 '프로스 티모쎄온 알파'(*ΠΡΟΣ ΤΙΜΟΘΕΟΝ Α*), 즉 '디모데에게 보내는 첫 번째 편지'이고, 우리말 성경은 '디모데전서'로 책명을 삼는다. 에베소 교회에서 목회하고 있는 영적인 아들 디모데에게 쓴 편지이다.

저자

본서의 저자는 사도 바울이다.

기록 연도

바울의 4차 선교여행 중인 A.D. 62-66년경으로 추정된다. 마게도냐의 빌립보에서 기록했을 가능성이 높다. 목회서신(디모데전서, 디도서, 디모데후서)은 사도행전 이후의 행적에 대해 기록한 책이다.

기록 목적

　바울은 1차 로마 감옥(가택연금)에서 2년간 투옥 후 풀려난다. 그리고 바울은 디모데와 디도를 데리고 마게도냐와 소아시아, 지중해 연안을 두루 다니며 복음을 전한다. 이것을 이른바 바울의 4차 선교여행이라고 한다. 바울의 1, 2, 3차 선교사역 중 가장 긴 기간 목회를 하고 공을 들인 곳이 있다면 3년 동안 사역한 에베소 교회일 것이다.

　바울이 1차 로마 감옥에서 나와 에베소 교회에 들렀을 때 에베소 교회에 여러 가지 문제가 있었다. 그래서 바울은 사랑하는 영적 아들 디모데를 에베소 교회에 남겨둔다. 그렇게 디모데를 에베소 교회에 남겨두었지만 바울의 마음은 늘 걱정이다. 디모데의 아버지는 헬라인이고 어머니는 유대인이다. 바울이 디모데를 처음 만난 곳은 바울의 1차 선교여행 중 갈라디아 지방의 루스드라이다. 그 이후부터 디모데는 바울과 늘 함께 동행했다. 심지어 로마 감옥에서도 함께 있었다. 디모데는 나이도 어리고 몸도 허약했다.

　에베소 교회는 세상적인 학문 수준은 높았을지 몰라도 하나님을 아는 지식은 어린아이 수준이었다. 이런 곳에 말씀이 깊이 뿌리내려 흔들림 없이 오직 하나님의 말씀만을 따르고 순종하길 바라며 이곳에 디모데를 남겨둔 것이다. 그리고 디모데가 목회를 잘할 수 있도록 힘을 주고, 힘들 때 포기하지 않도록 격려를 한다.

구성

범위	내용
1장	교회에 침투해 있는 거짓 교리에 대한 강한 경고
2장	기도에 대한 가르침
3장	감독과 집사의 자격과 그들의 태도

● 1장 : 교회에 침투해 있는 거짓 교리에 대한 강한 경고

사도 바울은 3차 선교여행을 마치고 예루살렘으로 가기 전에 에베소 교회 장로들을 밀레도로 불러 마지막 고별 설교를 하며 그들에게 당부한 말이 있다. 바울이 떠난 뒤 이리가 양 떼에게 거짓 교리를 가르치는 것에 조심할 것을 당부했다. 4차 선교여행 중 디모데와 에베소 교회에 들러보니 이미 거짓 교사가 침입해 있었고 바울이 경고했던 말이 그대로 되어가고 있었다. 바울은 율법을 주장하는 유대인들에게 율법은 옳은 사람을 위하여 세운 것이 아니라 불법한 자, 즉 죄를 짓는 자들을 위함이라며 오직 하나님의 영광의 복음만을 따르라고 경고한다.

영지주의자들은 하나님은 선하셔서 물질세계와는 관계가 없고, 구약성경 외에 예수님의 제자들에게 주신 비밀 구전이 있는데, 그 구전의 전승자가 자신들이라고 생각하며, 신화를 이야기하고 족보를 들추어내며 무슨 특권이라도 있는 듯 행동한다. 그리고 다른 사람들을 무시했다. 바울은 자신이 예전에 예수님을 믿지 않고 오히려 그들을 박해하고 핍박했던 때를 말하며 지금은 긍휼을 입은 까닭에 믿지 않는 자들에게 본이 되고자 한다고 말한다.

● 2장 : 기도에 대한 가르침

바울이 기도에 대해 중요성을 말한다. 특히 중보기도와 감사기도가 얼마나 중요한지 말한다. 남자들은 어떻게 기도를 해야 하는지 보여준다. 화를 내거나 다투지 말고 거룩한 손을 들어 기도하기를 바란다. 또 여자들은 단정하게 옷을 입고 오직 선행으로 하기를 원한다고 한다. 예수님께서 온 인류를 위해 십자가에서 죽으신 것처럼 우리도 형제들을 위해 중보기도해야 한다. 목회할 때 가장 중요한 것이 기도임을 강조한다.

● 3장 : 감독과 집사의 자격과 그들의 태도

목회를 하는 디모데에게 감독과 집사 직분을 맡을 자의 자격을 제시하고 그들이 취해야 할 자세를 설명한다. 에베소 교회 안에는 세상적인 학문에 뛰어난 사람들이 많았다. 그렇다고 해서 이들을 직분자로 세워서는 안 된다. 무엇보다 믿음 안에서 세상적인 학문 못지않게 신앙이 자라야 된다. 직분자들을 세울 때 기준을 잘 정하고 거기에 맞게 세워야 한다. 이는 주의 일이 어떤 기술이나 능력이 있어야 가능한 것이 아니라 영적으로 성숙한 인격과 자질을 갖추어야 한다는 말이다.

● 4장 : 거짓말하는 자들에 대한 경고

거짓을 가르치는 사람들이 교회에 들어와서 분란을 일으킨다. 이들은 금욕주의, 영지주의자들에게 영향을 받아 결혼도 금하게 하고, 음식도 아무거나 먹지 말라고 한다. 그러나 하나님께서 지으신 모든 것은 선하기 때문에 버릴 것이 없고 감사함으로 받으면 된다. 오직 하나님의 말씀과 기도로만 거룩해진다고 한다. 디모데의 나이가 어려 혹시라도 사람들에게 업신여김을 받지 않도록 디모데 자신이 먼저 말과 행동을 조심하여 믿는 자들에게 본이 되라고 한다. 그리고 말씀을 가르치는 일에 전념하라고 권면한다.

• 5장-6장 19절 : 교회 안의 여러 문제에 대한 지침

바울이 교회 안의 문제들에 대해 조목조목 설명한다. 디모데가 교회 안의 다양한 성도들을 어떻게 대해야 하는지 가르친다. 노인과 젊은이, 과부들을 어떻게 대해야 하며 장로들에게는 어떤 태도로 대해야 하는지 자세히 서술한다. 아무에게나 안수하지 말고, 다른 사람의 죄에 간섭하지 말며, 자신을 정결하게 하라고 한다. 디모데는 나이가 어릴 뿐만 아니라 몸도 허약했다. 그래서 바울은 아버지의 마음으로 디모데가 가지고 있는 병을 언급하며 걱정한다. 바울은 상전과 종의 관계를 언급하며 상호 존중과 협조로 하라고 한다. 돈에 대한 욕심을 버리고 먹을 것과 입을 것이 있으면 그것으로 족한 줄 알라고 한다. 돈을 사랑하는 것이 일만 악의 뿌리임을 말하며 디모데에게 이로 인해 올무에 걸리지 않게 훈계한다. 또한 목회를 싸움에 비유하며 선한 싸움을 중간에 포기하지 말고 끝까지 싸워 승리할 것을 당부한다. 부자들에게 명령하여 재물에 소망을 두지 말고 오직 하나님께만 소망을 두어, 선을 행하고 선한 사업을 많이 하며 나누어주기를 좋아하고 너그러운 자가 되게 하라고 당부한다.

• 6장 20-21절 : 바울이 디모데에게 하는 마지막 당부

바울이 디모데에게 부탁한 것을 잘 지키라고 하며 당부한다. 디모데에게 개인적으로 보낸 서신이지만 21절 끝에는 바울이 이것을 우리에게도 따를 것을 부탁하며 끝맺는다.

디모데전서의 핵심

"하나님께서 지으신 모든 것이 선하매 감사함으로 받으면 버릴 것이 없나니 하나님의 말씀과 기도로 거룩하여짐이라"(4:4-5)

"오직 그에게만 죽지 아니함이 있고 가까이 가지 못할 빛에 거하시고 어떤 사람도 보지 못하였고 또 볼 수 없는 이시니 그에게 존귀와 영원한 권능을 돌릴지어다 아멘"(6:16)

17

디도서

책명

헬라어 성경은 '프로스 티톤'(*ΠΡΟΣ ΤΙΤΟΝ*), 즉 '디도에게'(to Titus)이고, 우리말 성경은 '디도서'로 책명을 삼는다. 그레데 교회에서 목회하는 디도에게 쓴 편지이다.

저자

본서의 저자는 사도 바울이다.

기록 연도

바울이 4차 선교여행 중 A.D. 62-66년경에 기록하였으며, 그리스나 마게도냐에서 기록했을 가능성이 크다.

기록 목적

바울은 1차 로마 감옥에서 2년간 투옥 후 풀려난다. 그리고 바울은 디모데와 디도를 데리고 마게도냐와 소아시아, 지중해 연안을 두루 다니며 복음을 전한다. 이것을 이른바 바울의 4차 선교여행이라고 한다. 그레데 교회는 바울이 사역한 곳 중에서 목회하기가 좀 힘든 곳이었다. 이곳에서 사역을 하려면 잘 참고 강직한 마음가짐이 필요했다. 바울은 디도가 그레데 교회에서 목회하기를 바라며 이곳에 둔다. 바울이 디도를 그레데 교회에 남겨둔 이유는 남은 일을 정리하고 바울이 명한 대로 각 성에 장로들을 세우게 하려 함이다(1:5). 디도는 헬라인이며 바울의 영적 아들이다. 바울이 디도를 처음 만난 것은 바울의 1차 선교여행 때인 것 같다. 디도가 포기하지 않고 끝까지 완주할 수 있도록 격려하며 편지를 쓴다.

구성

범위	내용
1장	교회 행정에 대한 가르침
2장	교회 안의 다양한 사람들에 대한 가르침
3장	사회생활에 대한 가르침

● 1장 : 교회 행정에 대한 가르침

바울은 자신의 사도권을 밝히고 왜, 무엇을 위해 사도로 부름을 받았는지에 대해 말하고 있다. 첫째는 복음을 전해야 하고, 둘째는 진리를 제대로 가르쳐야 하며, 셋째는 영생에 대한 소망을 알려주기 위함이다. 디도를 그레데 교회에 남겨둔 이유는 남은 일을 정리하게 하고, 각 성에 장로들을 세우게 하기 위함이다. 장로가 되기 위해서는 어떤 자격을 갖추어야 하는지 잘 설명되어 있다. 장로가 잘 세워져야 그레데 교회에 들어와 있는 영지주의자들과 유대주의자들에 의해 교회가 흔들리지 않을 것이기 때문이다. 그레데인들은 항상 거짓말을 하고 악한 짐승이며 게으르다고 어떤 선지자가 표현했다. 바울도 그 표현에 대해 같은 생각이며, 디도에게 이런 것에 대해 엄히 꾸짖으라고 한다. 왜냐하면 그들의 믿음을 온전케 하기 위함이다.

● 2장 : 교회 안의 다양한 사람들에 대한 가르침

교회 안에는 다양한 계층이 있다. 이런 사람들을 지도하고 가르치고 훈련시키기 위해서는 목회자 자신부터 말과 행동에서 본이 되어야 한다. 자신은 실천하지 않으면서 다른 사람들에게만 훈계하고 권면한다면 이것은 잘못된 가르침이다. 남녀 노인이 어떤 삶을 살아야 하고, 종과 상전의 관계는 어떠해야 하는지를 말한다. 바울이 충고한 대로 살아야 하는 것은 우리 구주 하나님의 교훈을 더욱 빛나게 하기 위함이다. 예수님이 죽은 이유는 모든 불법에서 우리를 깨끗하게 하며 선한 일을 열심히 하는 자기 백성을 삼기 위함이다.

● 3장 : 사회생활에 대한 가르침

교회 밖의 세속사회에 대처할 신자의 태도를 가르쳐 준다. 우리도 전에는 어리석고 악한 사람들이었다. 그렇다고 해서 구원을 받기 위해 어떤 선한 행위를 한 것도 아니다. 이는 전적으로 하나님의 긍휼로 인하여 구원을 받은 것이다. 그레데 교회에도 이단이 침투해 있었다. 이단에 속한 사람은 한두 번 훈계하다가 듣지 않으면 멀리하라고 엄히 경고한다. 바울은 지금 니고볼리(아가야 지방)에 있으며 디도를 이곳으로 오라고 한다. 디도의 후임으로 아데마나 두기고를 생각하고 있으며, 우선 율법교사 세나와 아볼로를 급히 보낼 테니 그들을 잘 맞이하라고 부탁하고 끝맺는다.

디도서의 핵심

"감독은 하나님의 청지기로서 책망할 것이 없고 제 고집대로 하지 아니하며 급히 분내지 아니하며 술을 즐기지 아니하며 구타하지 아니하며 더러운 이득을 탐하지 아니하며 오직 나그네를 대접하며 선행을 좋아하며 신중하며 의로우며 거룩하며 절제하며 미쁜 말씀의 가르침을 그대로 지켜야 하리니 이는 능히 바른 교훈으로 권면하고 거슬러 말하는 자들을 책망하게 하려 함이라"(1:7-9)

18

디모데후서

책명

헬라어 성경은 '프로스 티모쎄온 베타'($\Pi PO\Sigma\ TIMO\Theta EON\ B$), 즉 '디모데에게 보내는 두 번째 편지'이고, 우리말 성경은 '디모데후서'로 책명을 삼는다. 에베소 교회에서 목회하고 있는 영적인 아들 디모데에게 쓴 두 번째 편지이다.

저자

본서의 저자는 사도 바울이다.

기록 연도 및 배경

바울이 4차 선교여행을 마치고 다시 2차 로마 감옥에 투옥된 A.D. 67-68년경이다. 이때 디모데에게 쓴 두 번째 편지로 목회서신이면서 옥중서신이다. 바울의 13권 서신서 중 마지막 서신이다.

기록 목적

1차 감옥에서 풀려난 후 바울은 거의 4년 동안 4차 선교여행을 했다. 이 당시 로마는 네로가 통치하고 있었다. 네로(Nero, 로마제국 제5대 황제, A.D. 54-68년)가 자신이 지른 불을 그리스도인들에게 책임을 전가하며 그리스도인들을 핍박하였다. 많은 그리스도인들을 붙들어 감옥에 넣었는데, 이때 바울도 잡혀 들어간 것 같다. 바울이 투옥된 곳은 로마의 마메르티노(Mamertine Prison)라는 감옥이다. 여기는 1차 때와는 상황이 많이 다르다. 자유롭게 활동할 수 없었으며, 지저분하고 악취가 풍기며 습하고 추웠다. 바울은 이 당시 자신의 죽음이 임박했음을 직감하고 사랑하는 영적 아들 디모데에게 용기를 주고 목회사역에 전념하도록 위로하며 유언처럼 쓴 편지가 디모데후서이다.

구성

범위	내용
1장	바른 교훈을 지키라고 함
2장	바른 교훈을 가르칠 것을 권면
3장	바른 교훈에 거하라고 함
4장	바른 교훈을 전파하라고 함

• 1장 : 바른 교훈을 지키라고 함

바울은 지금 감옥에서 에베소 교회에서 목회하는 디모데를 보고 싶어 하며 붓을 든다. 바울은 자신의 죽음이 임박했음을 알고 아들 디모데에게 자신이 없더라도 지금까지 힘든 에베소 교회에서 잘해 온 것처럼 흔들리지 말고 끝까지 잘해 줄 것을 부탁한다. 디모데를 생각하니 바울이 오랫동안 목회한 에베소 교회가 생각난다. 자신이 감옥에 있는 것을 부끄럽게 생각하지 말 것을 당부하고 자신도 디모데가 부끄럽지 않다고 한다. 자신을 힘들게 했던 부겔로와 허모게네도 언급하고, 또 감옥에 갇힌 바울을 자주 찾아와 용기를 준 에베소 교회 사람 오네시보로에게 긍휼을 입게 해 달라고 기도한다.

● 2장 : 바른 교훈을 가르칠 것을 권면

디모데에게 바른 교훈을 가르칠 것을 권면한다. 바울은 자신이 전한 복음, 즉 다윗의 씨로 죽은 자 가운데서 다시 살아나신 예수 그리스도만을 기억하라고 한다. 진리의 말씀을 옳게 분별하며 부끄러울 것이 없는 일꾼으로 하나님 앞에 드리기를 힘쓰라고 명한다. 바울이 늘 걱정하는 이단, 다른 복음, 율법주의, 유대주의로부터 교회를 지켜야 한다. 목회자 자신의 경건을 지켜 참 목자가 되어야 한다.

● 3장 : 바른 교훈에 거하라고 함

말세에 나타나는 현상들에 대해 바울은 19가지를 구체적으로 열거한다. 이러한 잘못을 저지르는 자들에게서는 돌아서라고 한다. 항상 말씀을 배우지만 진리를 깨닫지 못하는 것이 이런 자들이다. 예수님 안에서 경건하게 살고자 하는 자는 박해를 받는 것도 이겨내야 한다.

어려서부터 구약성경을 알아온 디모데에게 바울은 구약성경을 강조한다.

● 4장 : 바른 교훈을 전파하라고 함

말씀을 전파하는 것이 가장 중요한 것임을 다시 강조한다. 바울은 자신의 죽음이 임박함을 알고 있다. 바울은 복음을 위해 선한 싸움을 싸우고 자신의 달려갈 길을 마치고 믿음을 지켰으니 후에 면류관이 예비되어 자신에게 주실 것이며, 자신뿐 아니라 주의 나타나심을 사모하는 모든 자들에게도 해당된다고 한다. 디모데에게 보고 싶으니 빨리 오라고 하며 그동안 바울과 함께한 동역자들의 이름을 기록하고 축복으로 끝맺는다. 여기서 바울의 13권의 서신서가 끝난다. 바울은 A.D. 67-68년 동안 로마 감옥에 수감된 후 순교한 것으로 전해진다.

디모데후서의 핵심

"모든 성경은 하나님의 감동으로 된 것으로 교훈과 책망과 바르게 함과 의로 교육하기에 유익하니 이는 하나님의 사람으로 온전하게 하며 모든 선한 일을 행할 능력을 갖추게 하려 함이라"(3:16-17)

"전제와 같이 내가 벌써 부어지고 나의 떠날 시각이 가까웠도다"(4:6)

신약성경 ——————— 제10장

공동서신 및
요한계시록

19

히브리서

책명

헬라어 성경은 '프로스 헤브라이우스'(Πρὸς Ἑβραίους), 즉 '히브리인들에게'이고, 우리말 성경은 '히브리서'로 책명을 삼는다.

저자

신약성경 중 유일하게 저자를 알 수 없는 책이다. 학자들에 따르면 구약성경에 정통한 아볼로가 썼다는 견해도 있고, 히브리서 13장 23절에 디모데의 이름이 언급되는 것으로 보아 바울이 썼다는 의견도 있다. 그러나 저자가 누구인지는 정확히 알 수 없다. 오리겐(Origen)이라는 학자는 히브리서의 저자는 오직 하나님만 아신다고 말하기도 했다.

기록 연도

A.D. 70년 전후로 보는 경향도 있고, A.D. 90년으로 아주 늦게 기록된 것

으로 보기도 한다.

기록 목적

히브리서는 유대 그리스도인들을 대상으로 썼다. 이 글을 쓴 저자는 구약성경의 배경에 대해 아주 능통한 사람이다. 당시는 많은 환난과 핍박이 있었다. 특히 유대교에서 기독교로 개종한 사람들에게 너무나 힘든 고통과 핍박이 가해졌다. 다시 오신다는 예수님은 도무지 올 것 같지 않고 삶은 계속해서 피폐해졌다. 기독교로 개종하지 않은 유대인들은 별 문제없이 사는 반면, 그리스도인들은 예수님을 믿는다는 이유로 하루하루가 힘들었다. 그래서 기쁘게 받아들였던 복음을 저버리고 다시 유대교로 돌아가는 일들이 발생했다. 그래서 히브리서 저자는 너희들이 처음 받아들인 복음이 얼마나 위대하고 고귀한 것인지를 설명하려고 붓을 들었다.

구약성경에 있어서 해박한 유대인들이기에 저자는 구약성경의 많은 부분을 인용하고 유대인들이 존중하고 하나님처럼 생각하는 모세나 천사를 예수님과 비교해 보여줌으로써 예수님은 그런 자들과 비교할 수 없는 우월한 분임을 알려준다. 히브리서 안에는 구약성경에서 행해지던 제사에 관한 것과 대제사장의 역할 등에 관한 얘기가 많이 언급되어 "신약의 레위기"라는 별명도 가지고 있다.

구성

범위	내용
1장-4장 13절	예수님은 누구와도 비교할 수 없는 위대한 분이다.
4장 14절-10장	예수님은 하나님의 아들이고 영원한 대제사장이시다.
11-13장	예수님을 나의 구주로 받아들인 우리는 어떻게 살아야 하는가?

히브리서를 설교문으로 또는 서신서로 보는 두 견해가 있다. 히브리서의 서두는 인사말도 없이 본론으로 바로 시작한다. 예수님이 어떤 분인지, 예수님의 탁월성, 우월성에 대해 성경 66권 중에서 가장 잘 표현하고 있는 책이다. 일종의 신학 논문과도 같은 책이다. 히브리서 안에는 예수님에 대한 호칭이 20가지 이상 등장한다. 히브리서의 헬라어 문체는 탁월하고 훌륭하다. 유대인을 대상으로 쓰다 보니 구약성경의 인용이 많고, 그들이 숭배하는 사람들을 다 들추어내며 예수님과 비교하여 보여준다.

● 1장-4장 13절 : 예수님은 누구와도 비교할 수 없는 위대한 분이다.

예수님이 도대체 누구인지를 설명하기 위해 유대인들이 가장 신봉하는 모세오경의 저자 모세를 들추어내며 예수님과 비교한다. 모세가 모세오경(율법)을 기록한 사람이라면, 예수님은 그 율법을 완성하신 분이다. 예수님은 모세나 천사보다도 우월하고 뛰어난 분이며 비교조차 할 수 없는 분이다. 당시 사람들은 예수님이 인간의 몸으로 오신 것에 대해 천사보다 못한 사람으로 생각했다. 당시 유대인들은 천사를 인간과 하나님의 사이를 연결해 주는 중개자로 여겼다. 그러나 하나님과 우리 사이를 연결하시는 분은 오직 예수 그리스도이시다.

예수님은 인류의 모든 죄를 속량하시기 위해 인간의 몸으로 오셔야만 했고, 인간처럼 고통과 고난을 겪으며 사셔야만 했다. 복음을 받아들이고 그에 맞는 합당한 삶을 살아야 하는데 여전히 유대인들의 마음은 완고했고 강퍅했다. 예수님은 인간의 몸이 되어 친히 고난을 받으셨기 때문에 고난받는 우리를 도와주실 수 있는 분이다. 저자는 "우리가 믿는 도리의 사도이시며 대제사장이신 예수를 깊이 생각하라"고 권면한다(3:1). 이 말씀이 히브리서 전체의 주제라고도 할 수 있다.

모세가 율법의 집이라면 예수님은 그 집을 짓고 완성하신 분이다. 3장 7절-4장 11절은 안식에 대해 집중적으로 다루고 있다. 이처럼 신약성경에서 안식에 대해 깊이 다룬 책은 아마 없을 것이다. 복음을 믿는 자들은 하나님이 주신 안식에 참여할 수 있다. 하나님의 말씀은 살아 있고 활력이 있어 좌우에 날선 어떤 검보다도 예리하여 혼과 영과 및 관절과 골수를 찔러 쪼개기까지 하며 또 마음의 생각과 뜻을 판단한다(4:12).

● 4장 14절-10장 : 예수님은 하나님의 아들이고 영원한 대제사장이시다.
예수님은 구약성경의 대제사장보다 월등하신 분이다. 구약성경의 대제사장은 인간의 계보에 의해서 왔지만, 예수님은 사람의 계보로 오신 것이 아니라 멜기세덱의 반차를 따라 오셨으며 영원한 대제사장이시다. 창세기 14장에 언급된 멜기세덱을 유대인들은 신적인 존재로 여기고 있었다. 멜기세덱은 살렘 왕이고 지극히 높으신 하나님의 제사장이다. 그는 아버지도 없고 어머니도 없고 족보도 없고 시작한 날도 없고 생명의 끝도 없어 하나님의 아들과 닮아서 항상 제사장으로 있는 분이다. 그는 하늘에서 지극히 크신 이의 보좌 우편에 앉으셨다. 구약성경의 제사는 끊임없이 드려야 하지만 영원하신 예수님은 좋은 대제사장으로 오셔서 염소와 황소의 피로 하지 않고 오직 십자가에서 자신의 피로 영원한 속죄를 이루어 단번에 끝내셨다.

멜기세덱과 같은 영원한 대제사장이신 예수님에 대해 이들은 잘 납득하지 못했다. 그래서 복음을 받아들인 지 제법 세월이 흘렀으니 지금쯤이면 선생이 되어 있어야 하는데 아직도 젖을 먹어야 하는 어린 아이와 같은 상태임을 책망한다. 성도는 영적으로 계속해서 성장해야 한다. 그 자리에 머물러 있고 게으르면 신앙을 버리는 위험에 빠지기 쉽다.

저자는 다시 유대교로 돌아가려는 사람들에게 아주 강력하게 책망한다. 아무리 하늘의 은사를 맛보고 성령을 받고 하나님의 선한 말씀과 내세의 능력을 맛보았다고 하더라도 다시 타락한다면 회개할 수 없다고 강하게 말한다. 이 말씀에 대해 종교개혁자 마틴 루터(Martin Luther)는 성경이 비복음적인 것이 아닌가라는 말을 하기도 했다. 그러나 이것은 어떤 교리나 이론적으로 보기보다는 복음을 버리고 돌아서는 그리스도인들에 대한 안타까움과 절규하는 마음으로 한 표현이 아닐까 싶다.

환난이 닥치면 성도들은 사람들에게 구경거리가 되고, 자신들의 소유를 빼앗기며, 배교현상이 일어나면서 모이기를 폐하는 일부터 시작되고, 예배와 기도를 드리지 않아도 아무렇지 않은 삶이 되어버린다. 그러나 예수님이 우리를 위해 하신 희생을 생각하며 우리는 믿음에 굳건히 서야 한다. 잠시 후면 오실 이가 오시리니 의인은 믿음으로 말미암아 살리라 하신 말씀을 붙들고 뒤로 물러가 멸망할 자가 되지 말고 오직 영혼을 구원함에 이르는 믿음을 가진 자가 되라고 권면한다.

● 11-13장 : 예수님을 나의 구주로 받아들인 우리는 어떻게 살아야 하는가?

11장은 그 유명한 믿음장이다. "믿음은 바라는 것들의 실상이요 보이지 않는 것들의 증거다"(11:1). 구약성경에서 믿음을 가진 선진들에 대해 보여주고 있다. 저자는 믿음의 조상으로 불리는 아브라함부터 서술하는 것이 아니라 아벨부터 나타낸다. 믿음이 없이는 하나님을 기쁘시게 하지 못한다.

바로 이어지는 말씀은 어떻게 하면 그 믿음을 생활 속에서 지키며 살 수 있는지 설명한다. 믿음의 주요, 또 온전하게 하시는 이인 예수를 바라보라고 한다(12:2). 신앙에 위기가 오자 다시 유대교로 돌아가려는 사람들에게 권면의 말씀이 나온다. 지금 당하고 있는 고난이 얼마나 힘들고 고통스러운

지 알고 있다. 그러나 그 앞에 있는 기쁨을 위해 십자가를 참으시고 부끄럽지 않게 생각하셔서 결국 하나님 보좌 우편에 앉으신 예수님을 생각해 보라고 한다. 환난이 닥칠수록 형제 사랑하기를 계속하고 환난으로 인해 옥에 갇히고 학대받는 자를 생각하라고 한다. 환난이 올수록 다툼과 분쟁이 많이 일어난다. 따라서 그리스도인들은 이럴 때일수록 흩어지지 말고 믿음과 사랑으로 뭉쳐야 한다. 하나님이 제일 기뻐하시는 제사는 오직 선을 행하는 것과 나누며 사는 삶이다. "예수 그리스도는 어제나 오늘이나 영원토록 동일하시니라"(13:8).

히브리서의 핵심

"그러므로 우리에게 큰 대제사장이 계시니 승천하신 이 곧 하나님의 아들 예수시라 우리가 믿는 도리를 굳게 잡을지어다"(4:14)

"믿음의 주요 또 온전하게 하시는 이인 예수를 바라보자 그는 그 앞에 있는 기쁨을 위하여 십자가를 참으사 부끄러움을 개의치 아니하시더니 하나님 보좌 우편에 앉으셨느니라"(12:2)

20

야고보서

책명

헬라어 성경은 '이아코부 에피스톨레'($IAK\Omega BOY\ E\Pi I\Sigma TO\Lambda H$), 즉 '야고보의 서신'(Epistle of James)이고, 우리말 성경은 '야고보서'로 책명을 삼는다. 여러 나라에 흩어져 있는 12지파, 즉 유대 그리스도인들을 대상으로 썼다.

저자

예수님의 동생 야고보가 쓴 서신이다. 신약성경에는 야고보라는 이름이 몇 명 있다. 세베대의 아들이며 예수님의 제자 야고보, 알패오의 아들 야고보, 유다의 아버지 야고보도 있다. 저자 야고보는 꿇어 비는 습관으로 기도 생활을 많이 해서 무릎이 낙타처럼 튀어나와 '낙타 무릎'이라는 별명을 가지고 있다.

기록 연도

A.D. 60년경에 예루살렘에서 기록한 것으로 추정된다. 역사학자 요세푸스(Flavius Josephus)의 기록에 의하면, 야고보는 A.D. 62년에 돌에 맞아 순교한 것으로 전해져 내려온다.

기록 목적

야고보는 예수님의 동생으로서 예수님이 공생애를 시작할 당시에는 예수님이 하시는 일을 못마땅해 하고 심지어 예수님을 배척하기도 했다. 그러나 예수님이 십자가에서 죽으시고 부활하셔서 야고보에게 나타나심을 본 후 야고보의 인생은 달라졌다. 구약성경에서부터 기다려 온 메시아가 자신의 형임을 알고는 예수님을 전하며 살다가 순교했다. 초대교회인 예루살렘 교회에서는 없어서는 안 될 지도자로서 베드로와 함께 사역을 감당했다. 야고보서는 세계에 흩어진 12지파, 즉 많은 그리스도인들에게 앞으로 닥칠 환난을 어떻게 극복할지에 대해 쓴 서신이다.

당시는 네로(Nero, 로마제국의 5대 황제, A.D. 54-68년)가 그리스도인들을 심하게 박해할 때이다. 또한 바울이 전한 '이신칭의'의 교리를 잘못 이해하거나 악용하는 성도들을 위해 그렇게 살면 안 된다는 안타까운 마음으로 편지를 썼다. 입으로는 믿음이 있다고 말하지만 생활에 있어서는 전혀 열매가 나타나지 않는 것에 야고보는 생활의 지침에 대해 써 내려간다. 야고보서에는 십자가나 부활에 대한 언급이 없다. 왜냐하면 이미 이런 것에 대해 알고 있는 그리스도인들을 향해 쓴 글이기 때문에 다시 언급하지 않는다. 야고보서에는 마치 구약성경의 잠언과도 같은 글들이 많이 나와서 "신약의 잠언"이라고도 한다. 야고보서는 유창한 헬라어 문체로 쓰여 있다.

구성

범위	내용
1장	인사말, 시련과 시험에 관한 지침
2장	차별에 대한 경고와 행함이 없는 믿음에 대한 지침
3장	언행에 대한 지침과 위로부터 난 지혜
4장	세상과 벗하지 말고 서로 비방하지 말라.
5장	부한 자에게 주는 경고와 인내와 기도에 대한 지침

● 1장 : 인사말, 시련과 시험에 관한 지침

야고보가 본서를 기록할 당시는 박해로 인해 매우 힘든 상황이었다. 야고보서의 수신인은 세계에 흩어져 있는 유대 그리스도인들이다. 야고보는 그리스도인들에게 어떻게 살아야 하는지를 알려준다. 야고보서는 예수님의 산상수훈과도 비슷하다. 참 믿음을 가졌으면 어떠한 시련이 와도 그것을 받아들일 줄 알아야 한다. 고난과 고통이 왔다고 해서 믿음을 저버리고 불평불만하면 안 된다. 힘든 시련이 왔을 때 이것을 잘 극복할 수 있는 지혜를 하나님께 간구해야 한다. 야고보는 교회 안에 있는 빈부격차에 대해서도 지적한다. 가난하다고 해서 자신을 낮추지 말 것은, 비록 내가 가난하지만 예수님께서도 가장 낮은 자로 이 땅에 오셔서 나를 위해 피 흘려 죽으신 것을 생각하라는 것이다. 부자에게는 재물은 있다가도 없을 수 있으니 너무 재물에만 의지하지 말라고 한다. 입으로만 믿음을 외치지 말고 삶에서 열매가 나와야 한다. 구원받았다고 아무것도 행하지 않고 삶에서 열매가 없다면 그것은 제대로 사는 것이 아니다.

- **2장 : 차별에 대한 경고와 행함이 없는 믿음에 대한 지침**

교회 안에서 가진 자와 없는 자를 차별하지 말라고 한다. 구약성경에 기록된 대로 네 이웃 사랑하기를 네 몸과 같이 하면 최고의 법을 지키는 것이라고 한다. 야고보는 행함이 없는 믿음은 죽은 것이라고 단호하게 말하며, 조상 아브라함부터 행함으로 의롭다고 칭함 받은 사람들을 나열한다. 얼핏 보면 율법을 지켜야만 구원을 받을 수 있다는 것처럼 들리지만 야고보가 말하는 율법은 그런 차원이 아니다.

바울은 오직 믿음으로 구원을 받는다고 했다. 이는 믿지 않는 성도들에게 구원을 받는 길은 오직 예수 그리스도밖에 없다는 것을 말하는 것이고, 야고보가 말하는 행함은 그 다음 단계이다. 믿고 구원받았는데 점차 시간이 흐르면서 사람들이 변질되기 시작하였다. 믿음과 구원을 입으로만, 때로는 지식으로만 생각하며 살고, 나아가 이들 삶의 양상이 엉망이 되어버렸다. 이 같은 현상에 대해 구원은 받았지만 삶의 자리에서 어떠한 열매나 행함도 없다면 그것은 참 믿음이 아니라는 것을 말해주고 있다.

- **3장 : 언행에 대한 지침과 위로부터 난 지혜**

말조심에 대해 언급한다. 작은 키(배의 키) 하나가 큰 배를 운행할 수 있듯이 혀 또한 우리 몸에서 가장 작은 지체이다. 그러나 혀가 우리 몸에서 얼마나 중요한 역할을 하는지 모른다. 혀로 모든 동식물을 길들일 수 있고, 혀로 예수님을 찬송하기도 하고, 하나님의 형상대로 지음 받은 사람들을 저주하기도 한다. 한 입에서 찬송과 저주가 나오는 이것은 마땅하지 않다. 또한 하늘로부터 오는 지혜로 살아가라고 한다. 오직 위로부터 난 지혜는 첫째 성결하고 다음은 화평하고 관용하고 양순하며 긍휼과 선한 열매가 가득하고 편견과 거짓이 없나니 화평하게 하는 자들은 화평으로 심어 의의 열매를 거둔다고 한다.

● 4장 : 세상과 벗하지 말고 서로 비방하지 말라.

우리가 얻지 못하는 것은 우리가 구하지 않기 때문이라고 한다. 그러나 내 욕심이나 내 정욕으로 쓰기 위한 구함은 구하여도 받지 못한다고 한다. 세상과 벗이 되고자 하는 자는 스스로 하나님과 원수가 되는 것이다. 하나님은 교만한 자를 물리치시고 겸손한 자에게 은혜를 주신다. 우리가 하나님을 가까이하면 하나님도 우리를 가까이하신다. 형제들을 비방하지 말고 판단하지 말며 선을 행할 줄 알고도 하지 않으면 죄이다.

● 5장 : 부한 자에게 주는 경고와 인내와 기도에 대한 지침

부자들에 대한 경고이다. 자기들의 이익만을 위해 품꾼에게 삯을 주지 않고 방탕하게 살고 사치하는 사람들에 대한 경고의 말씀이다. 형제들끼리 서로 원망하지 말고 욥이 인내한 것처럼 끝까지 인내한 자는 복이 있다. 하늘로도 땅으로도 그 어떤 것으로도 맹세하지 말 것이며, 고난당하는 사람이 있거든 기도하고, 즐거워하는 자는 찬송하라고 한다. 병든 자를 위하여 기도하고 죄가 있거든 서로 고백하며 병 낫기를 위해 기도하라고 한다. 의인의 간구는 역사하는 힘이 크다고 한다. 미혹되어 진리에서 떠난 자를 다시 돌아서게 하면 그 죄인의 영혼을 죽음에서 구할 것이고 많은 죄를 덮어줄 것이라며 끝을 맺는다.

야고보서의 핵심

"너희 중에 누구든지 지혜가 부족하거든 모든 사람에게 후히 주시고 꾸짖지 아니하시는 하나님께 구하라 그리하면 주시리라"(1:5)

"이와 같이 행함이 없는 믿음은 그 자체가 죽은 것이라"(2:17)

21

베드로전서

책명

헬라어 성경은 '페트루 알파'($\Pi ETPOY$ A), 즉 '베드로의 첫 번째 서신' (The First Epistle of Peter)이고, 우리말 성경은 '베드로전서'로 책명을 삼는다. 여러 나라에 흩어져 있는 나그네들에게 사도 베드로가 쓴 첫 번째 편지이다.

저자 및 배경

예수님의 제자 사도 베드로이다. 어부 출신이며 예수님을 세 번이나 부인한 제자이다. 예수님이 부활하신 후 다시 베드로에게 나타나셔서 "내 양을 먹이라"(요 21:17)는 사명을 받은 후 마가의 다락방에 모여 기도하는 중 성령을 받고 초대교회인 예루살렘 교회에서 지도자로 사역을 감당했다. 예수님이 십자가 처형을 당할 때 자신이 예수님을 부인한 것에 대해 늘 죄스러운 마음을 가지고 있었다. 그래서 베드로도 열심히 사역을 감당한 후 자신은 거꾸로 십자가에 매달려 순교했다. 베드로는 A.D. 68년경에 순교한 것으로 전해진다.

기록 연도 및 배경

A.D. 62-64년경에 쓰인 것으로 본다. 5장 13절에 베드로는 바벨론을 언급한다. 그러나 여기서 말하는 바벨론은 로마를 지칭하는 말이다. 베드로의 영적인 아들 마가와 함께 있음을 보여준다.

기록 목적

A.D. 64년은 로마의 네로(Nero, 로마제국의 5대 황제, A.D. 54-68년)로 인하여 대 환난이 있었다. 로마 시내의 대 화재의 원인을 그리스도인들에게 전가하면서 그리스도인들에게 극심한 고통이 왔다. 극심한 환난이 오자 고통을 견디지 못해 삶을 포기하는 사람들도 출현하고, 예수님의 복음을 버리는 사람들도 발생한다. 또는 복음을 받아들여 예수님을 믿은 것에 대해 후회하며 원망하는 사람들도 생겨난다. 이런 사람들에게 사도 베드로는 고난이 닥칠 때 어떻게 신앙생활을 해야 되는지, 그 고난을 어떻게 이겨내는지를 가르쳐 주고자 붓을 들었다. A.D. 64년 네로의 핍박부터 요한계시록이 쓰일 당시의 A.D. 90년 도미티아누스(Caesar Domitianus Augustus, 로마제국의 11대 황제, A.D. 81-96년) 때까지 핍박은 계속 이어졌다. 그 후에도 300년 동안 그리스도인들은 핍박을 당했다.

구성

범위	내용
1장 1-12절	인사말과 앞으로 고난당할 성도들을 위로하고 산 소망을 주신 주님을 찬양
1장 13절-5장 11절	환난을 당한 성도들이 어떻게 이겨내고 살아야 하는지에 대한 지침
5장 12-14절	끝인사와 축도

베드로전서는 고난에 대한 책이라고 해도 과언이 아니다. 베드로전서 안에는 고난에 대한 이야기가 15번 나온다. 어떻게 하면 고난을 극복할 수 있는지에 대해 자세하게 서술하고 있다. 다른 서신들과는 달리 유창한 헬라어를 쓰거나 문체가 논리적으로 뛰어나지는 않다. 대체로 간결한 문장으로 이루어졌지만 베드로답게 우리가 꼭 해야 하는 것에 대해 강한 어조로 외치고 있는 베드로의 모습을 그릴 수 있다.

- 1장 1-12절 : 인사말과 앞으로 고난당할 성도들을 위로하고 산 소망을 주신 주님을 찬양

베드로는 흩어진 나그네들에게 편지를 쓴다. 죽은 자 가운데서 부활하신 예수님이 우리의 산 소망이다. 앞으로 여러 가지 시험이 닥칠 것이지만 그것은 잠깐이고 오히려 그 시험으로 인하여 기뻐할 것이다. 그 환난을 이기면 금보다 더 귀한 예수 그리스도께서 나타나셔서 우리에게 칭찬과 영광과 존귀를 주실 것이다. 예수님을 직접 보지 못한 사람들이지만 그럼에도 예수님을 믿고 따르는 성도들에게 감사하고 있다. 구약성경의 선지자들 또한 메시아(예수님)에 대해 많은 공부를 했지만 그들도 결국 예수님을 보지 못한 사람들이다. 지금의 우리도 예수님을 직접 보거나 만난 적은 없지만 우리는 성경 66권을 통해서 예수님을 보고 만날 수 있으니 큰 축복이고 행복한

일이다.

- 1장 13절-5장 11절 : 환난을 당한 성도들이 어떻게 이겨내고 살아야 하
  는지에 대한 지침

예수님은 십자가에서 죽으시고 부활하셔서 승천하셨다. 이제 다시 오실 날만 남았다. 우리는 예수님이 다시 오실 때까지 마음의 허리를 동이고 하나님의 은혜만을 바라봐야 한다. 그렇게 되려면 거룩한 삶을 살아야 한다. 세상과 벗 삼지 말고 오직 예수 그리스도의 보혈의 피를 보아야 한다. 이것은 은이나 금과는 비교도 될 수 없는 귀한 것이다. 우리는 하나님의 말씀으로 거듭나야 한다. 모든 육체는 풀과 같고, 그 모든 영광은 풀의 꽃과 같으니 풀은 마르고 꽃은 떨어지되 오직 주의 말씀은 세세토록 있다고 하셨다. 사람들은 예수님을 버렸지만 하나님께서는 산 돌(생명을 주시는 돌)로서 예수님을 택하셨다. 건축자들이 버린 그 돌이 모퉁이의 머릿돌(예수님)이 되셨다. 성도인 우리는 우리 자신이 하나님의 성전인 것과 왕 같은 제사장이라는 것을 기억하라고 한다.

죄가 있어 매를 맞는 것은 당연한 일이다. 그러나 예수님은 죄가 없으시고 거짓도 없으시며, 욕을 당해도 맞대응하지 않으시고, 고난을 받아도 위협하지 않으시고, 오직 우리의 죄를 위해 친히 십자가에 달리셨으니 그가 채찍에 맞음으로 우리가 나음을 얻었다. 예수님이 우리를 위해 당하신 것처럼 우리 또한 다른 사람을 위해 예수님의 길을 묵묵히 걸어야 한다. 불신자 남편에게는 아내가 순종하라고 한다. 이는 혹시 아내의 행실을 보고 남편을 복음으로 이끌 수 있는 기회를 얻을 수 있기 때문이다. 남편들에게는 아내는 연약한 그릇이니 더 사랑해 주라고 한다. 베드로는 선교를 다닐 때 아내와 함께했다(고전 9:5). 또한 열심으로 선을 행하고 선을 행함으로 받는

고난은 하나님의 뜻이라고 한다.

네로 황제의 핍박 때에는 특히나 화형으로 그리스도인들을 많이 죽였다. 그러니 불같은 시험을 당해도 이상하게 여기지 말라고 한다. 오히려 고난에 참여하게 됨을 즐거워하고 영광으로 알라고 한다. 우리가 그리스도의 이름으로 욕을 먹으면 복 있는 자이니 부끄러워하거나 치욕으로 생각하지 말라고 한다. 베드로는 예수님의 고난을 직접 본 증인이고 자신도 고난에 함께 참여해서 영광도 받을 것이라고 한다. 교회의 지도자들에게 양 무리의 본이 되라고 한다. 너희 염려를 다 주께 맡기면 주님이 다 돌보아 주신다고 한다. 마귀가 우는 사자같이 두루 다니며 삼킬 자를 찾고 있으니 항상 근신하고 깨어 있으라고 당부한다.

• 5장 12-14절 : 끝인사와 축도

실루아노가 베드로의 글을 대필하며 지금 로마에서 마가와 함께 있다. 그리스도 안에 있는 너희 모든 이에게 평강이 있기를 축원하며 베드로전서를 끝낸다.

베드로전서의 핵심

"그러므로 너희가 이제 여러 가지 시험으로 말미암아 잠깐 근심하게 되지 않을 수 없으나 오히려 크게 기뻐하는도다"(1:6)

"만일 그리스도인으로 고난을 받으면 부끄러워하지 말고 도리어 그 이름으로 하나님께 영광을 돌리라"(4:16)

22

베드로후서

책명

헬라어 성경은 '페트루 베타'($\Pi ETPOY$ B), 즉 '베드로의 두 번째 서신' (The Second Epistle of Peter)이고, 우리말 성경은 '베드로후서'로 책명을 삼는다. 사도 베드로가 쓴 두 번째 편지이다.

저자

본서의 저자는 예수님의 제자 사도 베드로이다.

기록 연도

베드로전서를 쓰고 1-2년이 지난 뒤에 쓰인 것으로 본다.

기록 목적

베드로전서가 외부적인 고난과 핍박이 극심한 것에 대비해 쓴 것이라면,

베드로후서는 교회가 처한 내부적인 문제에 대해 베드로가 붓을 들었다. 특히 교회 안에 들어온 거짓 교사들에 의해 이들의 신앙이 흔들리고 있었다.

구성

범위	내용
1장	성도들의 신앙과 믿음이 자라길 바라는 권면의 말씀
2장	교회 안에 살며시 들어온 거짓 교사들을 대처하는 방법
3장	거짓 교사와 이단의 말에 미혹되지 말고 새 하늘과 새 땅을 바라보라고 권면

베드로후서는 유다서와 겹치는 부분이 많다. 유다서 4-18절의 내용이 베드로후서에도 나온다. 베드로전서와는 다르게 베드로후서는 베드로의 유언과도 같은 말씀이다.

● 1장 : 성도들의 신앙과 믿음이 자라길 바라는 권면의 말씀

성숙한 그리스도인이 되기 위한 권면의 말씀이다. 믿음에 덕을, 덕에 지식을, 지식에 절제를, 절제에 인내를, 인내에 경건을, 경건에 형제 우애를, 형제 우애에 사랑을 더하라(1:5-7). 예수 그리스도를 아는 것에 게을리하지 말고 열매 없는 자가 되지 마라. 제대로 예수 그리스도를 알지 못하면 시각장애인과 같다.

항상 하나님이 주신 구약성경 말씀을 공부하고 잘 기억하고 있어야 한다. 그래야 어떤 위기나 환난이 닥쳤을 때 그 말씀으로 인해 극복할 수 있다. 베드로는 본서에서 다가올 자신의 죽음에 대해 여러 번 언급한다. 지금

하나님의 말씀에 대해 베드로가 강조하는 것은 자신이 죽고 없어도 성도들에게 전해준 말씀이 생각나게 하려고 하는 것이다. 변화 산에서 영광 가운데 변하시는 예수님의 모습을 야고보와 요한과 자신이 본 것에 대해 기억하며 다시 오실 예수 그리스도의 재림에 대해 말한다. 성경을 해석함에 있어 내 뜻대로 사사로이 풀지 말고 성령의 도움을 받아 바르게 해석해야 된다고 한다. 성경은 사람이 자기의 생각을 쓴 것이 아니고 성령의 감동하심을 받은 사람들이 하나님께 받아 쓴 것이다.

● 2장 : 교회 안에 살며시 들어온 거짓 교사들을 대처하는 방법

교회 안에 조용히 들어온 거짓 교사와 이단들에 대한 경고의 말씀이 나온다. 이단들의 특징이 열거되어 있다. 이들은 진리를 왜곡하고 성적 문란을 조장하며 쾌락을 선호하면서 성도들을 타락에로 빠트린다. 이들에게는 더 엄중한 심판이 주어진다. 예수님 시대나 지금이나 앞으로도 이단들은 늘 우리 곁에 있다는 것을 상기시킨다.

● 3장 : 거짓 교사와 이단의 말에 미혹되지 말고 새 하늘과 새 땅을 바라보라고 권면

거짓 교사들은 주님의 재림에 대해 자기들 마음대로 날짜를 정해 퍼뜨리거나 아예 주님의 재림 같은 것은 없다고 말한다. 주님의 재림이 없다는 말은 심판 또한 없다는 말이다. 주님이 다시 오신다고 해서 기다렸지만 아무리 기다려도 오시지 않았다. 그러다 보니 이제 무서울 것도, 두려울 것도 없었다. 죄를 지었지만 바로 심판이 임하지 않으니 아무렇게나 살아도 상관이 없다는 얘기가 돌아다녔다. 그러나 주님이 더디 오시는 것은 모든 사람이 구원받고 한 사람도 멸망에 이르지 않도록 방지하기 위해서 기다리고 참으

시는 것이다.

　주님의 시간과 우리의 시간에는 차이가 있다. 주께는 하루가 천 년 같고 천 년이 하루 같다는 것을 잊지 말라고 베드로는 당부한다. 주님은 반드시 다시 오시지만 그 오시는 날과 때는 아무도 모른다. 주님의 재림은 반드시 있고 도둑같이 오실 것이니 우리는 항상 거룩한 행실과 경건함으로 살아야 한다. 그리하면 우리는 주님의 약속대로 의가 있는 곳인 새 하늘과 새 땅을 바라볼 수 있다.

베드로후서의 핵심

"먼저 알 것은 성경의 모든 예언은 사사로이 풀 것이 아니니 예언은 언제든지 사람의 뜻으로 낸 것이 아니요 오직 성령의 감동하심을 받은 사람들이 하나님께 받아 말한 것임이라"(1:20-21)

"사랑하는 자들아 주께는 하루가 천 년 같고 천 년이 하루 같다는 이 한 가지를 잊지 말라 주의 약속은 어떤 이들이 더디다고 생각하는 것 같이 더딘 것이 아니라 오직 주께서는 너희를 대하여 오래 참으사 아무도 멸망하지 아니하고 다 회개하기에 이르기를 원하시느니라"(3:8-9)

"우리는 그의 약속대로 의가 있는 곳인 새 하늘과 새 땅을 바라보도다"(3:13)

23
유다서

책명

헬라어 성경은 '이우다'($IOY\Delta A$)이고, 우리말 성경은 '유다서'로 책명을 삼는다.

저자

본서의 저자는 예수님의 동생 유다이다.

기록 연도

A.D. 64년경으로 추정되며, 어느 장소에서 쓰였는지는 정확히 알 수 없다.

기록 목적

당시 초대교회의 가장 골칫거리는 이단(특히 영지주의, Gnosticism)과 계속되는 거짓 교사들의 악행이었다. 이로 인해 흔들리는 신자들에게 끝까지 이단을 대적하고 싸워 이기라고 격려한다.

구성

범위	내용
1장	이단 경계에 대한 교훈과 환난을 앞두고 어떻게 신앙생활을 해야 하는지에 대한 지침

유다서는 1장으로 되어 있다. 유다는 예수님의 동생이자 야고보의 형제이다. 유다가 편지를 써야 하는 이유가 3절에 잘 나타나 있다. 유다서 4-18절까지의 내용은 베드로후서 2장 1-18절의 내용과 비슷하다. 교회 안에 조용히 들어온 이단들에 대해 성도들이 어떻게 대처해야 하는지를 잘 나타낸다. 유다서에는 구약성경의 내용이 많이 언급되어 있다. 소돔과 고모라, 천사장 미가엘, 모세, 가인, 발람 등을 인용하며 정경으로 채택되지 않은 에녹서의 이야기까지 인용한다. 초대교회 당시에는 그들에게 많이 알려져 있던 인물이고 사건이기 때문에 인용한 듯싶다.

말세에 반드시 심판이 있으니 하루하루의 삶을 경건하게 살라고 한다. 그럼에도 그렇게 살지 않는 사람들은 예수님을 부인하는 자들이고 심판을 믿지 않기 때문이다. 그저 사는 날 동안 실컷 즐기며 살자는 것이다. 그러나 심판의 날은 점점 다가오고 환난의 날이 올 것이기 때문에 성도들은 오직 예수 그리스도만을 의지하고 믿으며 살아야 한다. 거룩한 믿음 위에 서서 어떤 이단이 와도 이겨내며 어떤 환난도 기쁘게 받아들이면 하늘의 상급이 있다.

유다서의 핵심

"사랑하는 자들아 너희는 너희의 지극히 거룩한 믿음 위에 자신을 세우며 성령으로 기도하며 하나님의 사랑 안에서 자신을 지키며 영생에 이르도록 우리 주 예수 그리스도의 긍휼을 기다리라"(1:20-21)

24

요한1서

책명

헬라어 성경에서 요한1서는 '이오안누 알파'(IΩANNOY A), 즉 '요한의 첫 번째 서신'(The First Epistle of John)이고, 요한2서는 '이오안누 베타'(IΩANN OY B), 즉 '요한의 두 번째 서신'(The Second Epistle of John)이며, 요한3서는 '이오안누 감마'(IΩANNOY Γ), 즉 '요한의 세 번째 서신'(The Third Epistle of John)이다. 우리말 성경은 '요한1서·2서·3서'로 책명을 삼는다.

저자

예수님의 제자 사도 요한이 기록한 공동서신이다. 요한은 예수님이 십자가에 달리실 때 끝까지 남은 제자이며 예수님의 빈 무덤을 본 첫 번째 제자이다. 요한은 세베대의 아들이며 야고보와 형제이다. 그의 직업은 어부였다. 그의 괴팍하고 불같은 성격에서 얻게 된 "우레의 아들"이라는 별명이 있다. 예수님이 특별히 사랑한 제자였으며, 예수님의 어머니 마리아를 끝까지 모셨다.

예수님이 야이로의 딸을 치유하실 때, 변화 산에 올라가실 때, 십자가에 달리시기 전 겟세마네 동산에 기도하러 가실 때도 예수님은 베드로, 요한, 야고보 세 사람만 데리고 가셨다. 불같은 성격의 요한이 예수님의 부활과 승천을 보고, 또 오순절 성령 체험을 한 후 많이 달라졌다. 요한1서부터 3서 안에는 사랑에 대한 주옥 같은 말씀이 풍부하다. 바울이 3차 선교여행 때 개척한 에베소 교회에서 목회하다가 말년에 밧모 섬 채석장으로 끌려가 고 된 삶을 살다 100세쯤 생을 마감한 것으로 추정된다. 예수님의 제자 중 가 장 오래 살면서 복음을 전한 사도이다. 신약성경에서 사도 바울 다음으로 많은 책을 썼다. 요한복음, 요한1서, 요한2서, 요한3서, 요한계시록을 남겼다. 요한의 제자 폴리캅(Polycarp), 폴리캅의 제자인 이레니우스(Irenaeus) 등 대 부분이 요한을 저자로 보지만, 또 다른 한편에서는 다른 사람을 저자로 보 는 경향도 있다.

기록 연도

A.D. 86-96년 사이라고 추정하며, 요한이 마지막으로 목회하던 에베소 교회에서 썼을 가능성이 높다.

기록 목적

요한1, 2, 3서에서 가장 핵심은 사랑이다. 하나님을 온전히 사랑하고 이 웃을 사랑해야 한다. 이 당시 문제를 일으켰던 이단, 특히 영지주의에 대해 경계하는 지침들이 나온다. 이단으로부터 닥칠 환난으로 믿음이 동요될 수 있는 성도들을 위해 견고하게 믿음과 진리 안에서 끝까지 싸우길 바라며 요한은 붓을 든다.

구성

범위	내용
1장 1-4절	서론
1장 5절-2장 27절	하나님은 빛이시다.
2장 28절-4장 6절	하나님은 의로우시다.
4장 7절-5장 12절	하나님은 사랑이시다.
5장 13-21절	결론

　요한은 요한복음에서와 마찬가지로 요한1서에서도 태초부터라는 말로 시작한다. 요한은 예수님에 대해 말하면서 우리가 직접 들었고, 보았고, 만져보았다는 말을 함으로써 당시 예수님이 육신으로 오신 것을 믿지 않는 영지주의자들을 은근히 대항하고 있다. 예수님은 진짜로 이 땅에 육신의 몸으로 오셨고 십자가에서 죽으셨고 부활하셨음을 다시 강조한다. 예수님은 빛이시다. 그분이 빛이시기 때문에 어둠은 빛과 함께할 수 없다. 죄 없는 사람은 없기 때문에 스스로 죄가 없다고 하는 사람도 거짓이다. 우리는 비록 죄가 있지만 하나님께 우리의 죄를 자백하면 하나님은 우리를 용서해 주시고 깨끗하게 해 주신다.

　요한이 지금 이 편지를 쓰는 이유는 더이상 죄를 범하지 않게 하기 위함이다. 그러나 다시 죄를 범한다 할지라도 우리에게는 대언자 예수 그리스도가 있으니 그를 믿고 죄를 고백하면 된다. 요한은 우리에게 새 계명을 주는 것이 아니라 이미 알고 있는 옛 계명과 같은 취지이다. 결국 계명은 예수 그리스도를 믿는 것이다. 죄 사함을 받고 나면 우리는 더이상 세상과 친해지면 안 된다. 육신의 정욕, 안목의 정욕, 이생의 자랑은 다 지나가지만 하나님의 뜻을 행하는 자는 영원히 하나님과 함께하게 된다.

하나님이 우리를 얼마나 사랑하시는지에 대해 서술한다. 예수님 안에 거하기만 하면 우리는 그의 형제요, 같은 혈통이다. 죄를 짓고 하나님께 자복하기만 하면 하나님은 우리의 죄를 깨끗하게 용서해 주신다. 계명은 우리가 예수님을 믿고 그가 주신 은혜에 감사해서 하나님을 더욱 사랑하고 이웃을 사랑하며 실천하는 삶이다. 이것이 구약성경의 계명과 신약성경의 계명을 합친 대 강령이다. 이 글을 쓰는 요한 자신이 이것을 깨달았다. 사랑은 말과 혀로만 하는 것이 아니라 행함과 진실함으로 해야 한다. 사랑하지 않는 사람은 하나님을 알지 못하는 것이니 하나님은 사랑이시기 때문이다. 이 믿음, 이 사랑으로 세상을 이기게 된다.

요한1서의 핵심

"하나님이 우리를 사랑하시는 사랑을 우리가 알고 믿었노니 하나님은 사랑이시라 사랑 안에 거하는 자는 하나님 안에 거하고 하나님도 그의 안에 거하시느니라"(4:16)

/

25

요한2서

/

구성

범위	내용
1장 1-6절	사랑의 계명
1장 7-13절	이단에 대한 경계

　요한2서는 1장으로 되어 있는 짧은 서신이다. 1절에 발신인이 "장로인 나는"으로 표현한 것 때문에 학자들 간에 이 서신을 요한이 쓴 것이 아니라는 입장을 두고 논쟁 중이다. 당시 장로라는 표현은 여러 가지가 있었지만 여기서 요한이 자신을 장로라고 지칭한 것은 자신이 연장자이면서 예수님의 제자이자 사도임을 나타낸 것으로 보는 것이 타당하다. 또한 수신인이 "부녀와 그의 자녀들"이라고 되어 있다. 이 또한 어떤 한 개인을 지칭하는 것이 아니라 교회 안에 속한 모든 믿음의 자녀들을 말하는 것으로 해석해도 무방하다.

요한2서는 두 부분으로 분류할 수 있다. 6절까지는 사랑에 대해 설명하고, 나머지 7절부터 마지막 절까지는 당시 계속해서 교회 안에 들어와 성도들을 미혹하는 영지주의 이단에 대해 경고하는 말씀이다. 계명을 잘 지키는 것은 하나님이 아낌없이 우리를 사랑하신 것처럼 우리도 하나님을 사랑하고 이웃을 사랑하는 것이다.

예수님이 육신으로 오신 것을 끝까지 부인하는 영지주의자들에 대해 요한은 강하게 경고한다. 요한 자신이 전한 복음을 잃지 말고 끝까지 지켜 온전한 상을 받으라고 한다. 성도들을 미혹하는 적그리스도인들은 집에 들이지도 말고 인사도 하지 말라고 엄하게 말한다. 그들과 인사하는 자들은 악한 일에 참여하는 자라고 한다. 이만큼 이단이 얼마나 악한 영향력을 가진 존재인가를 준엄하게 경고한다.

요한2서의 핵심

"또 사랑은 이것이니 우리가 그 계명을 따라 행하는 것이요 계명은 이것이니 너희가 처음부터 들은 바와 같이 그 가운데서 행하라 하심이라"(1:6)

/

26

요한3서

/

구성

범위	내용
1장 1-8절	인사, 가이오를 칭찬함
1장 9-11절	디오드레베를 책망함
1장 12-15절	데메드리오를 칭찬함, 끝인사

요한3서에는 세 사람의 이름이 언급된다. 그 중에서 요한이 특별히 사랑한 가이오라는 사람에게 쓴 개인편지이다. 이 당시 가이오가 다니는 교회 안에 문제가 있었다. 요한은 그 문제에 대해 어떻게 대처해야 되는지를 설명하고 있다. 가이오는 하나님의 진리 안에서 살고 실천하는 사람이기에 요한이 더없이 기쁘게 생각했다. 특히나 가이오가 잘한 일은 당시 선교사나 복음을 전하러 다니는 나그네들을 잘 영접했다. 개인이 직접 선교하러 가지 않아도 오는 선교사들이나 복음을 전하러 온 사람들을 잘 영접하는 것도

곧 진리 안에서 그들과 함께 하나님의 일을 하는 자가 된다.

요한이 칭찬한 가이오와 다르게 디오드레베라는 사람이 나온다. 이 사람은 교회 안에서 자기만을 최고라고 여기며 요한을 배척하고 진리를 거스르는 자이다. 그리고 요한을 비방하고 악한 말을 일삼으며, 복음을 전하러 온 사람을 대접하지도 않는다. 그러면서 다른 사람이 만약 대접하면 그 사람을 교회에서 쫓아내기까지 했다. 오죽하면 사랑의 요한이 이 사람을 벼르며 가서 그를 경책한다고까지 했을까 싶다. 이에 악한 것을 본받지 말고 선을 행하는 자를 본받으라고 한다.

또 한 사람은 데메드리오라는 사람이다. 바울이 에베소 교회에서 쫓겨날 때 큰 역할을 한 우상 장사도 데메드리오다. 이 사람과 동명이인인지는 정확히 알 수 없다. 그러나 요한이 말하고 있는 데메드리오는 가이오 못지않게 좋은 사람으로 평하고 있다. 요한은 할 말은 많지만 하루 빨리 가서 보기를 원한다며 끝을 맺는다.

요한3서의 핵심

"사랑하는 자여 네 영혼이 잘됨 같이 네가 범사에 잘되고 강건하기를 내가 간구하노라"(1:2)

27

요한계시록

책명

헬라어 성경은 '아포칼룹시스 요안누'($\mathit{A\Pi OKA\Lambda\Upsilon\Psi I\Sigma\ I\Omega ANNO\Upsilon}$), 즉 '요한의 계시'이고, 우리말 성경은 '요한계시록'으로 책명을 삼는다. 사도 요한이 본 환상(계시)을 기록한 책이다.

저자 및 기록 배경

저자는 예수님의 제자 사도 요한이다. 요한은 예수님의 제자 중에서 가장 늦게까지 남아 사역한 사람이다. 요한복음(21:21-23)에서 베드로는 예수님께 요한은 앞으로 어떻게 될 것인지 물었다. 그때 예수님은 베드로에게 내가 올 때까지 요한을 머물게 하고자 할지라도 베드로 너와 무슨 상관이냐고 대답하셨다. 이 말씀으로 인해 "요한은 영원히 죽지 않는 사람이다"라는 소문까지 돌았다. 요한은 야고보와 형제이며 세베대의 아들이다. 요한과 야고보는 "우레의 아들"이라는 별명도 가지고 있었다. 요한은 예수님의 어머니 마리아도 끝까지 모시고 돌보았다. 자신의 형제 야고보도 순교하고, 예수님의 제자들도 대부분 순교했다.

그러나 A.D. 90년까지도 요한은 살아서 하나님께 계시를 받고 있다. 스데반의 순교 이후 빌립 집사가 사마리아에 교회를 개척했을 때 베드로와 함께 요한이 방문한 이후 사도행전에서의 기록은 더이상 남아 있지 않다. 요한은 바울이 3차 선교여행 때 개척한 에베소 교회에서 사역하다가 에게 해에 있는 밧모 섬으로 유배되어 거기서 생을 마감했다.

기록 연도 및 목적

요한계시록은 A.D. 95-96년 사이에 쓰인 것으로 본다. A.D. 64년 네로(Nero, 로마제국의 5대 황제, A.D. 54-68년)의 심한 박해를 1차 박해로 본다면, 지금은 2차 도미티아누스(Caesar Domitianus Augustus, 로마제국의 11대 황제, A.D. 81-96년)의 박해 때이다. A.D. 70년 티투스(Titus, 로마제국의 10대 황제, A.D. 79-81년) 장군에 의해 예루살렘 성전이 파괴된 후 대부분 유대인들은 뿔뿔이 흩어졌다. 도미티아누스는 자신을 신으로 숭배하길 강요했고, 헌금 또한 자신에게로 가져오게 했다. 그리스도인들이 이 말을 듣지 않자 박해의 강도는 더 심해졌다. 에베소에서 사역하고 있는 요한에게도 들이닥쳐 사람들을 죽이고 가두었다. 요한은 죽음은 면했지만 밧모 섬으로 끌려간다. 상황이 너무 힘들다 보니 요한도 힘이 빠졌을 것이다. 그가 유일하게 잡을 수 있는 소망은 무엇일까? 그동안 기다려 왔던 예수님이 다시 빨리 오셨으면 하는 소망일 것이다.

그러자 에게 해에 있는 밧모 섬에 예수님이 나타나셔서 요한에게 환상과 비전을 보여주신다. 박해 중에 있는 성도들을 위로하고 로마에 대한 심판을 선언하신다. 예수님이 요한에게 명령하신다. "그러므로 네가 본 것과 지금 있는 일과 장차 될 일을 기록하라"(1:19). 이처럼 요한계시록의 내용은 1장에서는 요한 자신이 본 그대로를 기록했고, 2-3장은 지금 있는 일을, 4-22장은 앞으로 일어날 일들을 기록해서 아시아에 있는 일곱 교회에게 보낸다. 로마는 A.D. 313년 콘스탄티누스 1세(Constantinus 1, A.D. 306-337년)가 기독교를 공인할 때까지 핍박을 가했다.

구성

범위	내용
1장	요한이 받은 소명, 요한이 본 환상
2-3장	일곱 교회에 보내는 편지 (에베소, 서머나, 버가모, 두아디라, 사데, 빌라델비아, 라오디게아)
4-5장	하늘 보좌 환상(보좌, 인봉한 책, 어린 양)
6-16장	장차 올 재림과 심판(일곱 인, 일곱 나팔, 일곱 대접)
17-20장	바벨론 멸망, 최후의 심판, 천년왕국
21-22장	새 하늘과 새 땅, 예루살렘

요한계시록을 어렵게 생각하는 이유는 대부분이 그림언어, 상징언어, 숫자 등으로 쓰였기 때문이다. 또한 대부분의 내용이 심판과 인류 종말에 대한 무서운 내용이다. 그러다 보니 두렵기도 하다. 중요한 것은 하나님은 무작정 심판만 하시는 분이 아니라 먼저 구원의 문을 열어주시는 분이라는 사실이다. 요한에게 환상을 보여주실 때도 먼저 하늘 문이 열린 것을 보여주셨다. 믿지 않는 자에게는 무서운 내용이지만 믿는 성도들에게는 하나님의 위로와 감동이 있는 편지다. 박해받는 성도들을 걱정하시며 위로하시고 그들에게 산 소망을 주시는 책이다. 요한계시록에는 구약성경의 인용이 많

이 나온다. 특히 창세기의 생명나무와 출애굽기의 출애굽하는 장면이 계시록의 어떤 부분과 많이 비슷하다.

● 1장 : 요한이 받은 소명, 요한이 본 환상

요한이 본 그대로를 기록했다. 하나님은 알파와 오메가요, 이제도 있고 전에도 있었고 장차 오실 분이며 전능한 분이다. 예수님이 밧모 섬에 있는 요한에게 나타나셔서 앞으로 일어날 일들, 즉 요한이 본 것을 책에 기록해 소아시아 일곱 교회(에베소, 서머나, 버가모, 두아디라, 사데, 빌라델비아, 라오디게아)에 보내라고 하신다.

요한이 본 것은 오른손의 일곱 별의 비밀과 일곱 금 촛대이다. 일곱 별은 일곱 교회의 사자이고 일곱 촛대는 일곱 교회라고 하시며, 지금 네가 본 것과 지금 있는 일과 장차 될 일을 기록하라고 하신다.

● 2-3장 : 일곱 교회에 보내는 편지

아시아에 있는 일곱 교회에 대한 칭찬과 책망, 그리고 약속의 말씀이 나온다.

교회	칭찬	책망	약속의 말씀
에베소	잘 참고 게으르지 않았다. 니골라당의 행위를 미워했다.	처음 사랑을 버렸다.	처음 행위를 가지라. 그렇지 않으면 촛대를 옮긴다.
서머나	환난과 궁핍을 잘 이겨냈다.	없음	죽도록 충성하면 생명의 관을 주겠다.
버가모	고난당할 때 믿음을 저버리지 않았다.	발람의 교훈을 지켜 우상의 제물을 먹고 행음했다. 니골라당의 교훈을 지키는 자들이 있다.	회개하라. 감추었던 만나를 주고 또 새 이름을 기록한 흰 돌을 주겠다.

두아디라	나중 행위가 처음 것보다 많다.	자칭 선지자라는 여자 이세벨을 용납해서 행음하고 우상의 제물을 먹었다. 회개할 기회가 주어졌는데도 회개하지 않았다.	만국을 다스리는 권세를 주고 새벽별을 주겠다.
사데	옷을 더럽히지 아니한 자 몇 명이 있다.	살았다 하는 이름은 가졌으나 죽은 자다. 하나님 앞에 행위의 온전한 것을 찾지 못하였다.	이기는 자는 흰옷을 입을 것이고 생명책에서 이름을 지우지 않을 것이다.
빌라델비아	작은 능력을 가지고도 하나님의 말을 지키며 이름을 배반하지 않았다.	없음	가진 것을 굳게 잡고 면류관을 빼앗기지 마라. 하나님 성전에 기둥이 되게 한다.
라오디게아	없음	차지도 아니하고 뜨겁지도 아니하다.	열심을 내고 회개하라. 예수님의 보좌에 함께 앉게 하신다.

● **4-5장 : 하늘 보좌 환상**(보좌, 인봉한 책, 어린 양)

요한계시록에서 중요한 핵심 부분이다. 지상에서 천상의 환상을 보여주신다. 먼저 하늘 문을 열어 찬양으로 가득하고 장엄한 하늘예배를 보여주신다. 4장은 하나님께 드리는 예배이고, 5장은 어린양이신 예수님을 찬양하는 예배이다.

하늘 보좌에 앉으신 하나님의 모양을 자세하게 기록하고 있다. '보좌'는 계시록에 35회 이상 나온다. 이것은 하나님만이 온 우주의 왕이시며 심판주이심을 보여준다. 주님만이 영광과 존귀와 권능을 받으시기에 합당한 것은 주께서 만물을 지으시고 만물이 주의 뜻대로 있었고 또 지음을 받았기 때문이다. 봉인된 책과 어린양에 대한 환상이다. 봉인된 책을 펼칠 수 있는 분은 오직 예수 그리스도뿐이다. 4생물과 24장로들이 어린양 앞에 엎드려 각각 거문고와 향이 가득한 금 대접을 가졌는데 향은 성도의 기도들이다.

● 6-16장 : 장차 올 재림과 심판(일곱 인, 일곱 나팔, 일곱 대접)

6-16장은 일곱 심판 시리즈 한 묶음이다. 일곱, 7이라는 숫자는 구약, 신약성경에서 완전수를 말한다. 이 부분이 계시록의 몸통 부분인데 주제는 '심판'이다. 일곱 인 봉인을 뗄 때마다 나오는 재앙, 일곱 나팔을 천사가 불 때마다 나오는 재앙, 일곱 대접이 쏟아질 때마다 나오는 재앙, 즉 일곱 심판의 재앙에는 하나의 패턴이 있다. 6번째까지의 재앙이 있은 후 7번째는 재앙과는 상반되는 희망과 승리에 대한 환상을 보여주신다.

4, 7, 12, 666, 144,000, 일곱 인, 일곱 나팔, 일곱 대접, 여자, 붉은 용, 남자 아이, 미가엘, 짐승들, 백 보좌, 신천신지, 생명나무, 수정, 벽옥 등 이런 숫자와 상징으로 표현되어 있지만 어렵지 않다. 성경에서 4, 7, 12는 모두 완성을 뜻하는 숫자이다.

6장 : 일곱 봉인에 담긴 심판

인 재앙은 어린양이신 예수님이 각각의 인을 떼실 때마다 재앙이 쏟아진다. 일곱 인 중에서 6개의 인이 펼쳐진다. 그중 첫째 인은 흰 말, 둘째 인은 붉은 말, 셋째 인은 검은 말, 넷째 인은 청황색 말이다. 다섯째 인은 극심한 환난으로 인해 억울하게 죽은 자들의 호소가 있고, 여섯째 인은 천지의 대재난이 일어난다. 6개의 인을 떼신 후 다시 하늘 문이 열리는 희망의 메시지가 보인다.

7장 : 인 치심을 받은 144,000명

대 환난을 견딜 수 있는 자 144,000명과 흰 옷을 입은 무리가 환난을 통과하게 될 것이다. 144,000명은 이스라엘 자손의 각 지파 중에서 인침을 받은 자들이고, 흰 옷을 입은 무리는 열방의 성도들을 말한다. 우리 같은 이방인 성도들이다. 흰 옷을 입은 무리는 환난에서 나온 자들인데 어린양의 피에 그 옷을 씻어 희게 하였다. 보좌 가운데에 계신 어린양이 그들의 목자가 되어 생명수 샘으로 인도하고 하나님께서는 그들의 눈에서 눈물을 씻어 주실 것이다.

8장 : 일곱째 봉인과 네 나팔

어린양 예수님이 마지막 일곱째 봉인을 떼실 때 하나님은 일곱 천사에게 일곱 개의 나팔을 주신다. 구약성경에서 나팔은 전쟁을 선포하거나 심판을 상징한다. 이중 첫째 천사부터 네 번째 천사의 나팔은 자연의 재앙을 가져오지만 1/3이 파괴되는 엄청난 규모다. 그러나 하나님의 사람들은 이 재앙으로부터 보호받는다. 이어 공중에 날아가는 독수리가 큰소리로 땅에 이르는 자들에게 화, 화, 화가 있다고 소리치며 나머지 세 천사의 나팔 소리가 있음을 알린다.

9장 : 다섯째, 여섯째 나팔

다섯째와 여섯째 나팔 재앙이 나온다. 첫째부터 네 번째 나팔 재앙이 자연을 파괴했다면, 다섯째와 여섯째의 대상은 인간이다. 이 재앙으로 인해 사람들은 심한 고통을 당하고 1/3은 죽기까지 한다. 이 재앙으로도 죽지 않고 남은 사람들은 회개를 하는 것이 아니라 오히려 목석의 우상에게 절하고 음행과 도둑질을 한다. 6번째의 나팔 재앙이 끝난 후 다른 환상을 보여 주신다.

10장 : 천사와 작은 책

여섯째 나팔 재앙 이후 천사와 작은 책에 대한 환상이다. 천사는 요한에게 작은 두루마리(책)를 주며 먹으라고 한다. 배에는 쓰지만 입에서는 꿀같이 달 것이라고 한다. 요한이 작은 책을 먹자 천사의 말과 같이 되었다. 그리고 요한에게 말씀하시길 그가 많은 백성과 나라와 방언과 임금에게 다시 예언하신다고 한다.

11장 : 두 증인, 일곱째 나팔 소리

성전 측량은 믿지 않는 사람들에게 임할 하나님의 심판으로 본다. 두 증인은 고통당하는 성도와 교회를 상징한다. 일곱째 나팔의 재앙은 하나님이 이 세상을 결단코 내버려두지 않으시고 심판하실 것을 말한다. 일곱 번째 천사가 나팔을 불고 희망의 환상을 보여주신다. 하늘에 있는 하나님의 성전이 열리자 성전 안에 하나님의 언약궤가 보이며 또 번개와 음성들과 우레와 지진과 큰 우박이 있다.

12장 : 여자와 붉은 용

여자가 아들을 낳으니 이는 장차 철장으로 만국을 다스릴 남자라. 그 아이를 하나님 앞과 그 보좌 앞으로 올려가더라. 붉은 용, 큰 용, 옛 뱀은 사탄 마귀를 상징하며 성도와 교회를 끊임없이 핍박한다. 용이 여자를 박해하며 그 여자의 남은 자손, 곧 하나님의 계명을 지키며 예수님의 증거를 가진 자들과 싸우려 바다 모래 위에 서 있지만 하나님은 "여자의 남은 자손"을 보호하신다.

13장 : 짐승 두 마리

첫 번째 짐승은 교회를 대적하는 세속권력을 말하고, 두 번째 짐승은 적그리스도를 말한다. 숫자 666은 네로를 뜻한다. 이 당시 게마트리아 용법에 의해 네로라는 이름의 알파벳 숫자는 666이다.

14장 : 144,000명이 부르는 노래

환난을 이긴 성도가 받을 상급과 믿지 않는 자에 대한 심판이다. 짐승의 표를 받지 않은 성도들은 생명의 면류관을 받을 것이다. 환난을 당한 성도들에게 소망과 위로를 주고, 믿지 않는 자들에게 회개할 기회를 준다. 구름 위에 인자가 금 면류관을 쓰고 손에는 예리한 낫을 가지고 있다. 이것으로 땅의 곡식을 거둔다. 또 다른 천사 역시 예리한 낫을 가졌다. 천사가 낫을 땅에 휘둘러 땅의 포도를 거두어 틀에 던지니 이 틀은 밟히고 피가 난다.

15장 : 일곱 대접 재앙

일곱 천사가 일곱 재앙을 가졌고 이것이 마지막 재앙이다. 하나님의 진노가 이것으로 마쳐진다. 네 생물 중의 하나가 영원토록 살아 계신 하나님의 진노를 가득 담은 금 대접 일곱을 일곱 천사에게 준다.

16장 : 진노의 일곱 대접

일곱 천사에게 하나님의 진노의 일곱 대접을 땅에 쏟으라 하시며 대대적인 심판의 재앙이 실행된다. 접시가 하나씩 쏟아질 때마다 어마어마한 재앙이 나온다. 바벨론(로마)제국이 망한다.

● 17-20장 : 바벨론 멸망, 최후의 심판, 천년왕국

17장 : 큰 음녀에게 내릴 심판

음녀가 받을 심판을 보이신다. 여기서 음녀는 바벨론을 뜻하며 결국 로마 제국을 말한다. 더 나아가 인류 전체를 통틀어 하나님을 배신하고 우상을 섬기며 음행을 하는 자들을 말한다.

18장 : 바벨론의 패망

큰 창녀 같은 바벨론이 함락되는 것을 보여준다. 이들은 심판을 면할 수 없다. 함께 음행하고 사치하던 땅의 왕들이 그 불타는 연기를 보고 울고 가슴을 친다. "화 있도다 화 있도다 큰 성, 바벨론이여 하늘과 성도들과 사도들과 선지자들에게는 이로 말미암아 즐거워하라"고 하신다. 너희를 위하여 하나님이 그들에게 심판을 행하셨다. 큰 맷돌 하나를 번쩍 들어 바다에 던지듯이 바벨론(로마)제국 또한 이 맷돌처럼 던져져 다시는 보이지 않게 될 것이다.

19장 : 최후의 심판, 어린양의 혼인잔치

모든 환난이 끝나고 바벨론의 멸망에 대한 감사와 찬양이 나온다. 전능하신 하나님이 통치하심을 즐거워하고 기뻐하며 하나님께 영광을 돌린다. 어린양의 혼인잔치가 열릴 것이다. 어린양의 혼인잔치에 청함을 받은 자들은 복이 있다. 백마를 탄 자가 있으니 그 이름은 충신과 진실이며 그가 공의로 심판하며 싸우실 것이다. 그는 재판장이며 심판주이시다.

20장 : 천년왕국

용, 옛 뱀, 마귀, 사탄을 잡아 천 년 동안 결박하고 예수님을 증언함과 하나님의 말씀 때문에 목 베임을 당한 자들의 영혼들과, 또 짐승과 그의 우상에게 경배하지 아니한 자들이 살아서 그리스도와 함께 천 년 동안 왕 노릇한다. 죽은 자들이 자기 행위를 따라 책들에 기록된 대로 심판을 받으니 이 책은 '생명책'이다. 흰 보좌에 앉으신 이가 심판할 것이다. 누구든지 생명책에 기록되지 못한 자는 불못에 던져진다. 20장까지 무시무시한 심판의 환상이 끝난다.

● 21-22장 : 새 하늘과 새 땅, 예루살렘

21장 : 새 하늘과 새 땅

이제부터는 모든 재앙과 환난이 종결되고 하나님이 통치하시는 새로운 나라가 펼쳐지는 광경을 보여준다. 하나님은 친히 하나님의 백성들의 눈물을 닦아 주시고, 다시는 사망이 없고, 애통이나 곡하는 것, 아픈 것이 없다. 새 예루살렘의 환상을 보여준다. 이것이 계시록의 목적지이기도 하다.

22장 : 마라나타, 주 예수여 오시옵소서!

창세기에서 상실되었던 에덴동산의 축복이 이곳 새 하늘에서 다시 성취된다. 예수님의 재림을 보여주며 거룩하고 경건하게 살기를 권면한다. 예수님은 속히 오시며 각 사람들이 행한 대로 갚아 주신다고 한다. "내가 진실로 속히 오리라 하시거늘 아멘 주 예수여 오시옵소서 주 예수의 은혜가 모든 자들에게 있을지어다 아멘"(22:20-21).

요한계시록의 핵심

"이 예언의 말씀을 읽는 자와 듣는 자와 그 가운데에 기록한 것을 지키는 자는 복이 있나니 때가 가까움이라"(1:3)

"주 하나님이 이르시되 나는 알파와 오메가라 이제도 있고 전에도 있었고 장차 올 자요 전능한 자라 하시더라"(1:8)

"보라 내가 속히 오리니 내가 줄 상이 내게 있어 각 사람에게 그가 행한 대로 갚아 주리라"(22:12)

참고문헌

- 『개역개정 성경』 (서울: 아가페출판사, 2007).

- 『아가페 쉬운 성경』 (서울: 아가페출판사, 2017).

- Achtemeier, P. J., Green, J. B., Thompson, M. M., 『새로운 신약성서개론』, 소기천·윤철원·이달 옮김 (서울: 대한기독교서회, 2004).

- Bock, 대럴, 『누가복음 1』, 신지철 옮김 (서울: 부흥과개혁사, 2013).

- Dunn, 제임스 D. G., 『초기 교회의 기원』, 문현인 옮김 (서울: 새물결플러스, 2019).

- Dunn, 제임스 D. G., 『예수, 바울, 복음』 (서울: 새물결플러스, 2019).

- Guthrie, 조지 H., Carson, D. A., McDonough, 숀 M., 『일반서신·요한계시록』 (서울: CLC, 2012).

- Juel, 도널드 H., 『마가복음』, 윤철원 옮김 (서울: 대한기독교서회, 2018).

- King, 필립 J., 스태거, 로렌스 E., 『고대 이스라엘 문화』, 임미영 옮김 (서울: CLC, 2014).

- Longman, 트램퍼, Dillard, 레이몬드, 『최신 구약개론』, 박철현 옮김 (고양: 크리스천 다이제스트, 2009).

- Marshall, 하워드, 『신약성서신학』, 박문재·정용신 옮김 (고양: 크리스천 다이제스트, 2016).

- Murphy, 프레더릭 J., 『초기 유대교와 예수운동』, 유선명 옮김 (고양: 새물결플러스, 2020).

- Porter, 스탠리 E., 『바울서신연구』, 임재승·조명훈 옮김 (서울: 새물결플러스, 2019).

- Spencer, F. 스코트, 『누가복음 사도행전』, 소기천 옮김 (서울: 대한기독교서회, 2018).

- Wood, 레온 J., 『이스라엘의 역사』, 김의원 옮김 (서울: CLC, 1985).

- 김세윤, 『요한복음 강해』 (서울: 두란노, 2011).

- 김세윤, 『바울 복음의 기원』 (서울: 두란노, 2018).

- 김요한, 『바이블 클래스』 (서울: 새물결플러스, 2019).

- 민경진, 『민교수의 구약해설』 (부산: 레반트연구소, 2013).

- 송태근, 『쾌도난마 사무엘상 1』 (서울: 지혜의샘, 2016).

- 송태근, 『줌인 마가복음』 (서울: 성서원, 2015).

- 윤철원, 『사도행전의 내러티브 해석』 (인천: 바울, 2014).

- 이애실, 『어? 성경이 읽어지네! 구약, 신약』 (서울: 성경방, 2018).

- 이진희, 『유대문화를 통해 본 예수의 비유』 (서울: 쿰란출판사, 2001).

- 한기채·김찬홍, 『성경을 꿰뚫어라』 (서울: 생명의말씀사, 2018).

- 한홍, 『왕들의 이야기 1』 (서울: 두란노, 2007).

- 한홍, 『왕들의 이야기 2』 (서울: 두란노, 2008).

1년 1톡(Talk with God)
10분 성경통독표

날짜	1월		2월		3월		4월		5월		6월	
	범위	v	범위	v	범위	v	범위	v	범위	v	범위	v
1	창1-2		38-40		4:44-6		11-12		11-14		미1-2	
2	3-5		레1-5		7-9		13-15		15-17		3-5	
3	6-9		6-7		10-11		16-18		18-19		6-7	
4	10-11		8-10		12-14		19-21		20-21		나1-3	
5	12-14		11-13		15-17		22-24		22-23		렘1-3	
6	15-17		14-15		18-21		25-27		24-25		4-6	
7	18-21		16-17		22-26		28-31		옵1		7-9	
8	22-25:18		18-20		27-28		삼하1-2		욜1-3		10-13	
9	25:19-26		21-22		29-30		3-4		호1-3		14-16	
10	27-30		23-25		31-32		5-6		4-9		17-20	
11	31-33		26-27		33-34		7-10		10-14		21-23	
12	34-36		민1-2		수1-2		11-12		암1-6		24-25	
13	37-38		3-4		3-5		13-14		7-9		26-28	
14	39-41		5-6		6-8		15-17		욘1-4		29-31	
15	42-44		7-8		9-12		18-20		사1-3		32-33	

날짜	1월 범위	v	2월 범위	v	3월 범위	v	4월 범위	v	5월 범위	v	6월 범위	v
16	45-47		9-10		13-17		21-22		4-7		34-36	
17	48-50		11-12		18-19		23-24		8-12		37-38	
18	출1-2		13-14		20-21		왕상1-2		13-17		39-41	
19	3-4		15-17		22-24		3-4		18-20		42-45	
20	5-7		18-19		삿1-3:6		5-7		21-23		46-48	
21	8-10		20-21		3:7-5		8-9		24-27		49-50	
22	11-13		22-25		6-7		10-11		28-29		51-52	
23	14-15		26-27		8-9		12-14		30-35		애1-2	
24	16-18		28-30		10-12		15-16		36-39		3-5	
25	19-20		31-32		13-16		17-19		40-42		습1-3	
26	21-24		33-36		17-18		20-22		43-45		단1-2	
27	25-27		신1-2		19-21		왕하1-2		46-50		3-4	
28	28-30		3-4:43		룻1-4		3-5		51-55		5-6	
29	31-32				삼상1-3		6-8		56-59		7-9	
30	33-34				4-7		9-10		60-63		10-12	
31	35-37				8-10				64-66			

1년 1톡(Talk with God)
10분 성경통독표

날짜	7월 범위	v	8월 범위	v	9월 범위	v	10월 범위	v	11월 범위	v	12월 범위	v
1	합1-3		14-17		5-7		21:18-23		약1-5		37-41	
2	겔1-3		18-22		8-10		24-26		벧전1-5		42-46	
3	4-7		23-25		11-13		27-28		벧후1-3		47-51	
4	8-11		26-28		14-16		갈1-3		유1		52-56	
5	12-14		29-31		17-20		4-6		요일1-5		57-61	
6	15-17		32-33		21-23		살전1-5		요이1-요삼1		62-66	
7	18-20		34-36		24-25		살후1-3		계1-3		67-72	
8	21-22		스1-2		26-28		고전1-4		4-5		73-78	
9	23-24		3-4		눅 1-4:13		5-8		6-8		79-85	
10	25-28		5-6		4:14-6		9-11		9-11		86-89	
11	29-32		7-8		7-9:50		12-14		12-16		90-102	
12	33-35		9-10		9:51-12		15-16		17-20		103-106	
13	36-37		느1-3		13-16		고후1-4		21-22		107-113	
14	38-39		4-7		17-19:27		5-9		욥1-3		114-118	
15	40-41		8-10		19:28-21		10-13		4-7		119	

날짜	7월 범위	v	8월 범위	v	9월 범위	v	10월 범위	v	11월 범위	v	12월 범위	v
16	42-43		11-13		22-24		롬1-3		8-10		120-130	
17	44-46		학1-2		요1-3		4-7		11-14		131-137	
18	47-48		슥1-6		4-6		8-11		15-17		138-143	
19	대상1-3		7-8		7-9		12-14		18-19		144-150	
20	4-5		9-14		10-12		15-16		20-21		잠1-5	
21	6-9		에1-4		13-15		빌1-4		22-24		6-9	
22	10-12		5-7		16-18		몬1		25-31		10-15	
23	13-16		8-10		19-21		골1-4		32-37		16-20	
24	17-20		말1-4		행1-2		엡1-3		38-42		21-24	
25	21-22		막1-3		3-5		4-6		시1-6		25-29	
26	23-26		4-6		6-9		딤전1-6		7-12		30-31	
27	27-29		7-8		10-12		딛1-3		13-18		전1-3	
28	대하1-4		9-10		13-14		딤후1-4		19-24		4-7	
29	5-7		11-13		15-18:22		히 1-4:13		25-30		8-12	
30	8-9		14-16		18:23-21:17		4:14-10		31-36		아1-4	
31	10-13		마1-4				11-13				5-8	

진쌤과 함께하는 성경강좌에
여러분을 초대합니다.

강사 윤미진 목사
- 서울신학대학교 대학원 성서신학(M.T.S)
- 서울신학대학교 대학원 목회학 석사(M.Div)
- 서울신학대학교 대학원 성서신학(Th.M)
- 서울신학대학교 대학원 성서학 박사(Th.D 과정 중)
- 현재 진스 바이블 아카데미(Jin's Bible Academy)를 운영하며
  성경강사로 활동함

범위 | 구약 · 신약성경 전체(창세기-요한계시록)

기간 | 2021년 5월 16일 – 2022년 5월 15일(사회적 거리두기 단계에 따라 일정이 변경될 수 있습니다.)

시간 | 매주 일요일 오후 4시-5시 30분

장소 | 진스 바이블 아카데미(추후 공지)

대상 | 성경을 알고 싶고, 읽고 싶은 모든 분, 성경을 가르치고자 하는 분

강의 혜택 | 수강자에 한해서 책에 수록되어 있는 '1년 1톡(Talk with God) 10분 성경통독표'로
매일 성경을 읽고, 쉽고 재미있는 스토리텔링 내용을 2022년 1월 1일부터 동영상
에서 보실 수 있습니다(비공개 링크 제공 365일). 성경을 배우며, 1년 동안 제대로
1독을 할 수 있도록 지도 관리합니다.

회비 | 책 출간기념(창세기-요한계시록) 강의를 1년간 무료로 진행합니다.

모집 기간 | 2021년 4월 17일까지

문의 및 신청 | jinsbible@naver.com 이메일로 신청 가능합니다.

진스 바이블 아카데미